HANS SPUHLER

Der Generalstreik der Eisenbahner in Frankreich von 1910

Schriften zur Wirtschafts- und Sozialgeschichte

In Verbindung mit Rudolf Braun, Otto Büsch und Peter Czada
herausgegeben von Wolfram Fischer

Band 25

Der Generalstreik der Eisenbahner in Frankreich von 1910

Das Scheitern des Revolutionären Syndikalismus und die repressive Politik Briands

Von

Dr. Hans Spuhler

DUNCKER & HUMBLOT / BERLIN

Gedruckt 1975 bei Bartholdy & Klein, Berlin 65
Printed in Germany
ISBN 3 428 03276 4

Vorbemerkung

Es liegt nicht in der Absicht dieser Arbeit, das Streikgeschehen weniger Tage in seiner Totalität quantitativ zu erfassen oder gar aufgrund statistischer Methoden eine Soziologie dieses Eisenbahnerstreiks zu vermitteln. Einem solchen Vorhaben müßten umfangreiche Einzelstudien über den Verlauf der Streikbewegung auf den verschiedenen Eisenbahnnetzen vorangehen. Während infolgedessen die quantitativen und lokalen Aspekte des Streiks nur knapp skizziert werden können, fällt das Hauptaugenmerk auf seinen materiellen und ideellen Inhalt, mithin auf jenes Thema, das die französische Öffentlichkeit im Oktober 1910 aufs heftigste erregte. Es soll versucht werden, das intentionale Wesen des Streiks, den Angelpunkt der öffentlichen Diskussion, zu ergründen, wozu als Ansatz die Interpretation der Ereignisse durch Briand dienen kann. Deren Leitidee, formuliert in einer Kammerrede vom 25. Oktober 1910, lautet: « Le Gouvernement ne s'est pas trouvé, un seul instant, en présence d'un effort professionnel de grève ... Le Gouvernement s'est trouvé en présence d'une entreprise de ruine et de mort contre le pays ... d'un mouvement d'anarchie ... tendant à la guerre civile ... » Auf diese These hin wird im folgenden die Streikgeschichte untersucht; im besonderen gilt es dabei, die Erscheinungsform des Revolutionären Syndikalismus im Eisenbahnersyndikat und seinen Anteil an den Begebenheiten zu erkennen.

Die Darstellung gliedert sich in drei große Abschnitte: in den ersten Kapiteln (I.—IV.) wird versucht, die für das Verständnis des Streiks nötigen ideellen und materiellen Voraussetzungen zu umreißen, darauf folgt im Hauptteil (V.—IX.) die chronologisch konzipierte Streikgeschichte, woran sich eine verschiedene Aspekte berücksichtigende Betrachtung der Ereignisse und ihrer Bedeutung anschließt.

Die vorliegende Arbeit ist von meinem akademischen Lehrer, Herrn Professor Dr. Rudolf von Albertini (Zürich), sowohl angeregt als auch wiederholt gefördert worden; ihm gilt daher mein besonders herzlicher Dank.

Inhaltsverzeichnis

Einleitung

Ein Streik kann unter vielerlei Aspekten betrachtet werden. Wie immer er auch ausgehen mag, berührt er zunächst und in jedem Fall die Geschichte der Arbeiterbewegung und hat in ihr seinen eigenen Platz. Sodann aber kann er Anlaß geben, die sozialen Verhältnisse, die ihn verursacht haben und auf die er einwirkt, zur Diskussion zu stellen. Wird der Streik endlich zur Massenbewegung und droht er die gesamte Wirtschaft lahmzulegen, so übersteigt er seinen engeren Wirkungskreis und gewinnt eine erstrangige politische Dimension. Er wird zum sozialen Konflikt, zur grundsätzlichen Auseinandersetzung um das Gewicht der gesellschaftlichen Gruppen im Staat. Der Eisenbahner-Generalstreik von 1910 ist dieser letzten, erweiterten Betrachtungsweise zu unterstellen: als sozialpolitischer Konflikt großen Umfangs bleibt er nicht Einzelereignis, sondern erhält die Bedeutung einer auch die politische Bühne beherrschenden Aktion. Um den Stoff besser überblicken zu können und um gleichzeitig eine Vorstellung von der Betrachtungsweise zu geben, kann der vorliegende Sozialkonflikt in zweifacher Hinsicht gegliedert werden: 1. substantiell durch die Einteilung der Konfliktsparteien nach der ihr eigenen Motivation, 2. chronologisch durch die Unterteilung in einzelne Konfliktsstufen.

I

Bei den bedeutenden sozialen Konflikten, die den gewohnten volkswirtschaftlichen Gang stören und deshalb zu Streitfragen von allgemeiner nationaler Bedeutung werden, fällt ein stets wiederkehrender Antagonismus in der Motivation der jeweiligen gegnerischen Parteien auf. Diese Erscheinung ist nicht nur auf Frankreich beschränkt, wo sie zum Beispiel schon deutlich faßbar bei der Diskussion über den Eisenbahnerstreik von 1898 hervorbricht[1] und wiederum in gesteigerter Form 1910, ohne in der Zwischenzeit bei der Auseinandersetzung mit der C. G. T. und den diversen Streikbewegungen zu verblassen, sie zeigt sich auch anderswo, etwa 1911 beim Eisenbahnerstreik in England oder 1918 beim

[1] Vgl. Elie Fruit, 1890 - 1910, dans la melée des premiers syndicats, un militant d'avant-garde, Eugène Guérard des chemins de fer, p. 132, wo darauf hingewiesen wird, daß der revolutionäre Dämon von 1898 auf dem Hintergrund der Gefahr einer deutschen Invasion und eines Hunger-Alptraums ausgetrieben worden sei.

Generalstreik in der Schweiz[2]. Immer handelt es sich darum, daß auf der Seite der Streikenden die soziale Gerechtigkeit, auf der Seite der Bestreikten dagegen das nationale Interesse als das eigentliche Motiv angeführt wird, das die jeweilige Verhaltensweise diktiere. Wann immer die Arbeiterschaft den geordneten Eisenbahnbetrieb gefährdete, schienen die Grundfesten des Staates selbst zu wanken. Auch im englischen Eisenbahnerstreik vom August 1911, bei dem die liberale Regierung, auf die parlamentarische Gunst der Arbeiterpartei angewiesen, die Eisenbahngesellschaften zu Zugeständnissen veranlaßte, beschwor der Innenminister die tödlichen Gefahren des Streikes herauf: „... Es wird die Pflicht der Regierung sein, im Falle der Lähmung der großen Eisenbahnlinien, von denen Leben und Nahrung des Volkes abhängen ... dafür zu sorgen, daß kein großes Unglück und keine Katastrophe das Volk überwältigt infolge der Störung der Maschinerie, durch die sie von Tag zu Tag leben. Diese Pflicht ist ein elementarer und grundlegender Teil der Regierungspflichten, und ich bin überzeugt, daß niemand annehmen wird, daß bei Eintritt der Not die Regierung davor zurückschrecken wird, sie zu übernehmen[3]."

Der wirtschaftlich gewichtige Streik belebt somit stets ein eingeprägtes Grundmuster und löst eine bestimmte, charakteristische Verhaltensweise der Gesellschaftskörper aus: der sozialen Motivation der einen stellt sich die nationale Motivation der andern Seite gegenüber. Dabei geht die soziale Motivation von der Vorstellung einer horizontalen, die nationale Motivation von der einer vertikalen Ordnung der Gesellschaft aus. Die soziale Seite argumentiert mit dem Vorrang des Postulats der sozialen Gerechtigkeit vor jedem anderen gesellschaftlichen Wert, wobei sie die gerade anstehenden sozialen Forderungen zum festen Bestandteil dieser sozialen Gerechtigkeit erklärt. Sie zielt darauf hin, einer benachteiligten Klasse gegenüber einer privilegierten Klasse zum von ihr definierten Recht zu verhelfen, und ihr Bestreben ist deshalb am Ende stets, die gesamte Arbeiterschaft für ihren Kampf zu mobilisieren, um damit die im Modell angestrebte Konfrontation von Klasse gegen Klasse zu erreichen.

Demgegenüber verwirft die nationale Seite dieses Klassenmodell. An seiner Statt operiert sie mit dem Gemeinwohl. Das Postulat der sozialen Gerechtigkeit wird zwar nicht rundweg negiert, doch hat es sich am Wohl und Wehe des Volksganzen zu orientieren. Es geziemt sich nicht,

---

[2] Vgl. Charlotte Leubuscher: Der Arbeitskampf der englischen Eisenbahner im Jahre 1911, München/Leipzig 1913; bzw. Gautschi, Willi: Der Landesstreik 1918, Zürich/Einsiedeln/Köln 1968. Bei Gautschi, p. 293, zum Beispiel die Ansicht General Willes, der in der Aufrechterhaltung eines einigermaßen regelmäßigen Zugsverkehrs „das entscheidende Moment für die Rettung unseres Landes" erblickte.

[3] Leubuscher, p. 99.

die Nation einer beliebigen maßlosen sozialen Forderung wegen zu spalten; wer es trotzdem tut, übt Verrat an seinem Volk, das gegen außen geschlossen aufzutreten gezwungen ist, um überleben zu können. Die nationale Einheit genießt deshalb unbedingten Vorrang und ist geheiligter Natur, wer ihr zuwider handelt, begeht Frevel. Unschwer ist zu erkennen, daß diesem Bild der Mythos zu Gevatter steht: das positive Eigene muß sich behaupten gegen das negative Fremde. Für Klasseninteressen ist hier kein Raum, die gesellschaftliche Qualifikation geschieht vertikal nach Patrioten und ihren vaterlandslosen Feinden.

Gerade die Oktoberkrise gehorchte diesem Polarisierungsgesetz. Die unternehmerfreundliche „Le Temps" qualifizierte den Streik als einen „Akt des Verrats am Vaterland" mit dem Ziel, „Frankreich ungestraft zu ermorden", und glaubte sich deshalb aufgerufen, dem Lande einige „Leçons de patriotisme" erteilen zu müssen: « La grève des employés de chemins de fer est sévèrement jugée en France et à l'étranger. Elle apparaît à tous ce qu'elle est: une entreprise de désorganisation nationale. Les grévistes ne recueillent d'approbation que chez leurs collaborateurs immédiats les députés socialistes et chez les anarchistes de la ‹ Guerre sociale ›. La presse républicaine est unanime à blâmer un mouvement qui compromet les intérêts les plus respectables du pays et jusqu'à sa sécurité[4]. » Die Idee der Nation und die Idee des Streiks schlossen sich aus. Wer den Streik unterstützte, begab sich zwangsläufig seines Franzosentums. Selbst dem gemäßigten Jaurès ward nicht die Rolle des Anwalts der Arbeiterinteressen zugestanden, sondern jene des notorischen Landesfeindes auferlegt[5].

Mit diesem ideologischen Rüstzeug versehen, pflegen sich die sozialen Konfliktsgruppen ins Treffen zu stellen, wodurch unweigerlich jeder bedeutende Streik dem Sog der Simplifizierung anheimfällt. Die emotionsgeladene Optionspflicht für Klasse oder Nation verstellt den Weg zum gelassenen Urteil darüber, was der Volkswirtschaft an sozialen Leistungen in guten Treuen angelastet werden kann, und baut damit Dämme gegen eine kontinuierliche soziale Entwicklung. Sie ist weiter dazu angetan, den eigentlichen initialen Konfliktherd zu verdecken und so zu einer Verwischung der gesellschaftlichen Probleme beizutragen. Was als soziale Forderung seinen Anfang nahm, kann sich dadurch unversehens als antipatriotische Handlung entpuppen, indem ein sozial motivierter, auf der Vorstellung von horizontal gelagerten Gesellschaftsschichten geführter Konflikt zu einem national motivierten, die soziale Stufenordnung vertikal zerschneidenden Konflikt umgeformt wird. Was den Zeitgenossen nicht möglich ist, bleibt dann den Nach-

---

[4] Le Temps, 15. 10. 1910.

[5] Vgl. Kap. XI.

kommenden überlassen: zu überprüfen, inwieweit diese Verlagerung der Problemebenen durch den historischen Stand der Nation, ihre wirtschaftliche und politische Stellung, tatsächlich gerechtfertigt wird.

Soziale und nationale Motivation unterscheiden sich indessen außer im politischen auch im psychologischen Gehalt. Die soziale Motivation propagiert eine Verheißung in Gestalt einer sozialen Besserstellung, die zwar nicht ist, aber sein wird, falls eine Reihe erst noch zu schaffender Umstände eintritt. Ein Versprechen ist nun aber naturgemäß unsicher. Diesen Nachteil weist die nationale Motivation nicht auf: sie richtet sich nicht auf ein Künftiges, sondern auf ein Bestehendes. Ihr Feld ist nicht ein visionärer Entwurf, sondern der sozialpolitische Status quo, dessen Gleichgewicht sie erhalten will. Was die beiden Motivierungssysteme demnach unterscheidet, ist ihre psychologische Beziehung zur Zukunft. Die soziale Spielart bringt künftiges Glück durch Überwindung der Gegenwart und Öffnung der Zukunft, sie reißt den Status quo auf. Dieser Verhaltensweise genau entgegengesetzt gestaltet sich die Zukunftsvorstellung des nationalen Motivationskreises. Das Glück liegt hier in der Gegenwart beschlossen, die es deshalb vor dem Einbruch eines unberechenbaren Morgen zu bewahren gilt. Während durch diese psychologische Disposition das eine Lager zu einer offensiven Strategie getrieben wird, muß das andere in die defensive Stellung einrücken. Dies entspricht denn auch der Konfrontation von 1910. Daß naturgemäß die Kräfte der Beharrung leichter zu fixieren sind, räumt dabei der nationalen Seite einen bedeutenden Vorteil in der Werbung um die Gunst der Öffentlichkeit ein. Selbst im sozialen Lager war zur Zeit des Streikes, und dies erklärt nebst anderem auch seine Zerrissenheit, die alleinige Ausrichtung auf die horizontale Konfliktsinterpretation nicht über jeden Zweifel erhaben, und es werden sich Stimmen finden lassen, die verständnisvoll auf die nationale Argumentation eingehen. Mit letzter Deutlichkeit schließlich wird die soziale Motivation im Entscheidungsjahr 1914 ihre Grenzen erkennen müssen, als ihr im Angesicht der allgemeinen patriotischen Besinnung in Europa nur verbleibt, sich dem berauschenden Zwang der nationalen Feierstunde anzuschließen und die sozialen Ziele vorerst auf ein theoretisches Bekenntnis zu reduzieren. Diese Überlegenheit der nationalen Theorie über die soziale erweist sich schon hier im behandelten Eisenbahnerstreik.

II

Das Unterfangen, einen allgemeinen Streik der Eisenbahner in Frankreich durchzuführen, geht nicht auf einen spontanen Entschluß der Gewerkschaft zurück, sondern schließt an eine mehrjährige Entwicklung an, die die Streikidee zunächst diskussionswürdig und hernach realisierbar werden ließ. Dabei sind, bezogen auf die Streikdiskussionen in der Eisenbahnergewerkschaft, folgende Stufen zu erkennen:

1. 1907 bis 1909
2. 21. Kongreß vom April 1910
3. Verhandlungsversuch vom Sommer 1910
4. September 1910 bis Streikbeginn

In der *ersten Phase* zeigte sich eine zunehmende Kritik an den Grundlagen der Gewerkschaftspolitik, die seit dem gescheiterten Streik vom Oktober 1898 durch ihren betont nüchternen, als reformistisch bezeichneten Inhalt geprägt war. Guérard, Lenker und Garant dieser Tendenz, sah sich veranlaßt, sein ganzes Prestige gegen die keimende Opposition einzusetzen, doch nahm die interne Fraktionsbildung derart scharfe Formen an, daß er sich im Dezember 1909 von der Gewerkschaftsführung zurückzog. Zu dieser Entwicklung trug in bedeutendem Maß die negative Haltung Guérards zur C. G. T. und ihrer revolutionär-syndikalistischen Leitung bei. Die Vorgänge im Eisenbahnersyndikat sind damit eng verbunden mit der gesteigerten Aktivität des Revolutionären Syndikalismus, die sich in der Charta von Amiens von 1906 und in einer Reihe von Streiks (1906 - 1910) niederschlug. In der *zweiten Phase* unternahm der revolutionäre Syndikatsflügel den Versuch, seinen Triumph über Guérard in die Organisation eines Generalstreiks umzusetzen, traf jedoch auf den entschiedenen Widerstand der reformistischen Mehrheit, die zur Durchsetzung der sozialen Forderungen den Verhandlungsweg beschreiten wollte.

In der *dritten Phase* führte das Scheitern der Verhandlungen zwischen den Sozialpartnern, wofür auch die Regierung Verantwortung trägt, zur Radikalisierung der Gewerkschaft.

In der *vierten Phase* endlich erreichte die Streikbereitschaft großer Teile der Arbeiterschaft, gefördert durch eine Reihe von lokalen Zwischenfällen, einen Grad, der im Oktober den Revolutionären erlaubte, den Generalstreik herbeizuführen.

Auf keiner Entwicklungsstufe vollzog sich der Entscheidungsprozeß allein im Syndikat, isoliert von äußeren Einflußfaktoren. Stets liegt eine Wechselwirkung vor zwischen den syndikalen Vorgängen und dem Geschehen im sozialen, wirtschaftlichen und politischen Bereich.

III

Die am Konflikt von 1910 beteiligten Parteien sind nun noch im Überblick kurz zu bezeichnen. Das Hauptgewicht der Darstellung liegt, dem historischen Gegenstand gemäß, beim « Syndicat National des Travailleurs des Chemins de Fer de France et des Colonies » (S. N.), der in einen reformistischen und einen revolutionären Flügel zerfallenden größten Eisenbahnergewerkschaft. Ihr zur Seite stellt sich im Oktober 1910 die « Fédération Générale des Groupements des Mécaniciens et Chauffeurs des Chemins de Fer de France et des Colonies » (Fédération), die Berufsorganisation des Lokomotivpersonals. Der Dachverband der Gewerkschaften, die Confédération Générale du Travail (C. G. T.), und die politische Organisation der Arbeiterbewegung, die S. F. I. O., ergreifen ebenfalls für die Streikenden Partei, wobei der Gruppe um Gustave Hervé und dessen Wochenzeitung „La Guerre Sociale" als Propagandaforum des Revolutionären Syndikalismus besondere Bedeutung zukommt. Um die Tageszeitung „Le Rappel" gruppieren sich die Sympathisanten des Streiks aus dem Lager der Radikalsozialisten.

Auf der Gegenseite stehen im Vordergrund die Regierung von Aristide Briand und die fünf großen privaten Eisenbahngesellschaften, welche die Netze Nord, Est, Paris—Lyon—Méditerranée (P.—L.—M.), Paris—Orléans (P.—O.) bzw. Midi[6] betrieben. Die Repression wurde unterstützt durch die Parlamentsmehrheit, worüber die Kammerdebatte von Ende Oktober Aufschluß gibt, und die bürgerliche Presse, für welche hier hauptsächlich „Le Temps" steht.

IV

Unter den für diese Arbeit verwendeten Quellen bedarf ihr bedeutendstes Element, die Polizeiakten, noch einer gesonderten Betrachtung. Die Direction générale des Recherches des Innenministeriums und ihre verschiedenen Unterorgane überwachten im Rahmen ihres allgemeinen Informationsauftrages sehr aufmerksam gerade auch die soziale Bewegung und legten darüber zwar lückenhafte, aber sehr umfangreiche Dossiers an, die, soweit sie erhalten geblieben sind, heute zum Bestand der Archives Nationales und der Archives de la Préfecture de Police gehören[7]. Als Informationsquelle dienten der Polizei dabei außer der Presse die zahlreichen öffentlichen Versammlungen, die in der Regel von verschiedenen Beamten incognito besucht wurden, so daß hinterher durch die Gegenüberstellung der Erinnerungen ein einigermaßen zutreffendes Bild entstehen konnte, sowie die Berichte eigentlicher Geheimagenten, der „mouchards"[8], die in der Arbeiterbewegung selbst

---

[6] Der Konflikt auf dem Netz Midi, der nur eine Randerscheinung der Oktoberkrise darstellt, wird im folgenden nicht berücksichtigt.

[7] Eine knappe Übersicht über die Archive und den Informationsdienst der Polizeipräfektur vermittelt H. Tulard, Les archives de la Préfecture de Police, Le Mouvement Social Nr. 47/1964, p. 117 - 120.

[8] Auch Annie Kriegel, Aux origines du communisme français, Bd. I, p. 481, Anm. 1, legt Wert auf die Unterscheidung zwischen den beamteten Spitzeln, d. h. Berufspolizisten in ziviler Kleidung, und den aus dem jeweiligen Milieu selbst stammenden Vertrauenspersonen der Polizei, den „Informateurs".

wirkten und sehr gefürchtet waren, weil sie auch, wie Clemenceaus berühmtes Werkzeug Métivier, als agents provocateurs eingesetzt werden konnten. Um solche Leute bemühte sich die Polizei natürlich vor allen Dingen, wofür aus unserem Material das folgende Beispiel genannt werden kann. Am 20. Juli 1911 wußte der Polizeisonderkommissar (Commissaire spécial) von Valenciennes einem Kollegen der Sûreté zu berichten, ein gewisser X., den er für Informationsdienste gewonnen habe, sei von der Gruppe Valenciennes des S. N. zum alleinigen Vertreter am Nationalkongreß vom 2. - 5. August 1911 bestimmt worden[9]. Aus Paris folgte hierauf die Anweisung, der Betreffende möge jeden Abend ein Tagesprotokoll redigieren und an einer bestimmten Adresse abgeben[10].

Die den Polizeiberichten innewohnende Problematik offenbart ein anderes Beispiel, das die seltene Gelegenheit bietet, aufgrund vollständiger Quellen die technische Abwicklung eines Informationsauftrages zu erschließen. Der Vorgang betrifft den Regionalkongreß des Netzes Est des S. N., der am 18. und 19. September 1910, also wenige Wochen vor dem Generalstreik, in Epinal tagte. Am 20. August erhielt der Commissaire spécial von Epinal, Cochet, von der Sûreté den Auftrag, Vorbereitungen zu treffen, um über die Arbeiten des bevorstehenden Kongresses berichten zu können[11]. Cochet antwortete am 8. September, er habe sich der Unterstützung zweier persönlicher Freunde versichert, die am Kongreß teilnehmen würden, der eine als Delegierter einer Gruppe, der andere als einfacher Gewerkschafter. Noch aber quälte den Kommissar die Frage der Entlöhnung seiner Helfer. Zunächst hatte er mit entwaffnender Naivität und einer Selbstverständlichkeit, die einiges über den Geist und den sozialpolitischen Standort der Polizei aussagt, bei der privaten Eisenbahngesellschaft Est, deren Arbeiter den Kongreß veranstalteten, angeklopft und einen ihrer Inspektoren, immerhin vertraulich, wie er vorsichtig bemerkt, um die Finanzierung seiner Aufklärungsmission gebeten, doch war sein Vorstoß erfolglos geblieben, weil die Est-Verwaltung für solche Zwecke keinen Kredit reserviert zu haben schien. Deshalb wollte Cochet nun vom Sûreté-Direktor wissen, welcher Lohn seinen Geheimagenten gebühre[12]. Die Sûreté, der die ganze Angelegenheit allmählich unheimlich zu werden begann, beschied dem rührigen Kommissar kurz, eine Entschädigung von 30 bzw. 20 Francs scheine ihr angemessen, und mahnte ihn im übrigen eindringlich, künftig nie mehr ohne Erlaubnis um den finanziellen Beistand einer fremden

[9] AN F 7 13662, 22e Congrès, Bericht aus Valenciennes vom 20. 7. 1911.

[10] a. a. O., Bericht vom 24. 7. 1911.

[11] AN F 7 13663, Est, Congrès d'Epinal, Bericht aus Paris vom 20. 8. 1910.

[12] a. a. O., Bericht aus Epinal vom 8. 9. 1910.

Verwaltung nachzusuchen[13]. Unaufhaltsam rückte inzwischen der Kongreß näher, und damit wuchsen auch Cochets Zweifel daran, ob seine beiden Komplizen der anspruchsvollen Aufgabe genügen würden. Also beschloß er, von der diskreten Art der Sûreté-Direktion scheinbar wenig beeindruckt, jedes Risiko auszuschließen und den Auftrag in eigener Person zu erledigen. Voller Stolz und mit allen nötigen Einzelheiten schilderte er seinen Pariser Vorgesetzten nach dem Kongreß seine abenteuerlichen Erlebnisse[14]. Durch das Hausdach stieg er zusammen mit einem unerschrockenen Begleiter in die als Versteck gut geeignete Galerie des Kongreßsaales hinunter, was ihm ermöglichte, die Verhandlungen aus nächster Nähe zu belauschen, war er doch bloß drei Meter vom Tisch des Büros entfernt. Leider blieb ihm aber der vollständige Triumph versagt, denn als die Kongreßleitung nach geraumer Zeit anordnete, die Galerie nach unerbetenen Gästen abzusuchen, ergriff der forsche Kommissar die Flucht, allerdings wohl etwas überstürzt, wie er selbst einräumte, da er keine Muße mehr fand, die abgedeckten Ziegel wieder fachgerecht einzusetzen. Dieses Versäumnis führte zur Entdekkung des Frevels, der indes zu Cochets Glück von den Arbeitern den offenbar auch sehr listigen Pariser Journalisten angelastet wurde.

Der unermüdlichen Initiative Cochets verdanken wir einen wichtigen Beitrag zur gespannten Lage im Syndikat unmittelbar vor Streikausbruch. Auf die jedoch eher bedenklichen Aspekte dieser Aufklärungsmethode kam die Sûreté im Oktober zurück, als sie den Präfekten des Departements Vosges bat, den Commissaire spécial von Epinal darüber aufzuklären, daß sein persönliches Informationssystem unvorsichtig sei, und ihm zu eröffnen, es seien dafür Zwischenträger (intermédiaires) zu verwenden[15].

Der Fall Cochet zeigt, daß die Polizei in ihrem Nachrichtendienst Personen einsetzte, die für ihre Aufgabe keineswegs besonders ausgebildet waren und nicht immer über die Sachkenntnisse verfügten, wie sie zum Beispiel für eine auch in den Einzelheiten richtige Berichterstattung über die unübersichtlichen Verhältnisse im S. N. erforderlich gewesen wären. Der Quellenwert der Polizeidossiers schwankt deshalb zwischen sachkundiger, genauer Information und dem bloßen Kolportieren von Gerüchten, wobei die erste Gattung allerdings deutlich überwiegt. Christian Gras beurteilt für sein Thema, eine Biographie Alfred Rosmers, die Polizeidossiers als wenig fruchtbar, weil sie zu wenig biographisch und « fort médiocrement informés des ressorts internes du combat révolutionnaire » seien, und betont demgegenüber zu Recht den

---

13 a. a. O., Notiz vom 13. 9. 1910.

14 a. a. O., Bericht aus Epinal vom 20. 9. 1910.

15 a. a. O., Entwurf vom Oktober 1910.

Wert der traditionellen Quellen wie Kongreßberichte, Zeitungen und Broschüren[16]. Gleichwohl darf nicht übersehen werden, daß die Polizeiakten, die immerhin die Grundlage für die Information der Regierung bilden, eine ganze Reihe von Mitteilungen enthalten, die anderswo nicht zu finden sind[17]. Völlig aus der Luft gegriffen sind diese Informationen nie, sie vermitteln zum mindesten stets den augenblicklichen Stand von Stimmung und Meinung. Für unser Thema waren sie zwar nicht die einzige, aber gewiß eine unentbehrliche Quellenart[18].

---

[16] Christian Gras, Alfred Rosmer et le mouvement révolutionnaire international, Le Mouvement Social Nr. 74/1971, p. 9 - 18.

[17] Diese Meinung vertritt auch Tulard, p. 120.

[18] In extremer Weise gilt dies für eine Arbeit wie z. B. Jacques Julliard, Clemenceau briseur de grèves, Paris 1965.

I. Emotionalität und Rationalität

Die Praxis geht beim Revolutionären Syndikalismus der Theorie voran. « Le syndicalisme n'est pas une doctrine, c'est une action directe[1]! » Im Konkreten, durch seine Taten, gibt er sich demnach am deutlichsten zu erkennen, also zum Beispiel durch seinen Anteil an der Krise von 1910. Indessen sind dem Revolutionären Syndikalismus theoretische Elemente nicht völlig fremd, wenn sich diese auch nur zu einer wenig geschlossenen Lehre zusammenfügen lassen. Im herkömmlichen groben Raster der sozialen Bewegung, der Marxismus, Reformismus und Anarchismus unterscheidet, kommt dem Revolutionären Syndikalismus eine Sonderstellung zu. Wenig gemein hat er zunächst mit der kühlen Rationalität des Guesdismus, dieses französischen Zweiges des wissenschaftlichen Sozialismus marxistischer Prägung. Die gegenseitige Abneigung dieser beiden Bewegungen durchzieht das ganze Vierteljahrhundert vor dem Ersten Weltkrieg. Vom Reformismus sodann, der in seiner pragmatischen Nüchternheit und seinem bon sens ebenso rational denkt wie der Guesdismus, trennt ihn der unüberbrückbare methodische Gegensatz, welcher in der Eisenbahnergewerkschaft deutlich formuliert werden wird. Schwieriger gestaltet sich die Abgrenzung des Revolutionären Syndikalismus vom Anarchismus, denn wie dieser kennt er „kein Reifwerden der Verhältnisse"[2] und handelt infolgedessen im Sinne eines nur schwach reflektierten „sozialen Aufbegehrens", zeichnet sich also durch Emotionalität aus. Als „Anarcho-Syndikalismus" wird er deshalb häufig dem Anarchismus als eine besondere Erscheinungsform zugewiesen. Doch im Unterschied zum eher individualistischen Anarchismus orientiert sich der Revolutionäre Syndikalismus stärker am Kollektiv und stellt die Arbeit und damit die Gewerkschaften in die Mitte seines Denkens[3]. Er rückt deshalb von der apolitischen Organisationsfeindschaft des Anarchismus ab, wenn ihm auch die organisatorischen Leistungen von Marxismus und Reformismus nicht zum Vorbild

---

[1] So der Revolutionär Le Guennic am 10. 7. 1911 in der Salle Wagram L'Humanité 11. 7. 1911. Die theoretische Dürftigkeit des Revolutionären Syndikalismus wird von verschiedenen Autoren hervorgehoben; vgl. Dubief, Le syndicalisme révolutionnaire, p. 5, 38; Julliard, Clemenceau briseur de grèves, p. 29/30; Hofmann, Ideengeschichte der sozialen Bewegung des 19. und 20. Jahrhunderts, p. 192.

[2] Hofmann, p. 18.

[3] Vgl. Dubief, p. 36/37.

werden. In dynamischer Betrachtung gewinnt der Revolutionäre Syndikalismus dadurch die Bedeutung einer Übergangsstufe von der Emotionalität zur Rationalität. Dieses Wesen bestätigt sich sowohl im Hinblick auf die ökonomische Entwicklung Frankreichs wie auf die persönliche Entwicklung der syndikalistischen Führer. Frankreich befand sich um die Jahrhundertwende erst im Übergang zur modernen Industriegesellschaft und brachte deshalb auch eine von England oder Deutschland verschiedene Arbeiterbewegung hervor. Die revolutionär-syndikalistische Führungsschicht, die zu einem großen Teil vom Anarchismus herstammte, wandte sich später oft den rationalen Bewegungen zu, sei es dem Marxismus oder dem Reformismus[4]. Im Gesamturteil behält das emotionale, anarchistische Element zweifellos noch die Herrschaft über das rationale. Bindeglied zwischen diesen auseinander strebenden Elementen ist der revolutionäre Streik. Er vollzieht den Übergang zur neuen Welt. Mit diesem Mittel verwirklicht der Revolutionäre Syndikalismus die Vereinigung der Auflehnung mit dem Aufbau: indem er die alte Gesellschaft beerdigt, gebärt er die neue, in der die Träger der Revolution, die Gewerkschaften, in die gesellschaftliche Führungsrolle eintreten. Sehr charakteristisch ist, daß die Idee des Generalstreiks sich zu einem eigentlichen Mythos entwickelt, dem die ganze Aufmerksamkeit geschenkt wird, während eine genaue theoretische Bearbeitung der Organisation des Generalstreiks und seiner erfolgreichen Auswertung unterbleibt. Besonders mit diesem organisatorischen Ungenügen wird sich jedoch der Revolutionäre Syndikalismus in seiner gesamten Praxis schwer zu tragen haben.

Die Mythisierung des Streiks ist auch noch unter dem Gesichtspunkt einer spontanen Gegenbewegung gegen reformistische Tendenzen[5] bemerkenswert. Der Streik wird glorifiziert aus Furcht vor dem Verlust des eigenen Seins, als Rettung vor der sich abzeichnenden Kapitulation vor dem Korrosionsprozeß der Zeit. Mit der Beschwörung des Streikgedankens soll der Traum von der neuen Welt zur Wirklichkeit herniedergezwungen werden, und je mehr sich diese dem Zugriff entzieht, um so entfesselter gebärdet sich das pathetische Wollen.

Aus dieser Zwangsvorstellung vom Streik wird auch das Element deutlich, das den Revolutionären Syndikalismus vom Erfolg trennt: die fehlende Zukunftsgewißheit, d. h. ein rational erschlossenes Entwicklungsbild. Den theoretischen Ansätzen gelingt es nicht, eine tragende Konzeption der revolutionären Umgestaltung durch den Streik zu er-

---

4 Vgl. dazu zum Beispiel Christian Gras, Alfred Rosmer et le mouvement révolutionnaire international, Le Mouvement Social, Nr. 74/1971, p. 9 - 18. Diesem Aufsatz liegt eine Thèse pour le doctorat d'Etat (1970) zugrunde. Weitere Beispiele bei Dubief.

5 Hofmann, p. 192, stellt diesen Aspekt in den Vordergrund.

arbeiten. Der Revolutionäre Syndikalismus vermag zwar Reize auszulösen, nicht aber, sie zu lenken. Darin ist er der französischen Maibewegung von 1968 verwandt.

Um die späteren Ereignisse angemessen beurteilen zu können, ist es unerläßlich, auf den revolutionär-syndikalistischen Kosmos, so wie er sich im Eisenbahnersyndikat ausbildete, einzutreten. Es sollen dazu allein Stimmen aus dem Syndikat selbst zitiert werden. Weil die revolutionäre Fraktion hier stets minoritär und deshalb in werbender Haltung blieb, mögen dadurch die emotionalen Züge des Revolutionären Syndikalismus deutlicher als üblich hervortreten.

Als der ideologische Gegensatz im Jahre 1909 zur bis dahin schwersten Krise des Syndikats führte, bezichtigte die reformistische Mehrheit ihre Gegner offen des Anarchismus. Grandvallet, einer ihrer Sprecher, klagte an, noch ohne damit beleidigen zu wollen: « Oui, camarades, je ne crains pas de dire: ce sont les procédés syndicalistes que j'oppose aux procédés anarchistes. Oui, camarades, vous êtes des anarchistes ...[6] » Darunter verstand er, ein eifriger Befürworter des organisatorischen Ausbaus des Syndikats[7], zweifellos eine jeder rationalen Betrachtungsweise abholde Auffassung. Daß dieses pauschale Urteil, auch wenn ihm von revolutionärer Seite nicht widersprochen wurde, der Differenzierung bedarf, ist schon festgestellt worden. Es ist deshalb zu fragen, inwieweit der Anwurf Grandvallets, hervorgegangen aus der persönlichen Anschauung, die ihm die langen Auseinandersetzungen mit den Revolutionären vermittelten, berechtigt ist. In der Tat können aus der revolutionären Rhetorik einige Elemente ausgeschieden werden, die auf ein gestörtes Verhältnis zur Wirklichkeit, die nur schwach reflektiert wird, schließen lassen, während andererseits eine mit starken Gefühlen befrachtete Ablehnung aller bestehenden Verhältnisse und der emphatische Aufbau einer idealen Wunschwelt dominieren.

Was die Dimensionen ihres Wirkens betraf, verstanden sich die Revolutionäre eingerückt in eine geradezu heilsgeschichtliche Perspektive. Sie trugen bei zu einem Prozeß, der die Arbeiterschaft einer paradiesisch verklärten Zukunft entgegenführte. Bidamant, einer ihrer Wortführer, versprach schon 1908 einer Arbeiterschaft, die bislang spekulativen Ideen mißtraut hatte, ihr einen neuen Geist einzupflanzen, der sie zum Ausbruch aus der Sklaverei des Salariats befähigen und ihr so Genugtuung bringen würde[8]. Und Le Guennic, der Bidamant an Beredsamkeit noch übertraf, beschrieb den offenbar vorbestimmten

---

[6] CR Congrès extraordinaire, p. 149.

[7] Vgl. CR 20e Congrès, p. 210, wo Grandvallet das Motto spricht: « Avant de lutter, il faut s'organiser. »

[8] Vgl. CR 19e Congrès, p. 182/83.

Siegeszug nach der Reinigung des Syndikats: « Que Guérard disparaisse, et demain nous aurons l'ensemble des travailleurs des chemins de fer avec nous pour marcher vers la conquête du bien-être[9]. » Das Alte mußte sterben, eine neue Zeit brach an, und die Revolutionäre waren ihre Vorboten. Le Guennic verhieß: « Les cadres du syndicalisme sont vermoulus. Aujourd'hui, la tutelle se brise, les pontifes disparaissent et si, ici même nous n'avons pas la victoire, nous l'aurons l'année prochaine. Nous avons la conviction que nous défendons l'avenir ...[10]. » Die Revolutionäre propagierten demnach mehr als eine bloße Aktionsmethode, sie verkündeten eine Zukunftshoffnung, den Ausbruch aus einer beengenden Gegenwart: « je parle ... dans l'intérêt de l'avenir[11]. » Daß dem Tag, der die neue Ordnung bringen würde, eine besondere Weihe widerfuhr, daß in ihm alle Sehnsucht der Arbeiterschaft gesammelt werden sollte, zeigt seine Beschwörung durch Le Guennic: « ... un jour, dans un sursaut de révolte, nous nous dressions en face du patronat rapace, en face des financiers qui nous exploitent et qui ne veulent rien nous accorder malgré tous les millions que nous faisons rentrer dans leurs coffresforts[12]. » Um allerdings dieses Ziel zu erreichen, war noch einige geistige Vorarbeit zu leisten. Den Revolutionären war damit eine anspruchsvolle Mission aufgetragen, die sie denn auch im angemessenen missionarischen Geist auszuführen gedachten:

« Vous savez tous, camarades, que dans le syndicat, le but qui doit nous guider c'est le relèvement de notre situation au point de vue moral et au point de vue matériel. Je dis moral, parce que pour arriver à une situation matérielle meilleure, il est presque indispensable que nous devenions meilleurs au point de vue moral, au point de vue de l'éducation et au point de vue de l'intellectualité, car vous reconnaîtrez que si les travailleurs sont en général si misérables, cela tient à leur ignorance. C'est cette ignorance que le syndicalisme doit avoir pour but de faire disparaître. Il est certain que ce ne sont pas les écoles du gouvernement qui donnent aux travailleurs les notions qui peuvent les guider dans la défense de leurs intérêts contre ceux qui les exploitent, ils ne peuvent les acquérir que dans le syndicat. Si nous sommes syndiqués, c'est parce que nos forces, réunies, deviennent un objet de lutte contre ceux qui nous oppressent[13]. »

Dieser revolutionären hypothetischen Argumentation, die über den Weg eines moralischen Aufbruchs die gesellschaftliche Ordnung zu überwinden versprach, konnte der Reformismus nur eine unmittelbare konkrete Verwirklichung beschränkter Wünsche entgegenhalten. Dar-

---

[9] CR Congrès extraordinaire, p. 66. Zu einzelnen Personalien vgl. Anhang, Ziff. 3.

[10] a. a. O., p. 64.

[11] Le Guennic, CR 21e Congrès, p. 93.

[12] CR Congrès extraord., p. 237. Vom Glanz dieses Tages berichtet auch das Zitat zu Anm. 27.

[13] a. a. O., p. 233/34.

aus gewann der Revolutionäre Syndikalismus den Vorsprung, die Phantasie der Arbeiter ergreifen zu können, sowie den Anspruch, der höheren Bestimmung der Arbeiterschaft allein gerecht zu werden, mithin ihre sakrale Natur zu wahren. Weil die Revolutionäre von ihrer höheren moralischen Qualität sehr eingenommen waren, ertrugen sie auch keinerlei Verdächtigungen in dieser Hinsicht[14].

Das von den Revolutionären gepflegte Bild der Wirklichkeit war ebenso verklärt und fiktiv wie jenes der Zukunft. Die Lage der Arbeiterschaft wurde nach Kräften dramatisiert und mit Vorliebe der Sklaverei verglichen[15]. Das Bedürfnis nach Selbsterniedrigung nahm bei Le Guennic nahezu pathologische Gestalt an. Mit Nachdruck bezeichnete er sich wiederholt als Paria[16]. Als er eingeladen wurde, seine Anklagen gegen Guérard vor dem Außerordentlichen Kongreß von 1909 darzulegen, wies er die Rolle des Anklägers weit von sich und bestand darauf, als Angeklagter gelten zu dürfen[17]. Den Revolutionären ging es sichtlich darum, im Mantel des edlen, zu Unrecht verfolgten Vorkämpfers der Arbeiterklasse einherschreiten zu können. « Lorsqu'on a vu que nous voulions rendre agissante la masse inerte des travailleurs, lorsqu'on a vu que nos idées progressaient, le conseil du syndicat a fait tout son possible pur étouffer notre voix. On nous a isolés, je dirai, du syndicat national. Depuis longtemps nous n'avons pas eu le droit d'écrire dans la Tribune, on nous le refuse parce que nos articles ayant une tendance opposée à la vôtre, ils ne doivent pas passer[18]. » Revolutionär zu werden bedeutete das Martyrium anzunehmen, wie Le Guennic zu verstehen gab: da die Eisenbahner eines Fahnenträgers bedürften, habe er es auf sich genommen, dieser Fahnenträger zu sein bis zu dem Tag, an dem ihn ein „Flic" töten werde[19]. Le Guennic wähnte sich einer umfassenden Verschwörung ausgeliefert, die darauf abzielte, mit Hilfe aller erdenklichen Mittel die revolutionäre Tendenz zu ersticken, bevor sie zu stark würde[20]. Haupt dieser Verschwörung war seiner Meinung nach Guérard, gegen den die Revolutionäre zum Kampf antraten mit dem Mut des Gerechten: « Nous autres, menaçés d'exclusion, voyant le camarade Bidamant exclu arbitrairement du syndicat parce qu'il avait osé porter à voix haute des accusations que tout le monde portait à voix basse, nous avons essayé de nous défendre. Une grande partie des camarades du

---

14 Vgl. Totti, a. a. O., p. 56.

15 Vgl. neben der in Anm. 8 genannten Stelle auch Le Guennic, CR 20e Congrès, p. 82.

16 CR 20e Congrès, p. 202, 21e Congrès, p. 65.

17 CR Congrès extraord., p. 53/54.

18 So Lelièvre, a. a. O., p. 135.

19 APP B/a 1413, Bericht vom 17. 4. 1910.

20 CR 20e Congrès, p. 74.

Conseil, devant l'exposé des faits, se sont ralliés à nous. Ce que voyant, le camarade Guérard a voulu faire un dernier geste d'autocrate, il a voulu réunir tous les travailleurs des chemins de fer sous prétexte que, l'unanimité n'existant plus, il n'y avait plus possibilité de fonctionner. Je dis, moi, qu'il n'y avait plus moyen d'étouffer la voix de la minorité consciente qui se révoltait contre sa dictature[21]. » Erscheint schon diese Darstellung auf das David-Goliath-Motiv hin stilisiert, so verstärkt sich dieser Wille, die Wirklichkeit einem vorgeprägten Bild anzugleichen, im Kommentar Le Guennics zur freiwilligen Demission des Syndikatsführers Guérard: « Il a paru dans la presse, depuis quelques jours, des avertissement disant que le citoyen Guérard avait donné irrévocablement sa démission de secrétaire du Conseil d'administration des chemins de fer. Cela, camarades, c'est encore une ruse de politicien. Le camarade Guérard ne pouvait pas en effet présumer de l'opinion du Congrès qui allait avoir lieu ; il s'est dit : ‹ En donnant ma démission, j'aurai l'air de m'en aller de bon gré. › Nous ne voulons pas qu'il s'en aille de bon gré, nous voulons qu'il s'en aille de force[22]. » Eine freiwillige Demission Guérards widersprach dem revolutionären Modell der Konfrontation in herausfordernder Weise, nur sein dramatischer Sturz vermochte dieser Zwangsvorstellung zu genügen, und er war deshalb anzustreben. Die innere Notwendigkeit dieses Verhaltens liegt offen zutage: ohne den feierlichen Schlußakt mit dem Sieg des Gerechten und der Verurteilung des Frevlers verlor die vorangehende Haltung, der Aufstand gegen die „Diktatur" Guérards, ihre Glaubwürdigkeit. Ein bipolares Weltbild formte den Revolutionären Syndikalismus: auf der einen Seite standen die Revolutionäre, auf der anderen die Gegner. Eine Barrikade trennte sie. Und wo sich die Revolutionäre auf ihr letztes Argument verwiesen sahen, griffen sie auf diese dualistische Vorstellung zurück, mit der sich alles wieder ins Lot fügte: « Je suis de l'autre côté de la barricade[23]. » So war es den Revolutionären auch verwehrt, die Nützlichkeit von Kontakten mit der Regierung einzusehen, da die Minister per definitionem dem feindlichen Lager anzugehören hatten[24].

Um den Übergang von der stilisierten Gegenwart zur idealisierten Zukunft rankte sich die Legende von der Befreiung der Arbeiterschaft, mit dem Streik als ihrem Schwungrad. Daß der Tag der Befreiung in paradiesischer Verklärung abgebildet wurde, ergab sich aus dem Zukunftsversprechen. Für den Vorgang der Befreiung selbst erfand das revolutionäre Pathos als sinnträchtigste Metapher die Sprengung des

---

21 CR Congrès extraord., p. 60.

22 a. a. O.

23 CR 20e Congrès, p. 202.

24 Vgl. unten bei Anm. 43.

Jochs: « briser le joug[25]. » So alt das Symbol ist, so genau drückt es das revolutionäre Selbstverständnis aus. Es enthält sowohl den so stark betonten Zustand der Sklaverei wie auch den plötzlichen Charakter der Befreiung. Durch eine einmalige, geheimnisvolle Kraftanstrengung werden alle Verhältnisse umgewälzt und beginnt eine neue Zeit. Auf diesen geheiligten Vorgang hin ist der Revolutionäre Syndikalismus ausgerichtet.

Das tauglichste Instrument, um dieses Joch aufzubrechen, erkannte man im Streik. Als vielversprechendem Mirakel ließen ihm die Revolutionäre eine nahezu kultische Verehrung angedeihen, worauf im folgenden Kapitel zurückzukommen ist. Er allein war befähigt, die ersehnte Revolution zu bewerkstelligen, und im Streikgedanken lebte nach revolutionärer Interpretation auch der Geist der französischen Revolution fort. Der Streik tradierte damit jene Werte, die dem republikanischen Frankreich die höchsten waren, weshalb sich die revolutionären Syndikalisten als die eigentlichen Erben wahrhaft französischen Wesens zu betrachten geneigt schienen[26]. Die Wirkung des Generalstreiks als Mittel zur Befreiung wurde denn auch mit größtem Optimismus geschildert: « Nous sommes persuadés que la grève générale sera beaucoup plus facile à réaliser que beaucoup d'entre nous le croient. Une forte majorité de cheminots du Syndicat n'attendent que la décision du Congrès pour agir, et une fois qu'ils auront décrété la cessation du travail, ils seront suivis par tout le reste des travailleurs des chemins de fer et même aussi par les travailleurs des autres corporations. Il y aura, ce jour-là, la masse du prolétariat organisé qui se dressera contre le capitalisme oppresseur qui nous exploite ... [27]. » Reibungslos fügte sich damit die Gegenwart in die Zukunft und wandelte sich die Wirklichkeit zum Ideal.

Wer einer derart blendenden Zukunft entgegensah, mußte ein elitäres Bewußtsein entwickeln. Zunächst konnten sich die Revolutionäre einer neuen Lehre rühmen, die auf jeden Fall den Vorzug der Modernität genoß, der im allgemeinen anerkannt zu werden pflegt. Selbst Grandvallet, einer der hauptsächlichsten Streiter für die reformistische Theorie, konnte nicht umhin, sich selbst wenigstens verbal revolutionäre Tendenzen zu bescheinigen[28].

Die bisherige reformistische Taktik bot den Neuerern mancherlei Angriffsflächen, und die Kritiker wiederholten immerzu ihren Haupteinwand, wonach diese Taktik keinen Ertrag abgeworfen hätte: « J'ai lu, ces derniers temps, quelques résultats obtenus par le réseau de l'Est,

---

[25] Vgl. z. B. CR 20e Congrès, p. 75.

[26] Vgl. Fiolet, CR 19e Congrès, p. 188.

[27] CR 21e Congrès, p. 60/61.

[28] CR 20e Congrès, p. 29.

je le trouve honteux; on a jeté un os à ronger à des pères de famille plutôt que de relever les salaires[29]. » Von schwächlichen Kompromissen glaubten die revolutionären Eisenbahner ganz absehen zu können. Zu sehr vertrauten sie ihrer eigenen Kraft. Sein höchstes Pathos erreichte der Revolutionäre Syndikalismus, wenn es galt, die ihm innewohnende grenzenlose Energie zu rühmen. Es ist charakteristisch, daß Bidamant von einer Flamme spricht, wenn er sein Bekenntnis umschreiben will, und daß er der reformistischen Gangart, dem „pas modéré", die revolutionäre als den „pas gymnastique" entgegenstellt[30]. Der Revolutionäre Syndikalismus verkörpert vitale Jugendlichkeit, während der Reformismus senile Gebrechlichkeit demonstriert. In der Tat sprach Lelièvre von neuer Vitalität, die nicht zuletzt dank revolutionärer Tätigkeit das Syndikat ergreife[31]. Den Revolutionären eignete im Gegensatz zu den Reformisten auch „Virilität"[32]. Sie versuchten den Eindruck emsigster Betriebsamkeit zu erwecken. Die syndikalistische Aktivität konnte ihnen nicht groß und kraftvoll genug ausfallen, und immerzu erneuerten sie ihre entsprechenden Aufrufe. Als Beispiele mögen genannt sein: Le Guennic mit seiner Forderung nach « initiatives nouvelles ... nous entraînant vers une marche plus agressive contre ceux qui nous dépouillent »[33]; Berthelot mit seiner Beschwörung eines Streikbeschlusses: « Nous avons actuellement toutes les facilités de prendre des décisions et de *faire des actes*[34]. »; Descours mit seinem aus gleichem Anlaß formulierten Aufruf: « il est temps d'agir plus énergiquement[35]. » Wo sie auftraten, versuchten sie Aktionen einzuleiten, oft unbekümmert um die Zweckmäßigkeit ihrer Vorschläge. Diese Aktionen hatten, und das war ein weiteres immer wiederkehrendes Thema, stets der eigenen Kreativität zu entspringen. Auf exogene Kräfte war kein Verlaß, außerdem widersprach eine solche Taktik den fundamentalen Grundsätzen der syndikalistischen Selbstdeutung. Dazu wieder Le Guennic: « c'est sur nous qu'il faut compter pour rénover notre situation[36]. » Ganz analog äußerte sich Lelièvre über den erfolgreichen Grundsatz der revolutionären Propaganda: « nous avons dit aux travailleurs qu'ils ne doivent compter que sur eux-mêmes[37]. » Diesem Bedürfnis nach unausgesetzter Bewunderung der eigenen Kraft entsprach ein weiteres nach öffentlicher Anerkennung

29 So der Revolutionär Descours, CR 21e Congrès, p. 66.

30 CR Congrès extraord., p. 41.

31 a. a. O., p. 134.

32 Vgl. z. B. CR 20e Congrès, p. 76.

33 CR Congrès extraord., p. 234.

34 CR 21e Congrès, p. 25 (Hervorhebung durch Verf.), derselbe ganz ähnlich p. 60.

35 a. a. O., p. 28.

36 CR Congrès extraord., p. 235.

37 a. a. O., p. 135.

dieser Virilität. Nachdrücklich verlangte der Revolutionäre Syndikalismus sein Reifezeugnis. Le Guennic verwahrte sich gegen den Vorwurf, das Syndikat leichtsinnig der Katastrophe entgegenzuführen: « J'ai simplement dit qu'il était temps qu'on ne nous prenne plus pour des enfants, pour des guignols, pour des gens qui font des gestes en l'air, qui s'agitent sans rien faire[38]. » Das Selbstvertrauen der Revolutionäre war demnach noch keineswegs so gefestigt, wie es ihre Rhetorik wahr haben wollte, es bedurfte noch äußerer Stützung und hatte sich sichtlich zahlreicher bösartiger Verdächtigungen zu erwehren. Von daher erklärte sich auch die Eitelkeit, mit der die führenden Revolutionäre die Ausstrahlungskraft ihrer Propaganda anpriesen, so Le Guennic: « Tous les jours, on me reproche d'épouvanter les travailleurs des chemins de fer par ma propagande trop révolutionnaire, et lorsque je paraît dans les groupes, je constate tout le contraire. Au groupe de Paris-Saint-Lazare, on a fait 50 adhésions sur la seule conférence que j'ai faite à Paris-Saint-Lazare[39]. » Le Guennic behauptete auch, die Revolutionäre hätten mit ihrer Methode in sechs Monaten mehr erreicht als die Reformisten mit der ihren in achtzehn Jahren[40].

Die Revolutionäre lebten im Bewußtsein, auserwählte Künder einer neuen Zeit zu sein, und deshalb glaubten sie sich verpflichtet, jede transitorische Lösung ablehnen zu müssen. In ihren Zielen und Methoden gestatteten sie daher nur Radikales, ihr Streben führte sie stets zur Totalität. Charakteristisch dafür ist hier wiederum der schon zitierte Wille, die Demission ihres Antipoden Guérard nicht hinzunehmen, sondern sein gewaltsames Ausscheiden aus dem Syndikat zu fordern. Das elitäre Denken, das stolze Hochgefühl eigener Überlegenheit, nicht frei von vielgestaltigem Narzißmus, verstellte den Weg zur grundsätzlichen Verständigung mit dem zahlenmäßig gewichtigeren Gegner.

Das elitäre Bewußtsein verband sich aber auch zwangsläufig mit isolationistischen Tendenzen. Der strenge Kult der autonomen Befreiung machte die revolutionären Syndikalisten zu engagierten Gegnern jeder Zusammenarbeit mit syndikatsfremden Elementen. Im Syndicat National führten deshalb die Kontakte Guérards zu einigen Ministern und Politikern zu ausgedehnten Angriffen der Minderheit. Zum Hauptankläger dieser Kontakte warf sich Bidamant auf: bei einem Zwischenfall im Dezember 1909, als die Polizei die Eisenbahner am Verlassen einer Versammlung hindern wollte und die anwesenden Führer Guérard und Niel über den Kopf des Polizeikommandanten hinweg Briand telephonisch zu erreichen suchten, stürzte sich Bidamant auf Niel

38 CR 21e Congrès, p. 22.

39 CR Congrès extraord., p. 62. In gleicher Weise äußerte sich z. B. Lelièvre, a. a. O., p. 134/35.

40 CR 21e Congrès, p. 92/93.

und warf ihm und Guérard vor, diesen Hinterhalt im Einverständnis mit Briand gelegt zu heben[41]. Schon 1908 hatte Bidamant Guérard dessen gute Beziehungen zu Viviani vorgeworfen. Eine Pariser Gruppe des Netzes Ouest hatte zu einem Fest in Vanves neben Guérard selbst auch Arbeitsminister Viviani, einen unabhängigen Sozialisten, eingeladen, was den Unwillen des gewerkschaftlichen Netzkomitees Ouest und seines Sekretärs Bidamant erregt hatte. Guérard war mit Erfolg aufgefordert worden, auf seine Teilnahme zu verzichten[42]. Doch seine bloße Bereitschaft, gemeinsam mit einem Minister an einer Veranstaltung teilzunehmen, hatte Bidamants Zorn herausgefordert. Daß Guérard mit Ministern wie Viviani und Millerand freundschaftliche Beziehung pflegte, schien Bidamant mit dem Gewissen von Gewerkschaftern, die „von revolutionärem Geist durchdrungen“ waren, unvereinbar[43]. Guérard freilich gestand diese Beziehungen ohne weiteres ein und wies auf die Vorteile hin, die sie nicht ihm, sondern dem Syndikat eintrügen[44]. Der Reformismus war ebenso verständigungswillig wie der Revolutionäre Syndikalismus konfliktbereit.

Der so sichtbar manifestierte Drang nach Monumentalität kann nicht darüber hinwegtäuschen, daß der Revolutionäre Syndikalismus mitunter auch sehr an kleinkarierter Enge litt. Wie bescheiden nimmt es sich aus, wenn Lelièvre dem 19. Kongreß seine Sorgen mit der Planung einer Propagandaversammlung in Saint-Cyr mitteilt. Am 16. März 1908 bat er die Syndikatsleitung, die Kameraden Renard und Guérard an diese Versammlung zu delegieren. Erst vier Wochen später erhielt er die — negative — Antwort. Darüber ärgerte sich der geplagte Organisator. Er warf der Syndikatsleitung zunächst vor, keinen Ersatz für die unabkömmlichen Kameraden beschafft und ihn zu spät benachrichtigt zu haben, argwöhnte dann aber rasch, Guérard hätte sich wohl frei machen können, zöge jedoch für seine Auftritte große Säle vor[45]. Hinter dieser Argumentation verbirgt sich eine provinziell-familiäre Welt, die sich noch nicht mit der Bildung organisierter Massen abgefunden hat und damit seltsam kontrastiert zur unablässig vorgegebenen Modernität des revolutionär-syndikalistischen Selbstbildnisses.

Mit seiner auf alte Hoffnungen und Wünsche der Arbeiterschaft hin stilisierten Zukunft und Gegenwart, seiner Glorifizierung des Streiks und seinem verstiegenen elitären Bewußtsein bewies der Revolutionäre Syndikalismus den stark emotionalen Kern seines Wesens.

---

41 AN F 7 13661, Congrès Extraordinaire, Bericht vom 12. 12. 1909, M/3754.

42 Darstellung Bidamants, CR 19e Congrès, p. 34/35.

43 CR Congrès extraord., p. 38/39.

44 a. a. O., p. 118/19.

45 CR 19e Congrès, p. 39.

Daneben verblassen die rationalen Elemente, obwohl auch sie noch zu erkennen sind. In der Rede, die man sein politisches Testament nennen könnte, bezeichnete Guérard Vernunft, Überzeugung und große Beharrlichkeit als jene Kräfte, durch die der Syndikalismus zu Erfolg geführt werden könne[46]. Die Reformisten des Syndikats versuchten in der Tat stets, der Aktion die Analyse vorangehen zu lassen: « Avant de lutter, il faut s'organiser[47]. » Die Revolutionäre dagegen kehrten die Priorität um. Le Guennic mißtraute der reformistischen Indoktrination, die darauf hinauslief, die syndikalistische Virilität zu zerstören und eine neue Religion mit einer neuen Priesterschaft an die Stelle der alten zu setzen[48]. Ihm widerstrebte das klare, festgefügte und analytische Denken der führenden Reformisten. Mehr als der Organisation fühlte er sich der Erziehung verbunden, die ein immer wiederkehrendes Stichwort seiner Reden ist[49]. Ihr fiel die Aufgabe zu, der Arbeiterschaft zu einem neuen Bewußtsein zu verhelfen. Während also der Reformismus die Massen von außen her, durch die Organisation, in den Griff zu bekommen versuchte, wollte sie der Revolutionäre Syndikalismus von innen heraus ergreifen. Was die Revolutionäre im allgemeinen verwarfen und gerade an Guérard scharf kritisierten, die Autorität, anerkannten sie für diesen emanzipatorischen Lernprozeß. « Mais lorsqu'il s'agit d'éducation, je ne vois pas bien comment les élèves pourraient donner un mandat à leur professeur[50]. » Daß Guérard ihrer Meinung nach zu wenig für die Erziehung der Arbeiterschaft tat, daß er sie in ihrem unerfreulichen Zustand verharren ließ, machten sie ihm zum Vorwurf: « Il suppose que des théories qui ne sont pas suffisamment comprises de la masse ouvrière ne doivent pas être exposées devant elle, que c'est un danger que de faire de la propaganda émancipatrice, parmi les esclaves résignés. Dans ces conditions ... on aboutit à la danse sur place[51]. Von Planlosigkeit kann also auch beim Revolutionären Syndikalismus nicht gesprochen werden, wenn auch kein Konezpt vorlag, nach dem diese Erziehung hätte eingeleitet werden können. Allein schon diese theoretische Funktion der Erziehung schied den Revolutionären Syndikalismus vom Anarchismus, öffnete sie doch den Weg zu einer rationalen Betrachtung der Bedingungen eines gesellschaftlichen Umbruchs. So begründete Le Guennic den Sinn auch eines nicht erfolgreichen Streiks mit seiner Bedeutung für den Lernprozeß: « Si nous ne sommes pas capables d'agir

---

[46] CR Congrès extraord., p. 223.

[47] Motto Grandvallets, CR 20e Congrès, p. 210.

[48] CR 20e Congrès, p. 76.

[49] So z. B. CR 20e Congrès, p. 76, 77 und 79.

[50] Le Guennic, a. a. O., p. 77.

[51] Le Guennic, a. a. O. Im gleichen Sinn z. B. Berthelot, a. a. O., p. 163.

efficacement aujourd'hui, nous saurons du moins retirer une leçon qui nous servira dans l'avenir[52]. »

Als die geeigneten Lehrmeister für diese Erziehung zum Kampf und zur Revolte betrachteten die Revolutionäre sich selbst. Dabei konnte schon das gute Vorbild zu erfreulichen Resultaten führen. Le Guennic gab eine scheinbar aus der Erfahrung gewonnene Begründung für die Wirksamkeit der Minderheit: « Nous avons tous les jours des exemples d'énergie qui nous sont donnés par des minorités. Il suffit quelquefois dans une corporation d'un simple élément d'énergie pour soulever toute la masse contre le patronat[53]. » Unschwer ist zu erkennen, sprachlich durch das quelquefois angedeutet, daß sich in dieser anscheinend rationalen Argumentation die oben beschriebene projizierte Wunsch-Wirklichkeit wiederfindet. Ähnlich unsicher untermauerte Communay seinen Optimismus über die Aussichten minoritärer Unternehmungen: « Dans notre Syndicat, nous sommes organisés dans la proportion de 17 %. Les statistiques allemandes nous disent que lorqu'une organisation compte 20 % on peut engager les grèves avec neuf chances sur dix de les voir réussir. Il ne nous manque que 3 % de syndiqués ... Dans les réseaux, de nombreux camarades non-syndiqués marcheront avec nous. Nous pouvons leur attribuer cette part de 3 %[54]. »

Es ist daraus zu ersehen, wie wenig sich die revolutionär-syndikalistischen Gedanken zu einem festgefügten System verbinden, da immer wieder von irrealen Axiomen ausgegangen wird. Das hindert nicht, daß sich bei einem Revolutionär wie Le Guennic Stellen finden lassen, die in ihrer kühlen Rationalität dem Stil von Robespierre oder Saint-Just kaum nachstehen. So entwickelte er 1908 in knappen Sätzen seinen Antrag, einen Gewerkschaftsfunktionär, der an einem Bankett mit einem Eisenbahndirektor teilgenommen und dabei eine etwas zu freundliche zweideutige Rede gehalten hatte, aus dem Syndikat auszuschließen:

« Le camarade Marius André nous disait tout à l'heure que d'autres avaient des attitudes quelquefois, sinon plus équivoques, du moins autant, que l'a été son action dans la fête, dans le discours qu'il a adressé à M. Noblemaire. Je proposerai de lui répondre que si mon frère est un voleur, ce n'est pas une raison pour que je le sois moi-même, et que, dans l'impossibilité où nous sommes de contrôler tout le monde à la fois, nous saisissons un à un, ceux-lâ que nous jugeons nuisibles à notre organisation, nuisibles à notre action et au but que nous comptons atteindre. Il est impossible qu'il ait ici des partis-pris personnels. Pouvons-nous admettre d'un homme qu'il considère qu'il est de son devoir d'être rempli de courtoisie à l'égard d'un directeur, qui s'est montré particulièrement féroce vis-à-vis des travailleurs de la Compagnie à

52 CR 21e Congrès, p. 22.

53 CR 20e Congrès, p. 217.

54 a. a. O., p. 169.

laquelle il appartient? Non. Contre celui-là il n'y a que des anathèmes à lancer. Exclusez-le, camarades[55]. »

Im allgemeinen jedoch wünschten die Revolutionäre der streng theoretischen Debatte auszuweichen. Symptomatisch dafür scheint der Delegierte Morin zu sein, der seinen Versuch, die Behandlung von Fragen allgemein-politischer Natur (Antimilitarismus) im Syndikat zu rechtfertigen, mit dem Bekenntnis verband: « Je sais, camarades, que j'aborde peut-être une thèse au-dessus de mes forces, mais je vous prie de m'excuser si je ne m'explique pas aussi clairement que je le voudrais[56]. »

Der theoretische Beitrag der Revolutionäre zur Zukunftsdiskussion im Eisenbahnersyndikat nahm sich entsprechend bescheiden aus. Zwar wurde der Syndikalismus vage als der Rahmen der neu zu bildenden Gesellschaft bezeichnet, doch fehlten darüber genauere Aussagen[57]. Soweit sich systematisches Denken erkennen ließ, betraf es vorwiegend die Methode des Kampfes. Le Guennic beschrieb sie kurz und polemisch: « La méthode qualifiée de revolutionnaire consiste à organiser le prolétariat afin qu'il arrive par la force, par la violence, en descendant dans la rue, en faisant la grève générale, à obtenir satisfaction. La méthode réformiste, au contraire, consiste à s'inspirer de l'opportunité de la loi, à faire prendre patience aux travailleurs . . .[58]. »

So wie er sich im Eisenbahnersyndikat darbot, gewann der Revolutionäre Syndikalismus deshalb ganz den Charakter eines Experiments, auf das sich einzulassen nicht zu einer Frage rationaler Betrachtung, sondern emotionaler Entscheidung wurde. Die Reflexion spielte eine untergeordnete, der Mut die ausschlaggebende Rolle. Im Dialog zwischen dem Reformisten Grandvallet und dem Revolutionär Le Guennic über die Opportunität eines Streikes ist diese theoretische Erbärmlichkeit des revolutionären Programms in nuce enthalten:

Grandvallet: Mais, camarades, avez-vous pesé votre force? Le Guennic: Nous voulons justement essayer[59].

Nach revolutionärer Auffassung stellte sich die Alternative als: Revolte oder Resignation[60]. Die Revolte war die moralische Antwort, die Resignation die intellektuelle.

---

[55] CR 19e Congrès, p. 113.

[56] CR Congrès extraord., p. 232.

[57] Le Guennic, CR 20e Congrès, p. 76.

[58] CR 21e Congrès, p. 93.

[59] a. a. O., p. 30.

[60] So formulierte Le Guennic polemisch gegen die Reformisten, CR 20e Congrès, p. 237.

Aus unseren Überlegungen geht hervor, daß der Vorwurf des Anarchismus den Revolutionären Syndikalismus nicht ganz zu treffen vermag. Der anarchistische Grundzug bleibt zwar unverkennbar, doch vermischt er sich mit systembildenden Elementen. Diese Nuancierung verliert jedoch rasch ihre Konturen, wenn der Revolutionäre Syndikalismus dem Reformismus gegenübergestellt wird. Deshalb ist Grandvallets Urteil verständlich.

Beide Seiten haben versucht, ihr Wesen durch ein antithetisches Modell zu erkennen. Le Guennic als Revolutionär beschrieb den Unterschied: « Les révolutionnaires prêchent l'activité et la révolte aux travailleurs, tandis que les réformistes leur prêchent l'asservissement par la discipline, avec des phrases creuses, car la plupart d'entre eux sont des quémandeurs de faveurs[61]. » Und Bonnet als Reformist definierte: « Celui qui a un tempérament révolutionnaire, cherche à aller vers un but qui est le même que celui des réformistes; mais l'un dit que l'on devra passer par la fenêtre et l'autre que l'on passera par l'escalier[62]. » Die Zitate bestätigen einander gegenseitig, auch in ihrer sprachlichen Gestalt. Nur verharmlost Bonnet, was Le Guennic unmißverständlich ausdrückt: der Gegensatz zwischen dem ordnungsliebenden Treppengänger und dem ungestümen Fassadenkletterer war unüberbrückbar.

Der Gegensatz zwischen Reformismus und Revolutionärem Syndikalismus, den noch Chaumel, ähnlich wie Bonnet, als reinen Methodenstreit verstanden wissen wollte[63], ist demnach doch mehr: der Revolutionäre Syndikalismus, mit seinem Mißtrauen gegenüber allem Intellektuellen, seinem Streben nach unmittelbarer Konkretisierung, seiner Auflehnung gegen die zerrinnende Zeit, stellt beim ganzen noch so theoretischen Hintergrund doch immer wieder auf Emotionen ab, auf spontane Reaktion der Arbeiter gegenüber ihrer sozialen Lage. Dafür legt die häufige Anrufung der Spontaneität Zeugnis genug ab. Es ist diese Reaktionsbedürftigkeit, die den Revolutionären Syndikalismus zwingt, jede Tagesaktualität zu haschen und für seine Propaganda auszuwerten.

---

[61] CR Congrès extraord., p. 60/61.

[62] a. a. O., p. 12.

[63] Vgl. Chaumel, Histoire des cheminots et de leurs syndicats, p. 61.

II. Syndikalismus der Tat

Seine sozialtheoretische Stellung, im vorangegangenen Kapitel umrissen, verweist den Revolutionären Syndikalismus auf die Praxis. Die Massen sollen angesprochen und in Bewegung versetzt werden. In der Form theoretischer Erörterungen ist dies nicht zu erreichen, sondern durch die tägliche Präsenz im sozialen Konflikt, durch ein Klima permanenter Konfrontation. Dazu bedarf die revolutionäre Taktik der konkreten Ansatzstellen, die ihr durch die sozialen Verhältnisse mit ihren täglichen, jedoch meist lokal begrenzten Spannungen geöffnet werden. Weil sich die Arbeiter am ehesten aus der bedrängten Defensive heraus zum Handeln bereit finden, wird dadurch der Revolutionäre Syndikalismus von spontanen, durch unberechenbare Zwischenfälle hervorgerufenen Reaktionen der Arbeiterschaft abhängig und zu passivem Attentismus gezwungen. Er vermag nicht Bewegung zu erzeugen, sondern nur, sie auszuwerten. Im Gegensatz zu seinem Selbstverständnis vermittelt nicht er die Initialzündung, sondern starrt gebannt auf diese als das Wunder, das ihn weiterführen soll. Der Revolutionäre Syndikalismus erweist sich deshalb nicht als leuchtende, alles aufzehrende Flamme, die er sein will, sondern eher als Zunder, der auf den erlösenden Funken wartet. Seine organisatorische Schwäche setzt ihn fremden Sachzwängen aus und hindert ihn daran, spontane Bewegung zu kanalisieren.

In dieser Ausrichtung auf die Praxis verwandt mit dem Revolutionären Syndikalismus ist der reformistische Sozialismus. Auch dieser zeigt sich der Theorie abhold[1]; dennoch geht diese gleiche Erscheinung auf unterschiedliche Konzeptionen zurück. Der Reformismus erhofft sich die Verwirklichung seiner Ziele durch die tägliche Arbeit am stufenweisen Fortschritt, wobei er aber auf die theoretische Gewißheit gründet, dergestalt eine allmähliche Wandlung der Gesellschaft herbeiführen zu können. Beim Reformismus liegt der Zweck des täglichen Kampfes in der jeweils anstehenden sozialen Forderung, die sich selbst genügt, weil sie a priori Teil des Wandlungsprozesses ist, und der Kampf ist hier deshalb stets wieder neu und anders. Beim Revolutionären Syndikalismus indessen betrifft der Kampf die ewig gleiche, grundsätzliche Konfrontation von Patronat und Salariat, die sich täglich von neuem wiederholt; der Einzelfall, an sich nebensächlich, erhält seine

---

[1] Vgl. Hofmann, p. 173.

Bedeutung erst durch seine Beziehung zum allgemeinen Kampfziel. Dabei stimmt das reformistische Vorgehen mit der reformistischen Theorie überein, die einen klug bemessenen stufenweisen Fortschritt fordert. Im Gegensatz dazu klafft zwischen dem revolutionären Tageskampf und der ihn bestimmenden Befreiungseuphorie eine Welt des Widerspruchs, weil die einbrechende Zukunft so sichtbar an Ort tritt.

Für seine Bedingtheit durch die Praxis entwickelt der Revolutionäre Syndikalismus eine eigentliche Philosophie des täglichen Kampfes und der stetigen Feindschaft der Klassen: die Action directe. Ihre Komponenten sind bekanntlich der Streik, der Boykott, die Konsumentenempfehlung (Label) und die Sabotage[2]. Von diesen Mitteln fiel für das Wirken des Revolutionären Syndikalismus im Eisenbahnersyndikat vorerst allein der Streik in Betracht, erst vom Sommer 1910 an empfahlen einige revolutionäre Syndikalisten, auch das zweischneidige Schwert der Sabotage dem Instrumentarium des sozialen Kampfes beizufügen. Boykott und Konsumentenempfehlung mußten wegen der Größe und der Struktur des Eisenbahnbetriebes außer acht gelassen werden.

Die Bedeutung des Streiks für das revolutionäre Weltbild ist schon angedeutet worden[3]. Der Streik war der eigentliche Inbegriff der Action directe. Er entwickelte sich allmählich, wie Grandvallet richtig erkannte, zum bloßen Selbstzweck: « la grève pour la grève[4]. » Wer immer Aktionen verlangte, meinte damit den Streik. Es entsprach dem beschriebenen Selbstverständnis des Revolutionären Syndikalismus, daß noch und noch solche Aktionen gefordert wurden. Ein unbändiger Tatendurst suchte sein Betätigungsfeld. Die allgemeine Umschreibung dafür lautete, „eine aktivere Periode“[5] einzuleiten. Die Revolutionäre glaubten das ihrem Ruf schuldig zu sein. Als Berthelot im Frühjahr 1910 einen Streikbeschluß herbeiführen wollte, verwies er den Eisenbahnerkongreß auf die Massen, die von ihm eine solche Entscheidung mit Ungeduld erwarteten[6]. Berthelot schrieb den ganzen Erfolg der Revolutionäre ihrer energischen Haltung, ihrem Aktionswillen zu[7]. Ihre Rechtfertigung lag demnach allein in der Tat. War der Weg der Tat erst einmal beschritten, ergab sich alles weitere von selbst: die Anhängerschaft wuchs, der Erfolg stellte sich ein. Le Guennic beschrieb diese beflügelnde Wirkung der Action directe:

---

[2] Nach der Definition von Emile Pouget, zitiert bei Dubief, p. 187.

[3] Vgl. Kap. I.

[4] Grandvallet, La vérité sur la grève des cheminots, p. 9. Dubief, p. 38, spricht analog dazu von „l'action pour l'action“.

[5] So Le Guennic, CR 20e Congrès, p. 74.

[6] CR 21e Congrès, p. 60.

[7] CR 19e Congrès, p. 72.

L'action directe est, en outre, une propagande: personellement, je connais bien des camarades qui se tenaient à l'écart de toute agitation et qui sont devenues maintenant des partisans fervents de l'action directe, parce qu'ils ont été entraînés dans la rue, parce qu'ils ont reçu des coups de poings des flics, ce qui leur a montré qu'ils étaient considérés comme des parias dans la société et ils ont compris qu'il n'y avait qu'un moyen pour eux de faire respecter leur dignité: la révolte[8].

Freilich durfte, um wirksam zu sein, die Action directe nicht durch philosophische Skrupel und friedfertige Regungen geläutert werden. Le Guennic ließ keinen Zweifel darüber offen, daß sich mit der Action directe das Mittel der Gewalt verband: « Eh bien, camarades, il faut qu'il surgisse en vous un élément de solidarité, un élément d'action, de virilité, qui vous entraîne un jour dans la lutte contre le coffre-fort des capitalistes, qui aura lieu non pas avec des phrases, ni avec des chiffres, non pas avec des colonnes sur des tableaux noirs, mais avec les poings fermés dans la mêlée[9]. » Erst da, in der offenen, gewaltsamen Auseinandersetzung, wähnte sich der Revolutionäre Syndikalismus an seinem Ziel. Erst im sozialen Bürgerkrieg erfüllte sich der Geist der Action directe: « Le Syndicat n'est pas un élément de paix sociale, c'est un élément de guerre sociale[10]. » Als Kampfplatz dieser Konfrontation wünschten sich die Revolutionäre nicht den Verhandlungssaal, sondern die Straße[11]. Die Verwandtschaft dieser kompromißlosen und gewalttätigen Abenteuerlust mit dem „vivere pericolosamente" ist unverkennbar[12]. Der beschworene tätige Geist bedurfte konkreter Ansatzpunkte, um sich wirksam entfalten zu können. Das dumpfe Verlangen nach Tat mußte in erfolgreiches Tun umgesetzt werden. Diesen Prozeß versuchten die Revolutionäre im Syndikat in Gang zu setzen.

Dabei bekundeten sie aber, weil es ihnen an einer umfassenden Konzeption gebrach, die größten Schwierigkeiten. Statt nach wohldurchdachtem, realistischem Plan vorgehen zu können, mußten sie auf fallweises Taktieren abstellen. So sehr sie die Action directe verbal anpriesen, so wenig vermochten sie diese praktisch durchzusetzen. In passiver Erwartung wünschten sie irgendein Ereignis herbei, das ihnen den notwendigen Auftrieb verschaffen würde. Der Revolutionäre Syndikalismus verlor sich ganz an die Praxis, den Alltag, ausschauend nach einem Konfliktstoff, der eine spontane, instinktive Reaktion der Arbeiterschaft auszulösen imstande wäre. Für diesen Zweck eigneten sich besonders Vorkommnisse, die materiell oder emotional einen großen Teil der Eisenbahner angingen. Zu dieser Kategorie gehörte bis 1909 das Pen-

---

8 CR 21e Congrès, p. 65.
9 CR 20e Congrès, p. 218.
10 Dussaix, 20e Congrès, p. 128.
11 Vgl. Le Guennic, CR 21e Congrès. p. 93.
12 Auf diese Verwandtschaft mit dem Faschismus verweist auch Dubief, p. 38.

sionengesetz[13]. Um seine Behandlung zu beschleunigen, forderte am Eisenbahnerkongreß von 1908 die revolutionär beeinflußte Gruppe Paris-Nord ein Referendum über die Ausrufung eines Generalstreiks. Der Antrag lautete: « Si aucune satisfaction n'est accordée par les compagnies, après un délai déterminé, aux revendications qui leur seront ou qui leur ont été présentées, un referendum aura lieu sur tous les réseaux pour la grève générale à date fixe[14]. » Die Streikdebatte von 1908 brachte allerdings kein Ergebnis. Es spricht nicht nur für die Beharrlichkeit der Revolutionäre, sondern auch für die Dürftigkeit ihrer Alternativ-Planung, daß sich diese Diskussion im folgenden Jahr wiederholte[15]. Im Jahr 1910 sodann boten die Zwischenfälle von Sotteville-Rouen, wo Eisenbahner und Polizei zusammengestoßen waren, den Anlaß, den Kongreß zu Taten aufzurufen. Eine revolutionäre Streik-Phalanx mit Le Guennic und Berthelot an der Spitze wollte den gerade noch aktuellen Streitfall zum Prüfstein solidarischen Handelns erklären, scheiterte jedoch auch mit diesem Reizmittel[16]. In keinem dieser Angriffe gelang es, unmittelbares Geschehen in revolutionäre Taten hinüberzuführen.

Nicht immer und nicht ausschließlich konnte die revolutionäre Fraktion des Syndikats mit dem kühnen Ziel des Streiks arbeiten. Doch ist auch ihre übrige Aktivität vom gleichen gequälten Attentismus, dem allgemeinen Gesetz ihres Handelns, geprägt. Im Jahre 1908 erlaubte es ihr der Fall des wegen ungewerkschaftlichen Verhaltens ausgeschlossenen Marius André, syndikalistische Gesinnung und Betriebsamkeit zu demonstrieren[17]. Ein Jahr später trug die Diskussion um das Verhalten Le Guennics als Syndikats-Delegierter am C. G. T.-Kongreß von Marseille, das beim reformistischen Netz Est auf schärfste Kritik gestoßen war, zur Profilierung der revolutionären Position bei[18]. Am außerordentlichen Kongreß des selben Jahres, der eigens zur Beilegung des inneren Zerwürfnisses einberufen worden war, gelang es den Revolutionären mit ihren Angriffen auf Guérard erneut, die allgemeine Aufmerksamkeit auf sich zu ziehen. Mit dem gleichen Thema, einer Diskussion um eine an Guérard zu gewährende Rente, bewiesen sie noch ein weiteres Mal am Kongreß von 1910 ihre Begabung, geeignete Vorkommnisse aufzugreifen und sie für ihre Propaganda auszuwerten.

Dieser ebenso gewaltige wie wirre Aktionsdrang, der ungeduldig ein

---

13 Vgl. Kap. III.

14 CR 19e Congrès, p. 185.

15 Vgl. CR 20e Congrès, p. 140 - 177.

16 Vgl. CR 21e Congrès, passim.

17 Vgl. CR 19e Congrès, p. 77 - 127; ausführlich dargestellt in Kap. V.

18 Vgl. die entsprechenden Auseinandersetzungen, CR 20e Congrès, p. 45 - 106; die Affäre wird in Kap. V eingehender behandelt.

Objekt sucht, charakterisiert das praktische Verhalten des Revolutionären Syndikalismus. Wie Kinder schienen sich einem Delegierten seine Kollegen zu benehmen[19], und in der Tat war das Verhältnis der Revolutionäre zur tätigen Praxis kindlich fixiert: sie starrten gebannt nach außen und bestimmten ihr Handeln nach den stets wechselnden äußeren Eindrücken. Damit begaben sie sich aber der Möglichkeit, wirklich führende Kraft im Syndikat zu werden. Symptomatisch dafür wie auch für die Ziellosigkeit der revolutionären Tätigkeit im Syndikat ist eine protokollarische Bemerkung zur Atmosphäre der Eisenbahnerkongresse, wie sie durch die Verhandlungssitten der Revolutionäre geprägt wurde: « Bruit et interruptions de divers côtés. La discussion continue de toutes parts en même temps[20]. » Dem syndikalistischen Tat-Willen fehlte die Perspektive eines sinnstiftenden Entwurfs. Ohne ihn blieb die rührige Propaganda für die Action directe nichts denn zur Phrase erstarrtes Pathos.

Die Philosophie der immerwährenden syndikalistischen Tat erlaubte keinen Ausbruch, und selbst nach dem Streik von 1910 wurde einer Analyse des Mißerfolgs die immer wieder erneuerte Wiedergabe der Streikgeschichte vorgezogen, so daß vom Phänomen einer „Streikerzählung“ gesprochen werden kann. Bei einer dermaßen intensiven Bindung an das Vordergründige enthüllt sich mit aller Schärfe die Gespaltenheit der revolutionär-syndikalistischen Theorie mit ihrer zwischen Zielvorstellung und Realisierung klaffenden Lücke.

Dem Revolutionären Syndikalismus mußte unter diesen Vorzeichen eine real verändernde Kraft abgehen, so daß als seine eigentliche Wirkung bleibt, was durch den Begriff der „periode troublée“ definiert wird[21]. Mit dieser Formel faßte die Polizei vorausschauend die Ereignisse von 1910 zusammen, und in der Tat trifft dies die Bedeutung der Krise in präziser Weise. Der Revolutionäre Syndikalismus entwickelte zwar eine bemerkenswerte Betriebsamkeit, er zog Geschehen an sich, doch stand die erreichte Veränderung dazu in keinem angemessenen Verhältnis. Als „periode troublée“ läßt sich aber nicht nur die Oktoberkrise von 1910 bezeichnen, der Begriff prägt die gesamte Periode der erhöhten revolutionär-syndikalistischen Aktivität, vom Grubenarbeiterstreik und der Acht-Stunden-Tag-Kampagne von 1906 bis zur Affäre Draveil-Villeneuve-St. Georges von 1908 und dem Poststreik von 1909. Zwar warfen diese Ereignisse hohe Wellen auf, besonders auch publizistische, doch führten sie in keinem Fall zur Erschütterung der Grundfesten der überkommenen sozialen Ordnung.

---

[19] CR Congrès extraord., p. 169.

[20] CR 19e Congrès, p. 76. Dieses Beispiel steht hier nicht vereinzelt, sondern gibt durchaus den bestimmenden Verhandlungsstil wieder.

[21] AN F 7 13661, Congrès Extraordinaire.

III. Die sozialen Verhältnisse

Die soziale Theorie kann nicht von der sozialen Wirklichkeit gelöst werden. Die Vorstellungswelt der Gesellschaftskörper wird nicht aus dem Nichts heraus geboren. Bei der Behandlung sozialpolitischer Konflikte wird jedoch häufig mit verzerrender Optik auf die sie verursachenden sozio-ökonomischen Verhältnisse verwiesen, sei es, um ihre Gebrechen und die daraus abgeleitete Drangsal hochzuspielen, sei es, um ihre spannungsreichen Mängel zu bagatellisieren. Im weiteren ist deshalb auszugehen von der unbefangenen Betrachtung der sozialen und wirtschaftlichen Stellung der Arbeiterschaft, insbesondere der Eisenbahner, von ihrer „condition ouvrière“[1].

Zunächst erhebt sich die grundsätzliche Frage nach der Korrelation zwischen sozio-ökonomischer Lage und sozialpolitischem Verhalten der Arbeiter. Es ist zu beantworten, ob die Arbeiterschaft einem Handlungszwang untersteht, der durch die sozialen Verhältnisse bestimmt wird. Als numerische, statistische Indikatoren kommen dabei einerseits das Verhältnis der Lohnbewegung (Nominallohnindex) zur Preisentwicklung (Lebenskostenindex), sichtbar im Reallohnindex, und andererseits der quantitative Umfang der Streikbewegungen in Betracht.

Einer genauen Messung dieses Verhältnisses stehen methodische Schwierigkeiten entgegen. Schon auf nationaler Ebene ist die Ermittlung der genauen statistischen Werte bei der großen Zahl der zu berücksichtigenden Faktoren sehr problematisch, so daß die uns vorliegenden Werte stets als Annäherung betrachtet werden müssen. Noch problematischer ist es, ein statistisch exaktes, allgemeinverbindliches Diagramm über das Verhältnis zwischen Lohn-Preis-Relation und Streikhäufigkeit bei den Eisenbahnern zu erstellen. Dies schon deshalb, weil die Eisenbahner ja keineswegs eine homogene Gruppe bilden, sondern in diverse Varietäten mit beträchtlichen Unterschieden des sozialen Niveaus zerfallen. Eine jede Berufskategorie unterliegt hier besonderen Bedingungen, weshalb auch die Voraussetzungen für das sozialpolitische Verhalten wechseln. Demnach erfolgt die Betrachtung der sozialen Verhältnisse der Eisenbahner vergleichend mit der allgemeinen Lage der französischen Arbeiterschaft, aus deren verschiedensten Berufsgattungen das Eisenbahnpersonal zusammengesetzt ist. In ihren groben Um-

---

1 Dolléans, in seiner Einleitung zu Chaumel, op. cit., p. XII.

rissen ist diese wirtschaftlich-soziale Lage der Arbeiterschaft gesichert und erkennbar.

Ganz allgemein kann von einer krisenhaften Verschlechterung der wirtschaftlich-sozialen Stellung der Arbeiterschaft in den Jahren, die dem Ersten Weltkrieg unmittelbar vorausgehen, gesprochen werden, und zwar keineswegs als Folge einer negativen konjunkturellen Entwicklung. Im Gegenteil gestaltete sich in den zwei Jahrzehnten vor dem Ersten Weltkrieg die konjunkturelle Lage in Frankreich zusehens günstiger, wenngleich das industrielle Wachstum am internationalen Standard gemessen bescheiden blieb[2]. Eine kontinuierliche Aufwärtsbewegung der französischen Wirtschaft war jedenfalls unverkennbar, und die industrielle Wachstumsrate stieg seit der Jahrhundertwende deutlich an: in der Periode 1885 - 1905 belief sie sich noch auf 2,66 %, in den Vorkriegsjahren 1905 - 1913 dagegen auf 4,42 %. Ähnlich verlief das Wachstum des Sozialproduktes. In den Jahren 1905 - 1910 erreichte die industrielle Produktion geradezu Rekordwerte[3]. Diese positiven Ergebnisse übertrugen sich jedoch nicht direkt auf die Arbeiterschaft. Der Reallohn-Index verzeichnet für die Jahre 1909 - 1913 einen deutlichen Rückgang, hervorgerufen durch eine eigentliche Teuerungswelle, die durch die Nominallohn-Verbesserungen nicht ausgeglichen wurde. Die statistischen Werte weisen diesen Vorgang klar aus[4]:

Da die Periode der fallenden Reallöhne mit dem Jahr 1910 fühlbar einsetzt, steht unser Gegenstand, die Krise vom Herbst 1910, an einer sozialpolitischen Schwelle und wird zum Symptom einer Peripetie. Diese plötzliche Reallohneinbuße wog um so schwerer, als sie auf eine lange Periode mit beträchtlichem Reallohnzuwachs folgte. Nach dem Index von Singer-Kérel stieg der Reallohn von 69,7 im Jahre 1875 auf 103,6 Punkte im Jahre 1905, das sind 48,6 %, was dem Ergebnis Levys (48 %)

---

[2] Vgl. Perrot, Grèves, grévistes et conjoncture, Le Mouvement Social, Nr. 63/1968 p. 115. Für Einzelheiten wird verwiesen auf J. Bouvier, M. Gillet, F. Furet, Le mouvement du profit en France au XIXe siècle, Paris 1965.

[3] Vgl. M. Lévy-Leboyer, La croissance économique en France au XIXe siècle, Annales Nr. 4/1968, p, 788 - 807. Auch Kuczynski nennt zunehmende Wachstumsraten, gestützt auf Werte von Marczewski, vgl. Jürgen Kuczynski, Darstellung der Lage der Arbeiter in Frankreich seit 1848, Berlin 1967, p. 145.

[4] Die Tabelle für die Jahre 1909 - 1913 entspricht den Angaben in der Tabelle von Flonneau, Crise de vie chère et mouvement syndical 1910 - 1914, Le Mouvement Social, Nr. 72/1970, p. 57. Die Werte von Singer-Kérel, Le coût de la vie à Paris de 1840 à 1954, stammen aus der Tabelle p. 539 (Reallohnindex) bzw. p. 105 (Lebenskostenindex). Die Werte von Singer-Kérel, Tabelle p. 105, stimmen nicht überein mit den Aussagen p. 103, ebensowenig mit der Graphik p. 106, die den Werten von Flonneau p. 57 entspricht. Tabellenwert p. 105 stimmt auch nicht mit Tabelle p. 453 überein. Zum richtigen Resultat von Flonneau p. 57 auf der Basis von 1900 = 100 gelangt, wer die Tabelle p. 453 zum Ausgangspunkt nimmt, und zwar die Spalte Coût de la vie (213 articles). Die Werte von Kuczynski aus dessen zitiertem Werk, p. 153.

Jahr	Lebenkostenindex		Reallohnindex	
	Singer-Kérel	Kuczynski	Singer-Kérel	Kuczynski
1900	100	100	100	100
1901	100.5	94	100	106
1902	99.3	92	101.2	106
1903	98.9	100	101.6	99
1904	97.5	98	103.1	101
1905	97	94	103.6	106
1906	98.6	93	105.6	112
1907	100	98	106.4	106
1908	102.3	100	104	108
1909	102	99	108.7	110
1910	103.4	103	105.9	108
1911	113.2	112	101.3	101
1912	111.8	116	103	98
1913	113.2	113	102.1	102

entspricht und im Umriß auch durch den Index Kuczynskis (37,7 %) bestätigt wird[5].

Mit dem Sommer 1910 setzte eine Preissteigerung ein, die sich in den letzten Monaten des Jahres noch verschärfte. Die bei Flonneau[6] mitgeteilten monatlichen Einzelwerte des Lebenskostenteils dreier ausgewählter Arbeiterbudgets auf der Grundlage einiger hauptsächlichen Lebensmittel zeigen übereinstimmend einen markanten Anstieg, der in den Sommermonaten 1910 beginnt. Allein im Vergleich des ersten mit dem zweiten Semester 1910 betrug der Preisauftrieb in diesen Beispielen im Durchschnitt etwa 10 %. Daß dabei unter den drei angeführten Beispielen jenes eines Eisenbahners aus Lille, im Einzugsbereich der Compagnie du Nord, im Sommer 1910 die höchste Lebenskostensteigerung zeigt, charakterisiert zwar nicht die Lage der Eisenbahnarbeiter insgesamt, erscheint hingegen im Lichte des Oktoberstreiks als symptomatisch. Für die beiden Jahre 1910 und 1911 muß mit Fug von einer brutalen Teuerung gesprochen werden[7]. Der Oktoberstreik hätte dadurch unter bestimmten Voraussetzungen zum Testfall werden können für die Haltung der gesamten Arbeiterschaft gegenüber den Teuerungserscheinungen.

Grundsätzlich ist also zu fragen, inwieweit Reallohneinbußen auf die Streikaktivität einwirken können. Der langjährige Vergleich vermag in

5 Singer-Kérel, p. 538 - 539; Lévy-Leboyer, p. 799. Kuczynskis Zahl für 1875 ist 77 (p. 105).

6 Flonneau, p. 55/56.

7 a. a. O., p. 55 und passim. Der Begriff der „brutalen Teuerung“ wird von Perrot I, p. 122, aufgenommen unter Bezugnahme auf Flonneau, und zwar für die Periode 1910 - 11.

der Periode 1890 - 1914 kein direktes Kausalverhältnis nachzuweisen, da den Reallohnschwankungen keine vergleichbaren Veränderungen in der Streikhäufigkeit gegenüber stehen[8]. Dagegen stellt sich eine erkennbare Übereinstimmung zwischen saisonalen Preisschwankungen und Streikaktivität ein: beide Bewegungen kulminieren im Frühjahr[9]. Auch so bemerkenswerte Preissteigerungen wie in den Jahren 1910 und 1911 beeinflussen die Streikaktivität[10]. Ein Zusammenhang zwischen den beiden Größen besteht infolgedessen nur, wenn die Lebenskostenvermehrung eine nicht genau definierte Reizschwelle überschreitet und dadurch der Streikaktivität einen Impuls vermittelt. Mit Ausnahme der außerordentlichen Entwicklung um 1910 wurde diese Reizschwelle offenbar nie erreicht. Da die Streikaktivität jedoch zweifelsohne nicht allein durch die Lebenskosten beeinflußt wird, fällt es schwer, diesen Faktor zu isolieren und damit seine Bedeutung zu bestimmen. Auf jeden Fall führt ein Reallohnverlust nicht zu im vornherein bestimmbaren Veränderungen der Streikaktivität. Es ist aber nicht nur auf eine einseitige Beeinflussung der Streikaktivität durch die Reallöhne zu schließen, auch das umgekehrte Verhältnis kann hinterfragt werden. Für die Periode der fallenden Reallöhne (1909 - 1913) lassen sich hiefür drei Interpretationsmodelle denken: 1. Der Reallohn sinkt, obschon die streikpolitische Aktivität gesamthaft, besonders 1910, noch immer beträchtlich ist. Die Reallohnverschlechterung wäre somit einem Zuwenig an streikpolitischer Aktivität anzulasten. 2. Der Reallohn sinkt unabhängig von der Streikaktivität. Diese wäre demnach kein geeignetes Mittel, um auf die Lohngestaltung Einfluß zu nehmen. 3. Der Reallohn sinkt zufolge der Streikaktivität. Gerade weil die hohe Streikaktivität die Gefahr häufigen Scheiterns nach sich zieht, die mißlungenen Streiks jedoch das Unternehmertum stärken und seine Verhandlungsbereitschaft reduzieren, wirkt sie sich negativ auf die Reallöhne aus[11]. Der mangelnden Konzentration und Koordination der Streiks wäre damit die soziale Verschlechterung zuzuschreiben. Aufgrund der Ergebnisse des Oktoberstreiks scheint diese letzte Interpretation des Lohn-Streik-Verhältnisses den tatsächlichen Vorgang am besten zu treffen.

Um soziale Konflikte zu motivieren, reicht eine allein wirtschaftliche Betrachtungsweise also nicht aus. Als historisches und soziologisches

---

[8] Die These, wonach kein Zusammenhang bestehe in der Periode 1890 bis 1914, mit der Ausnahme 1910 - 1911, wird vertreten bei Perrot I, p. 122. Zur Streikaktivität vgl. im übrigen die Graphik im Anhang, Ziff. 1.

[9] Perrot I, p. 118.

[10] a. a. O., p. 122.

[11] Der Streik ist stets ein Experiment und kann deshalb auch scheitern. Perrot I, p. 120, vertritt daher die These, daß ein Reallohnverlust auch zur Rückbildung der Streikaktivität führen könne, da die wirtschaftliche Bedrängnis von Experimenten abhält.

Geschehen verlangt der Streik eine mehrschichtige Erklärung. Die politische Haltung der Arbeiterschaft hängt nicht nur von ihrer ökonomischen Basis ab, sondern vor allem davon, wie sie diese selbst beurteilt[12]. Neben dem ökonomischen gilt es vor allen Dingen den psychologischen Aspekt hervorzuheben, neben dem Sein das Bewußtsein. Die Übereinstimmung dieser beiden Größen kann nicht vorausgesetzt werden, und so ist denn auch für die Psychologie der Arbeiterschaft dieser Jahre charakteristisch, daß sie ihre Aufmerksamkeit primär auf die Nominallöhne richtet und sich an diesen orientiert, während ihr das Sensorium für die Bedeutung der Reallöhne noch abgeht[13]. Einzig eine Teuerungsbeschleunigung, wie sie 1910 eintritt, führt hier zu einer klaren Signalisation der tatsächlichen Lage und damit zum psychologischen Erlebnis, das zum Handeln frei macht[14]. Der Arbeiter beginnt sich einer unberechenbaren Entwicklung schutzlos preisgegeben zu fühlen. Er versucht deshalb seine neuen Ansprüche zu formulieren. Für solche psychologische Reaktionen besonders bestimmend ist die Entwicklung der Nahrungsmittel- und Mietpreise[15]. Der Vergleich mit der Struktur des Arbeiterbudgets belegt diese Empfindlichkeit eindrücklich: die Nahrungsausgaben erreichen im Durchschnitt etwa 70 %, die Mieten 8,3 % des Einkommens[16]. Da der Lebenskostenanstieg des Jahres 1910 weitgehend allein auf die Teuerung im Ernährungssektor zurückzuführen war, während die übrigen Einzelindexe keine großen Veränderungen zeigten, traf er den Haushalt des Arbeiters ungleich stärker als jenen des Bürgers. Die Indexkurve der Lebenskosten der Arbeiterschaft stieg deshalb deutlicher an als jene des Bürgertums, woraus sich ergibt, daß die bislang genannten allgemeinen Werte des Reallohnverlustes für die soziale Unterschicht zu niedrig gehalten sind[17]. Diese Teuerung im Sektor Nahrungsmittel und daneben auch bei den Mietpreisen zog unweigerlich psychologische Rückwirkungen nach sich[18]. Was ihr dabei besonderen Nachdruck verlieh, war ihr plötzliches Auftreten.

---

[12] Eine mehrschichtige Erklärungsebene verlangt Andréani in: Edgar Andréani, Les grèves et les fluctuations de l'activité économique de 1890 à 1914 en France, Paris 1965 (Thèse pour le doctorat de Sciences économiques, Faculté de Droit, Maschinenschrift), zitiert bei Perrot I, p. 113. Das psychologische Moment ferner betont a. a. O., p. 117, 118; ebenso bei Flonneau, p. 50.

[13] Perrot I, p. 121.

[14] Der Deputierte Ernest Roche wies in der Kammer ausdrücklich auf die Vernichtung der Nominallohnverbesserungen durch die Teuerung hin, J. O. 30. 10. 1910, p. 2634, Séance du 29 Octobre.

[15] Flonneau, p. 58.

[16] a. a. O., p. 52, 54.

[17] Die Herkunft der Teuerung aus dem Ernährungssektor geht hervor aus Singer-Kérel, Tabelle p. 453, die stärkere Belastung des Arbeiterhaushaltes aus der Graphik p. 96.

[18] Flonneau p. 58.

In der ersten Teuerungsphase, dem zweiten Semester 1910 und dem ersten Semester 1911, erfuhr der Fleischindex teilweise eine Steigerung von 80 auf 120 Punkte, der Brotindex eine solche von 80 auf 110[19]. Traditionsgemäß ist unter den Nahrungsmitteln das Brot mit einem besonderen Sakrileg versehen und hat Symbolwert. Am 14. Juli 1789 erreichte der Getreidepreis in Paris einen Höchststand[20]. Am 1. August 1910 stieg der Preis für zwei Kilogramm Brot auf 0,85 Francs, was gegenüber dem Vorjahr einer Erhöhung um 0,15 - 0,20 Francs entsprach[21]. Wer das Brot zu seinen Hauptnahrungsmitteln zählte, konnte die finanziellen Folgen dieser Erhöhung nicht übersehen. Neben dem Brot richtete sich die Kritik vor allem gegen den Wein, den Zucker, das Fleisch und die Kartoffeln[22]. Desgleichen gerieten die Mietpreise, nachdem sie schon im Laufe der ersten Dezenniums des Jahrhunderts zu steigen begonnen hatten, in den Sog der Teuerung: allein von Anfang 1910 bis Juni 1911 stiegen sie in Paris etwa um die Hälfte der gesamten Steigerung des vorangegangenen Dezenniums. Auch hier betraf die Steigerung vorzugsweise die billigen Wohnungen und damit die soziale Unterschicht[23]. Im August 1910 meldete sich unter den Arbeitern von Paris deutlicher Unwille, hervorgerufen durch die besonders empfindlichen Preiserhöhungen: « Diverses causes d'ordre économique, notamment une récolte déficitaire pour le blé et la vigne, ont eu une répercussion très sensible sur le prix des vivres vendus au détail. Après les boulangers, augmentant le prix du pain, les limonadiers restaurateurs ... ont décidé à leur tour d'augmenter leurs prix et de supprimer les demi-portions. » Die lebhafte Entrüstung fand ihren Ausdruck in einer Protestkampagne der Gewerkschaftsunion des Seine-Departements[24]. Im Unterschied zu 1789 und deshalb auch fern jeder revolutionären Kraft spielten sich die ungünstigen Veränderungen im Lebenskostenindex auf einem Niveau ab jenseits von blanker Not.

Diese mehrfache Kulmination zog eine Sensibilisierung der Arbeiterschaft und somit auch neue soziale Forderungen nach sich. Die öffentliche Resonanz der Teuerung war mannigfaltig. Zumal die Arbeiterpresse nahm sich dieser Thematik an und stellte im Sommer und Herbst 1910 ganze Artikelserien in den Dienst der Aufklärung und Bewertung. Alsdann überzogen im Sommer 1911 spontane, wütende Hausfrauenunruhen die Märkte der französischen Landschaft, überraschend selbst für den organisierten Syndikalismus, der sich aber eiligst anschickte, den

19 a. a. O., p. 51.

20 Eberhard Weis, Frankreich von 1661 bis 1789, in: Handbuch der Europäischen Geschichte, hg. von Theodor Schieder, Bd. IV, Stuttgart 1968, p. 270.

21 Flonneau, p. 59.

22 a. a. O.

23 a. a. O., p. 51.

24 AN F 7 12559, Monatsbericht August 1910.

Anschluß an die Bewegung zu finden und auf sie Einfluß nehmen, um dergestalt den erlahmten Generalstreikaktionen neue Impulse zu vermitteln[25]. Zu diesem Resonanzboden gehörte auch der Eisenbahnerstreik vom Oktober 1910, insoweit er seine hauptsächlichste Forderung, jene nach höheren Löhnen, mit der Lebenskostensteigerung begründete. Es war dies die größte soziale Bewegung der Zeit, die sich zur Motivierung ihres Unternehmens dieses Argumentes bediente[26]. Auf dem Forderungskatalog der Nord-Eisenbahner vom 10. Oktober wird an erster Stelle genannt: « Augmentation générale du salaire pour tout le personnel, afin de combattre la cherté des vivres, dont souffrent indistinctement tous les travailleurs[27]. » Das Jahr 1910 bezeichnet damit gerade auch in psychologischer Hinsicht eine Wende im Verhalten der Arbeiterschaft. Nicht nur mehr allein die Produktion, sondern auch der Konsum wurde als sozialpolitischer Faktor erkannt[28], und in zunehmendem Maß trat wieder das Bemühen um exakte Analyse der sozialen Vorgänge an die Stelle schlichter Auflehnung. Das rationale Element begann des emotionäre wieder zu verdrängen[29].

Neben diesen allgemeinen ökonomischen und psychologischen Voraussetzungen werden die sozialen Verhältnisse und damit die Forderungen der Eisenbahner noch geprägt durch einige sie besonders betreffende Bedingungen. Eine Übersicht der Anliegen des Eisenbahnpersonals vermittelt die Entschließung einer großen Eisenbahnerversammlung, die im Rahmen der Lohnkampagne in der Manège Saint-Paul in Paris am 19. März 1910 tagte.

« Les travailleurs des chemins de fer décident d'inviter le Gouvernement à disposer, avant la séparation des Chambres:

1. Un texte de loi faisant appliquer immédiatement le repos hebdomadaire sur tous les résaux français, dans les conditions où il est mis en pratique au réseau Etat;

2. Un projet de loi modifiant l'échelle des traitements du personnel au réseau Etat et fixant le minimum de début à 1800 francs pour Paris et sa banlieue, les différentes compagnies se retranchant derrière le taux de salaires donné à l'Etat pour ne rien accorder sur cette question à leur personnel;

3. Un texte de loi fixant la réglementation du travail dans les chemins de fer et établissant le maximum de la journée de travail à dix heures de service pour vingt-quatre heures;

4. Un texte de loi portant modification de l'article 9 sur les retraites des ouvriers et employés des chemins de fer, voté le 21 juillet 1909 et consacrant

---

25 Vgl. dazu Flonneau, p. 60 - 65.

26 Flonneau, p. 74.

27 Le Temps, 12. 10. 1910. Die Tribune de la Voie ferrée hatte schon am 4. Juli 1909 auf die Lebenskostensteigerung hingewiesen.

28 Flonneau, p. 74.

29 Flonneau, p. 81, spricht von einem Abbau heldisch-utopischer Vorstellungen zugunsten realistisch-objektiver Überlegungen.

le principe de la rétroactivité pour tous les agents inscrits actuellement aux diverses caisses de retraites des compagnies;

5. Un texte de loi accordant aux travailleurs des compagnies secondaires le bénéfice de la loi votée sur les retraites en faveur des ouvriers et employés des grandes compagnies[30]. »

Den einzelnen Forderungen dieses Katalogs kam sehr unterschiedliche Bedeutung zu. Die erste Forderung diente dazu, den durch ein Sozialgesetz von 1906 eingeführten wöchentlichen Ruhetag, von dem aber damals die Eisenbahner noch ausgenommen worden waren, auch auf jene Arbeiter auszudehnen, die nicht schon aufgrund freiwilliger Leistungen der Gesellschaften die Erleichterung genossen[31]. Eine Verbesserung der Arbeitsbedingungen verlangte auch die dritte Forderung. Zwar war das Prinzip des Zehn-Stunden-Tages seit 1899 für die Eisenbahnen anerkannt, doch wurde dieses Prinzip in der Form eines auf eine Periode von zehn, später neun Tagen bezogenen Maximums verankert, wodurch sich Arbeitstage von weit mehr denn zehn Stunden ergeben konnten[32]. In der Praxis freilich wurden die geltenden Vorschriften häufig mißachtet, sobald sich Arbeiter, die nach irgendwelchen Vorteilen strebten, zu Mehrleistungen bereitfanden[33]. Die vierte Forderung berührte ein Thema, das schon seit langem den Unwillen der Eisenbahner erregte. Nachdem ein auf die Deputierten Berteaux, Rabier und Jaurès zurückgehendes Gesetzesprojekt über die Eisenbahner-Pensionen seit 1897 durch den Senat blockiert worden war, überwies dieser endlich am 9. Juli 1909 eine abgeschwächte Fassung dieses Gesetzes, die dann am 13. Juli auch die Kammer durchlief[34]. Obschon die neue Rentenordnung gegenüber der früheren Regelung bedeutende Fortschritte aufwies, die von allen Seiten anerkannt wurden[35], litt sie gleichwohl unter dem einen entscheidenden Nachteil, keine rückwirkende Kraft zu haben[36], was die

---

[30] Zitiert nach Thomas, J. O. 29. 10. 1910, p. 2611, Séance du 28 Octobre. Vgl. dazu die im Prinzip gleichen fünf Forderungen des Briefes vom 25. 4. 1910, bei Thomas, a. a. O., p. 2612.

[31] Vgl. dazu Chaumel, p. 93.

[32] Caron, Essai d'analyse historique d'une psychologie du travail, Les mécaniciens et chauffeurs de locomotives du réseau du Nord de 1850 à 1910, Le Mouvement Social, Nr. 50/1965, p. 3 - 40, p. 8. Vgl. auch Chaumel, p. 87.

[33] Caron, p. 8.

[34] Chaumel, p. 98, schildert das Schicksal des Gesetzesvorschlages.

[35] Rouchy, Les grèves dans les chemins de fer, p. 54, kommentiert: « Un très grand progrès sur les règlements antérieurs. » Etwas zurückhaltender Chaumel, p. 98: « Cette loi était bien loin du projet initial des députés Berteaux-Rabier-Jaurès, pourtant elle unifiait et améliorait considérablement les conditions de retraite. » Der Reformist Poisson, Revue socialiste 15. 11. 1910, p. 386, stimmt darin überein: « ... sans être parfaitement efficace, ni complètement heureuse, [la loi] marquait cependant un grand progrès. »

[36] Am 21. März 1910 hatte die Kammer mit großer Mehrheit erklärt, das Retraitengesetz von 1909 sei retroaktiv zu interpretieren, war dabei aber auf den juristischen Widerstand der Regierung gestoßen, vgl. Millerand, J. O. 28. 10. 1910, p. 2589, Séance du 27 Octobre.

Arbeiterschaft gegen sie aufbrachte. Die Mechaniker der Compagnie du Nord waren vom neuen Pensionsgesetz ausgeschlossen, was ihre Haltung in der Oktoberkrise beeinflußte[37]. Geringerer Rang in der Hierarchie der sozialen Anliegen eignete der fünften Forderung, die nur einen unbedeutenden Teil des Eisenbahnpersonals betraf, indessen Zeugnis ablegt von solidarischem Geist. Weitaus am wichtigsten und die Grundlage der sozialen Kampagne war die hier an zweiter Stelle aufgeworfene Lohnforderung. Sie überragte alle übrigen Postulate und formte, in der Parole „les cent sous" und dem analogen „la thune" zum Schlagwort geprägt, sehr einseitig die Vorstellungswelt der Arbeiterschaft[38]. Im Streik selbst wurde deshalb die Lohnforderung stets an erster Stelle erhoben, und ihr Mindestansatz schwankte zwischen 1800 und 1850 Francs[39]. Die Hintergründe dieses hauptsächlichsten Begehrens bedürfen noch einer eingehenden Betrachtung.

Die Bestimmung des Eisenbahnerlohnes kann hier nicht bis in alle Einzelheiten hinein vorgenommen werden, da es einen allgemein verbindlichen Einheits- oder Grundlohn nicht gibt und deshalb die Lohnverhältnisse äußerst unübersichtlich sind. Zur Hauptsache wird die Lohngestaltung durch drei Faktoren entscheidend beeinflußt: durch die Region, in welcher der Beschäftigte wohnt und seinen Dienst versieht, durch die Eisenbahngesellschaft, bei der er angestellt ist, durch seine Funktion im Eisenbahnbetrieb. In der Stadt Paris und ihrer Bannmeile übertraf das Lohnniveau den Landesdurchschnitt, weil häufig Ortszulagen für städtische Agglomerationsgebiete ausgerichtet wurden. Die einzelnen Eisenbahngesellschaften setzten ihre Lohn-Auszahlungen selbständig fest, wodurch von Netz zu Netz Unterschiede auftraten; dabei kam dem vom Parlament abhängigen staatlichen Netz Ouest-Etat eine Sonderstellung als Schrittmacher sozialer Verbesserungen zu. Am ausgeprägtesten zeigten sich die Lohnunterschiede jedoch bei den Berufskategorien. Infolge dieser verschiedenartigen Einwirkungen wird es schwierig, ein geschlossenes Gesamtbild des Eisenbahnerlohns zu gewinnen.

---

37 Vgl. Caron, p. 22. Ihr Ausschluß erfolgte, weil sie schon einer Rentenordnung von 1896 unterstanden, die durch das neue Gesetz aber überholt wurde.

38 Aussage des Streik-Veteranen Albert Hervieux, festgehalten in den Papieren von Joseph Jacquet, Fédération Nationale des Cheminots C. G. T. Zum gleichen Urteil gelangt auch Madeleine Rebérioux, Jaurès et la grève des cheminots de 1910, Bulletin de la société d'études jaurésiennes Nr. 9/1963, p. 1, 2.

39 Zu Abweichungen in Einzelheiten und Reihenfolge gegenüber dem vorstehend (Anm. 30) mitgeteilten Katalog vgl. bes. Rapport du 2me Comité de grève, Tribune 21. 7. 1911, und Le Temps, 12. 10. 1910.

Nicht minder kompliziert gestaltet sich die Struktur des Einzellohnes, zumal beim eigentlichen Betriebspersonal. Beispielhaft dafür ist der Aufbau des Lohnes der Mechaniker und Heizer. Zwei Lohnmittel wurden angewendet: das Traitement als Grundbesoldung und die Primes als Leistungs- und Qualitätsprämie. Dabei zerfiel das Traitement wiederum in zwei Teile, einen fixen und einen variablen, der sich nach den geleisteten Fahrkilometern und der betriebenen Dienstmaschine richtete. Der Einzellohn der Mechaniker und Heizer war damit stetigen Schwankungen unterworfen und deshalb geeignet, Unsicherheitsgefühle zu erzeugen. Es wiegt dabei besonders schwer, daß die nach höchst subjektiven Kriterien bemeßbaren Prämien[40] einen sehr beträchtlichen Anteil am Gesamtlohn ausmachten, bei den Mechanikern 34,2 %, bei den Heizern 31,4 %[41]. Überblickt man die Eisenbahnerlöhne gesamthaft, so fällt als ein wesentliches Kennzeichen ihre sehr breite Streuung ins Auge. Die Unterschiede zwischen den Minima und den Maxima erreichten extreme Werte[42]. Die tiefsten Jahreslöhne des Eisenbahnerpersonals schwankten um 1000 Francs, lagen also weit unter der vom Syndikat geforderten Existenzschwelle von 1800 Francs. Beim staatlichen Netz betrug der Ansatz für die niedrigste Lohnklasse 1910 noch 1050 Francs, eine ganze Reihe weiterer Lohnklassen erreichten jedoch das geforderte Minimum nicht[43]. Diese Grundwerte konnten allerdings durch verschiedene Zulagen ergänzt werden[44]. Für das private Netz Est gar wird von gewerkschaftlicher Seite ein minimaler Anfangslohn von 1200 Francs genannt[45]. Dagegen betrug der Mindestansatz für einen Schienenleger bei P.-L.-M. nur 979 Francs, für einen Wagenwascher 1062 Francs und für einen Wagenmaterial-Kontrolleur (visiteur) 1296 Francs, ihre entsprechenden Maxima beliefen sich auf 1320, 1350 bzw. 1800 Francs; der mittlere Verdienst eines Rangierarbeiters im Güterbahnhof erreichte 1372 Francs[46].

---

40 Zum Prämiensystem für die Mechaniker und Heizer von Nord vgl. Caron, p. 16 f.

41 Zur Struktur des Einzellohnes vgl. Guyot, Les Chemins de fer et la Grève, p. 45 - 49.

42 Vgl. dazu die Streuung der Löhne bei Fruit, p. 239, wo sich für das Jahr 1891 die Lohnskala zwischen 800 und 100 000 Francs bewegt.

43 Vgl. Rouchy, p. 54/55. Er vereinigt hier jene Lohnklassen, die unter 1800 Francs liegen.

44 Seilhac, La grève des cheminots, p. 26, berechnet für einen Schienenleger oder Streckenarbeiter (Homme d'équipe) des staatlichen Netzes mit Arbeitsplatz Paris und Bannmeile, dessen Anfangslohn 1050 Francs beträgt, Zulagen von 569 Francs, nämlich eine Ortszulage von 400 F, eine Jahresendprämie von 43 F und eine Pensionskassenabgabe der Gesellschaft von 126 F. Es erscheint allerdings fragwürdig, die Pensionskassenabgabe des Arbeitgebers in die Lohnberechnung des Arbeitnehmers einzufügen.

45 Bonnet, CR 21e Congrès, p. 91.

46 Angaben des sozialistischen Deputierten Bouveri, J. O. 28. 10. 1910, p. 2593 - 95, Séance du 27 Octobre.

Für die soziale Lage des breiten Eisenbahnpersonals ist es bedeutungsvoll, daß etwa zwei Drittel der Beschäftigten einer Lohnstufe angehörten, die weit unter 1800 Francs oder nur unwesentlich darüber lag[47]. Zu den gut oder sehr gut verdienenden Lohnschichten zählten unter jenen Bediensteten, die keine Leitungsfunktionen ausübten, vor allen Dingen die Mechaniker und Heizer, die jedoch nur 6,5 % der Personalbestandes stellten. Ihre Berufsgattung ist für das Netz Nord untersucht worden[48]. Die Jahreslöhne der Mechaniker übertrafen mit einem Durchschnitt von 3662 Francs in der Periode 1892 - 1910 die Saläre ihrer weniger spezialisierten Betriebskollegen um das Zwei- bis Dreifache, und auch die Heizer mit einem Durchschnitt von 2267 Francs sahen sich noch weit über das allgemeine Niveau emporgehoben[49]. Wird auf der Grundlage des Mechanikerlohnes 3662 = 100 ein Index aufgebaut, ergeben sich folgende Werte: Heizer 61, Werkstätten-Arbeiter 49, Zugpersonal 46, Geleisepersonal 32[50]. Selbst wenn diese Zahlen statistisch noch schwach belegt sein mögen, können sie doch als Richtlinien gelten. Für das Netz Est sind in bezug auf die Mechaniker und Heizer mit einem Jahresdurchschnittslohn von 3927 Francs bzw. 2555 Francs ähnliche Werte anzunehmen[51]. Die Lohnverhältnisse verweisen damit deutlich auf sehr ungleiche soziale Verhältnisse in der stark heterogenen Eisenbahn-Arbeiterschaft. Dem Aussagewert eines auf das gesamte Eisenbahnpersonal bezogenen Durchschnittslohnes sind deshalb enge Grenzen gesetzt. Ein solcher ist überhaupt nur sehr annäherungsweise zu bestimmen: 1899 soll er 1495 Francs, 1909 1615 Francs (bei Verrechnung verschiedener Zulagen sogar 1900 Francs) betragen haben, was einer Steigerung von 8 % in zehn Jahren entspräche[52]. In der Tat zeigten die Nominallöhne eine steigende Tendenz. Die Nominallöhne der Mechaniker der Gesellschaft Nord stiegen, bei einer Indexbasis von 100 für die Periode 1877 - 79 auf 109 Punkte für die Jahre 1894 - 97, fielen hierauf 1898 - 1909 auf 105 und stiegen im Jahr 1910 auf 110 Punkte (1909 : 107)[53]. Dabei muß allerdings beachtet werden, daß die Lohnverbesserungen in der Zeit 1900 - 1910 nicht generell, sondern punktuell vorgenommen wurden und hauptsächlich die hohen Einkommen betrafen: 1897 erreichte der Höchstlohn bei

---

47 Nach den Angaben Fruits für 1891 sind es 67 % (Stufe 4, ohne Mechaniker und Heizer, ohne Berücksichtigung tieferer Anfangslöhne der Stufe 3), Fruit, p. 239; daraus auch die folgende Angabe für Mechaniker und Heizer.

48 Caron, op. cit. Der Autor beklagt jedoch für seine Lohnberechnungen die ungenügende statistische Dokumentation, a. a. O., p. 15.

49 Caron, p. 18.

50 a. a. O.

51 Guyot, p. 47.

52 a. a. O., p. 54. Guyot bemerkt dazu, diese Zahl sei auf keinem anderen europäischen Eisenbahnnetz erreicht worden.

53 Caron, p. 20.

den Mechanikern von Nord 4343 Francs, 1912 dagegen 6032 Francs, wuchs demnach in 15 Jahren um 38 %[54]. Die Kluft zwischen den Lohnextremen weitete sich aus.

Die zeitgenössische eisenbahnerfreundliche Kritik wies, um dem französischen Lohnsystem neue Wege zu erschließen, verschiedentlich auf das Vorbild der Schweizerischen Bundesbahnen hin. In der Kammer lobte der radikale Deputierte Adolphe Girod[55] eine generelle Hebung der niederen Gehälter der Schweizer Eisenbahner: « Un petit peuple voisin, qui parfois nous donne de bons exemples, je veux parler de la Suisse, vient d'augmenter tous les salaires des emplois inférieurs de ses agents de chemins de fer de 200 fr. par an et cela à la date du 23 juin. » Die Festsetzung eines Mindestlohnes von 1400 Franken, kostenfreie Kleidung eingeschlossen, setzte er mit dem vergleichbaren französischen Lohn von 1020 Francs ins Verhältnis, um daraus die Aufforderung abzuleiten: « Je dis qu'il est nécessaire que les compagnies françaises s'inspirent de ce bel exemple de justice et de solidarité[56]. » In einer gut dokumentierten Studie ging ein Genfer Professor im Syndikatsorgan auf die Arbeits- und Lohnbedingungen bei den Schweizerischen Bundesbahnen und der Studie ging ein Genfer Professor im Syndikatsorgan auf die Arbeits- und Lohnbedingungen bei den Schweizerischen Bundesbahnen und der privaten französischen Gesellschaft Paris—Lyon—Méditerranée (P.—L.—M.) ein[57].

Arbeiterkategorie	*Besserstellung bei SBB in %*
Hommes d'équipe	28
Garde-freins	61
Conducteurs	88
Chefs de train	38
Commis	42
Manœuvres	38
Visiteurs	64
Chauffeurs	54
Mécaniciens	28
Im Durchschnitt der Kategorien	49

Aber auch der weitere Vergleich fiel zu ungunsten der französischen Gesellschaft aus: bei den Bundesbahnen war der Aufstiegsmodus ge-

[54] Nach Caron, p. 20.

[55] Girod, eingeschrieben bei der „gauche radicale", vertrat einen Wahlkreis des Jura-Departements Doubs, vgl. Dictionnaire des parlementaires français, p. 1843/44, kannte also zweifellos die schweizerischen Verhältnisse.

[56] J. O. 28. 10. 1910, p. 2594, Séance du 27 Octobre.

[57] Edgar Milhaud: La situation des cheminots de l'Etat Suisse et de la Compagnie P.-L.-M., in: Tribune vom 8. und 15. 1. 1911. Der Vergleich basiert auf den Verhältnissen in Genf, wo beide Netze aufeinandertreffen.

regelt, Pensionen und Unterstützungen schienen menschlich und vorteilhaft geordnet, Ortszulagen kamen allen Angestellten seit 1906 zu, die Dienstkleider wurden gestellt; bei P.—L.—M. dagegen hing das berufliche Fortkommen oft von der Willkür des Chefs ab, Pensionen und Unterstützungen waren gerade nicht menschlich geordnet, Ortszulagen gab es erst seit 1910 und nur in einigen Städten, und auch da wieder bescheidener als bei den SBB, und schließlich stellte die Gesellschaft, wie überhaupt in ganz Frankreich üblich[58], auch keine Dienstkleidung.

In sozialpsychologischer Hinsicht war ein weiteres abweichendes Kennzeichen bedeutsam. Ein Vergleich von anderer Seite, diesmal zwischen dem staatlichen französischen Netz und den SBB, zeigt einen sehr interessanten Strukturunterschied in der Streuung der Löhne: die SBB bezahlten Löhne von 1400 bis 15 000 Franken pro Jahr, der französische Staat aber zwischen 1050 und 35 000 Francs[59]. Bei den privaten französischen Gesellschaften war das Mißverhältnis noch ausgeprägter[60]. Dem größeren Lohngefälle in Frankreich entsprach nun eben auch das gröbere Klassenspektrum mit dem zugehörigen Spannungselement.

Fiel der Vergleich mit den schweizerischen Eisenbahnen für die französischen Gesellschaften negativ aus, so behaupteten diese doch zum mindesten, daß die Eisenbahner Frankreichs im Vergleich zur übrigen Arbeiterschaft als privilegiert zu bezeichnen wären. Jedoch wurde Ungleiches aneinander gemessen. Die Unternehmer bedienten sich dazu des Kunstgriffes, tatsächlich bestehende Vorteile wie teilweise höhere Löhne, Pensionsbedingungen, Fahrpreisermäßigungen usw. in Anschlag zu bringen[61], ohne gleichzeitig der erhöhten Anforderungen an das Eisenbahnpersonal zu gedenken, hatte sich dieses doch einem strengen Rekrutierungsmaßstab zu unterstellen (gute Gesundheit, besondere Kenntnisse)[62] und eine mit großen Risiken verbundene Verantwortung zu tragen, so daß das Eisenbahnpersonal in weiten Teilen qualitativ den breiten Arbeiterschichten überlegen war. Das Ausmaß der finanziellen Besserstellung der Eisenbahner darf jedoch keineswegs überschätzt

---

[58] Hinweis des Deputierten Girod, J. O. 28. 10. 1910, p. 2594, Séance du 27 Octobre.

[59] Tribune, 13. 11. 1910. Girod nennt am unter Anm. 58 angegebenen Ort die gleichen Minimalzahlen.

[60] Vgl. die Tabelle von Fruit für 1891, wo die obere Grenze bei 100 000 Francs liegt, Fruit, p. 239.

[61] APP B/a 1360, 14 Octobre, Chemin de Fer du Nord, Ordre du jour Nr. 3, 14. 10. 1910. Die Hervorhebung der privilegierten Stellung ferner durch die gleiche Gesellschaft in AN 48 AQ 2951, Brief vom 15. 7. 1910 (33440 E); durch die Unternehmerseite in Journal des Chemins de Fer, 22. 10. 1910; durch die Sûreté in AN F 7 13660, 1910 - 1911, S. N. etc., p. 6.

[62] AN F 7 13660, 1910 - 1911, S. N. etc., p. 6.

werden. Sieht man von den Spitzenverdiensten der Mechaniker und Heizer ab, erweisen sich die Unterschiede zu anderen Funktionärssalären als relativ geringfügig. Ein in der Provinz beschäftigter Briefträger erhielt einen Jahreslohn von 800 - 1200 Francs, sein städtischer Kollege gar einen solchen von 1200 - 1800 Francs; ein Zöllner verdiente 1000 - 1150 Francs, ein Gendarm 1100 Francs, ein Gefängniswärter 1360 Francs, ein Polizeibeamter (Marseille oder Lyon) 1400 Francs. Einzig beispielsweise ein Straßenarbeiter (cantonnier) unterschritt mit 874 Francs den Minimalverdienst eines Eisenbahners in größerem Umfang[63]. Selbst die gut bezahlten Mechaniker blieben mit weniger als 4000 Francs innerhalb der Lohnschicht des Arbeiters, die sie zwar anführten, aber nicht verließen, denn die Stufe des Ingenieurs mit einem Gehalt von 5000 bis 200 000 Francs bleib ihnen unerreichbar[64]. Die vorgebliche Privilegierung des Eisenbahnpersonals betraf demnach höchstens einen Bruchteil der Beschäftigten, vor allen Dingen die hohen und höchsten Führungsposten. Andererseits stand fest, daß die Masse der technisch nicht besonders qualifizierten Eisenbahner noch nicht einen Tageslohn von 5 Francs bzw. einen Jahreslohn von 1800 Francs erzielte und sich deshalb weder eines sorgenfreien Lebens erfreute noch der Betroffenheit durch die Lebenskostensteigerung enthoben war. Der für Eisenbahnfragen zuständige Minister für Öffentliche Arbeiten, Millerand, gestand diesen Sachverhalt mit den Worten ein: « Le salaire courant et normal dans beaucoup de régions est, malheureusement, encore très au-dessous de 5 fr.[65] » Wie sehr sich die besondere soziale Lage der Eisenbahner in die allgemeinen Verhältnisse der Arbeiterschaft einfügte, bestätigt ferner nicht nur Jaurès in einer Parlamentsrede, in der er die bei steigenden Lebenskosten stagnierenden Löhne „lächerlich und elend" nannte[66], sondern auch ein Polizeibericht, der sich zur Forderungskampagne der Eisenbahner äußerte: « Les conditions de la vie s'étaient profondément modifiées, et l'accroissement du prix des denrées, insuffissament compensé par l'amélioration des salaires ... légitimait la nouvelle campagne[67]. »

---

[63] Diese Vergleichsziffern, die natürlich auch nur eine allgemeine Richtung anzeigen, bei Guyot, p. 52.

[64] Caron, p. 18, legt großes Gewicht auf diese Feststellung.

[65] J. O. 28. 10. 1910, p. 2588, Séance du 27 Octobre. Auch Rouchy, p. 54, Anm. 1, stellt fest: « Un grand nombre de cheminots, en effet, même à Paris, touchent des salaires inférieurs à cinq francs », und zitiert dann Beispiele: P.-L.-M., Homme d'équipe 4 F/Tag, Chef de service 1600 F/Jahr ; Est, Manœuvre, 3,75 F/Tag Anfangslohn, 4,75 F/Tag Endlohn, Homme d'équipe 1300 F/Jahr, Aiguilleur 1350 F/Jahr.

[66] J. O. 28. 10. 1910, p. 2594, Séance du 27 Octobre.

[67] AN F 7 13923, La grève des chemins de fer etc., p. 3.

Im Lohnkampf von 1910 konnten sich damit zwei Forderungen vereinigen. Die erste, langfristig angelegt und bedeutender, betraf die Lohnstruktur überhaupt und versuchte durch eine Verbesserung der kleinen Löhne eine Verminderung der sozialen Gegensätze zu erreichen; ihr Ziel war der gerechte Lohn. Das zweite, kurzfristige Postulat trug der Lebenskostensteigerung Rechnung und verlangte eine allgemeine Lohnaufbesserung im Sinne eines Teuerungsausgleichs. Beide Forderungen waren mit den sozialen und wirtschaftlichen Zuständen gut zu begründen. Mit diesem umfassenden Forderungskatalog zwang das Syndikat naturgemäß den Widerspruch der Eisenbahnunternehmen, der fünf privaten Gesellschaften und des Staates (für sein Netz Ouest-Etat), herbei. Es wurde bezweifelt, ob die privaten Gesellschaften die aus den Forderungen erwachsenden finanziellen Lasten überhaupt wirtschaftlich zu tragen vermöchten. Namentlich die Unternehmerseite beeilte sich, die wirtschaftlichen Folgen möglichst düster zu prognostizieren.

Mit großer Besorgnis wurde auf die Kosten der einzelnen sozialen Reformen verwiesen. Allein die schon beschlossene neue Pensionsgesetzgebung von 1909 verursachte den Eisenbahngesellschaften von 1911 an jährliche Aufwendungen von 30 Mio. Francs[68]. Die darüber hinaus geforderten weiteren sozialen Mehrleistungen überstiegen diese Summe jedoch noch beträchtlich. Aus der ersten und dritten Forderung, die eine Neuordnung der Arbeitsbedingungen betrafen, hätte sich eine Belastung von 97 Mio. Francs ergeben[69]. Die Folgen der zweiten Forderung für die sechs großen Netze wurden auf 126[70] bis 138[71] Mio. Francs geschätzt. Aus diesem Betrag geht indirekt hervor, daß offenbar zahlreiche Eisenbahner von der Festsetzung des Minimallohnes auf 1800 Francs profitiert hätten. Die Folgen der vierten Forderung, die Retroaktivität des Pensionsgesetzes betreffend, wurden unterschiedlich bewertet: je nach Berechnungsart auf 30 Mio. Francs[72] bzw. auf 177 Mio. Francs[73].

Demnach waren die finanziellen Aufwendungen für die gewerkschaftlichen Begehren auf jährlich 250 - 400 Mio. Francs zu veranschlagen. Den ihr zugemuteten zusätzlichen Aufwendungen suchte die Unternehmer-

---

[68] Journal des Chemins de Fer, 25. 6. 1910. Die ursprüngliche Fassung dieses Gesetzes hätte die Gesellschaften mit der mutmaßlichen Summe von 600 - 700 Mio. Francs belastet, Guyot, p. 276.

[69] Vgl. Seilhac, p. 31, und Guyot, p. 271.

[70] Seilhac, p. 31, Guyot, p. 271; Millerand nennt geringfügig abweichend 124 - 125 Mio., J. O. 28. 10. 1910, p. 2588, Séance du 27 Octobre.

[71] Journal des Chemins de Fer, 25. 6. 1910.

[72] Seilhac, p. 31, Guyot, p. 271.

[73] Journal des Chemins de Fer, 28. 1. 1911, nach Angaben des Finanzministeriums.

seite mit einer Betriebsrechnung der fünf großen privaten Eisenbahngesellschaften für das Jahr 1909 beizukommen[74]:

Einnahmen	1456 Mio.	Betriebsausgaben	803 Mio.
		Zinsen und Amortisation	543 Mio.
		Gewinn	110 Mio.
	1456 Mio.		1456 Mio.

Diesem Gewinn von 110 Mio. wurden mutmaßliche Mehrkosten von 253 Mio. gegenübergestellt, woraus sich ergab, daß die Gesellschaften nicht auf die Forderungen des Syndikates eintreten konnten, ohne fortan ein Betriebsdefizit hinnehmen zu müssen. Auf diese Weise wären die Gesellschaften dem Schicksal des Netzes Ouest, das 1909 von privatem in staatlichen Besitz übergegangen war, über kurz oder lang nicht entronnen. Den diesbezüglichen düsteren Prognosen wurde jedoch das keineswegs unvorteilhafte Ende dieser Gesellschaft, deren Leiche auf Rosen und Millionen gebettet worden sei[75], entgegen gehalten.

Noch standen aber die privaten Gesellschaften nicht vor dem unmittelbaren Zusammenbruch. Ihre Selbstdarstellung schwankte stark zwischen optimistischen und pessimistischen Entwürfen, wobei die erste Gattung dann vorzuherrschen pflegte, wenn die konkrete Lage zuhanden der Wirtschafts- und Finanzwelt beschrieben wurde. In den auf das Wesentliche ausgerichteten Schlagzeilen zu den jährlichen Geschäftsberichten fand diese Zuversicht ihren beredten Ausdruck.

Gesellschaft	1909	1910
Nord	Les bénéfices de l'exercice écoulé permettent de maintenir le dividende à 72 fr. *sans difficulté*[76].	Les résultats de l'exercice 1910 *sont très satisfaisants*[77].
P.-L.-M.	Une *nouvelle amélioration* du produit net[78].	Malgré un ensemble de circonstances défavorables, les comptes de l'exercice 1910 restent *satisfaisants*[79].
P.-O.	La progression *anormale* des dépenses des trois dernières années s'est ralentie en 1909[80].	Un concours de circonstances *exceptionnelles* a pesé sur les résultats de l'exercice 1910[81].
Est	Une *sensible amélioration* par rapport au précédent[82].	*Excellents résultats* de l'exercice 1910[83].

74 Guyot, p. 270. Die Zahlen sind im folgenden auf Mio. gerundet.
75 J. O. 26. 10. 1910, p. 2563, Séance du 25 Octobre.
76 Journal des Chemins de Fer, 14. 5. 1910.
77 a. a. O., 13. 5. 1911.
78 a. a. O., 30. 4. 1910.
79 a. a. O., 29. 4. 1911.
80 a. a. O., 26. 3. 1910.
81 a. a. O., 1. 4. 1911.
82 a. a. O., 30. 4. 1910.
83 a. a. O., 29. 4. 1911.

Das Netz Midi hatte in diesen Jahren mit strukturellen Mängeln zu kämpfen und eignet sich deshalb nicht für den Vergleich. Bei den genannten Gesellschaften hingegen zeigt sich eine hoffnungsvolle Betrachtungsweise, die einen günstigen Trend annimmt, der höchstens durch außergewöhnliche und auf den Augenblick beschränkte Umstände beeinträchtigt wird. Die Geschäftsergebnisse scheinen nicht auf eine baldige Krise hinzuweisen. Als die reichste Gesellschaft galt dabei die ehrwürdige Compagnie du Nord, die allerdings ihren Reichtum klug zu verheimlichen suchte[84]. In den Jahren 1906 und 1907 lag der Gewinn dieser Gesellschaft nahe bei der Limite, die den Staat dazu berechtigt hätte, sich am Gewinn zu beteiligen. Der Gesellschaft P.—L.—M. war dies 1898 und 1906 in der Tat zugestoßen[85].

Diese wirtschaftliche Blüte galt es um jeden Preis zu bewahren. sie durfte nicht den sozialen Ansprüchen des Personals geopfert werden. Mit großem Geschick verstanden es die Unternehmer, nicht aus einer wirtschaftlichen Notlage, sondern aus einem erfolgreichen Geschäftsgang ein Argument gegen die gewerkschaftlichen Forderungen abzuleiten. Unermüdlich beklagten sie das bittere Schicksal, das ihnen unweigerlich beschieden wäre, wenn sie die untragbaren Lasten auf sich nähmen. Als Millerand im Herbst 1909 von baldigen Verhandlungen mit den Gesellschaften sprach, argwöhnten sie, die sie schon so schwer bedrückt würden, daß eine Vereinbarung natürlich auf ihre Kosten zustande käme[86]. Dem Personal- und Lohngesetzesprojekt Augagneurs von 1911 schrieben sie die verderblichsten Folgen zu, so eine verhängnisvolle, sehr rasche und totale Desorganisation des gesamten Betriebs[87]. Eine Analyse der mit den gewerkschaftlichen Postulaten verknüpften finanziellen Probleme führte das Unternehmerblatt im Sommer 1910 zum Schluß, daß „es nun Zeit, hohe Zeit ist, auf diesem Wege inne zu halten“[88]. Nicht eine neue Lohnrunde, sondern sozialpolitische Stabilität schien den Unternehmern das Gebot der Stunde zu sein. Die Lage „fordert eine Periode der Sammlung und des Stillstandes in der Erhöhung der für die Arbeiter bestimmten Ausgaben“[89].

Die Besorgnis der Unternehmer hatte einen realen Hintergrund. Seit geraumer Zeit waren die Eisenbahn-Wertpapiere einer kontinuierlichen Kursabschwächung unterworfen, für die verschiedene Gründe angeführt

---

84 Vgl. Jaurès, J. O. 30. 10. 1910, p. 2645, Séance du 29 Octobre, ebenso Journal des Chemins de Fer, 21. 1. 1911.

85 Journal des Chemins de Fer, 21. 1. 1911.

86 a. a. O., 30. 10. 1909.

87 a. a. O., 18. 11. 1911.

88 a. a. O., 25. 6. 1910.

89 a. a. O., 2. 7. 1910.

wurden[90]. Allgemein war ein schwindendes Vertrauen der Titelinhaber in die Sicherheit und die Zukunft ihrer Papiere zu beobachten. In wirtschaftlicher Hinsicht schienen die Eisenbahngesellschaften einem verhängnisvollen Strukturwandel ihrer Finanzen ausgeliefert, indem der Anteil des Betriebsaufwandes an den Gesamtausgaben stetig anstieg, bei der Compagnie du Nord beispielsweise von 1889 bis 1910 vom Koeffizienten 0,478 auf 0,577, also um 20 %. Der Gewinnmarge drohte deshalb die Schrumpfung. Diese Tendenz wurde durch die geforderten höheren Soziallasten in gefährlicher Weise verschärft, so daß sich die Unternehmer zur entschlossenen Abwehr dieser Ansinnen verpflichtet glaubten. Daß die Baisse um 1900 einsetzte, also in zeitlicher Übereinstimmung mit der Beratung des bedrohlichen Pensionengesetzes, schien dieser Interpretation recht zu geben und mahnte zu größter Wachsamkeit, zumal die Aktionäre durch den schließlichen Erlaß des Gesetzes vom 21. Juli 1909 ernstlich beunruhigt waren[91].

Ihrer vollständigen Freiheit waren die Eisenbahngesellschaften allerdings schon längst beraubt[92]. Im Jahre 1859 hatte sich der Staat zur Garantie von Mindestdividenden auf den Eisenbahnpapieren und zur Gewährung von vorteilhaften Krediten (4 %, für das Netz Midi 3 %) bereit gefunden, als Gegenleistung jedoch einen Anteil von zwei Dritteln am Betriebsgewinn ausgehandelt, sofern eine gewisse Dividendenlimite überschritten wurde. Der wirtschaftliche Spielraum der Eisenbahngesellschaften war damit nach unten abgesichert und nach oben begrenzt. Mit sozialen Experimenten, die den finanziellen Notstand herbeiführen konnten, verband sich deshalb auch die Gefahr weitergehender staatlicher Bevormundung.

Ihr stark restriktiver Charakter zwang die Sozialpolitik der Eisenbahngesellschaften in eine zweifache Defensive: gegen den Staat, der aus politischen Rücksichten eine beschränkte Verbesserung anzustreben genötigt war, und gegen die organisierte Arbeiterschaft, die geradewegs den Ruin der Gesellschaften herbeizuführen gewillt schien. In der Auseinandersetzung mit dem Staat mußte vorerst das Recht auf eine eigene, unabhängige Sozialpolitik gewährt werden. Als Axiom dieser Politik wurde gesetzt, daß Sozialkonflikte grundsätzlich zwischen Unternehmern und Arbeitern gelöst werden müßten, ohne Einmischung des Staates[93]. Denn dem Staat wurde die Eignung, wirtschaftliche Betriebs-

---

[90] a. a. O., 27. 5. 1911. Der Leitartikel setzt sich mit einem Rapport des Präsidenten der Handelskammer von Abbeville, Garry, auseinander und lehnt ihn als zu pessimistisch ab.

[91] Guyot, p. 276/77.

[92] Vgl. im folgenden Journal des Chemins de Fer, 21. 1. 1911.

[93] Vgl. a. a. O., 17. 12. 1910.

vorgänge zu verstehen, zum vornherein abgesprochen. Zu den Gründen für die Kurseinbußen der Eisenbahnpapiere bemerkten die Unternehmer: « Mais il n'en est pas moins indéniable que l'immixtion de l'Etat, sans le moindre droit, dans l'administration intérieure des Compagnies a eu les résultats les plus fâcheux. C'est cette immixtion, en effet, qui, en imposant aux Compagnies des lois d'exception — comme pour les retraites — a déterminé l'accroissement trop rapide de leurs charges et comme conséquence, le recul de leurs titres[94]. » Und zum erfreulichen Jahresergebnis der Gesellschaft Paris—Orléans für 1909 bemerkte der Kommentar: « Une fois de plus, on est au regret de constater que cet effort de l'initiative privée risque de se trouver entravé par l'intrusion arbitraire de l'Etat en raison de l'application prochaine du nouveau régime des retraites ...[95]. » Nur die sozialpolitische Autonomie der Gesellschaften gewährleistete einen wirtschaftlich fachgerechten Eisenbahnbetrieb. « Si les Compagnies de chemins de fer n'étaient pas en butte à l'hostilité des pouvoirs, elles pourraient toutes ... envisager l'avenir avec pleine confiance[96]. »

Die unmittelbarste Gefahr drohte den Gesellschaften vom unberechenbaren Parlament her, das in seinem Leichtsinn die Leistungen der Gesellschaften für das gesamtwirtschaftliche Wohl sträflichst verkannte: « Comme on voit, il est urgent de veiller à ce que la situation faite à nos Compagnies de chemins de fer, pour satisfaire à l'esprit démagogique qui règne dans les milieux parlementaires, ne s'aggrave pas. Il n'y a plus une seule faute à commettre si l'on veut ramender les capitaux vers les titres de ces Compagnies qui sont la base et qui devraient rester le plus ferme soutien de la fortune publique[97]. » Wirksame Abhilfe war deshalb nur von einem Umbau der staatlichen Institutionen zu erhoffen, wie dies im Anschluß an die durch das Pensionsgesetz aufgeworfenen Probleme angedeutet wurde: « Graves problèmes que le Parlement, hypnotisé par des soucis d'ordre électoral, se refuse d'envisager. Une transformation radicale du mode actuel de recrutement de la Chambre pourrait, peut-être, nous sortir de l'ornière[98]. » Das bestehende republikanische Regime war demnach nur erhaltenswert, wenn es den unternehmerischen Interessen nicht zuwiderhandelte.

Die Aufgabe des Staates beschränkte sich allerdings keineswegs auf den axiomatischen Immobilismus. Vielmehr hatte er korrigierend ein-

---

[94] a. a. O., 27. 5. 1911.

[95] a. a. O., 26. 3. 1910.

[96] a. a. O., 13. 5. 1911, aus dem Kommentar zum Jahresbericht der Compagnie du Nord.

[97] a. a. O., 27. 5. 1911.

[98] a. a. O., 17. 7. 1909.

zugreifen, sowie sich das freie Spiel der Kräfte durch den Gebrauch von Gewaltmitteln wie Streik und Sabotage zuungunsten der privaten Gesellschaften zu entwickeln drohte. Im Sommer 1910, als sich abzuzeichnen begann, daß die Streikagitation Gehör finden könnte, bemerkte das Unternehmerblatt: «... les pouvoirs publics auraient le devoir de mettre un terme aux agissements coupables des meneurs qui se vantent, hautement, de préparer le sabotage des transports. Les menaces de ces révolutionnaires seraient sans effet si le Gouvernement affirmait son intention d'appliquer rigoureusement la loi au premier acte d'action directe ou d'entrave au travail. C'est le seul moyen d'enrayer les entreprises de ceux qui essayent d'organiser le désordre dans des milieux jusqu'ici réputés par l'esprit de sagesse qui y régnait[99].» Vor dieser zweifachen sozialpolitischen Aufgabe, der Nichteinmischung und der Protektion, versagte der Staat nach unternehmerischem Empfinden in der Krise von 1910, indem er den Gewerkschaften zu sehr entgegen kam[100].

Die zweite Gefährdung der Stellung der Eisenbahngesellschaften ging von den eigenen Arbeitern aus. Die Finanzlage gebot ihnen gegenüber eine sehr eng begrenzte Sozialpolitik. Da sie Forderungen erhoben, die dem Eisenbahnbetrieb nicht belastet werden konnten, bewiesen sie ihre Verständnislosigkeit den wirtschaftlichen Erfordernissen gegenüber. Mit dermaßen ungerechtfertigten Ansprüchen könne kein Streik begründet werden, ungerechtfertigt schon deshalb, weil die Eisenbahnangestellten ohnehin schon die am meisten begünstigten Industriearbeiter seien[101]. Größte Unnachsichtigkeit war diesen „verwöhnten Kindern des Parlaments" gegenüber angezeigt, erwiesen sie sich doch stets von neuem als unersättlich in ihren Wünschen[102]. Mit dieser Politik schützten die Gesellschaften letztlich nicht sich selbst, sondern die Eisenbahnbenützer, wie sie anläßlich des englischen Eisenbahnstreiks anmerkten, bei dem die Arbeiteransprüche durch Tariferhöhungen auf die Öffentlichkeit überwälzt wurden[103]. Die Eisenbahngesellschaften taten damit das, was der Staat zu tun unterließ: sie errichteten den Begehrlichkeiten einzelner im Interesse aller Schranken.

Die Ausgangslage für einen sozialen Konflikt war durch die angeführten Erscheinungen gegeben: steigende Lebenskosten, ungenügende Löhne, wachsendes Bedürfnis nach erhöhten Sozialleistungen, restriktive Sozialpolitik der Arbeitgeber.

---

[99] a. a. O., 18. 6. 1910.

[100] Guyot, p. 39/40.

[101] Journal des Chemins de Fer, 18. 6. 1910.

[102] a. a. O., 24. 12. 1910.

[103] a. a. O., 9. 9. 1911.

IV. Berufsethos und Proletarische Einheit

Bei der Betrachtung des Eisenbahnerlohnes ist deutlich geworden, daß sich das Eisenbahnpersonal nicht nur gegenüber der weiteren Arbeiterschaft abgrenzte, sondern daß es auch in sich selbst vielfach abgestuft war. Dieser heterogene Aufbau belastete eine auf die Gesamtinteressen ausgerichtete gewerkschaftliche Organisation und begünstigte die Bildung von selbständig handelnden Sondergruppen, was der Arbeitgeberseite im Konfliktsfall einen bedeutenden Vorteil verschaffte. Wer einen Streik auslösen wollte, mußte überzeugende Gründe vorweisen, um diese gegebenen Hindernisse überwinden zu können.

Was die verschiedenartigen Berufsgattungen miteinander verband, war ihre gemeinsame Zugehörigkeit zum gleichen Betrieb, und ein Bewußtsein als „Eisenbahner" setzte daher voraus, daß in der Gewerkschaftsorganisation das traditionelle Berufsprinzip durch das moderne Industrieprinzip ersetzt wurde. Diesem neuen Grundsatz gehorchte der Syndicat National. Guérard rief noch in seiner testamentarischen Rede vom Dezember 1909 dazu auf, der Gefahr der berufsständischen Aufsplitterung der Eisenbahner durch eine möglichst differenzierte Organisation des S. N. zu begegnen: « Si dans notre Syndicat, on ne crée pas l'organe qui permette de défendre les intérêts de toutes les catégories de travailleurs de la corporation, ceux qui ne se verront pas suffisamment soutenus chercheront une autre forme d'association[1]. » Im Krisenjahr 1910 waren diese angesprochenen partikularen Strömungen noch keineswegs besiegt, und dasselbe galt, auf die gesamte Arbeiterschaft bezogen, für das Standesdenken der Eisenbahner.

Von den breiten Arbeiterschichten unterschied die Eisenbahner ihr elitäres Selbstbewußtsein. Ihre sozialpolitische Stellung wurde weitherum als privilegiert empfunden, worauf schon bei den Lohnverhältnissen verwiesen worden ist; auch Guérard pflichtete diesem Urteil bei, soweit es die Pensionen betraf[2]. Darüber hinaus vermittelte ihnen die Faszination, die im Zeitalter rauschhafter Bewunderung des technischen Fortschritts vom Eisenbahnbetrieb ausging, das Gefühl, zu den Pionieren einer neuen Welt zu gehören. Von daher erklärt sich eine gewisse Neigung der Eisenbahner, der Arbeiterbewegung die Richtung weisen

---

[1] CR Congrès extraord., p. 227.

[2] Vgl. a. a. O., p. 228.

zu wollen[3]. Guérard wandte sich deshalb im Kampf gegen die Revolutionäre auch gegen deren Versuch, die Eisenbahnergewerkschaft zur stets einsatzbereiten Eliteformation des Syndikalismus umzugestalten. Nachdem nämlich zunächst die Minenarbeiter als die prädestinierte Kerntruppe des Generalstreiks angesehen worden waren, da von ihnen die Energieversorgung abing, kam eine neue Theorie in Umlauf, die die Eisenbahner zur Schlüsselgewerkschaft erklärte, da sie den allgemeinen Gütertransport, auch des Brennmaterials, besorgten: « si les chemins de fer ne fonctionnent plus, les mineurs auront beau extraire du combustible, il n'y aura plus de machine pour les transporter, les usines s'arrêteront, le commerce sera paralysé, les troupes ne pourront plus se rendre sur les champs de grève, et le patronat, désemparé, cédera devant le prolétariat révolté[4]. » Dieser revolutionären Vorstellung waren die Eisenbahner indessen überwiegend abhold. Es widersprach ihrer verhältnismäßig guten wirtschaftlichen Stellung, einen gefahrenträchtigen Konfliktskurs zu unterstützen. Des Eisenbahners Bild, so wie es von verschiedenen Seiten gezeichnet wird, war bedächtig: er zeigte kaum antimilitaristische Aktivität, war zur nationalen Verteidigung bereit, nahm nicht an der großen C.G.T.-Kampagne vom 1. Mai 1906 teil, akzeptierte den Staat[5]. Colly, sozialistischer Deputierter und ehemaliger Eisenbahner, charakterisierte: « les cheminots sont plûtot des gens moderés, tranquilles, des protégés de députés, de sénateurs, d'administrateurs des compagnies, des protégés de curés de campagne[6]. » Des Eisenbahners Geist, „tranquille et sage"[7], suchte die Revolution nicht[8]. Guérard verglich Charakter und Temperament seiner Eisenbahner mit den Eigenschaften der Bauarbeiter und fand, daß sich die Gewaltmethoden dieser für jene nicht eigneten[9]. In der entscheidenden Frage des Generalstreiks folgte das Denken der Eisenbahner denn auch dem bisher entworfenen Bild, wie die Polizei noch im Sommer 1910 beruhigt feststellte: « Enfin, même au sein du Syndicat, l'idée de la grève générale est loin d'être populaire. A part un millier d'exaltés qui se grisent de mots et s'efforcent de jouer un rôle, l'immense majorité considère l'action syndicale comme un moyen d'acquérir plus de bienêtre, mais non comme un procédé révolutionnaire[10]. »

---

[3] Vgl. Dolléans, in seiner Einleitung zu Chaumel, p. XV.

[4] CR Congrès extraord., p. 225.

[5] Vgl. Fruit, p. 228.

[6] J. O. 26. 10. 1910, p. 2565, Séance du 25 Octobre.

[7] So Bouveri, der ein Urteil Rognons bestätigt, J. O. 28. 10. 1910, p. 2590, Séance du 27 Octobre.

[8] Vgl. dazu die Argumentation von Albert Thomas, J. O. 29. 10. 1910, p. 2610, Séance du 28 Octobre.

[9] Vgl. CR Congrès extraord., p. 222.

[10] AN F 7 13660, 1910 - 1911, S. N. etc., p. 7.

Trotz dieses im ganzen hohen Berufsethos, das freilich auch vom Funktionsgrad abhing, gebrach es den Eisenbahnern sehr an solidarischem Empfinden. Zu große Unterschiede zergliederten das Eisenbahnpersonal, als daß ein allen gemeinsames Bewußtsein hätte entstehen können. Daß sich zwischen dem hohen, d. h. betriebsleitenden Personal und dem niederen Personal ein Graben öffnete[11], ist verständlich, doch auch in der Masse des eigentlichen Betriebspersonals herrschten mannigfache Spannungen. So lag die Solidarität zwischen Kategorien wie Angestellte und Arbeiter oder höhere und niederere Arbeiter sehr im argen[12], was primär aus der im Lohnsektor geltenden Ungleichheit abzuleiten ist. Im sozialpolitischen Verhalten der einzelnen Arbeiterschichten zeigten sich deshalb bedeutende Unterschiede. Zu Recht verwies der Revolutionär Morin einen Reformisten, der sich die Existenz zweier gegensätzlicher Tendenzen im S. N. nicht restlos zu erklären vermochte, auf einen materiellen Umstand: « Permettez-moi de vous dire très amicalement que la tendance révolutionnaire dépend un peu d'une question de tempérament; mais il y a encore autre chose... Vous admettrez bien aussi que les camarades révolutionnaires soient parmi ceux qui sont le moins payés[13]. » Mit dieser Aussage stimmt überein, daß sich schon in den Streikdiskussionen des Jahres 1909 die Streikanhänger auf die relativ schlecht entlöhnten Depotarbeiter verlassen zu können glaubten, während andere, höher gestellte Arbeiter diesem Vorhaben wenig geneigt schienen: « Il est à noter que les délégués, quand ils parlent d'une grève possible, déclarent être sûrs des ouvriers des ateliers, notamment sur le Nord, l'Ouest et le P.—L.—M. Bien que cette assurance soit elle-même un peu osée, elle signifie que les agents de l'Exploitation (aiguilleurs, surveillants, conducteurs, etc.) ne veulent pas d'une grève[14]. » Unter den Werkstättenarbeitern der Compagnie du Nord, von wo die Oktoberbewegung ihren Ausgang nehmen sollte, herrschte eine sehr gereizte Stimmung vor; sie unterschied sich beträchtlich von der zu gleicher Zeit bei andern Betriebszweigen beobachteten Zurückhaltung: « C'est que la compagnie savait qu'à Calais, à Tergnier... à Paris-Nord, dans les dépôts, il y avait toute une masse d'ouvriers plus ou moins révolutionnaires, d'ouvriers ardents qui souhaitaient la grève immédiate; elle savait que c'était là que l'on pouvait frapper à coup sûr, essayer de déchainer immédiatement, au lieu de la grève méthodique, prudente, décidée par le syndicat, la grève spontanée, d'apparence révolutionnaire[15]. » Innerhalb der Eisenbahn-Arbeiterschaft zeigt sich damit schon

---

11 Vgl. Fruit, p. 23.

12 AN F 7 13660, 1910 - 1911, S. N. etc., p. 7.

13 CR Congrès extraord., p. 230.

14 AN F 7 13661, 20e Congrès, Bericht vom 7. 5. 1909, M/3080.

15 J. O. 29. 10. 1910, p. 2616, Séance du 28 Octobre.

deutlich genug eine horizontale Schichtung, so daß von einer Klassenstruktur gesprochen werden kann. An der Spitze dieser Hierarchie stand das technische Zugführungspersonal, die Mechaniker und die Heizer, d. h. der Lokomotivdienst. Die Schwierigkeiten einer proletarischen Einheitsfront sind an ihrem Beispiel besonders klar zu erkennen, denn die erhöhte Sonderstellung dieser Kategorie spiegelte sich schon in ihrer organisatorischen Trennung vom allgemeinen Eisenbahnersyndikat, dem sie ihre eigene Gewerkschaftsorganisation, die Fédération, gegenüber stellten.

In der Spezialistengruppe der Mechaniker regten sich frühzeitig, bereits im bescheidenen Anfangsstadium der Gewerkschaftsbewegung in der Dritten Republik, Bestrebungen, einen eigenen Weg zu beschreiten. Im Jahre 1885 bildete sich ein zunächst sehr dürftiges « Syndicat général professionnel des mécaniciens, chauffeurs, conducteurs de machines à vapeur de France et d'Algérie », das sich hernach 1894 in « Fédération générale française professionnelle des mécaniciens et chauffeurs de chemins de fer et de l'industrie » umbenannte und um 1900 etwa 4800 Eisenbahner, vorzugsweise vom Netz P.—L.—M., zählte. Aus einer im Jahr 1900 von dieser Gewerkschaft abgespaltenen Gruppe des Netzes P.—L.—M. entwickelte sich in der Folge eine Kette von dissidenten Gruppen, die die Mutterorganisation allmählich absorbierten und sich im Dezember 1905 auf einem Kongreß in Toulouse zur neuen « Fédération générale des groupements des mécaniciens et chauffeurs de chemins de fer de France et de ses colonies » zusammenschlossen[16]. Seit 1908 war Paris offizieller Sitz der Organisation[17]. Die Fédération kannte folgende Organe: einen alljährlich im Herbst zusammentretenden Kongreß ihrer Sektionen, einen Conseil Fédéral von zehn Mitgliedern pro Netz als Exekutivorgan und dessen Bureau, den Conseil d'Administration, mit sieben Mitgliedern; Präsident dieses geschäftsführenden Ausschusses war 1910 Toffin, dem beim Streikausbruch eine wichtige Rolle zufallen sollte. Auf die Möglichkeit eines Streiks richtete sich die Gewerkschaft durch eine Streikorganisation ein, in der die Streikkomitees der einzelnen Netze, die Commissions centrales, der Leitung der zentralen Commission générale de grève unterstanden. Als Ziel der Tätigkeit dieser Streikorgane wurde ausdrücklich der korporative, also auf berufsständische Anliegen ausgerichtete Streik genannt. Dem Schutz der Fédération vor unbedachten Aktionen diente außerdem das genau festgehaltene Prozedere für die Ausrufung eines Streiks: der Streikvorschlag der Commission générale de grève bedurfte der Zustimmung der

---

16 Vgl. Chaumel, p. 47 - 49 ; AN F 7 13923, La grève des chemins de fer d'octobre 1910, p. 4.

17 APP B/a 1363, Affaire de la grève des chemins de fer, p. 22.

Mehrheit der Commissions centrales und eines außerordentlichen Förderativkongresses[18].

In organisatorischer Hinsicht unterschied sich die Fédération vom S. N. vor allen Dingen durch ihren weit besseren Syndikalisationsgrad: er lag bei rund 60 %, betrug demnach etwa das Dreifache des S. N.[19].

Der berufsstolze, etwas hochmütige Kadergeist, der die Eisenbahner allgemein auszeichnete, prägte die Mechaniker besonders stark[20], denn diese Berufsgruppe schuf sich ein ihr eigenes Ethos und vermied es bewußt, sich mit der breiten und vielgestaltigen Eisenbahn-Arbeiterschaft gemein zu machen. Aufgrund ihrer bedeutenden und schwierigen Arbeit kam ihnen gewiß Elitecharakter zu[21], was sich eindrücklich im außergewöhnlich hohen Verdienst niederschlug, wodurch sie gegenüber den anderen Eisenbahnern klar privilegiert wurden[22]. Von diesen unterschied sie auch ihr besonderes Verhältnis zur Arbeit, denn die Hingabe an ihren Beruf und ihre Aufgabe wurde ihnen nicht verstellt durch die Entfremdung ihrer Arbeit: mit ihrer Maschine fühlten sie sich eng verbunden, ja sie identifizierten sich mit ihr, was sich z. B. darin ausdrückte, daß sie ihren Urlaub mit Vorliebe bei der Generalüberholung ihrer Maschine einzogen[23]. Diese besondere Stellung gab ihnen ihr elitäres Bewußtsein, den noch ganz auf ihren Beruf eingeschworenen Korpsgeist, der sie von der übrigen Gewerkschaftsbewegung fernhielt und ihnen die solidarischen Instinkte raubte. Bezeichnenderweise zählten sie sich, was ihnen die Compagnie du Nord bestätigte, nicht mehr zu den Arbeitern, obwohl sie objektiv noch dieser Gruppe zuzurechnen sind, da ihr Lohnniveau demjenigen der Arbeiter näher lag als jenem der Ingenieure[24]. Auf jeden Fall fühlten sie sich den übrigen Eisenbahnern und den anderen Arbeitern überlegen, was sich in dem für sie charakteristischen, selbstgefälligen Bekenntnis ausdrückte: « J'avais l'impression d'être quelqu'un[25]. » Diese Selbstdarstellung bedingte einen disziplinierten Geist, der sie zur Verwerfung emotionaler Protesthandlungen, wie sie dem Revolutionären Syndikalismus eigen waren, zwang:

---

18 Dazu a. a. O., p. 22 - 28.

19 Albert Thomas, J. O. 29. 10. 1910, p. 2610, Séance du 28 Octobre, gab die Zahl der Mitglieder der Fédération mit 16 000, die Gesamtzahl der Berufsgruppe mit 25 000 an; Caron, p. 33, nennt für das Netz Nord einen Syndikalisationsgrad von 60 %. Von Thomas abweichend verzeichnete APP B/a 1363, Affaire etc., p. 30, für 1910 nur 12 000 Mitglieder, womit sich ein etwas verminderter, aber noch immer sehr hoher Syndikalisationsgrad ergäbe.

20 Die Mechaniker und Heizer des Netzes Nord sind Gegenstand einer Studie von Caron, vgl. Kap. III, Anm. 32.

21 Vgl. Caron, p. 4.

22 a. a. O., p. 18.

23 a. a O., p. 5.

24 Vgl. a. a. O., p. 11 und 18.

25 a. a. O., p. 13.

« Il reste que, conscient que l'ordre est nécessaire, le mécanicien n'est pas disponible pour des actions révolutionnaires improvisée et violentes[26]. » Mit diesem Ordnungssinn und mit dem engen Verhältnis zur Lokomotive hing im weiteren die klare Ablehnung der Sabotage zusammen[27]. Diese zutiefst reformistische Grundhaltung durchzog auch die Statuten der Fédération, deren Artikel 4 unmißverständlich, in völligem Gegensatz zur Charta von Amiens, bestimmte: « Le but de cette alliance est de rechercher par tous les moyens honnêtes et légaux, à améliorer le sort de ses adhérents en particulier... et [à] apporter par la voie de délégation, avec l'aide d'intermédiaires étrangers à la Corporation (Sénateurs et Députés), auprès des Pouvoirs publics, les intérêts généraux des réseaux et les réclamations qui auraient été refusées par les Compagnies[28]. » Der ausgesprochen reformistischen Orientierung gemäß gehörte die Fédération der revolutionären C. G. T. nicht an[29]; in ihren Reihen zählte sie auch nur vereinzelte Revolutionäre[30]; beim Streikversuch von 1898 hatte sich schon die alte Fédération demonstrativ abseits gehalten. Damit bildete die organisationsstarke Fédération ein klares politisches Gegengewicht gegen den organisationsschwachen S. N. Unter diesen Umständen verblieb für eine einheitliche proletarische Politik gegenüber dem Patronat wenig Spielraum. Eine Zusammenarbeit wurde im übrigen dadurch erschwert, daß sich die beiden Gewerkschaften auf dem Markt jenes Lokomotivpersonals, das grundsätzlich zum Eintritt in ein Syndikat bereit war, offen konkurrenzierten. Es gehörte naturgemäß zu den vordringlichsten Anliegen des S. N., alle gewerkschaftlichen Sondergruppen zu bekämpfen, wehalb er zum Beispiel im Jahr 1909 auf dem Netz Nord eine besondere Sektion für die Mechaniker innerhalb seiner eigenen Organisation bildete, in der Hoffnung, dergestalt die Fédération absorbieren zu können, was ihm auch in jenen Departementen, wo seine reformistische Tendenz vorherrschte (Nord, Pas-de-Calais), gelang[31]. Zu den prominenten Mechanikern innerhalb des S. N. zählte zum Beispiel der 1909 zum Generalsekretär gewählte Marcel Bidegaray; daneben trat auch Doppelmitgliedschaft in beiden Organisationen auf[32].

Eine Annäherung zwischen der Fédération und dem S. N. hob an, nachdem die Fédération zwar ihr wichtigstes Ziel, das Retraitengesetz, 1909 erreicht hatte, nun aber, damit nicht befriedigt, auch noch die rückwir-

---

26 a. a. O., p. 12.

27 Vgl. a. a. O., p. 5.

28 APP B/a 1363, Affaire etc., p. 23.

29 Hervorgehoben durch Albert Thomas, J. O. 29. 10. 1910, p. 2610, Séance du 28 Octobre.

30 AN F 7 13923, La grève des chemins de fer d'octobre 1910, p. 5.

31 Vgl. Caron, p. 33/34.

32 Vgl. a. a. O., p. 28.

kende Kraft dieses Gesetzes verlangte. Es waren indessen nur taktische Überlegungen, die die Mechaniker zu dieser Wendung veranlaßten: « La grande majorité d'entre eux ne voyait, dans les menaces d'action commune, qu'une nouvelle manœuvre d'intimidation à l'encontre des Compagnies, et de pression sur les Pouvoirs Publics[33]. » Dieser grundlegenden Beschränkung unterlagen in dieser Periode noch die Kontakte zwischen den beiden Eisenbahnerorganisationen. Den Vereinigungsbestrebungen blieb deshalb jeder Erfolg versagt. Erste Gespräche über eine mögliche Fusion waren schon im November 1908 und im Februar 1909 geführt, hernach jedoch unterbrochen und erst nach einem formellen Mandat des Kongresses der Fédération vom September 1909 im ersten Quartal 1910 fortgesetzt worden. Das 1910 erarbeitete Statutenprojekt bedeutete eine Absage an den Fusionsgedanken, sah es doch statt einer aktionsfähigen Zentralleitung nur ein kompetenzloses gemeinsames Komitee vor, und statt von Fusion wurde denn auch nur noch unverbindlich von Union gesprochen, weshalb jedes sachliche Interesse an diesem Plan rasch dahinschwand[34]. Die Fédération war zu diesem Zeitpunkt noch nicht gesonnen, ihre Autonomie auf dem Altar der proletarischen Einheit zu opfern: « Le Syndicat National a paru comprendre la fusion dans le sens pur et simple de l'absorption par lui de la Fédération des Mécaniciens; celle-ci, consciente de son importance technique et du rôle que cette importance semble lui réserver dans la solution des conflits entre personnel et Compagnies, et, en outre, animée peut-être d'un esprit plus modéré que le Syndicat National, n'a pas consenti à disparaître ainsi[35]. » In den Reihen der Fédération regte sich deshalb starker Widerstand gegen das Projekt: auf dem Netz Etat hätte es die Fédération vorgezogen, sich aufzulösen statt der Vereinigung zu unterziehen[36]. Dem zu nichts verpflichtenden Statutenprojekt einer „Union des travailleurs des Chemins de fer" freilich pflichtete der Föderationskongreß vom August 1910 bei[37].

Weiter als die Vereinigungsversuche gediehen die Gespräche über einen allfälligen Streik, und zwar im selben Maß, wie auch die Reformisten des Syndikats grundsätzlich den Streikgedanken ins Auge zu fassen sich anschickten. Wenn im folgenden die Zusammenarbeit zwischen S. N. und Fédération in der Vorphase des Streiks kurz skizziert wird, wird damit der noch darzustellenden Entwicklung im S. N. etwas

---

[33] AN F 7 13923, La grève des chemins de fer d'octobre 1910, p. 6.

[34] Vgl. CR 21e Congrès, p. 260 - 63.

[35] APP B/a 1363, Affaire etc., p. 33.

[36] AN F 7 13923, Mécaniciens et Chauffeurs des Voies ferrées, Menaces de grève, Bericht vom 30. 6. 1910. Die Lokalsektion von Saintes hatte sich schon im Mai gegen die Unionsplanung gewandt, a. a. O., Bericht vom 25. 5. 1910.

[37] AN F 7 12559, Monatsbericht August 1910.

vorgegriffen. Eine Verschärfung der Haltung der Mechaniker kündigte sich im April 1910 an, als der Sekretär der Fédération, Sauve, erklärte, seine Korporation sei nicht weit davon entfernt, die „idées de révolte" des S. N. zu teilen, und die Bereitschaft der Fédération andeutete, sich an einem Generalstreik des S. N. zu beteiligen[38]. Obschon diese Äußerung taktisch bedingt sein mochte, beobachtete die Polizei gleichzeitig in der Tat eine gewisse Streikwilligkeit bei Teilen der Fédération, und zwar auf den Netzen Nord, P.—L.—M. und Midi[39]. Im Juni 1910 bestätigte sich diese Entwicklung, als gemeldet wurde, die Agitation unter dem Eisenbahnpersonal habe sich auf die Fédération ausgedehnt, wobei die Unruhe besonders die Mechaniker des Netzes Nord betraf, die noch immer eine Antwort der Compagnie auf ihr im Januar gestellte Forderungen erwarteten[40]. Am 10. Juni begab sich eine zum Streik entschlossene Delegation der Mechaniker und Heizer zum Ministerpräsidenten und forderte in ultimativer Form die Retroaktivität des Pensionsgesetzes, ohne allerdings von Briand verbindliche Zusagen zu erhalten[41]. Schon am 6. Juni hatte eine Gruppe von Pariser Mechanikern das Prinzip des Generalstreiks gutgeheißen, jedoch seine Anwendung der Würdigung durch die Provinzsektionen unterstellt[42]. Zu einem derartigen Bruch mit ihrer gesamten Tradition waren die Mechaniker indessen noch nicht bereit. Als am 17. Juli 1910 die Revolutionäre des S. N. zum sofortigen Streik schreiten wollten, versäumte es Toffin, der als Präsident der Fédération eigens zur Sitzung des Conseil d'Administration des S. N. eingeladen worden war, nicht, den Promotoren des Streiks, die etwas voreilig mit der Unterstützung der Fédération gerechnet hatten[43], eine Absage zu erteilen mit der Erklärung, seine Organisation sei mehrheitlich sowohl einer Fusion wie einer gemeinsamen Aktion abgeneigt[44]. Diese Erklärung gab die Stimmung in der Fédération wahrheitsgetreu wieder, denn als Toffin am Föderationskongreß vom 3. - 5. August 1910 an einer Geheimsitzung in Gegenwart des S. N.-Generalsekretärs Bidegaray die Streikbereitschaft seiner Verbände erkundete, konnten allein die Delegierten von Nord für die Streikwilligkeit ihrer Kameraden einstehen, während jene von P.—L.—M. Zweifel daran hegten und jene von P.—O., Etat,

---

38 APP B/a 1413, Bericht vom 2. 4. 1910. Im Bericht wird der Sekretär fälschlicherweise Saudry genannt, doch geht aus der Funktionsbezeichnung seine Identität mit Sauve hervor.

39 AN F 7 13661, 21e Congrès, Bericht vom 16. 4. 1910.

40 APP B/a 131, Monatsbericht Juni 1910.

41 AN F 7 13923, La grève des chemins de fer d'octobre 1910, p. 13.

42 APP B/a 131, Monatsbericht Juni 1910.

43 AN F 7 13923, La grève des chemins de fer d'octobre 1910, p. 6.

44 a. a. O., p. 11. Wenn Poisson, La Revue Socialiste 15. 11. 1910, von einer parallelen Marschrichtung der beiden Organisationen seit dem 21. Kongreß spricht, setzt er den Zeitpunkt zu früh an.

Midi und Est sie klar verneinten[45]. Gleichwohl, und darin verlief die Entwicklung parallel zum 21. Kongreß des S. N., gab sich der Kongreß ebenfalls ein Streikkomitee[46]. Dieses Komitee tagte am 11. September gemeinsam mit jenem des S. N., womit die zweckgerichtete Zusammenarbeit der beiden Gewerkschaften Wirklichkeit wurde[47]. Dadurch machte sich die Föderation indes keineswegs zum Komplizen des Revolutionären Syndikalismus, wovon ihre Haltung im Streikgeschehen Zeugnis ablegen wird.

Neben den sozialen Ungleichheiten zwischen den verschiedenen Berufsgattungen waren es aber auch noch regionale Besonderheiten, die einer Einheit des Eisenbahnpersonals zuwiderliefen, wobei mit diesen Partikularismen die sozialen und politischen Gegensätze einhergehen konnten. So herrschte zwischen den früheren Teilen des 1909 vereinigten staatlichen Netzes Ouest-Etat, dem ehemals privaten Netz Ouest und dem schon zuvor staatlichen Netz Etat, eine lebhafte Abneigung, die sich auch in der politischen Tendenz niederschlug. Im Spiegel eines provinziellen Polizeikommissärs zeigte sich der Konflikt und seine Ursache wie folgt: « D'autre part le rachat de l'Ouest est mal vu par les agents en général de l'ancien Réseau Etat. Ces derniers, lors des permutations qui sont fréquentes sont mal accueillis par leurs camarades de l'Ouest qui voient en eux des renégats, des faux frères, alors que c'est le contraire sur l'Etat ancien où on fait le meilleur acceuil aux cheminots de l'Ouest-Etat. De plus, la non-concordance des grades et des traitements des deux réseaux fait que les employés ou ouvriers de l'Ouest qui arrivent sur l'Etat sont augmentés de traitement pour occuper sur ce dernier réseau l'emploi correspondant qu'ils occupaient à l'Ouest. On y voit l'effet de la faveur et de l'arbitraire[48]. » Die tatsächlichen oder vermeintlichen Ungerechtigkeiten, die der Zusammenschluß zweier ungleich fortgeschrittenen Netze mit sich brachte, führten hier zu vorwiegend sozial motivierten Spannungen, die ein psychologisches Klima latenter Feindseligkeit entstehen ließen. Die Eisenbahner der beiden Netze stammten überdies aus verschiedenem Milieu und verfügten über unterschiedliche Erfahrungen mit dem Patronat: der Staat zeigte sich ihren Wünschen im allgemeinen zugänglicher als die privaten Gesellschaften. In den innergewerkschaftlichen Kämpfen fanden sich deshalb die Eisenbahner von Ouest und Etat auf gegensätzlichen Flügeln ein: « Les réformistes et, d'une façon générale, les agents du réseau Etat (ancien) qui

---

45 AN 7 13923, La grève des chemins de fer d'octobre 1910, p. 12.

46 Bericht des Untersuchungsrichters Drioux, L'Humanité 10. 1. 1911.

47 Rapport; vgl. auch Communay, CR 22e Congrès, p. 160, 161.

48 AN F 7 13663, Etat, Congrès régionaux, Congrès de Thouars 1911, Bericht aus Niort, 14. 11. 1911, Nr. 304.

ont obtenu de leur administration de nombreuses et appréciables améliorations à leur sort, sont convaincus qu'ils aboutiront mieux ‹par l'action corporative› que ‹par la surenchère› et ‹les déclamations démagogiques›...[49] » Im vereinigten Netz behaupteten die Reformisten eine schwache Mehrheit, was Le Guennic im November 1909 eingestand, freilich nicht ohne den Reformisten unlautere Machenschaften zu unterstellen[50]. Am 6. März 1910 wurde jedenfalls, wieder unter dem Protest der Revolutionäre, der Reformist Marchal mit 9 : 7 Stimmen zum Netzsekretär gewählt[51]. Ein ähnliches Stimmenverhältnis (16 : 13) ergab sich noch bei einer Kampfabstimmung im November 1911[52]. Mit diesem politischen Moment leiten die sozialen und psychologischen Spannungen innerhalb der Arbeiterschaft über zu den Richtungskämpfen im S. N., die im nächsten Kapitel behandelt werden. Festzuhalten bleibt, daß die unter den Eisenbahnern wirkenden partikularen Kräfte durch ihre wechselseitige Paralyse eine Streikbewegung schwer belasten mußten; jeder Streik bedurfte zunächst eines gewaltigen Impetus, um eine allgemeine Solidaritätswelle zu seinen Gunsten auszulösen.

---

[49] a. a. O., 21. 11. 1911, Nr. 320.

[50] La Guerre Sociale, 24. - 30. 11. 1909, Nr. 50

[51] AN F 7 12559, Bericht vom 7. 3. 1910.

[52] AN F 7 13663, Etat, Congrè régionaux, Congrès de Thouars 1911, Bericht aus Niort, 21. 11. 1911, Nr. 320.

V. Die Polarisierung im Syndicat National

Am 3. August 1890 von Prades unter dem Namen „Chambre syndicale des ouvriers et employés des chemins de fer français" gegründet, trug die größte Gewerkschaftsbewegung der Eisenbahner seit 1895 die Bezeichnung « Syndicat National des travailleurs des chemins de fer de France et des Colonies »[1]. Nach einem ersten, völlig gescheiterten Streik im Jahre 1891 und dem Ausschluß des Gründers Prades gelang es der Persönlichkeit Eugène Guérards[2], des neuen leitenden Sekretärs, das Gesicht der Gewerkschaft fürderhin zu prägen, und zwar so gebieterisch und unverwechselbar, daß vom Syndicat National häufig nur als vom Syndicat Guérard[3] gesprochen wurde, als handle es sich dabei um einen auf Gefolgschaftstreue fußenden Personalverband. Guérard, der zunächst dem stürmischen Sozialismus der Richtung Allemane nahe gestanden hatte, führte das Syndikat in den ersten Jahren in revolutionärem Geist auf einen neuen Streikversuch zu. Doch der Generalstreik von 1898 scheiterte ebenso kläglich wie jener von 1891, weshalb eine Überprüfung der Gewerkschaftspolitik geboten schien. Guérard sah ein, daß der revolutionäre Geist der Kader allein nicht genügte, wo nicht auch die Truppen von ihm durchdrungen waren[4].

Auf der Grundlage einer nüchternen Beurteilung des Syndikalismus begann eine allmähliche Metamorphose, an deren Ende Guérard und mit ihm sein Syndikat zum Inbegriff des Reformismus geworden waren. Nicht seine Neigung führte Guérard dem reformistischen Denken zu, sondern die Begegnung mit der syndikalistischen Wirklichkeit. Der Reformist Saint-Germain beschrieb die Hintergründe dieses Wandels: « On a fait grief au camarade Guérard d'être réformiste; je ne l'ai pas

---

[1] Eine Geschichte des Syndikats im Überblick vermitteln: Guy Chaumel, Histoire des cheminots et de leurs syndicats, Paris 1946 (mit einer Einleitung von Edouard Dolléans); Joseph Jacquet, Les cheminots dans l'histoire sociale de la France, Paris 1967 (aus der Sicht des Arbeiters und für diesen geschrieben).

[2] Eine Biographie Guérards liegt als maschinengeschriebene Thèse vor: Elie Fruit. 1890 - 1910, dans la melée des premiers syndicats, un militant d'avant-garde, Eugène Guérard des chemins de fer, Thèse 3e Cycle Droit, Paris 1969.

[3] So Guérard selbst, CR 19e Congrès, p. 52. Er wirft den Gewerkschaftern vor, durch ihren ständigen Ruf nach Guérard als Versammlungsredner selbst zu dieser Benennung beigetragen zu haben.

[4] AN F 7 13661, Congrès Extraordinaire, Rapport M/3734.

toujours connu ainsi; il fut un temps où il était mon ennemi en politique parce qu'il menait une tactique que je ne partageais pas, et s'il est réformiste aujourd'hui, c'est parce qu'il s'est rendu compte de l'état d'esprit des travailleurs des chemins de fer, c'est parce qu'il s'est rendu compte des difficultés de l'heure présente[5]. » Guérard beugte sich allein dem vorwiegend gemäßigten Charakter des vielschichtigen Eisenbahnpersonals, den er als unveränderbare Größe zu betrachten begann. Dem Streik zog er nunmehr den Gesetzesweg vor: « Il se rendit compte que les idées révolutionnaires n'auraient jamais une grande prise sur le personnel des voies ferrées. Il songea donc à demander à l'action législative ce qu'il ne pouvait pas attendre de la grève générale[6]. »

Der organisatorische und institutionelle Aufbau des S. N., der den Rahmen für die kommenden fraktionellen Kämpfe bildete, kann hier nur knapp umrissen werden. Der Syndicat National[7] kannte drei Organisationsebenen: die lokale der „Groupes", die regionale der „Réseaux", die nationale des „Syndicat". Höchstes Organ des Syndikats war der alljährliche, im Frühjahr (April oder Mai) einzuberufende Nationalkongreß; seinen Entscheidungen hatte sich die administrative Leitung zu beugen. Die Gruppen der einzelnen Netze konnten daneben Regionalkongresse einberufen und eine Netzleitung (Comité de réseau) bestimmen, um die sie besonders betreffenden Fragen zu behandeln; ihre Handlungen hatten indessen im Namen des Syndikats zu erfolgen. Bis zur Reorganisation im Frühjahr 1910 zählte das Syndikat acht regionale Organisationen, nämlich die sieben großen Netze Est, Etat, Midi, Nord, Paris—Orléans (P.—O.), Ouest, Paris—Lyon—Méditerranée (P.—L.—M.) sowie den Verband verschiedener kleinerer Netze, als „Compagnies secondaires" bezeichnet. Nach der Übernahme des privaten Netzes Ouest durch den Staat im Jahr 1909 schlossen sich auch die betroffenen Gewerkschaftsorganisationen zusammen und bildeten fortan das Netz Ouest-Etat oder kurz Etat, wodurch sich die Zahl der großen Netze auf sechs, davon fünf private, verminderte. Die Zahl der regionalen Organisationen blieb jedoch acht, da dem Pariser Vorortsverkehr, als „Ceinture" bezeichnet, im Administrativorgan des Syndikats eine beson-

---

[5] CR Congrès extraord., p. 179/180.

[6] AN F 7 13660, 1910 - 1911, S. N. etc., p. 3.

[7] Zu den Statuten vgl. APP B/a 1363, Affaire de la grève des chemins de fer, für den Zustand vor 1910 auch Poitevin, La crise du Syndicat National des chemins de fer, p. 14/15. Die jeweilige Zusammensetzung der Gewerkschaftsleitung ist festgehalten in den Kongreßprotokollen, so CR 19e Congrès, p. 202/03, CR 20e Congrès, p. 226/27, CR 21e Congrès, p. 240/42. Der Orientierung über die Organisation dient bes. AN F 7 13660, 1910 - 1911, S. N. etc., Organisation du Syndicat.

dere Vertretung zugestanden wurde. Die Führung der laufenden Geschäfte oblag einem Conseil d'Administration, der zunächst aus 30, seit dem Frühjahr 1910 aus 43 Mitgliedern bestand. Sie wurden auf Vorschlag der einzelnen Netze bis zur Reorganisation vom Nationalkongreß gewählt, danach bestätigte dieser nur noch die Ernennungen durch die Regionalorganisationen. Bis 1910 besaßen die sieben großen Netze je vier Sitze, die Compagnies secondaires zwei Sitze im Conseil d'Administration, nach seiner Erweiterung setzte er sich aus je sechs Vertretern der sechs großen Netze und der Compagnies secondaires sowie einem Vertreter der Ceinture zusammen. Der Conseil d'Administration gehorchte damit, wie die C. G. T., nicht dem proportionalen, sondern dem förderalistischen Prinzip. Um den aufgeblähten Conseil d'Administration entscheidungsfähiger zu gestalten, wurde ihm 1910 eine Commission exécutive beigegeben, gebildet aus 15 Pariser Gewerkschaftern, wobei die sechs großen Netze und die Compagnies secondaires je zwei Mitglieder, die Ceinture eines stellte. Als wöchentlich tagendes Gremium übernahm diese Kommission die Funktion des alten Conseil d'Administration. Aus seiner Mitte bestellt der CA ein leitendes Büro, bestehend aus Secrétaire général, Secrétaire général adjoint, Trésorier général, Trésorier général adjoint und Archiviste. Über die Kompetenzen des Generalsekretärs enthielten die Statuten keine klaren Angaben. Der Artikel 19 bestimmte lediglich: « Le secrétaire général représente le Syndicat en justice[8]. » Der langjährige Generalsekretär Roberjot trat denn auch kaum je hervor. Die eigentliche Führung lag bei Guérard, der die ebensowenig klar umrissene Stellung eines Secrétaire du Conseil d'Administration einnahm. Der Artikel 18 der Statuten verfügte nur, daß der Conseil d'Administration neben seinem Büro außerdem einen „Secrétaire du Conseil" erküre, der nicht aus seiner Mitte stamme. Ferner erwähnte Artikel 25 diesen Sekretär im Zusammenhang mit den Aktivitäten der Regionalorganisationen: jede Delegation der Netzorgane (bei Eisenbahngesellschaften, Regierung usw.) sollte durch ein Mitglied des CA oder durch den Secrétaire du Conseil begleitet werden[9]. Guérard war damit streng genommen nur ein Angestellter des Conseil d'Administration, es kam ihm deshalb auch nur eine beratende, keine beschließende Stimme zu, was nach seinen Worten die Diktatur verhinderte, die ihm seine Gegner vorwarfen[10]. Kraft seiner Autorität beeinflußte Guérard jedoch zweifellos den Conseil d'Administration entscheidend und prägte das Syndikat unverwechselbar. Im Laufe der Jahre änderte er zwar seinen Funktionstitel, doch blieb seine tatsächliche Macht davon unberührt.

---

8 Artikel 19 der Statuten, Poitevin, p. 10, 14.

9 a. a. O., p. 14.

10 Guérard selbst unterließ es nicht, auf diese juristische Einflußlosigkeit hinzuweisen, CR 19e Congrès, p. 166.

Von 1891 an war er „Secrétaire général", nach dem Streik von 1898 nannte er sich „Employé Principal", ein Jahr später übernahm er den bis 1909 gültigen Titel[11]. Als er sein Amt 1909 verließ, wurde es nicht mehr besetzt. Die mit ihm verbundenen administrativen Pflichten gingen an einen Administrativsekretär über[12], der nun wirklich bloßer Angestellter des Syndikats war. Infolgedessen stieg der Wert des Generalsekretärs, der seit dem 28. Mai 1909 Marcel Bidegaray hieß[13].

Der Fortführung eines dezidiert reformistischen Kurses der Eisenbahner-Gewerkschaft, wie ihn Guérard seit der Jahrhundertwende verfolgte, stellten sich in den dem Streik von 1910 vorangehenden Jahren konträre Kräfte entgegen. Im wesentlichen stand das Syndikat unter einem doppelten Druck. Einerseits ging in diesen Jahren eine neue Welle sozialer Forderungen über das Land hinweg, wie Acht-Stunden-Tag, Alterspensionengesetz, Lohnaufbesserungen usw., wobei die beiden letzten Forderungen Fragen betrafen, die auch die Eisenbahner schon seit geraumer Zeit beschäftigten. Andererseits wurde die Gewerkschaftspolitik durch die ungestümen Versuche des Revolutionären Syndikalismus belebt, die Action directe konsequent anzuwenden und zu diesem Zweck die gesamte Gewerkschaftsbewegung seiner Führung zu unterstellen. Die deutliche Flügelbildung im S. N. mit all ihren Folgen ist ein Ergebnis dieser doppelten, sozialen und politischen Akzentuierung, einer Zangenbewegung, die von zwei Seiten aus das Syndikat überwältigte und 1909 im Ausscheiden Eugène Guérards den ersten Beweis ihrer Gewalt erbrachte.

Die Verstärkung der Rationalität zu Lasten der Emotionalität, die sich bei Guérard und seinem Syndikat erkennen ließ, widersprach augenfällig der allgemeinen Entwicklung des Syndikalismus. Die C. G. T., der auch der S. N. angeschlossen war, stand wegen ihrer föderalistischen Struktur unter revolutionärer Leitung und schickte sich an, eine Epoche erhöhter Aktivität einzuleiten. Mit der Acht-Stunden-Tag-Kampagne vom Mai 1906 schuf sie ein revolutionäres Klima, das dank zahlreicher weiterer Sozialkonflikte auch für die folgenden Jahre bestimmend blieb. Die Jahre 1906 bis 1910[14] waren eine ausgesprochene Kampfzeit, wobei die angreifende Arbeiterschaft in den Regierungen Clemenceau und Briand ein nicht minder abwehrbereites Bürgertum vorfand. Das theoretische Fundament für diese Periode wurde mit der vielzitierten Charta von Amiens vom Oktober 1906 gelegt, die den parlamentarisch-evolutionären Weg zur neuen Gesellschaft verwarf und statt dessen die Action

---

[11] Poitevin, p. 14/15.

[12] Chaumel, p. 62.

[13] Vgl. Anm. 73 dieses Kapitels.

[14] Vgl. dazu die Graphik zur Streikaktivität, Anhang, Ziff. 1.

directe, die endogene, syndikalistische Initiative zum Leitsatz erhob[15]. Die reformistische Eisenbahnergewerkschaft hatte sich zu entscheiden, inwieweit sie sich gegenüber der C. G. T. loyal und solidarisch verhalten wollte. Als die C. G. T. 1906 die Kampagne zur Einführung des Acht-Stunden-Tages durchführte, verweigerte Guérard mit seiner Hausmacht die Teilnahme[16] und zog damit den Vorwurf auf sich, die Arbeiterklasse spalten zu wollen. Dieselbe Kritik traf ihn 1909, als es ihm im Poststreik nach revolutionärer Meinung an Solidarität mit den Streikenden gebrach. Mit dieser der C. G. T. feindlichen Haltung gab Guérard eine Angriffsfläche preis, die ihn bald auch in den eigenen Reihen zur umstrittenen Person werden ließ. Von der das gesamte Syndikat repräsentierenden Autorität wurde er dadurch zum Führer eines bestimmten Flügels, wenn auch des mehrheitlichen, und damit Partei und vom internen Kräftespiel abhängig. Er begab sich einer denkbaren Schiedsfunktion und geriet nicht mehr nur von oben, vom Dachverband der C. G. T., sondern auch von der Basis her unter den Druck des Revolutionären Syndikalismus.

Die zeitlichen Verhältnisse belegen die Koinzidenz der tätigen Phase des Revolutionären Syndikalismus mit der Sammlung einer syndikatsinternen Opposition. Die zermürbende Auseinandersetzung begann nach dem übereinstimmenden Urteil Guérards wie seiner Gegner im Jahr 1907 und zog sich bis zum Rücktritt des Secrétaire du Conseil über zwei Jahre hin[17]. Zwar war vor diesem Zeitpunkt die Syndikatsführung auch schon auf vereinzelte Kritik gestoßen[18], doch hatte sich diese nie zu einer eigentlichen Fronde auswachsen können. Erst in Verbindung mit der durch den Revolutionären Syndikalismus herbeigeführten sozialpolitischen Erhitzung konnte eine breite Opposition gegen den offiziellen Kurs des Syndikats gedeihen und einen Polarisierungsprozeß einleiten.

An den Eisenbahnerkongressen von 1908 und 1909 erreichten die Streitigkeiten ein Ausmaß, das häufig eine geordnete Diskussion der Traktanden verhinderte. Auf den lärmigen revolutionär-syndikalistischen Versammlungsstil mit seinem Reichtum an Zwischenfällen ist schon hingewiesen worden. Für das Syndikat erwuchs daraus die Gefahr völliger Desorganisation. Schon zu Beginn des 19. Kongresses (1908) beklagte Guérard die mangelhafte Disziplin der Delegierten, deren Folgen durch die ungünstige Akustik des Versammlungssaales noch verstärkt

15 Die Charta von Amiens bei Lefranc, Le mouvement syndical, p. 406, der Kongreß von Amiens, a. a. O., p. 138 ff.; vgl. auch Dubief, p. 35 - 42, 75 - 97, Zum Begriff der Action directe bes. scharf Julliard, Clemenceau briseur de grèves, p. 20, Fernand Pelloutier, Le Mouv. Soc., Nr. 75/1971, p. 30 - 32.

16 AN F 7 13660, S. N. etc., p. 7.

17 Guérard, CR Congrès extraord., p. 75; Lelièvre für die revolutionäre Seite im Vorwort zu Poitevin, p. 3.

18 Vgl. Fruit, p. 203 - 208.

wurde, so daß die Kongreßarbeit ernstlich in Frage gestellt war. Zahlreiche Delegierte wiesen ihrerseits auf diese Mißstände hin. Bonnet fragte sich besorgt, mit welchem Ergebnis die Delegierten vor ihre Kameraden treten wollten. « Nous rentrerons dans nos groupes sans pouvoir dire que nous avons fait quoi que ce soit[19]. » Es konnte geschehen, daß eine Sitzung infolge zu großen Lärms abgebrochen werden mußte: « Le séance devenante houleuse, on décide de la suspendre pour aller déjeuner[20]. » Der 20. Kongreß zeigte sich nicht weniger undiszipliniert[21].

Für den beginnenden Zerfall der Autorität Guérards sind die Vorgänge um den Ausschluß des P.—L.—M.-Gewerkschafters Marius André, dessen Rekurs den 19. Kongreß beschäftigte, symptomatisch. Marius André, der neben seiner Mitgliedschaft im Syndikat auch noch der Sozialistischen Partei als Mitglied der Administrativ-Kommission angehörte[22] und außerdem Generalsekretär der „Union P.-L.-M.“, einer Konsumgenossenschaft der P.-L.-M.-Angestellten, war, hatte in dieser letzten Funktion die Unvorsichtigkeit begangen, zum Festbankett aus Anlaß des 20. Gründungstages der „Union“, veranstaltet am 12. Februar 1907[23], auch den P.-L.-M.-Direktor Noblemaire einzuladen, ihn ohne Widerspruch eine gewerkschaftsfeindliche Ansprache halten zu lassen und ihn endlich noch als « chef de la grande famille qui est l'Union P.-L.-M. » zu bezeichnen[24]. Der Conseil d'Administration, der auf dieses Verhalten aufmerksam gemacht wurde, hatte hierauf im August den Ausschluß Andrés durch die Gruppe Paris-P.-L.-M. erwirkt, doch war André nicht gesonnen gewesen, diesen Spruch hinzunehmen, und hatte an den Kongreß rekurriert. Guérard, auch er ein S. F. I. O.-Mitglied[25], beantragte jedoch als Sprecher des Conseil d'Administration, am Ausschluß Andrés festzuhalten. Marius André wußte sich geschickt zu verteidigen. Schon vor dem Kongreß hatte er verschiedene Gewerkschaftssektionen bearbeitet und ihnen ihm wohlgefällige Resolutionen entwunden, so daß sich die Stimmung zu seinen Gunsten zu wandeln begann[26]. Seine inkriminierten Äußerungen interpretierte er in verharmlosender Weise und bemühte sich, als ein Opfer der Willkür des Conseil d'Administration und der Gruppe Paris-P.-L.-M. zu erscheinen. Damit konnte er

[19] CR 19e Congrès, p. 193. Ähnliche Kritik auch a. a. O., p. 76 (Protokollbemerkung), p. 190 (Tagesordnung Alger), p. 207 (Fiolet), p. 214 (Imbert).

[20] AN F 7 13661, Syndicat Guérard, 19e Congrès, Kongreßbericht p. 12.

[21] Vgl. erneut die Kritik Bonnets, CR 20e Congrès, p. 19.

[22] AN F 7 13661, 19e Congrès, Kongreßbericht p. 7; ebenso CR 19e Congrès, p. 99.

[23] CR 19e Congrès, p. 104.

[24] a. a. O., p. 78 - 80.

[25] Dubief, p. 27.

[26] Vgl. CR 19e Congrès, p. 108.

jene gewinnen, die Guérards Autoritarismus überdrüssig waren. Indem er die Verstimmung zwischen ihm und Guérard auf Millerands Wahlkampf von 1900 zurückführte, als Guérard im zweiten Wahlgang für, André indessen gegen den umstrittenen Sozialisten eingetreten war, unterstellte er dem Syndikatsführer niedrige persönliche Motive zu seiner Bekämpfung. Seit jener Zeit seien ihre Beziehungen ziemlich kühl gewesen[27]. Die Mißgunst seiner eigenen Gruppe Paris-P.-L.-M., mit der er seit langem sehr schlecht stand, sah er in seiner politischen Tätigkeit begründet, da man ihm vorwerfe „de faire de la politique". Objektiv widersprach Andrés Verhalten zweifellos dem Geist von Amiens und mußte die Kritik der revolutionären Syndikalisten finden. Durch die Verbindung seiner politisch reformistischen Stellung mit einer scharfen Spitze gegen die Person Guérards jedoch wurde Marius André zum geeigneten Instrument, um Guérard in Minderheit zu versetzen. Die Stimmabgabe war deshalb sehr uneinheitlich. Während der Revolutionär Le Guennic wütend das Anathem gegen André schleuderte und ein Teil der revolutionären Wortführer für den Ausschluß stimmten, enthielten sich Bidamant und einige andere der Stimme. Die Reformisten wandten sich mehrheitlich gegen den Ausschluß des ihnen geistesverwandten Sozialisten, und nur wenige folgten Guérards Antrag. Das Resultat ergab 39 Stimmen für den Ausschluß und 81 dagegen, 20 Delegierte enthielten sich der Stimme[28]. Durch seine Reaktion auf dieses Ergebnis machte Guérard deutlich, wie wenig es ihn befriedigte. Mit beißender Ironie beglückwünschte er zunächst den Kongreß zu seinem Entscheid und gab der Hoffnung Ausdruck, Marius André möge „son excellente besogne de militant syndicaliste" fortsetzen[29]. In der folgenden Sitzung hielt er voller Sarkasmus fest: « Le seul ordre du jour qui convienne après la décision que le Congrès a pris ce matin, est celui-ci: ‹ Le congrès approuve les paroles prononcées par Marius André et déclare que le Syndicat National est un syndicat jaune ›[30]. » Guérard schien, registriert der Polizeibericht, seine Beherrschung und seinen gewohnten Takt verloren zu haben[31]. Nach einigen Zwischenfällen, in deren Verlauf die Delegierten des Netzes Est den Saal zu verlassen drohten[32], erreichte Guérard eine gewisse Genugtuung, die ihm das Gesicht wahrte, indem der Kongreß auf seinen Antrag hin einstimmig eine Tagesordnung

---

[27] a. a. O., p. 100.

[28] Die Resultate der namentlichen Abstimmung CR 19e Congrès, p. 116 bis 119. AN F 7 13661, 19e Congrès, Kongreßber. p. 8, nennt leicht abweichend 82 Gegenstimmen; dies ist ein Indiz für die nicht immer vollkommene Präzision der Polizeiberichte.

[29] CR 19e Congrès, p. 120.

[30] a. a. O., p. 121/22.

[31] AN F 7 13661, 19e Congrès, Kongreßber. p. 8.

[32] a. a. O.

annahm, die Marius André wegen seiner Bankettrede ausdrücklich tadelte[33]. Aus der Abstimmung und dem ungehaltenen Gebaren Guérards geht jedoch hervor, daß der Fall Marius André die Stellung des leitenden Sekretärs sichtbar erschütterte. Guérard mußte einsehen, daß auch seiner Macht Grenzen gesetzt waren, denn Marius André verdankte seine Bestätigung wohl entscheidend einer Manifestation des Protestes gegen den Autoritarismus Guérards, getragen von Reformisten wie Revolutionären[34].

Neben dem Fall André mußte sich Guérard 1908 noch weiterer Opposition versehen. In der sich formierenden revolutionären Fraktion traten besonders Bidamant, Le Guennic und Odinot als Wortführer hervor, wobei vorerst Bidamant als Chef galt[35]. Mit den strittigen Fragen der Beziehungen zur C. G. T., der Ministerkontakte Guérards und eines allfähigen Streiks versuchte diese Gruppe die Gewerkschaftsführung zu bedrängen[36]. Die Diskussion um die Vorbereitung eines Streiks wurde naturgemäß zum Hauptthema der Revolutionäre. In einer Tagesordnung forderte die revolutionär inspirierte Gruppe Paris-Nord ein Streikreferendum zu einem zeitlich fixierten Generalstreik für den Fall, daß den syndikalistischen Forderungen nicht nachgekommen werde[37]. Guérard warnte hingegen eindringlich vor solchen Abenteuern und verwies auf die wenig ermutigende Erfahrung von 1898[38]. Diese umsichtige Zurückhaltung blieb zunächst die offizielle Politik des Syndikats, denn die Streikdiskussionen von 1908 führten zu keinem Ergebnis.

Schon der 20. Kongreß im Frühjahr 1909 zeigte indessen, daß die Gärung im Syndikat unvermindert fortschritt. Die Gegensätze wurden unverhüllter denn je zuvor ausgetragen. Die noch immer ausstehende Verabschiedung des Retraitengesetzes durch den Senat bot der revolutionären Minderheit den geeigneten Anlaß, in einer weiteren Diskussion über die Methoden des sozialen Kampfes ihre Streikpropaganda zu entfalten, zumal sich auch die Geduld gemäßigter Syndikalisten allmählich erschöpfte. Als Druckmittel, den Senat zur baldigen Annahme des Gesetzes zu veranlassen, schien die Streikdrohung selbst nicht-revolutionären Delegierten nützlich. Von dieser Seite ging sogar der Anstoß zur Streikdebatte aus, formuliert vom Delegierten Piot aus dem nordwestlich von Paris gelegenen Bois-Colombes[39]: « Mon groupe, qui ne se

---

[33] CR 19e Congrès, p. 127.

[34] Die Streitschrift von Poitevin, p. 18, weist allgemein auf die Opfer dieses Autoritarismus hin, zu denen wohl gerade auch Marius André gerechnet wird.

[35] AN F 7 13661, 19e Congrès, Kongreßber. p. 2/3.

[36] a. a. O., p. 2, 3, 11.

[37] CR 19e Congrès, p. 185.

[38] a. a. O., p. 188/89.

[39] CR 20e Congrès, p. 141.

dit pas révolutionnaire, m'a donné le mandat de voter la grève générale, s'il y a lieu, si le projet transactionnel n'aboutit pas et si les pouvoirs publics continuent à nous leurrer comme ils l'ont fait jusqu'à présent. » Es erwies sich jedoch rasch, daß die reformistische Mehrheit keinerlei Risiken einzugehen gewillt war und nur im äußersten Fall mit der organisatorischen Vorbereitung eines Streiks beginnen wollte. Guérard erwehrte sich mit Hilfe einiger führender Reformisten wie Grandvallet und Bonnet erfolgreich der revolutionären Propagandisten, unter denen sich besonders Berthelot von Sotteville und Communay von Paris-P.-L.-M. hervortaten[40]. Dem hitzigen revolutionären Drängen stellte Guérard ein kühles, umsichtiges Vorgehen gegenüber: « Le rôle du Conseil, en particulier mon rôle personnel, n'était pas de vous pousser à la grève ; j'estime, par contre, que notre devoir n'est pas de vous empêcher de la faire si tel est votre désir. Nous devons être les observateurs de vos décisions, mais il importe que ces décisions soient prises après avoir été mûrement réfléchies, examinées froidement et sans emballement[41]. » Um die Taktik zur Durchsetzung des Retraitengesetzes und den Eventualfall eines Streiks offen erörtern zu können, hielt der 20. Kongreß auf Antrag Guérards neben den öffentlichen Sitzungen am 6. und 7. Mai zwei geheime Sitzungen ab, die jedoch keine außergewöhnlichen Enthüllungen brachten[42]. Der siegesgewisse Guérard, „plus maître de lui que jamais", erklärte, daß seiner Meinung nach das Retraitengesetz nicht geeignet sei, den nötigen Elan für das Gelingen einer Aktion zu vermitteln; es müsse sich daran die Forderung nach einer Lohnerhöhung anschließen[43]. Die spätere Lohnkampagne, die sich zum Streik auswuchs, trägt demnach ein reformistisches Zeichen. Guérard hielt jedoch dafür, daß selbst bei einer solcherart verbesserten Kombination nichts versucht werden dürfe ohne ein gründliches Referendum: jeder Gewerkschafter hätte selbst auf die gestellten Fragen zu antworten und seine Antwort verschlossen zu verschicken, ein vom Kongreß ernanntes Streikkomitee würde die Antworten prüfen[44].

Mit der Erweiterung der Forderungen auf den Lohnsektor, der Einschaltung eines strengen Referendums und der Einsetzung eines Streikkomitees schuf sich die reformistische Mehrheit ein Instrumentarium, mit dem sie das Syndikat vorerst vor ungewissen Experimenten bewahren konnte. Das für die Öffentlichkeit bestimmte Communiqué über die

---

[40] a. a. O., p. 163 (Berthelot), p. 169 (Communay); vgl. auch AN F 7 13661, Syndicat Guérard, 20e Congrès National, p. 12.

[41] CR 20e Congrès, p. 176.

[42] AN F 7 13661, 20e Congrès, p. 12, sowie 20e Congrès, Notes, Bericht vom 7. 5. 1909, M/3080.

[43] a. a. O., Bericht vom 7. 5. 1909, M/3080.

[44] a. a. O.

Geheimtagung setzte dagegen einen martialischen Akzent: « Le 20e Congrès du Syndicat National des Travailleurs des Chemins de fer, décidé à faire aboutir ses revendications, prend la résolution de provoquer un referendum immédiat sur la grève générale des Chemins de fer dans les conditions prévues dans ses séances tenues à huis-clos. A la suite de cette décision un Comité de grève a été nommé[45]. »

Von einem Durchbruch der Revolutionäre in der Streikfrage konnte jedenfalls keine Rede sein, da der Streikausbruch von mehreren Bedingungen abhängig gemacht und nicht unverzüglich, noch zeitlich mit dem zweiten Poststreik vom Mai 1909 zusammenfallend, wie es die Streikpropagandisten wünschten, ausgerufen wurde. Ein revolutionärer Erfolg lag jedoch darin, daß wenigstens grundsätzlich der Streik als soziales Kampfmittel Anerkennung fand. Falls die Pensionsfrage nicht nach den Wünschen der Eisenbahner geregelt würde, nahm der staatliche Sicherheitsdienst für die Zeit nach dem Abschluß der nächsten Session des Senats die Ausrufung des Streiks durch das Streikkomitee an[46]. Für den Augenblick wichtig und für die Mehrheitsverhältnisse im Syndikat bezeichnend war indessen, daß die Eisenbahner von einer Parallelaktion zum Poststreik absahen. Die eingeweihten Informanten konnten sich deshalb bei der Beurteilung des Syndikats weiterhin jeder Dramatisierung enthalten: « En résumé, il ne faut pas tenir compte des commentaires pessimistes de la presse : une grève des chemins de fer n'est pas à craindre en ce moment[47]. »

So wenig wie in der Streikfrage setzten sich die Revolutionäre in den übrigen Machtproben durch. Sowohl die Beteiligung des Syndicat National im gouvernementalen Konsultativkomitee für Eisenbahnen wie die weitere Vertretung im Conseil supérieur du Travail, ebenfalls einem Beratungsorgan der Regierung, wurde trotz revolutionärem Widerspruch gutgeheißen[48]. Ein anderer revolutionärer Vorstoß betraf das vom Conseil d'Administration 1908 organisierte Referendum über den Antimilitarismus[49]. Verschiedene Revolutionäre bemängelten das Verfahren und bezweifelten das Ergebnis: 83 Gruppen hatten sich gegen den Antimilitarismus, 5 Gruppen dafür ausgesprochen, bei 23 Enthaltungen[50]. Obschon die entsprechenden Angriffe auf den Conseil d'Administration keine direkten Folgen nach sich zogen, waren sie doch ein Zeichen für das Erwachen einer emsigen revolutionären Kritik, die den Kongreßverlauf prägte.

---

45 a. a. O., 20e Congrès, p. 14.

46 a. a. O., 20e Congrès, Notes, Bericht vom 8. 5. 1909.

47 a. a. O., Bericht vom 7. 5. 1909, M/3080.

48 CR 20e Congrès, p. 196 - 202.

49 a. a. O., p. 268.

50 Nach der Mitteilung Despatys, a. a. O., p. 114.

Mit dem Antimilitarismus hing auch die weite Kreise ziehende Affäre Le Guennic zusammen, die den Syndicat National an den Rand der Spaltung führte und dem 20. Kongreß Stoff genug für eine ausgedehnte Debatte gab, an deren Ende die beiden Strömungen numerisch gemessen wurden. Der nur scheinbar personelle Konflikt trug in Wirklichkeit prinzipiellen Charakter[51]. Der Revolutionär Le Guennic wurde am 29. Mai 1908, nach dem 19. Kongreß, vom neuen Conseil d'Administration zum Delegierten des S. N. bei der C. G. T. ernannt, mit 15 Stimmen gegenüber 9 Stimmen, die auf den bisherigen Amtsinhaber, den altgedienten Gewerkschafter und Generalsekretär des Syndikats, Roberjot, entfielen[52]. Die negative Einstellung Le Guennics zur Aufnahme der Minenarbeitergewerkschaft in die C. G. T. rief jedoch schon im Juli 1909 einen geharnischten Protest der Regionalleitung Est des Syndikats hervor, deren Sekretär Le Leuch in einem Brief vom 16. Juli an den Conseil d'Administration[53] keinen Zweifel darüber aufkommen ließ, daß dieses eigenwillige Vorgehen, das im Widerspruch zur reformistischen Haltung des S. N. stand, vom Netz Est nicht geduldet werde. Drohend beschwor Le Leuch die Gefahr schwerwiegender Konsequenzen, was sogar die Spaltung nicht ausschloß: « nous n'hésiterons pas à prendre toutes les mesures qu'il conviendra pour réagir contre les tendances personnelles de certains administrateurs ... » In einer weiteren Erklärung vom 26. Juli nahm das Regionalkomitee dann allerdings die Spaltung ausdrücklich von diesen Maßnahmen aus. Nach einer Aussprache im Conseil d'Administration vom 11. August schien der Zwischenfall beigelegt mit einer Erklärung, die die Vertreter des Syndikats an den in den Nationalkongressen ausgesprochenen Willen ihrer Mandanten band[54]. Der provisorische Friede wurde allerdings durch Le Guennic sogleich wieder in Frage gestellt, als er für den internationalen Eisenbahnerkongreß von Wien eine „scharlachrote“[55] Tagesordnung im Namen des S. N. vorschlug, die den antipatriotischen Pionieren aller Welt die wärmsten Ermutigungen zusprach[56]. Da dieser revolutionäre Geist zweifellos nicht die Luft des S. N. atmete, Le Guennic aber seinen Antrag durch Ausnützung eines Verfahrensmangels dennoch durchsetzen wollte, lebte der reformistische Widerstand gegen ihn erneut auf. Zum entscheidenden Schlag holte die Est-Leitung nach dem C. G. T.-Kongreß von Marseille (5. bis

---

51 Freilich nicht nur in dem formalen Sinn, den ihm Guérard, a. a. O., p. 63, zuschreibt, sondern in ideologischer Hinsicht.

52 Vgl. die Darstellung der Vorgänge durch Despaty, a. a. O., p. 47 ff., und Guérard, a. a. O., p. 63 ff.

53 Wiedergegeben a. a. O., p. 48/49.

54 Text dieser Erklärung a. a. O., p. 51.

55 So Despaty, a. a. O., p. 51. Dieser Farbton charakterisiert Le Guennic treffend.

56 a. a. O., p. 68.

12. Oktober 1908)[57] aus. Le Guennic besuchte diesen Kongreß als einer der Vertreter des S. N., hielt sich jedoch nicht an die dem Antimilitarismus feindliche Auffassung des S. N. und stimmte einer revolutionären Resolution zu, die erklärte, die Arbeiter würden eine Kriegserklärung mit der Ausrufung des revolutionären Massenstreiks beantworten[58]. Darüber hinaus wandte sich Le Guennic auch gegen den reformistischen Antrag, in der C. G. T. das Verhältniswahlrecht einzuführen. Wenige Tage darauf, am 24. und 25. Oktober 1908, tagte der 4. Regionalkongreß des Netzes Est und befaßte sich mit der Affäre Le Guennic. Die Est-Vorstände drohten mit der Spaltung des Syndikats für den Fall, daß der CA den Revolutionär Le Guennic nicht seiner Funktion als C. G. T.-Delegierter enthebe. Guérard erkannte die Gefahr und sprach sich vor dem Kongreß klar gegen Antimilitarismus und Antipatriotismus aus, so daß sich der Est-Kongreß kurzfristig mit einem einstimmig verabschiedeten Tadelsantrag gegen Le Guennic begnügte[59], ohne aber sein Ziel, den Sturz Le Guennics, aufzugeben. Die Gewerkschafter des Netzes Nord kritisierten sogleich lebhaft die Anmaßung des Est-Kongresses. Weil wegen der Abwesenheit Le Guennics zunächst die Behandlung der Forderungen des Est-Kongresses durch den Conseil d'Administration noch ausgesetzt wurde[60], erreichten die Reformisten erst am 6. November mit 14 gegen 13 Stimmen die Ablösung des C. G. T.-Delegierten; zu seinem Nachfolger bestimmte der CA am 13. November bei Stimmenthaltung der Revolutionäre den früheren Amtsinhaber Roberjot[61]. Le Guennic fand in der Folge namentlich Unterstützung durch den 6. Regionalkongreß des Netzes Nord und auf dem Netz Paris—Orléans[62]. Ein weiterer Anhang war ihm auf seinem eigenen Netz Ouest und bei P.-L.-M. gewiß. Am 20. Kongreß versuchten die Revolutionäre, den Conseil d'Administration wegen seiner Maßnahmen gegen Le Guennic zu tadeln und in Minderheit zu versetzen. Während die Reformisten die formalen Aspekte der Affäre herausstellten und Le Guennic vorwarfen, die Beschlüsse der Nationalkongresse zu mißachten, hoben die Revolutionäre die Willkür im Vorgehen gegen ihren Märtyrer hervor und beschuldigten die Mehrheit der Vergewaltigung unliebsamer Tendenzen. In der

---

[57] Vgl. zum Kongress Brécy, Le mouvement syndical en France, p. 69 - 71.

[58] a. a. O., p. 69.

[59] AN F 7 13663, 4e Congrès régional de l'Est, Bericht M/2274. Vgl. dazu auch: Comité du réseau de l'Est, Compte rendu du 4e congrès régional, Courbevoie 1908, p. 30/31.

[60] AN F 7 13663, 4e Congrès régional de l'Est, Bericht vom 31. 10. 1908, M/2045.

[61] CR 20e Congrès, p. 51. Auf ihn entfielen 11 Stimmen, 10 Stimmzettel wurden leer eingelegt, je eine Stimme erhielten Guérard, Le Guennic, Lemoine und Bidamant (die drei letztgenannten vom revolutionären Flügel).

[62] a. a. O., p. 53.

Abstimmung über die Haltung des CA wurde ein proportionales Verfahren angewandt, das der numerischen Stärke der vertretenen Gruppen Rechnung trug. Mit 628 gegen 442 Stimmen und 40 Enthaltungen billigten die Delegierten die Absetzung Le Guennics[63]. Dieser erlitt eine zweite Niederlage, als seine neuerliche Kandidatur für den CA wegen seiner Mißachtung von Kongreßbeschlüssen bestritten wurde, so daß das Netz Ouest seinen Wahlvorschlag zurückzog[64]. Der Syndikatsführer fühlte sich erleichtert: « Guérard est enchanté[65]. »

Wie schon 1908 änderte sich auch durch den 20. Kongreß an der reformistischen Politik des Syndikats grundsätzlich nichts. Guérard und mit ihm die Reformisten behaupteten sich in allen wesentlichen Fragen. Dennoch betrachteten die Revolutionäre das Ergebnis des 20. Kongresses trotz der Vielzahl ihrer abgewiesenen Vorstöße mit größerer Genugtuung als die Reformisten. Daß sie etwa $^2/_5$ der Delegationsstimmen um sich zu scharen verstanden hatten, erfüllte sie mit Zuversicht. Guérard, bis anhin „Herr über das Schicksal des Syndikats", mußte sich plötzlich einer kraftstrotzenden Minderheit erwehren, die seine Stellung bedrohte[66]. Einer analytischen Betrachtung, die nicht punktuell, sondern langfristig untersuchte, konnte diese deutliche Verschiebung der Gewichte zu revolutionären Gunsten nicht entgehen. Ein Polizeibericht hielt fest: « Le point intéressant est que chaque année la minorité révolutionnaire fait des progrès considérables. Il y a quatre ans, elle était infime, aujourd'hui elle est énorme. Et après ce vote, M. Guérard ne cachait pas son émotion. Il déclarait ouvertement que si ce mouvement continuait, dans deux ou trois ans, le Syndicat passerait aux révolutionnaires et que lui, Guérard, serait obligé de disparaître ou de changer son fusil d'épaule[67]. » Das Stimmenverhältnis von 4 : 6 zeigte an, wie schwach die Schutzzone der reformistischen Mehrheit schon war. Was sich am 19. Kongreß angedeutet hatte, trat am 20. Kongreß vollends ein: Guérard entglitt die Kontrolle über seine Gewerkschaft. Die unbestrittene, sichere Führung durch den Secrétaire du Conseil, das Syndikat Guérard, gehörte der Vergangenheit an: « On a recueilli l'impression que l'harmonie est loin de régner dans le syndicat à propos de la ligne de conduite à adopter[68]. » Die Verschärfung der Gegensätze führte zu einer deutlichen Scheidung der Kongreßdelegierten in eine revolutionäre und eine refor-

---

[63] a. a. O., p. 106. Über die genaue Zusammensetzung der 442 revolutionären Stimmen in der Affäre Le Guennic kann nichts Bestimmtes ausgesagt werden.

[64] a. a. O., p. 230.

[65] AN F 7 13661, 20e Congrès, Notes, Bericht vom 8. 5. 1909, M/3092.

[66] Poitevin, p. 6.

[67] AN F 7 13661, 20e Congrès, Notes, Bericht vom 6. 5. 1909 (Polizeipräfektur); das Papier wird auch zitiert von Fruit, p. 220.

[68] a. a. O., Bericht vom 5. 5. 1909, M/3046.

mistische Fraktion. Bei den Revolutionären dominierte eine wortführende Gruppe von Syndikalisten mit Bidamant und Le Guennic an der Spitze, dazu gehörten etwa Despaty, Lelièvre, Berthelot, Dussaix[69]. Diese rhetorisch befähigte Gruppe bestritt einen großen Teil der Kongreßdebatten.

Ohne Zweifel schwächten die Ereignisse des 20. Kongresses die Autorität Guérards von neuem, und der alles beherrschende „große Manitu"[70] des Syndikats wandelte sich zusehends zum Popanz. Folgerichtig konzentrierten die Revolutionäre ihre Anstrengungen darauf, diesen bereits angeschlagenen Gegner noch gänzlich zu besiegen. Eine Reihe von Umständen erleichterte dieses Unterfangen. Gleich nach dem 20. Kongreß brachte der Fall Poitevin dem Syndikat neue Unruhe. Eugène Poitevin, ein Vertreter des Netzes Etat im CA, von gemäßigt revolutionärer Tendenz, wurde durch den Conseil am 14. Mai 1909 anstelle Roberjots zum Generalsekretär des Syndikats bestellt[71]. Gleichentags hielt Guérard, mitten im Poststreik, an einem Meeting im Hippodrome eine Rede, die zweideutig genug war, um den Eindruck eines unmittelbar bevorstehenden Solidaritätsstreiks der Eisenbahner zu erwecken, womit Guérard große Verwirrung stiftete. Am 17. Mai mußte er in einem weiteren Meeting im Tivoli seine angebliche Zusage bestreiten, weshalb er beschimpft und zur Demission aufgefordert wurde. Poitevin trat nun aus der vom Generalsekretär üblicherweise beachteten Reserve heraus, berief in eigener Kompetenz eine Sitzung des Conseil d'Administration ein und schlug zugleich in der Humanité eine organisatorische Reform mit klarer Kompetenzordnung vor. Doch der CA billigte am 19. Mai die Haltung des mit seiner Demission drohenden Guérard mit 19 : 6 Stimmen und tadelte statt dessen Poitevin, worauf dieser demissionierte, nicht ohne die Gründe seiner Demission in schriftlicher Form publik zu machen[72]. Als Generalsekretär folgte ihm am 28. Mai der Reformist Bidegaray nach[73]. Poitevin nahm seinen Sturz als Beweis der Diktatur Guérards hin: « Alors, le passé du Syndicat National s'éclaira pour moi des lueurs du présent : Rien de ce que pouvait gêner Guérard

[69] Die in einem Polizeibericht vom 8. 5. 1909 a. a. O., versuchte Zusammenstellung der besonders revolutionären Delegierten enthält nebst zahlreichen Fehlschreibungen von Delegiertennamen auch offensichtliche Irrtümer, so ist z. B. Grandvallet keineswegs den Revolutionären zuzuzählen, auch wenn er sich gelegentlich als solchen bezeichnet.

[70] So Gaillard, Nos griefs, in: Poitevin, p. 23.

[71] Tribune, 12. 6. 1909; auf Poitevin entfielen 15, auf Roberjot 11 Stimmen.

[72] Vgl. Poitevins Eigendarstellung, Poitevin, p. 7 - 10; ebenso Tribune vom 12. 6. und 20. 6. 1909.

[73] Tribune, 27. 6. 1909; die Wahl erfolgte mit 15 Stimmen, sein revolutionärer Gegenkandidat Fiolet erzielte 10 Stimmen. Unrichtigerweise nannte Bidegaray selbst den 18. Juni als sein Wahldatum, vgl. CR Congrès extraord., p. 185.

ne devait subsister[74]. » Diese Erkenntnis suchte er mit seinem Zirkular „Ma démission" an die Syndikatsgruppen weiterzuleiten, was ihm trotz der Anstrengungen Guérards auch gelang[75]. Der Syndikatsführer schien nun entschlossen, der Opposition die Spitze zu brechen, gestützt auf die reformistische Mehrheit des CA, die er zu lenken verstand[76]. Am 3. August schloß der Conseil d'Administration einen der rührigsten Revolutionäre, Bidamant, der nach eigenen Angaben Guérard schon seit vier Jahren bekämpfte[77] und nun seit dem Mai 1909 eine heftige Kampagne gegen ihn führte, aus dem Syndikat aus[78]. Für den Ausschluß sprachen sich 15, dagegen 5 Ratsmitglieder aus[79]. Die Revolutionäre fanden sich jedoch nicht tatenlos mit dem Ausschluß eines ihrer Anführer ab und gingen zur offenen Obstruktion über. Der Conseil d'Administration verlor seine Handlungsfähigkeit, hingehalten von immer stürmischeren Diskussionen oder gar direkten Tätlichkeiten[80]. Vor diesem hoffnungslosen Chaos wich Guérard zurück. Er kündigte am 20. August seinen Rücktritt an, entmutigt und entschlossen, den Ort zu verlassen, wo seine Gegenwart schädlich geworden war. Zur Beratung der neuen Lage berief der Conseil d'Administration am 29. Oktober einen außerordentlichen Kongreß auf den 10. - 12. Dezember ein. In der Begründung gestand er seine völlige Lähmung ein und beschuldigte die Opposition der systematischen Obstruktion[81].

Die revolutionäre Agitation aber brach nicht ab. Im Gegenteil schickte sich nun die Opposition an, eine eigene Organisation aufzubauen. Ende August 1909 veröffentlichte „La Guerre Sociale" einen Brief Le Guennics, in welchem dieser die emanzipationswilligen Eisenbahner bat, ihm ihre Adresse zukommen zu lassen, damit er sie zu einer Orientierungsversammlung einladen könne. Redakteur Perceau fügte hinzu, alle Revolutionäre hätten die Pflicht, dem Appell Folge zu leisten[82]. Schon nach einer Woche hatte sich bei Le Guennic eine so zahlreiche Gefolgschaft angemeldet, daß er eine baldige Versammlung in Aussicht stellen konnte, nicht ohne ausdrücklich jede Spaltungsabsicht von sich zu weisen[83]. Eine weitere Woche später endlich berief Le Guennic seine Ge-

---

74 Poitevin, p. 10.

75 AN F 7 13661, Congrès Extraordinaire, Bericht M/3734, p. 4.

76 So urteilt ein Betroffener, Poitevin, p. 11.

77 Tribune, 22. 8. 1909, Brief Bidamants vom 8. 7. 1909.

78 AN F 7 13661, Congrès Extraordinaire, Bericht M/3734, p. 4; Tribune 22. 8., 29. 8., 5. 9. und 19. 9. 1909. APP B/a 1413 gibt unter dem 18. 6., 25. 7. und 17. 9. Berichte zur öffentlichen Kampagne Bidamants gegen Guérard.

79 Tribune, 29. 8. und 5. 9. 1909.

80 AN F 7 13661, Congrès Extraordinaire, Bericht M/3734, p. 4.

81 Tribune, 14. 11. 1909.

82 La Guerre Sociale, 25. - 31. 8. 1909, Nr. 37.

83 a. a. O., 1. - 7. 9. 1909 Nr. 38.

treuen durch die Zeitung, weil er nicht alle Briefe selbst beantworten konnte, zu einer Versammlung auf den 18. September ein. Dort sollte das Werk der „salubrité syndicaliste“ gemeinsam an die Hand genommen werden[84]. Die etwa hundert Teilnehmer dieser Tagung gründeten ein „Comité d'Action“, auch als „Comité de Défense syndicaliste“ oder „Groupe de Défense syndicaliste“ bezeichnet[85]. Das Komitee wuchs in der Folge auf etwa 300 Mitglieder an[86]. Dem Büro dieses revolutionären Sonderbundes stand Le Guennic als Sekretär vor, mit Fiolet als Secrétaire adjoint und Gaillard als Trésorier[87]. Mitunterzeichner eines Manifestes des Komitees waren Renault und Poitevin (Netz Etat), Gazet und Cheneveau (Est), Vassard und Abic (P.-L.-M.), Thuau und Bizouard (P.—O.), Challaix und Richard (Nord), Lelièvre, Jarry und Delcourte (Compagnies secondaires)[88]. Als der eigentliche Motor der Organisation muß Le Guennic gelten, der durch allfällige weitere Ausschlußverfahren des Conseil d'Administration am meisten bedroht war. Mit diesem Komitee gaben sich die Revolutionäre ein Kampfinstrument, um den Triumph ihrer Tendenz und die Entfernung Guérards aus der Syndikatsführung zu erreichen. Ihr Manifest war allein auf dieses Ziel ausgerichtet:

« Si nous attaquons personnellement et véhémentement cet homme [d. h. Guérard], c'est que nous estimons qu'il représente le syndicalisme gouvernemental avec tous ses moyens de corruption. [...] Sans Guérard, camarades, vous pouvez tout, avec lui vous ne pourrez rien ! [...] La minorité révolutionnaire du Conseil, se débat vaillamment contre la dictature de Guérard. Mais, hélas, la protestation de nos amis est étouffée, grâce à l'autorité incontestable que Guérard exerce sur le Conseil, d'une façon si néfaste[89]. »

Zur Belastung Guérards wurde ein umfangreiches Verzeichnis aller gegen ihn in den vergangenen Jahren erhobenen Vorwürfe zusammengestellt, worunter auch zahlreiche Verfehlungen, die schon den 20. Kongreß beschäftigt hatten. Neben die bekannten Einwände gegen seine politischen Beziehungen zum sozialistischen und radikalen Lager, seine autoritären Neigungen, sein zur Bekämpfung der Revolutionäre durchgeführtes Antimilitarismus-Referendum, sein zwielichtiges Verhalten im Poststreik, trat nun neu eine moralische Kritik an seinen finanziellen Transaktionen in der Lotterie-Affäre. Zur Finanzierung seines Waisenhauses hatte das Syndikat eine von der Regierung bewilligte Lotterie organisiert. Da sich die Lose jedoch sehr schlecht verkauften, hatte die

84 a. a. O., 8. - 14. 9. 1909, Nr. 39.

85 a. a. O., 22. - 28. 9. 1909, Nr. 41, mit den Namen der 101 Unterzeichner des Gründungsmanifestes.

86 AN F 7 13923, La grève des chemins de fer etc., p. 3.

87 APP B/a 1363, Affaire etc., p. 16; ebenso Poitevin, p. 6.

88 APP B/a 1363, Affaire etc., Manifest, nach p. 16.

89 a. a. O.

Ziehung mehrmals verschoben werden müssen, ohne daß sich dadurch die Bilanz entscheidend veränderte. Der Lotterie drohte ein großer Fehlschlag. In dieser Notlage verhandelte Guérard mit Maurice Dejean, dem Direktor der „Petite République“, und verkaufte ihm schließlich den gesamten Bestand der nicht abgesetzten Lose (etwa 75 %) zu einem Spottpreis. Bidamant errechnete dem Käufer einen Gewinn von 270 000 Francs. Damit versuchte er zweifellos, ohne es offen auszusprechen, Guérard mit dem Odium des Schiebers zu belasten[90].

Mit diesem reich befrachteten Katalog rüstete sich die revolutionäre Opposition zum außerordentlichen Nationalkongreß. Dabei legte sie größtes Gewicht darauf, nicht als spalterisch eingeschätzt zu werden. Der „Comité de Défense“, hieß es, diene nicht der Spaltung, sondern bekämpfe sie im Gegenteil: « Ceux qui désirent la scission, qui la préparent, qui l'organisent dans notre syndicat comme dans la C. G. T., ne sont pas parmis nous. Ce sont précisément nos adversaires ; est-ce l'un de nous qui a manifesté devant les employés du siège sa volonté de provoquer la scission[91]? Non. C'est Guérard. Est-ce l'un de nous qui a réuni les secrétaires d'organisations réformistes pour provoquer la scission dans la C. G. T.? Non. C'est Guérard... C'est le vulgaire coup du larron qui crie: ‹ Au voleur ! ›[92]. »

Der Kampf gegen Guérard blieb jedoch nicht nur deklamatorisch. Die Revolutionäre folgten Guérard auf dem radikalen Weg, den dieser mit der provozierten Demission Poitevins und dem Ausschluß Bidamants eingeschlagen hatte, und taten desgleichen. Am 20. Oktober 1909 schloß der Vorstand der revolutionär inspirierten Gruppe Paris-Nord den Syndikatsführer, der bei ihr als Mitglied eingeschrieben war, aus dem Syndikat aus. Von den zwanzig Stimmenden sprachen sich zehn für den Ausschluß und acht dagegen aus, zwei enthielten sich der Stimme, schlugen sich indessen hinterher auf die Seite der Mehrheit. Es wurde ihm Mißbrauch seiner Popularität und der Vorteile, die ihm aus seiner Funktion erwuchsen, vorgeworfen[93]. Damit stand das Syndikat vor dem völligen Zusammenbruch, denn die Fortführung dieser Methode des gegenseitigen Ausschlusses mußte unweigerlich zum Schisma führen. Für Guérard ergab sich daraus die schmerzliche Einsicht, daß er nicht mehr über taugliche Mittel gebot, sich der hartnäckigsten Opposition zu entledigen und gleichzeitig die Einheit des Syndikats sicherzustellen. Seine Ära neigte sich dem Ende zu. Der Conseil d'Administration billigte am

---

90 CR Congrès extraord., p. 34 - 38. Replik Guérards, a. a. O., p. 89 ff.

91 Vgl. die entsprechende, angebliche Aussage Guérards, Poitevin, p. 8, wiedergegeben bei Anm. 103 dieses Kapitels.

92 Lelièvre, im Vorwort zu Poitevin, p. 2.

93 CR Congrès extraord., p. 162 - 166. Vgl. auch Poitevin, p. 12.

3. Dezember mit 11 gegen 3 Stimmen und bei 9 Enthaltungen den Ausschluß Guérards durch die Gruppe Paris-Nord[94].

In den Chor der gegen Guérard gerichteten Propaganda stimmten auch die revolutionären Kreise der C. G. T. ein. Schon die revolutionäre Fraktion des Syndikats verargte Guérard seine Freundschaft zu Niel, dem ephemeren reformistischen Generalsekretär der C. G. T. vom Februar bis Mai 1909, für dessen Wahl sich Guérard eingesetzt hatte[95]. Die abgelöste revolutionäre C. G. T.-Führungsspitze um Griffuelhues verfolgte deshalb die Kampagne gegen Guérard mit großem Wohlwollen. Ein Polizeibericht widerspiegelt diese Haltung:

« A la Confédération Générale du Travail, les révolutionnaires escomptent la chute de Guérard. Dans tous les cas, ils triomphent, et surtout Griffuelhues, qui fait une campagne acharnée contre le dit Guérard. C'est à celui-ci, en effet, que Griffuelhues attribue son départ, du secrétariat de la Confédération Générale du Travail. C'est Guérard qui poussa Lévy à faire sa campagne de calomnies contre Griffuelhues ; c'est lui qui demanda que soient publiés les comptes de l'immeuble de la rue de la Grange aux Belles, en insinuant que Griffuelhues avait gagné pas mal d'argent au cours de toutes les transactions et opérations commerciales concernant la Maison des Fédérations. Et c'est pourquoi Griffuelhues fait tous ses efforts pour rendre à Guérard la monnaie de sa pièce. Griffuelhues est en fort bons termes avec Le Guennic et Bidamant, des Chemins de Fer. Il les voit très souvent et leur donne, dit-on, l'inspiration pour toutes les manœuvres qui ont abouti à l'œuvre de division des travailleurs des chemins de fer. Et cependant, officiellement, Griffuelhues n'a rien fait. Il n'a pris part à aucune conférence, n'a écrit aucun article de journal contre Guérard, mais son action a été prépondérante dans les événements[96]. »

Die Bande zwischen der C. G. T. und der revolutionären Fraktion des S. N. waren eng. Zur Vorbereitung des außerordentlichen Kongresses und während seiner Dauer wählten sich die Revolutionäre den C. G. T.-Sitz in der Rue Grange-aux-Belles zum Hauptquartier. Dort berieten sie ihre Taktik[97]. Einige Tage vor dem Kongreß besprach Le Guennic mit Yvetot, Marck und Pouget[98] den revolutionären Plan, den Sturz

---

[94] Tribune, 26. 12. 1909.

[95] AN F 7 13661, 20e Congrès, Notes, Bericht vom 5. 5. 1909, M/3051. Zu Niel vgl. Brécy, Le mouvement syndical en France, p. 71/72.

[96] AN F 7 13661, Congrès Extraordinaire, Bericht vom 10. 12. 1909. Daß Griffuelhes keinen Zeitungsartikel geschrieben habe, trifft nicht zu, denn am 18. 9. 1908 war in der Humanité unter dem Pseudonym Jean-Pierre ein Artikel von Griffuelhes erschienen, der im Zusammenhang mit Antimilitarismus-Referendum des S. N. auch eine Spitze gegen Guérard enthalten hatte, vgl. Fruit, p. 215.

[97] AN F 7 13661, Congrès Extraordinaire.

[98] Zu dieser Zeit lag die tatsächliche Führung der C. G. T. bei Griffuelhes, Pouget und Yvetot, weniger beim formellen Generalsekretär Jouhaux; Brécy, Le mouvement syndical en France, p. 72, Anm. 2.

Guérards mit der Übernahme der Syndikatsleitung zu vollenden[99]. In Guérard sollte nicht nur die Person, sondern der Reformismus überhaupt getroffen werden. Auch „La Guerre Sociale" nahm für sich zu Recht in Anspruch, den Revolutionären beim Sturz Guérards behilflich gewesen zu sein[100]. Sicheren Rückhalt dagegen fand Guérard bei der reformistischen Fraktion. Der Regionalkongreß des Netzes Est vom 17./18. Oktober 1909 verabschiedete eine Vertrauensmotion zugunsten des anwesenden Sekretärs und brachte ihm Ovationen dar, nachdem er zu den gegen ihn erhobenen Vorwürfen Stellung genommen, vorsichtigen Gebrauch des Streiks empfohlen und die Entfernung der Revolutionäre gefordert hatte, die alles täten « pour écarter des organisations ouvrières les hommes paisibles ». An seiner Rücktrittsabsicht hielt er allerdings fest[101]. Nach reformistischer Auffassung war das Syndikat mit Guérard schlechthin identisch: « C'est un membre du Syndicat, mais ce membre est tellement en vue, cette figure du syndicalisme français est tellement connue, que lorsqu'on attaque Guérard, qu'on le veuille ou non, on attaque le Syndicat national[102]. » Ein Verbleiben Guérards aber war nur mit dem Preis der Spaltung zu erkaufen, wobei kein Zweifel darüber bestehen konnte, daß die beiden mitgliederreichen Netze Est und Midi der reformistischen Linie Guérards folgen würden. Der Sekretär selbst scheint anfänglich eine derartige Lösung erwogen zu haben, wie ein ihm zugeschriebener Ausspruch zeigt: « Après tout, le syndicat national c'est le syndicat Guérard, et s'ils m'embêtent, l'Est et le Midi me suivront[103]. » Auch die Polizeiinformation rechnete für den Fall einer provisorischen revolutionären Mehrheit gegen Guérard mit der Verselbständigung der Netze Est und Midi[104].

Der feststehende Rücktritt Guérards verhinderte, daß der außerordentliche Kongreß, der vom 10. bis 12. Dezember 1909 in Paris tagte, in Chaos und Spaltung endete. Die Revolutionäre, voran Poitevin, Bidamant und Le Guennic, wiederholten und ergänzten ihre Anklagen, während sich Guérard, von den Reformisten unterstützt, verteidigte[105]. Eindringlich eröffnete der scheidende Sekretär den Delegierten sein politisches Testament: das Syndikat hatte ökonomische und professionelle Interessen zu vertreten, weltanschauliche Fragen waren von ihm fern-

---

99 AN F 7 13661, Congrès Extraordinaire, Bericht vom 9. 12. 1909, M/3736.

100 La Guerre Sociale, 16. - 22. 11. 1910, Nr. 49.

101 AN F 7 13663 5e Congrès régional de l'Est, Bericht von Vesoul vom 22. 10. 1909.

102 CR Congrès extraord., p. 142/43.

103 Eine von revolutionärer Seite mitgeteilte Äußerung, die jedoch den Sachverhalt richtig trifft, Poitevin, p. 8.

104 AN F 7 13661, Congrès Extraordinaire, Bericht vom 9. 12. 1909, M/3736.

105 Vgl. CR Congrès extraord., p. 20 (Poitevin), p. 25 (Bidamant), p. 53 (Le Guennic), p. 71, 219 (Guérard).

zuhalten ; um hier erfolgreich zu sein, bedurfte es einer starken Organisation, wie sie der S. N. noch nicht erreicht hatte; vor einem allzu einfachen Generalstreik-Schema mußte gewarnt werden[106]. Die Revolutionäre begnügten sich mit Guérards Demission, ohne auch noch die Syndikatsführung für sich zu reklamieren, weshalb der Kongreß einige versöhnliche Gesten vornehmen konnte. Die Delegierten anerkannten in einer Schlußresolution die Ehrenhaftigkeit Guérards, betonten die Notwendigkeit, dem Syndikat die beiden ergebenen Aktivisten Guérard und Bidamant zu erhalten und erklärten sich deswegen gegen ihren Ausschluß[107]. In einem Anflug von Großmut beschlossen sie sogar, dem verabschiedeten Generalsekretär Poitevin die Kosten seines guérardfeindlichen Schriftchens „Ma demission" mit 180 Francs zu vergüten[108]. Ein späterer Versuch am 21. Kongreß, in diesem Geiste fortzufahren und Guérard eine Rente von annähernd 1000 Francs auszusprechen, scheiterte jedoch nach einigen Verfahrensschwierigkeiten in einer umstrittenen Abstimmung äußerst knapp mit 487 gegen 489 Stimmen[109]. Wenn damit die Abdankung Guérards zwar in Ehren erfolgte, fehlte ihr doch jegliche Herzlichkeit, so daß ein Mann des Ausgleichs und der Versöhnung wie Communay bedauerte, daß der Sekretär nicht schon früher, auf dem Apogäum seines Ansehens, von allen geliebt und geschätzt, seinen Rücktritt genommen hatte[110]. Mit nur 12 gegen 8 Stimmen hieß der Conseil d'Administration am 17. Dezember eine Entschließung gut, die Guérards Demission bedauerte und ihn des aufrichtigen Dankes und der tiefsten Sympathie versicherte[111].

Als nach dem außerordentlichen Kongreß die Demission Guérards unwiderruflich feststand, betrachtete der revolutionäre „Comité de Défense syndicaliste" seine wichtigste Mission als erfüllt und löste sich formell auf[112]. Sein weiteres Bestehen hätte den Spaltungsprozeß fortgesetzt, was die Revolutionäre nicht wünschten, da sie die Nachteile einer Zersplitterung der Gewerkschaftsorganisation einsahen: « Ce serait un émiettement général, qui enlèverait tout son prix à la victoire des revolutionnaires et devant lequel ils reculeront, à la veille de la campagne commencée en faveur du relèvement des petits salaires[113]. » Der Rücktritt Guérards war in der Tat ein überraschend frühes Ergebnis der erhöhten revolutionären Agitation. Unter ihrem Einfluß wuchs die

---

106 a. a. O., p. 219 - 229.
107 a. a. O., p. 239/40.
108 a. a. O., p. 247.
109 CR 21e Congrès, p. 219.
110 CR Congrès extraord., p. 69.
111 Tribune, 16. 1. 1910.
112 APP B/a 1363, Affaire etc., p. 17.
113 AN F 7 13661, Congrès Extraordinaire, Bericht vom 9. 12. 1909, M/3736.

revolutionäre Fraktion im Jahre 1909 weiter an, ohne daß freilich die reformistische Mehrheit einstürzte. Immerhin mußte im Vorfeld des Kongresses mit einem vorübergehenden Zufallserfolg der Revolutionäre in der skandalumwitterten Affäre Guérard gerechnet werden[114]. Bei den unbestrittenen Führungsqualitäten Guérards blieb ein Sieg der Revolutionäre auf dem Nationalkongreß auf jeden Fall höchst ungewiß, so daß Guérards Rücktritt nicht eigentlich als Sturz bezeichnet werden darf: er unterlag nicht in offener Machtprobe, sondern entzog sich ihr, unbekümmert um den wahrscheinlich positiven Ausgang, durch Demission. Dadurch verminderte sich der so glanzvoll scheinende Erfolg der minoritären Fraktion erheblich, obschon sie den „Sturz" Guérards triumphal feierte. Immerhin mochte sie sich zugute halten, daß sich sein Abschied unter zweideutigen Umständen vollzogen hatte: « Il est parti volontierement, parce qu'on l'y a contraint[115]. » Die Minderheit hatte gewiß ihre Kraft zu zeigen vermocht, doch das Syndikat blieb weiterhin reformistisch. Der außerordentliche Kongreß diskutierte weder die künftige Richtung des Syndikats noch die Reorganisation des Conseil d'Administration, sondern schob beides bis zum nächsten Kongreß auf, was einer Absage an die revolutionäre Vorstellung gleichkam.

« C'est donc le maintien du statu quo ante ... L'orientation du Syndicat restera la même, les réformistes ayant visiblement conservé leur majorité[116]. » Es war deshalb auch nicht zu erwarten, daß nunmehr im S. N. Ruhe einkehren würde. Die Revolutionäre hatten ihre Ziele gemäßigt, weil sie nicht die Mehrheit der Eisenbahner gegen sich aufbringen wollten und erkannten, daß ihr Sieg ohne den Rückhalt bei der Mehrheit wertlos wäre. Sie wollten aber nun ihre Agitation gegen den gültigen Kurs fortsetzen, vor nichts zurückschreckend, was zur Zerstörung der reformistischen Mehrheit beitrug. Eine weitere Stärkung ihrer Fraktion bis zum 21. Kongreß war vorauszusehen[117]. Nachdem während des Jahres 1909 die Personalpolitik im Zentrum gestanden hatte, mußte sich die Propaganda nach dem Dezember 1909 eines neuen Stoffes bedienen, den sie erneut im Streikgedanken finden sollte. Diese Aufgabe war schwieriger als die Kampagne gegen Guérard. Im Kampf gegen Guérard kam den Revolutionären fraglos sehr zustatten, daß sie kein ausgereiftes Programm aufzustellen und damit die Eisenbahner zu überzeugen brauchten, sondern bescheiden im Gewande einer bloßen Opposition gegen Guérard auftreten konnten, was ihnen die Integration der

---

114 a. a. O.

115 La Guerre Sociale, 20. - 26. 4. 1910, Nr. 19.

116 AN F 7 13661, Congrès Extraordinaire, Considérations générales sur le Congrès.

117 a. a. O.

verschiedenartigen Motive, die gegen Guérard einnahmen, ermöglichte. Schon durch ihre Bezeichnung als „Comité de Défense syndicaliste" empfahlen sie sich als demokratisches Gewissen des Syndikats schlechthin und beanspruchten für sich den Glorienschein der Uneigennützigkeit. In ihrer Streikpropaganda hingegen sahen sie sich ausschließlich auf ihren Enthusiasmus verwiesen, der allein nicht genügte, die Qualität ihrer Methode zu bezeugen.

Guérards Abgang bedeutete noch keineswegs den Sieg des Revolutionären Syndikalismus und damit der Action directe im S. N. Dagegen trifft zu, daß mit Guérard eines der Haupthindernisse jeder Streikunternehmung ausgeräumt, ein retardierendes Moment ausgeschaltet wurde. Es zeigt sich hier schon exemplarisch das System der Entscheidungen, die die Entwicklung zum Streik möglich machten. Die erste Etappe dieses Weges, die im Dezember 1909 abschließt, bezeichnet nicht den Willen der Syndikatsmehrheit, einen Streik durchzuführen, sondern ihre Ohnmacht, ihn verhindern zu können. Mit Guérards Ausscheiden entbehrte die reformistische Fraktion hinfort des charismatischen Führers. Die rasche Polarisierung im S. N. in die zwei antagonistischen Strömungen der zeitgenössischen Arbeiterbewegung ist durch eine gewerkschaftshistorische Bedingung wesentlich erleichtert worden, die schon in der Biographie Guérards deduziert werden kann. Im Gegensatz zu andern reformistischen Syndikaten, die den Revolutionären Syndikalismus fernzuhalten vermochten, wie z. B. der Livre Keufers, hatte der S. N. eine eigene revolutionäre Tradition, und der Streikgedanke war durch die Versuche von 1891 und 1898 bei den Eisenbahnern verankert. Der minoritäre Flügel konnte deshalb auf traditionelle Werte des S. N. zurückgreifen und den Anspruch erheben, eine Reinkarnation des ursprünglichen syndikalistischen Geistes zu sein. Die im vergangenen Jahrzehnt eingetretene Metamorphose mußte demgemäß als verhängnisvolle Fehlentwicklung interpretiert werden, womit die Revolutionäre das Podest der moralischen Integrität zu usurpieren suchten. Von da aus schien auch eine Belebung der Generalstreikidee möglich.

VI. Die Radikalisierung

Das ganze Bemühen der minoritären Syndikatsgruppe war nach dem Dezemberkongreß 1909 darauf gerichtet, die Streikfrage erneut aufzuwerfen. Dieser Absicht stand entgegen, daß der Streik von 1898 grundlegende organisatorische Mängel aufgedeckt hatte, die das Syndikat außerstande setzten, einen erfolgreichen Streik durchzuführen. Lagen nun, zehn Jahre später und nach Guérards Sturz, völlig andere Voraussetzungen vor, die das Syndikat potentiell streikfähig werden ließen? Über dieser Frage entzündete sich sogleich wieder der Gegensatz zwischen dem schon dargestellten revolutionären Vertrauen auf die Spontaneität, auf die beflügelnde Weihe einer großen Stunde, und dem vorsichtigeren, reformistischen Organisationsdenken.

Nach den statistischen Werten übertraf das Syndikat im Jahre 1909 bei weitem seine Stärke von 1898, am Vorabend des großen Streikversuchs. Guérard konnte sich bei seinem Abschied zu Recht einer positiven Bilanz der organisatorischen Entwicklung rühmen. Nach den empfindlichen Rückschlägen der Jahre 1898 - 1900 wuchsen die Kräfte des S. N von neuem kontinuierlich an, so daß sich die Mitgliederzahl zwischen 1900 und 1909 auf das Achtfache vermehrte. Allerdings blieb die absolute Mitgliederzahl im Vergleich mit der Zahl der gesamten Eisenbahn-Arbeiterschaft auch weiterhin bescheiden. Für die Periode 1898 bis 1910 gelten folgende Werte[1]:

Jahr	Beitragsleistende Mitglieder des S. N.	Zahl der gewerkschaftsfähigen Eisenbahner	Syndikalisierungsgrad
1898	16 189	238 000	6,80
99	8 412	247 000	3,41
1900	7 194	264 000	2,72
01	11 459	264 000	4,34
02	11 690	260 000	4,50
03	13 584	258 000	5,37
04	18 362	253 000	7,26
05	24 050	256 000	9,60
06	29 949	272 000	11,01
07	45 590	275 000	16,58
08	47 934	275 000	17,43
09	55 896	275 000	20,32
1910	43 455	275 000	15,80

In diesen Zahlen werden allein die Mitglieder des S. N. erfaßt, nicht aber die in der Fédération des Mécaniciens et Chauffeurs oder in den gelben Gewerkschaften organisierten Eisenbahner. Werden auch sie berücksichtigt, ergibt sich für das Jahr 1906 ein alle organisierten Eisenbahner einschließender Syndikalisierungsgrad von etwa 23 %, der bis 1910 auf über 27 % ansteigt[2]. Trotz dieser verhältnismäßig mitgliederschwachen Gewerkschaftsorganisation, die im übrigen den französischen Syndikalismus insgesamt charakterisiert, verlief die Entwicklung offensichtlich zugunsten des S. N. Als weitaus stärkste Eisenbahner-Organisation mit einer bedeutenden Zuwachsrate schien ihm eine einflußreiche Stellung gewiß. Zudem genügte nach geläufiger Meinung für eine wirksame berufständische Tätigkeit schon ein Syndikalisierungsgrad von nur 20 %[3], den der S. N. im Jahre 1909 mit 20.32 % erreichte. Guérard selbst schätzte die Massenbasis des Syndikats noch als sehr schwach ein. Am Frühjahrskongreß 1909 bediente er sich dieses Argumentes, um dem revolutionären Streikverlangen entgegenzutreten. Mit didaktischem Geschick klärte er die wirklichkeitsfernen Delegierten anhand einer graphischen Darstellung über ihre eigenen Kräfte auf[4].

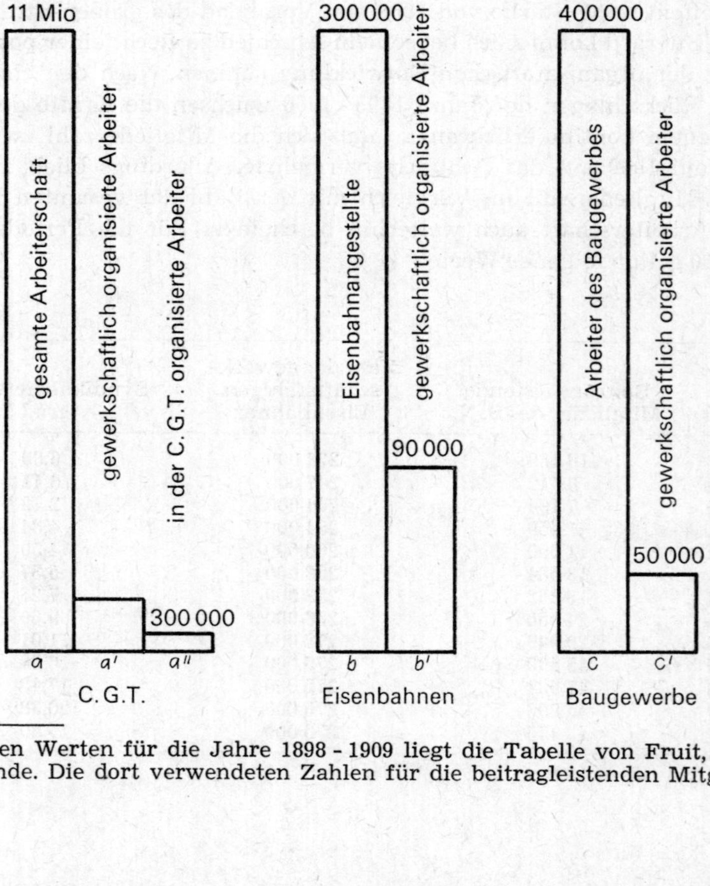

[1] Den Werten für die Jahre 1898 - 1909 liegt die Tabelle von Fruit, p. 243, zugrunde. Die dort verwendeten Zahlen für die beitragleistenden Mitglieder

Aus den Proportionen zwischen nichtorganisierten und organisierten Arbeitern schloß Guérard, daß die Syndikatskräfte zwar genügten, um korporative Erfolge zu erzielen — womit er sich als Syndikatsführer rechtfertigte —, daß sie aber nicht ausreichten, um gesellschaftliche Umwälzungen herbeizuführen[5]. Aus der Sicht der durch das Trauma von 1898 geprägten Führung war der S. N. 1909 zum revolutionären Streik organisatorisch nicht befähigt. Die revolutionären Aktivisten dagegen konnten, ihrem elitären Selbstverständnis getreu, in der ungenügenden Organisation kein Hindernis für ihre Pläne erkennen. Mit subtiler Ironie führte Le Guennic die Graphik des Generalsekretärs weiter und formte sie zum Beweis seiner eigenen These: Guérard sei im Vergleich zu den 60 000 Mitgliedern des S. N. zwar nur ein kleiner Punkt, und doch genügte er, um die übrigen 59 999 zu neutralisieren[6]. Auch unscheinbaren Minderheiten konnten demnach ungeahnte Kräfte innewohnen, und es entschied nicht allein die Zahl, sondern auch das Gewicht über die Stärke einer Gruppe.

Bewies der geringe Syndikalisierungsgrad einerseits die strukturelle Schwäche des Syndikats, so eröffnete er andererseits die Aussicht auf bedeutende Einbrüche in das beträchtliche Reservoir der unorganisierten Eisenbahner. Zur Aktivierung der breiten Masse bedurfte es freilich großer Anstrengungen. Die Forderungs-Kampagne, die das Syndikat 1909 einleitete, war geeignet, diesen Zweck zu erfüllen.

---

sind für die Jahre 1902 - 1908 identisch mit den Angaben in CR 20e Congrès, p. 240; die Angabe für 1909 in CR 21e Congrès, p. 249. Für das Jahr 1910 ist die Mitgliederzahl entnommen CR 22e Congrès, p. 309. Die Zahl der gewerkschaftsfähigen Eisenbahner ist analog zu den von Fruit für die Jahre 1907 bis 1909 gebrauchten Werten auch für 1910 angesetzt worden. Bei der Beurteilung des Ergebnisses für 1910 ist zu berücksichtigen, daß der Rückgang der Mitgliedschaft auf die Streikereignisse zurückzuführen ist (die Mitgliederzahlen sind jeweils auf Ende Jahr bezogen); bemerkenswert ist hingegen in diesem Jahr die Zahl von 39 353 Beitritten, CR 22e Congrès, p. 309.

2 Da die Gesamtzahl der Eisenbahner nur annäherungsweise bekannt ist, sind die Prozentzahlen nicht exakt zu fassen. Für 1906 rechnet Chaumel, p. 52, mit 280 000, was bei 64 904 Gewerkschaftern 23.18 % ergäbe (Chaumel selbst errechnet unergründliche 21.43 %). Für 1910 läge, bei einer angenommenen Gesamtzahl von 295 000 (Chaumel, p. 99, Mittel aus seinen Werten für 1906 und 1914) und 80 000 Gewerkschaftern (Wachstum des S. N. mit etwa 15 000 berücksichtigt) der Prozentsatz bei 27.12 %. Unter Annahme der Zahl der gewerkschaftsfähigen Arbeiter nach Fruit verändern sich die Werte leicht: 23.86 % für 1906, 29.09 % für 1910.

3 So Albert Thomas, J. O. 29. 10. 1910, p. 2610, Séance du 28 Octobre. Die gleiche Meinung vertritt Communay, vgl. Kap. I (bei Anm. 54).

4 CR 20e Congrès, p. 214.

5 a. a. O., p. 215.

6 a. a. O., p. 217.

Der Wunsch der Eisenbahner nach einer Verbesserung ihrer Löhne ergab sich aus den sozialen Verhältnissen und erschien immer wieder als eine der großen Konstanten in den sozialen Forderungen des S. N. seit seiner Gründung. Die Lohnfrage war das punctum saliens der sozialpolitischen Dynamik, denn allein mit ihrer Hilfe konnte die träge Masse mit einiger Aussicht auf Erfolge in Bewegung gesetzt werden. Am 20. Kongreß vom Frühjahr 1909 verwies Guérard die Vorkämpfer der Streikidee, die die Verschleppung des Retraitengesetzes zum Anlaß ihres Handelns zu erküren gedachten, auf dieses Grundgesetz der Eisenbahnerpsychologie und schlug deshalb vor, den Plan einer Kampagne des Syndikats zur Erreichung höherer Löhne zu prüfen[7]. Neben der propagandistischen Wirkung nach außen genoß dieses Projekt den weiteren Vorzug einer zentripetalen Wirkung nach innen, denn nach dem Zeugnis von Albert Thomas wurde die Lohnforderung zum nahezu letzten Band, das die zerstrittenen Syndikatsfraktionen im turbulenten Jahr 1909 noch einte[8]. Die Idee einer Lohnkampagne entsprang also keineswegs revolutionärem Erfindergeist, sondern ist im Gegenteil Zeugnis einer auf konkrete Anliegen ausgerichteten Sozialpolitik der reformistischen Syndikatsmehrheit.

Der Conseil d'Administration beschloß am 15. August 1909, die Lohnkampagne in die Wege zu leiten[9], und ein Meeting von 4000 Eisenbahnern in der Bourse du Travail von Paris am 16. September 1909 sanktionierte diesen Entscheid[10]. Damit begann die eigentliche Propaganda, betrieben mit den hierfür üblichen Mitteln: es wurden öffentliche Versammlungen veranstaltet, die der Diskussion und Begründung der Forderungen dienten, und vom 26. September an informierte die Syndikatszeitung „La Tribune de la Voie ferrée" unablässig über die Lohnfrage und berichtete laufend über den Stand der Kampagne. Noch litt diese allerdings deutlich unter dem Lärm des inneren Streits, der seinem Höhepunkt zutrieb. Gleichwohl kam es am 12. Dezember 1909 nach Abschluß des Außerordentlichen Kongresses zu einer ersten öffentlichen Demonstration in den Straßen von Paris, bei der die Eisenbahner auf Spruchtafeln einen minimalen Tageslohn von fünf Francs forderten und anklagend fragten: « Peut-on vivre à Paris avec 3 frs 50 par jour[11]? » Über die Modalitäten der Manifestation hatten sich freilich zuvor die

---

[7] AN F 7 13661, Syndicat Guérard, 20e Congrès National, p. 13; vgl. auch Kap. V.

[8] J. O. 29. 10. 1910, p. 2611, Séance du 28 Octobre.

[9] Nach Albert Thomas, a. a. O. Eine andere Datierung des Kampagnebeschlusses, 29. August, in AN F 7 13661, 1910 - 1911, S. N. etc., p. 14.

[10] Tribune, 26. 9. 1909. Die Teilnehmerzahl nach Poisson, La Revue Socialiste, 15. 10. 1910.

[11] AN F 7 13661, Congrès Extraordinaire, Bericht vom 12. 12. 1909.

antagonistischen Fraktionen so sehr zerstritten, daß sich die Revolutionäre von ihrer Organisation zurückzogen[12]. Mit dem Beginn des Jahres 1910 wandte sich die Aufmerksamkeit des Syndikats wieder vermehrt der Kampagne zu. Zwar scheiterte eine als Großveranstaltung geplante Versammlung vom 9. Februar 1910 kläglich an der bescheidenen Zahl von bloß 700 Teilnehmern, was erneut zu Lasten der fraktionellen Spannungen ging, da die Reformisten aus Protest gegen die revolutionären Führungsversuche dem Meeting fernblieben[13]. Mehr Geschlossenheit zeigte jedoch eine Versammlung vom 19. März 1910, besucht von 1200 Personen[14], nach dem Ort ihrer Tagung Manège Saint-Paul genannt, an der die sozialen Ziele der Eisenbahner gültig formuliert wurden. Die fünf Forderungen, worunter als wichtigste jene nach höheren Löhnen, sind schon besprochen worden[15]. An diese Versammlung schloß sich am darauffolgenden Sonntag, dem 20. März, eine neuerliche Demonstration durch Pariser Straßen an, erfüllt von den Rufen nach den „cent sous“ und dem Gesang der Internationale[16]. Dabei stießen die Eisenbahner mit der Polizei zusammen, was zu einer Verhaftung führte[17]. Die Ereignisse dieses Tages ließen erkennen, wie sehr die Lohnkampagne die Möglichkeit eines großen Konfliktes zwischen Staat und Syndikat in sich barg. Die Demonstration war denn auch im S. N. keineswegs unbestritten. Inspiriert vom Revolutionär Le Guennic und organisiert von einem geheimen Komitee, beargwöhnt vom mehrheitlich reformistischen Conseil d'Administration, widerspiegelte sie getreu den Methodenstreit innerhalb ihrer organisatorischen Basis[18]. Während die Kampagne den Reformisten Zweck selbst war, galt sie den Revolutionären bloß als Mittel zum Zweck, der unverändert Streik hieß.

In ihrem weiteren Verlauf wurde die scheinbar konfliktfreie Kampagne deshalb mehr und mehr auch für die fraktionellen Kämpfe bedeutsam. Insbesondere bot sie der revolutionären Streikpropaganda einen vortrefflichen konkreten Ansatz, da der Forderungskatalog nur dann überzeugend und glaubwürdig ausfiel, wenn ihm ein wirksames Druckmittel, vorzugsweise die Streikdrohung, beigeordnet wurde. Dabei stand die Aussicht günstig, den starren Eisenbahngesellschaften gegenüber zum Gefangenen der eigenen Drohung zu werden und den Streik auslösen zu müssen. Noch widersetzte sich indessen die reformistische Mehrheit einem solchen Kurs.

---

12 a. a. O.

13 APP B/a 1413, S. N., Bericht vom 10. 2. 1910.

14 a. a. O., 20. 3. 1910.

15 Vgl. Kap. III.

16 APP B/a 131, Monatsbericht März 1910.

17 a. a. O., daneben auch Tribune, 27. 3. 1910; zur Verhaftung im einzelnen APP B/a 1413, Bericht vom 20. 3. 1910.

18 APP B/a 1413, Berichte vom 19. 3. 1910 und 22. 3. 1910.

Es oblag dem ersten ordentlichen Gewerkschaftskongreß nach Guérards Ausscheiden, dem 21. Kongreß vom 13. - 16. April 1910 in Paris, die künftige Richtung des Syndikats zu bestimmen. Die Revolutionäre setzten alles daran, den S. N. auf eine Streikpolitik zu verpflichten und sich damit die Führung im Syndikat zu sichern. Schon am ersten Kongreßtag sannen sie darauf, wenn nicht den Generalstreik, so doch einen auf das Netz Ouest-Etat begrenzten Streik zu erzwingen[19]. Als Argument, mit dem sie die Delegierten zu beeindrucken hofften, dienten ihnen die Zwischenfälle bei einer Eisenbahnerdemonstration in Rouen. Die Kampagne hatte in Rouen am 10. April 1910 zu Ereignissen geführt, die sich kaum von jenen des 20. März in Paris unterschieden[20]. Im Anschluß an ein Meeting in Sotteville bei Rouen, geleitet von Renault[21] und unterstützt von Bidamant, zogen die Eisenbahner unter dem Absingen der Internationale durch die Straßen von Rouen, um die Öffentlichkeit auf ihre Forderungen aufmerksam zu machen. Trotz dieser friedfertigen Absicht griff die Polizei ein und versuchte die Manifestation aufzulösen, was zu Zusammenstößen führte. Vierzig Demonstranten wurden verletzt, einige verhaftet. Daß daraufhin ein gutbeleumdeter Eisenbahner zu einer unbedingten Gefängnisstrafe von einem Monat verurteilt wurde, reizte die Gewerkschafter von Sotteville-Rouen zu neuem Protest. Am 12. April tagten sie abermals und beschlossen, vom bevorstehenden Syndikatskongreß eine Demarche bei der Regierung zur Freilassung der Inhaftierten zu verlangen. Sollte ihnen durch diese legale Methode keine Genugtuung widerfahren, wollten sie den Generalstreik ausrufen. Berthelot, des revolutionären Sotteville Delegierter, eröffnete dem Kongreß diese aktivistische Perspektive, stieß bei den reformistischen Delegierten jedoch sogleich auf ernste Bedenken. Die revolutionäre Streikdrohung für den Fall, daß die Regierung den Forderungen der Eisenbahner von Sotteville nicht willführe, litt von Anfang an unter dem Nachteil, unverzüglich in die Tat umgesetzt werden zu müssen, denn eine Intervention der Regierung in Rouen war unwahrscheinlich. Die Demarche des Syndikats bei der Regierung scheiterte denn auch vollständig[22]. Sowohl Millerand, Minister für Öffentliche Arbeiten, wie Barthou, Justizminister, zuletzt auch Briand, von dem man sich besonders viel versprochen hatte — was auf seinen noch immer großen Kredit bei der Arbeiterschaft verweist — wurden der Delegation als abwesend gemeldet. Nach diesem erwarteten und wohl auch vorsichtig kalkulierten Mißerfolg schien es dem Delegierten Ber-

---

[19] a. a. O., Bericht v. 13. 4. 1910.

[20] Kurze Rekapitulation der Vorgänge in: Rapport. Darstellung Berthelots in: CR 21e Congrès, p. 12 - 17.

[21] Renault, CR 21e Congrès, p. 19.

[22] Vgl. den Bericht Berthelots, a. a. O., p. 57 ff.

thelot am Nachmittag des 13. April ein selbstverständliches Gebot der Stunde, daß es dem Kongreß nun gezieme, jene Entscheidung zu treffen, die von den arbeitenden Kameraden sehnlichst erwartet werde, nämlich die Arbeitseinstellung[23]. Die Revolutionäre sahen sich der Erfüllung ihres höchsten Zieles nahegerückt und brachten deshalb zuletzt eine unmißverständliche Entschließung ein, an der sich die beiden Theorien scheiden mußten:

« Le Congrès national, après avoir examiné la situation faite à tous les travailleurs des Chemins de fer de tous les Services et de tous les Réseaux, affirme la nécessité d'une grève générale immédiate, et décide de se réunir en séance secrète pour examiner les moyens à employer, la date et son organisation[24]. »

Der 21. Kongreß befand erst nach langer Diskussion über das Streikprojekt. Der revolutionären Spontaneität, die sich auf eine angeblich günstige Lage berief, stellte sich in dieser Auseinandersetzung das reformistische Organisationsdenken gegenüber, das jeder überstürzten, risikoträchtigen Unternehmung mißtraute. Es ist bezeichnend, daß das revolutionäre Projekt nicht an die Kampagne-Idee selbst geknüpft wurde, sondern an einen Zwischenfall im Verlauf dieser Kampagne. Der Protest gegen eine als ungerecht empfundene Verhaftung erschien der revolutionären Propaganda einträglicher als das zähe Ringen um den Erfolg der Kampagne. Verglichen mit dem emotionsgeladenen Aufstand gegen staatliche Willkür schrumpfte die so massiv propagierte Lohnfrage zur kümmerlichen Nebensache. « Si nous n'obtenons pas ce que nous demandons, nous avons le mandat ferme de voter la grève générale, nous croyons que la discussion sur les salaires est inutile[25]. » Dieser Argumentation verschloß sich die reformistische Mehrheit. Sie sorgte sich um den Stand der Vorbereitungen zu einem allfälligen Streik und drang deswegen immerzu in die revolutionären Streikpropagandisten, freilich ohne je eine befriedigende Antwort zu erhalten. Wer dies erwartete, verkannte allerdings gründlich das revolutionäre Streikdenken, das die Probleme einer risikofesten Organisation mit einer gewissen Verachtung behandelte. Der echte Revolutionär verließ sich auf die Spontaneität der Massen. Da auf diese Weise die reformistischen Bedenken, vorgestellt von Grandvallet, Marchal, Jannet, Toulouse, Bonnet u. a. m., nicht zerstreut werden konnten, verharrte die Mehrheitsfraktion bei ihrer bisherigen Beurteilung des Streiks und folgte damit der Argumentation Guérards am 20. Kongreß. Bonnet erklärte: « je vous déclare que la grève, en 1910, nous paraît un désastre pour les mêmes motifs que ceux qui ont fait que la grève de 1898 à été un

[23] a. a. O., p. 60.

[24] a. a. O., p. 72.

[25] Berthelot, a. a. O., p. 17.

désastre[26].» Diese Ablehnung des Streiks war nicht grundsätzlicher Natur, sondern allein das Ergebnis einer kritischen Prüfung seiner Erfolgsaussichten[27]. Selbst ein den Revolutionären nahestehender, besonnener Gewerkschafter wie Communay teilte diese Skepsis und hielt eine längere Vorbereitungsfrist für angezeigt[28]. Gegen den Streikantrag Berthelots brachte deshalb der Reformist Saint-Germain (Midi) einen Alternativvorschlag ein, der das Syndikat auf Verhandlungen mit der Regierung und den Gesellschaften festlegte:

« [...] Qu'une délégation de quatre membres par réseau sera nommée avec mission de demander au Président du Conseil d'organiser une réunion où assisteraient les directeurs des grandes compagnies et où seraient débattus, en présence du Ministre des Travaux publics, les intérêts des cheminots[29]. »

Die Gegenüberstellung des revolutionären und des reformistischen Antrages ergab eine klare Niederlage des revolutionären Flügels: Berthelot erreichte 42, Saint-Germain 73 Stimmen[30]. Die Revolutionäre, die eben noch über das Scheitern der Delegation bei der Regierung frohlockt hatten, wurden dadurch zwar in ihren weitgespannten Hoffnungen enttäuscht[31], gaben sich jedoch noch nicht geschlagen. Anderntags bestanden sie darauf, auf die Abstimmung vom Vortag zurückzukommen, wozu die Reformisten schließlich Hand boten, um die Kongreßarbeit nicht weiter zu verzögern[32]. Ohne Opposition fand deshalb ein Antrag Le Guennics Zustimmung, der die Einsetzung einer Kommission vorsah « pour déterminer de l'opportunité de la grève et des moyens à employer pour obtenir l'élargissement des camarades arbitrairement arrêtés lors des manifestations récentes »[33]. Noch am 14. April konstituierte sich zunächst diese Streikkommission, und sodann in geheimem Verfahren ein eigentliches Streikkomitee (Comité de grève)[34].

Die Institution eines Streikkomitees war schon in den Statuten vorgesehen[35], der unter Guérard vorherrschende reformistische Geist hatte seine tatsächliche Aktivierung hingegen erübrigt. Nach Gamard, dem revolutionären Sekretär des Netzes Nord, war dann zwar noch am Kongreß vom Mai 1909 endlich ein solches Comité de grève gebildet worden,

---

26 a. a. O., p. 62.
27 Vgl. Bonnet, a. a. O., p. 62.
28 a. a. O., p. 71.
29 a. a. O., p. 73.
30 a. a. O., p. 73.
31 Vgl. APP B/a 1413, Bericht v. 13. 4. 1910.
32 CR 21e Congrès, p. 80 (Grandvallet).
33 a. a. O., p. 77, 80.
34 a. a. O., p. 93/94; dazu auch AN F 7 13661, 21e Congrès, Bericht v. 14. 4. 1910, M/4134.
35 Artikel 30, APP B/a 1363, Affaire etc., p. 7.

doch hatte es der Conseil d'Administration versäumt, diesem Gebilde auch den nötigen Lebenshauch einzugeben[36], so daß alles nur Papierwirklichkeit war.

Es besteht kein Anlaß, aus der bloßen Bildung von Streikkommission und Streikkomitee auf einen Durchbruch der revolutionären Vorstellungen am 21. Kongreß zu schließen. Am Maßstab ihres eigenen Programmes gemessen erlitten die Revolutionäre sogar eine vollständige Niederlage, denn sie erzwangen weder den allgemeinen Proteststreik noch den Teilstreik auf dem Netz Ouest-Etat. Dagegen nahm sich die Schöpfung des Streikkomitees recht bescheiden aus, zumal der Kongreß keine verbindlichen Weisungen über den Termin des umstrittenen Streiks erließ, womit dieser so ungewiß blieb wie zuvor. Der Erfolg Le Guennics vom 14. April bestand einzig darin, die Reformisten zum Kompromiß, d. h. zur Kassierung der Beschlüsse vom 13. April und damit zur Aussetzung der Entscheidung, veranlaßt zu haben. So war zwar die höfliche Form gewahrt und Le Guennic nicht gedemütigt, doch dem Inhalt nach änderte sich wenig: der Streik fand nicht statt. Unbesorgt konnte die Syndikatsmehrheit dieser unauffälligen Bestattung des aktuellen Streikplanes zustimmen: « Pour expliquer le revirement qui s'est opéré chez les réformistes, il faut considérer que Berthelot a touché la seule corde sensible, celle de l'augmentation des petits salaires. Sur ce point, tout le monde est d'accord ; et puisqu'il ne s'agissait pas d'une grève immédiate, les réformistes ne pouvaient que voter l'ordre du jour envoyant la question à l'examen d'une commission[37]. »

Der Entschließungsantrag, den die Streikkommission dem Kongreß am 15. April unterbreitete, gleichsam ihr Arbeitsprogramm, räumte die möglichen Zweifel über den Sieger in der Streikfrage aus, war er doch frei von jedem revolutionären Verdacht:

« Le Congrès décide:

1° Qu'une délégation nationale soit nommée à raison de 4 membres par réseau.

2° Que le Conseil d'administration fasse immédiatement le nécessaire auprès du Président du Conseil des Ministres pour préparer une entrevue entre tous les Directeurs des grandes compagnies de chemins de fer et la délégation nationale.

[. . .]

Donne mandat au Comité de Grève nommé et choisi par le Congrès, si les résultats de l'entrevue ne nous donnent pas satisfaction, d'intensifier les préparatifs nécessaires pour hâter le moment où la cessation du travail sur tous les réseaux français sera jugée utile, afin que justice soit accordée aux Employés et Ouvriers des Chemins de Fer, et que leur dignité soit sauvegardée

---

36 CR 21e Congrès, p. 71; vgl. auch Kap. V.

37 AN F 7 13661, 21e Congrès, Bericht v. 14. 4. 1910, M/4134.

en toutes circonstances dans leur action syndicaliste, ayant pour but la conquête du bien-être et de la liberté[38]. »

Der Text, einstimmig angenommen, vermied sorgfältig den Ausdruck „grève", der zu starke Assoziationen auslösen mochte, und umschrieb den Streikgedanken so vage, daß sich die Reformisten ihrer Kompromißbereitschaft nicht zu grämen brauchten. Indem eine auf revolutionäre Anstiftung gebildete Kommission reformistisch dominiert wurde[39] und eine reformistische Tagesordnung vorlegte, offenbarte sich so die Gebrechlichkeit des revolutionären Erfolgs.

Die Perspektive des Kommissionspapiers zeigt deutlich, daß die reformistische Fraktion dem Streikbegehren mit einer Verzögerungstaktik zu begegnen trachtete. Die Reformisten hofften, sagt ein Polizeibericht[40], die Dinge würden sich auf eine gemischte Kommission hin entwickeln, in welcher sich die Eisenbahngesellschaften, die Gewerkschaft, Senatoren, Deputierte und Vertreter des Ministeriums für Öffentliche Arbeiten in delikater Verhandlung aussprechen könnten, was gut und gern vier bis sechs Monate verschlingen dürfte, wobei dieser Zeitkonsum der eigentliche Zweck des Verfahrens war: « D'ici là, de l'eau aura coulé sous les ponts et l'excitation des cheminots sera calmée. » Trotz dieser Zuversicht scheute sich die reformistische Fraktion nicht, bei ungünstigem Verlauf die Spaltung des Syndikats ins Auge zu fassen, wie aus einem privaten Gespräch zwischen Saint-Germain, Bonnet und Communay hervorgeht: « Il fut convenu que la masse demeurerait réformiste et préférerait une scission à l'adaption des menées révolutionnaires[41]. »

Unter den Parteigängern der revolutionären Sache griff indessen eine Zerknirschung um sich, die alsbald den Weg zu gegenseitigen persönlichen Anfeindungen frei gab. Ein von der Polizei mitgeteilter derartiger Zwist, der sich zwischen Le Guennic und Communay erhob[42], hatte seinen Grund in Meinungsverschiedenheiten über die zum Erfolg führenden Methoden. Le Guennic, der kompromißlose Aktivist, der sich aber nur durch einen Kompromiß das Gesicht zu wahren vermocht hatte, erwies sich mehr und mehr als revolutionärer Utopist, und schon be-

---

[38] Text nach CR 21e Congrès, p. 148. Im Kongreßprotokoll wird der Text einer „Commission du relèvement des salaires" zugeschrieben, bei der es sich aber um die Streikkommission handeln muß, wie aus dem Plan Le Guennics hervorgeht, a. a. O., p. 76 ; vgl. auch AN F 7 13661, 21e Congrès, M/4137.

[39] Zur reformistischen Domination AN F 7 13661, 21e Congrès, Bericht v. 18. 4. 1910.

[40] a. a. O.

[41] a. a. O., M/4134.

[42] a. a. O., Bericht vom 14. 4. 1910 (auf dem Papier wohl irrtümlich vom 4. 10., ohne Jahresangabe, datiert).

lächelte die Kongreßmehrheit seine schwärmerischen Mahnrufe zum Generalstreik unverschämt[43]. Communay dagegen bezog, wo immer er sprach, einen realistischen Standpunkt. Dennoch hatte er sich als Revolutionär bis vor kurzem mit Le Guennic glänzend verstanden: « il y a quelques mois, ces deux militants étaient intimement d'accord en tous points[44]. » Im April 1910 dagegen rühmte ihm die Sûreté bereits nach, er habe seit einem Jahr bedeutend an Klugheit zugenommen und spreche jetzt schon beinahe wie Saint-Germain, der ein abgebrühter Reformist war, „grand ami de Guérard"[45]. Sein realistischer Sinn hatte Communay offensichtlich den Revolutionären entfremdet, weshalb ihn Le Guennic in einer Sitzungspause zur Rede stellte: « Il lui a dit qu'il n'avait aucune suite dans les idées et qu'il tournait comme une girouette, qu'à un moment il est révolutionnaire, qu'à un autre, il favorise les réformistes. A quoi Communay a répliqué que Le Guennic, par ses surenchères perpétuelles, ferait avorter tout ce que les révolutionnaires sérieux pourraient obtenir du congrès[46]. » Dieser Streit über die revolutionäre Taktik vermittelt ein zutreffendes Bild vom Stand der Minorität am 21. Kongreß: statt den Streik zu organisieren, ergingen sich die Anführer der Minderheit in gegenseitigen Beschuldigungen.

Auf die zahlenmäßige Kräfteverteilung am 21. Kongreß wiesen zwei Abstimmungsergebnisse hin: die Annahme der Tagesordnung Saint-Germain und die Ablehnung einer Rente für Guérard[47]. Beim Sieg der reformistischen Entschließung über die revolutionäre mit 73 : 42 Stimmen ist zu berücksichtigen, daß am Kongreß insgesamt 198 Delegierte vertreten waren[48], sich also bei 115 Stimmenden rund 40 % der Stimme enthielten. Die Revolutionäre verfügten demnach in dieser Abstimmung über einen Viertel der Stimmen. Die Beschlußfassung über die Rente an Guérard, welche die Konfrontation des vergangenen Jahres aufgriff, führte zu einem äußerst spitzen Ergebnis und zu weit größerer Beteiligung. Nach dem Verhältnissystem billigten die Delegierten zunächst mit 489 : 487 Stimmen, bei 90 Enthaltungen, diese Rente, doch entdeckte eine auf revolutionäres Drängen hin eingesetzte Kommission eine Fehlzählung und korrigierte das Ergebnis auf 489 : 487 Stimmen gegen die Rente[49]. Den Revolutionären fiel es demnach bedeutend leichter, eine Mehrheit gegen Guérard zu versammeln als auf einen Streik zu verpflichten. Für die Spaltung des Syndikats in Reformisten und Revolutio-

---

43 APP B/a 1413, Bericht v. 13. 4. 1910.
44 AN F 7 13661, 21e Congrès, Bericht v. 14. 4. 1910 (vgl. Anm. 42).
45 AN F 7 13661, 21e Congrès, Bericht v. 1. Sitzungstag.
46 a. a. O., Bericht v. 14. 4. 1910 (vgl. Anm. 42).
47 Vgl. auch Kap. V.
48 CR 21e Congrès, p. 35.
49 Die Abstimmungsergebnisse CR 21e Congrès, p. 201 bzw. 219.

näre galt folglich noch immer dasselbe wie im Dezember 1909: « Après des débats assez mouvementés, l'avantage est resté aux premiers[50]. » Trotz dieser eindeutigen reformistischen Vorherrschaft hält es schwer, einen wirklichen Sieger des Kongresses zu bestimmen, denn so wenig die Revolutionäre gesiegt hatten, so wenig waren sie besiegt worden. Zwar hatten die Reformisten die wichtigen politischen Fragen zu ihren Gunsten entschieden, den Revolutionären verblieb aber dennoch ein teilweiser Erfolg auf dem psychologischen Feld. Als Minderheit besaß die revolutionäre Opposition nichts, was sie verlieren konnte, und jedes noch so geringe Zugeständnis von reformistischer Seite war geeignet, ihrem Selbstgefühl zu schmeicheln. Wenn es ihr nur schon gelang, das reformistische Konzept zu stören, durfte sie befriedigt sein. In der Tat schufen sich die Revolutionäre mit ihrer auf pausenlose Angriffe eingerichteten Taktik die Voraussetzungen für weitere Erfolge. Sie bewiesen ihre Kraft nicht, indem sie das Syndikat eroberten, sondern indem sie es lähmten. Es war ihr Verdienst, daß der 21. Kongreß im Chaos zu ersticken drohte: « ... on a jamais vu un congrès de cheminots pareil. Il n'y a aucune direction, aucune méthode ; c'est le chaos, le désordre, la confusion. Les congressistes s'invectivent de réseau à réseau. On vote n'importe quoi, et le contraire quelques heures après, comme cela s'est produit pour la question de la grève. Tous les délégués un peu sérieux sont écœurés d'une pareille assemblée[51]. » Diese provozierte Desorganisation ließ die minoritäre Fraktion als eine unüberwindliche Kraft erscheinen, obschon sie sich außerstande erkannt hatte, die Syndikatsführung zu übernehmen.

Die Repräsentanten der Eisenbahner, versammelt am 21. Kongreß, setzten den Streikbeschluß aus. Wie aber dachten die Massen, die sie vertraten? In ihrer jeweiligen Argumentation beriefen sich beide Parteien auf den angeblichen Willen dieser Massen. Während die Revolutionäre behaupteten, die Massen sehnten den Streik herbei, vertrauten die Reformisten im Gegenteil auf die reservierte Haltung der gleichen Massen dem Streik gegenüber und hielten deshalb mit Nachdruck dafür, dem Streik ein Referendum unter den im S. N. organisierten Eisenbahnern vorangehen zu lassen[52]. Ihrer Meinung nach war die Masse für eine Streikunternehmung im April überhaupt nicht vorbereitet[53]. Diese reformistische These trifft im wesentlichen zu, denn ein Streikwille, der im Sinne des revolutionären Syndikalismus über eine taktische Drohung hinausgehen müßte, meldete sich zu dieser Zeit nur

---

[50] APP B/a 131, Monatsbericht April 1910.
[51] AN F 7 13661, 21ᵉ Congrès, Bericht v. 14. 4. 1910 (vgl. Anm. 42).
[52] a. a. O., M/4134.
[53] Rapport du 2ᵐᵉ Comité de grève, Tribune, 21. 7. 1911.

vereinzelt: schon 1909 deutlich in Lille[54], im Februar 1910 in Tergnier wenigstens ansatzweise[55], endlich nun im April in Sotteville. Eine breite Bewegung zugunsten eines Streiks griff dagegen nicht um sich. Immerhin gab es aber Anzeichen einer zunehmenden Unruhe unter den Eisenbahnern, denn der polizeiliche Monatsbericht teilte mit: « Un très vif mécontentement agite les employés et ouvriers des chemins de fer, qui luttent depuis quelque temps déjà pour l'amélioration de leurs salaires[56]. » Diese lebhafte Unzufriedenheit zeigte einen Stimmungswandel an, dessen Folgen noch nicht zu übersehen waren: « Il y a lieu de faire remarquer que l'agitation ne se produit pas seulement dans la catégorie du petit personnel, mais qu'elle se communique encore aux employés de bureau, aux employés principaux et même aux sous-chefs de gare. Il faut donc s'attendre à ce que le mouvement se précise et prenne un caractère d'acuité plus grande, si, d'ici quelque temps, les Compagnies n'accordent pas satisfaction à leur personnel, car les cheminots semblent ne plus vouloir se contenter de promesses[57]. » Der durch die Ereignisse von Rouen entstandenen Lage gemäß galten besonders die Delegierten des Netzes Ouest-Etat mehrheitlich als streikwillig[58]. Noch im Mai wurde auf diesem Netz viel von einem Streik gesprochen, der, vielleicht auf 24 Stunden beschränkt, die Teilnahmebereitschaft der Eisenbahner prüfen sollte[59]. Auch an anderen Stellen der Eisenbahnerorganisation tat sich Unruhe kund, so unter den Mechanikern von Nord, P.-L.-M. und Midi[60] oder dem subalternen Personal von Est[61]. Ebenso blieben die Verhältnisse an der Basis nach dem 21. Kongreß unsicher, so daß der Streik weiterhin als Gespenst fortlebte, bereit, bei sich bietender Gelegenheit über das Syndikat herzufallen: « On a la sensation que si elle n'était pas décidée au cours de ce congrès, elle se produira tout de même d'ici peu, à la faveur d'un incident quelconque[62]. »

Durch die vom 21. Kongreß einstimmig verabschiedete Entschließung der Streikkommission erhielt der Conseil d'Administration den Auftrag,

---

54 Damals sprach sich die Gruppe Lille in geheimer Abstimmung mit 1421 : 104 Stimmen für einen Streik aus, mitgeteilt von Hochedez, CR 22e Congrès, p. 199.

55 Vgl. Tagesordnung der Gruppe Tergnier vom 12. 2. 1910, zitiert durch Albert Thomas, J. O. 29. 10. 1910, p. 2611, Séance du 28 Octobre.

56 APP B/a 131, April 1910.

57 AN F 7 13661, 21e Congrès, Bericht v. 16. 4. 1910.

58 APP B/a 1413, Bericht v. 13. 4. 1910.

59 a. a. O., Bericht v. 17. 5. 1910. Ein anderer Bericht v. 7. 5. 1910, a. a. O., hält die Unzufriedenheit dagegen für weniger bedeutend als allgemein angenommen werde.

60 AN F 7 13661, 21e Congrès, Bericht v. 16. 4. 1910; vgl. dazu auch Kap. IV.

61 APP B/a 1413, Bericht v. 30. 4. 1910.

62 a. a. O., Bericht v. 13. 4. 1910.

beim Ministerpräsidenten das Notwendige zu unternehmen, um eine Zusammenkunft der Eisenbahndirektoren und der Vertreter des S. N. vorzubereiten[63]. Die Ausführungsbehörde des Syndikats ging indessen über diese Instruktion hinaus und richtete schon am 25. April nicht nur an den Minister für Öffentliche Arbeiten, sondern auch an die Eisenbahndirektoren einen Brief, worin sie nach der Formulierung der Forderungen, die sich materiell an die Tagesordnung vom 19. März lehnte, ihren Wunsch nach Verhandlungen aussprach:

« Nous comptons, monsieur le directeur, que vous voudrez bien vous entendre avec vos collègues des autres compagnies pour nous faire connaître la date à laquelle les délégations ouvrières et patronales pourraient se réunir. Notre syndicat a déjà pressenti M. le président du conseil et M. le ministre des travaux publics et obtenu une réponse favorable. [[64]] Nous espérons, monsieur le directeur, que, quelle que soit la décision que vous prendrez, vous voudrez bien répondre à la présente lettre[65]. »

Die gewünschte Antwort freilich bleib aus, weshalb das Syndikat am 28. Mai seinen Vorschlag erneuerte, den Direktoren gegenüber mit unveränderter Höflichkeit, dem Minister gegenüber mit der ausdrücklichen Bitte um seine Intervention bei den ersten[66]. Diese Fürsprache verhieß zu diesem Zeitpunkt indessen keinen Erfolg mehr, denn Millerand wußte seit Wochen, wie wenig die Eisenbahngesellschaften vom Vorschlag des Syndikats hielten. Schon am 7. Mai[67] hatten ihm die Direktoren ihre Antwort auf den Brief des Syndikats vom 25. April zugestellt, woraus bereits erhellt, daß sie darauf verzichten wollten, mit dem S. N. in direkten Verkehr zu treten. Von diesem Schritt erfuhr die Öffentlichkeit, und damit auch die Gewerkschaft, erst am 29. Juni, als der „Journal des Débats" den undatierten Brief der Gesellschaften ungekürzt mitteilte. Sein Inhalt kam einer klaren Absage an die Vorstellungen des Syndikats gleich:

« Ainsi que vous le savez, monsieur le ministre, nous nous montrons toujours disposés à examiner les demandes qui nous sont faits par nos agents syndiqués ou non et à discuter avec eux, en groupe ou isolés, les questions qui peuvent les intéresser avec le désir de donner satisfaction à ce que ces demandes peuvent avoir de légitime dans la mesure compatible avec nos possibilités financières. Mais, d'une part, nous estimons que pour l'examen des questions relatives à la situation de son personnel, chaque compagnie doit conserver son individualité propre, que les conditions dans lesquelles ces

---

[63] CR 21e Congrès, p. 148.

[64] In einer Audienz bei Millerand am 16. 4., vgl. unten (bei Anm. 71).

[65] Zitiert nach Thomas, J. O. 29. 10. 1910, p. 2612, Séance du 28 Octobre.

[66] a. a. O.

[67] Angabe Millerands, J. O. 30. 10. 1910, p. 2644, Séance du 29 Octobre. Nach den Akten der Compagnie du Nord wurde der Brief allerdings erst am 10. Mai abgesandt, doch ist denkbar, daß andere Gesellschaften früher geantwortet haben; der Text ist aber im übrigen zwischen den Gesellschaften abgesprochen worden, AN 48 AQ 2949, Brief v. 10. 5. 1910, p. 456/57.

questions peuvent se poser, sont différentes d'une compagnie à l'autre, d'après la situation particulière de chaque réseau et que, par conséquent, elles ne peuvent faire l'objet, entre les différentes compagnies, d'une délibération commune. Et, d'autre part, nous ne saurions considérer comme ayant qualité pour se présenter à nous, au nom de l'ensemble de notre personnel, ni comme pouvant constituer entre celui-ci et nous un intermédiaire utile, un syndicat dont les réclamations bruyantes et les manifestations violentes sont certainement très loin de répondre aux sentiments véritables de l'immense majorité de nos agents[68]. »

Von besonderer Unbedenklichkeit im Umgang mit Argumenten zeugte die Taktik, Verhandlungen auf nationaler Ebene zwar abzulehnen und die besonderen Verhältnisse jeder Gesellschaft vorzuschützen, diesen Grundsatz jedoch kollektiv auszusprechen[69]. Mit ihrer Weigerung, das Syndikat als repräsentativen Verhandlungspartner anzuerkennen, gingen die Direktionen hinter das Syndikatsgesetz von 1884 zurück und stellten die Gewerkschaft als Institution grundsätzlich in Frage. In der Antwort, der jedes Verständnis für die Begehren der Arbeiterschaft mangelte, spiegelt sich eine zutiefst unsoziale Einstellung. Wie sehr hier Vorurteile im Spiele standen, kann eine Stellungnahme der Compagnie du Nord vom 15. Juli 1910 verdeutlichen: Die Gesellschaft lehnte syndikalistische Vorschläge, die die Arbeitszeitregelung betrafen und ihr vom Ministerium für Öffentliche Arbeiten überwiesen worden waren, mit dem Hinweis auf die finanzielle Konsequenz ab und versuchte das auch noch moralisch zu rechtfertigen: « C'est évidemment une conséquence absolument inadmissible et qui constituerait une véritable atteinte à la morale par le fait d'assurer à toute une catégorie de travailleurs déjà si privilégiée des durées moyennes de travail et de présence qui leur ôteraient véritablement ce caractère de travailleurs[70]. » Die Compagnie du Nord hielt es demzufolge für das Wesen des Arbeiters für konstitutiv, daß es ihm schlecht erging.

Unter diesen Umständen konnte eine Verständigung zwischen S. N. und Eisenbahngesellschaften nicht zustande kommen, es sei denn, es würde sich eine aktiv vermittelnde Instanz einschalten. Dafür kam allein die Regierung in Betracht.

Am 16. April hatten sich, einer Delegation des Syndikats gegenüber, Millerand und indirekt auch Briand bereit erklärt, eine Konferenz zwischen Gewerkschaft und Gesellschaften zu präsidieren[71], es aber unterlassen, für diese Idee bei den Gesellschaften zu werben, was ja u. a.

---

[68] Zitiert nach Thomas, J. O. 29. 10. 1910, p. 2613/14, Séance du 28 Octobre.

[69] Poisson, La Revue Socialiste, 15. 12. 1910, wertete dies als Zeichen für die Arroganz der Gesellschaften.

[70] AN 48 AQ 2951, Brief v. 15. 7. 1910, 32440 E.

[71] Millerand bestätigt dies J. O. 29. 10. 1910, p. 2613, Séance du 28 Octobre; Briand spricht davon J. O. 26. 10. 1910, p. 2570/71, Séance du 25 Octobre, wobei er sich in der Chronologie irrt.

auch durch deren Anwort vom 7. Mai bestätigt wird. Im Umgang mit der Antwort selbst genügte die Regierung noch weniger dem Kodex des ehrlichen Maklers: zwar schien auch Briand die Mißachtung des Syndikats nicht statthaft, weshalb er die Direktoren zu sich rief, um ihnen seinen Standpunkt darzulegen[72], doch ließ er gleichzeitig das Syndikat über diese Vorgänge im Ungewissen. Die Haltung der Regierung wurde dadurch zum mindesten undurchsichtig: angeblich vermittlungswillig, aber dies ohne jeden erkennbaren Eifer. In der Tat scheint die Regierung die Vermittlerrolle höchst passiv verstanden zu haben, denn Millerand begründete die Geheimniskrämerei um den Antwortbrief vom 7. Mai sehr merkwürdig: « Mais quel aurait été le rôle du ministre des travaux publics si le Gouvernement qui avait refusé ... de se faire l'intermédiaire du syndicat près des compagnies pour leur transmettre la demande d'entrevue, avait accepté de se faire l'intermédiaire des compagnies près du syndicat pour lui transmettre leur refus[73]. »

Die erste Verhandlungsphase, eingeleitet im April, endgültig gescheitert im Juni, ist demnach gekennzeichnet durch die Initiative des Syndikats, die Taubheit der Eisenbahngesellschaften und die Unzulänglichkeit des Vermittlers.

Der Mißerfolg der reformistischen Strategie, die der Streikdiskussion durch eine Verhandlungsrunde die Grundlage entziehen wollte, kam selbstredend der revolutionären Opposition zugute, die nun an der Basis eine zunehmend gereizte Arbeiterschaft vorfand[74]. Um den Streik als Alternative entbrannte deshalb von neuem ein heftiger, innergewerkschaftlicher Meinungsstreit. Am 17. Juli 1910 erhob der Conseil d'Aministration einen von Le Guennic gestellten radikalen Antrag zum Beschluß, womit sich ein Durchbruch der revolutionären Politik anzukünden schien: « Le conseil d'administration ... donne mandat au comité de choisir le jour et le moment qu'il jugera propice pour donner le signal de la grève générale des chemins de fer, et cela dans un délai aussi court que possible, afin de relever l'injure morale que comporte le refus dédaigneux des compagnies de discuter avec le syndicat national au sujet des justes revendications formulées par notre 21e congrès national[75]. » Diese scheinbar unbegrenzte Vollmacht an das Streikkomitee gab jedoch keineswegs die wirklichen Absichten des Syndikats wieder. Dem Beschluß waren Ereignisse vorangegangen, die ihm jede unmittel-

---

[72] So berichtet Briand selbst, J. O. 29. 10. 1910, p. 2614, Séance du 28 Octobre.

[73] J. O. 30. 10. 1910, p. 2644, Séance du 29 Octobre.

[74] Auch Rouchy, p. 57/58, schreibt der Antwort der Gesellschaften eine streikfördernde Wirkung zu.

[75] Zitiert nach Thomas, J. O. 29. 10. 1910, p. 2615, Séance du 28 Octobre.

bare Wirkung entzogen. In einer stürmischen Konfrontation hatten sich die gegensätzlichen Ansichten als unvereinbar und das Syndikat damit als handlungsunfähig erwiesen: « Le 17 Juillet, la séance du Conseil National fut orageuse au point que des coups ont failli être échangés entre les délégués. Les plus violents des autres Reseaux, entr' autres Le Guennic, furent pris à partie, et, devant les preuves évidentes et matérielles mises sous leurs yeux, durent avouer, en pleurant, qu'en effet, leurs troupes n'étaient pas préparées, et que la grève des Chemins de fer était impossible[76]. » Vor der Annahme seines Antrags hatte sich deshalb Le Guennic dazu verstehen müssen, dem Beschluß seine Verbindlichkeit für den Conseil d'Administration abzusprechen[77]. Die forsche Streikresolution vom 17. Juli diente allein dem propagandistischen Zweck, das Prestige des Syndikats zu wahren, denn sie drohte mit einem Streik, der sich in der internen Diskussion soeben als undurchführbar herausgestellt hatte.

Über das organisatorische Unvermögen des Syndikats, im Sommer 1910 einen Streik auszulösen, besteht kein Zweifel. Selbst Revolutionäre wie Berthelot und Bidamant ließen am 17. Juli in privatem Kreis erkennen, daß sie am Erfolg eines Streiks zweifelten[78], und noch am 2. September erkannte Challaix aufgrund einer Propagandafahrt, daß das Netz Nord als einziges zum Streik bereit wäre[79]. Die Reformisten betrachteten den Streik ohnehin schon längst als „une véritable folie"[80]. Eine Bestandesaufnahme, von der Est-Führung im Mai vorgenommen, bestätigte den organisatorischen Mißstand, denn allein das Netz Est wurde als „vielleicht" zum Kampf gerüstet eingeschätzt[81]; am 12. Juni begrüßten von 47 Lokalgruppen des Netzes nur deren 17 den Streik, mit zwei Ausnahmen die unbedeutendsten[82]. Im Sommer 1910 drohte deshalb kein Streik. Ein Bericht zu einem Meeting der Fédération vom 29. Juni stellte fest: « Un mouvement général sur les voies ferrés n'est pas possible en ce moment[83]. » Die Eisenbahner verharrten in abwarten-

---

[76] AN F 7 13663, Est, Bericht zum Kongreß von Epinal, 20. 9. 1910. Es handelt sich hier um den in der Einleitung, Abschnitt IV, beschriebenen Bericht des abenteuerlichen Kommissärs Cochet.

[77] Rapport.

[78] Grandvallet bezeugt dies für Bidamant und Berthelot, CR 22e Congrès, p. 255; zu Berthelot außerdem Rapport.

[79] CR 22e Congrès, p. 209.

[80] So Saint-Germain am 21. Kongreß, AN F 7 13661, 21e Congrès, Bericht vom 14. 4. 1910. (Vgl. Anm. 42.)

[81] AN F 7 13663, Est, Bericht zum Kongreß von Epinal, 20. 9. 1910.

[82] Eine Liste der Polizei, AN F 7 13663, Est, Kongreß von Epinal, führt für den März 1909 47 Gruppen auf, in Epinal dagegen waren im September 1910 nur 43 Gruppen vertreten.

[83] AN F 7 13923, Mécaniciens et chauffeurs des voies ferrées, Menaces de grève, Bericht v. 30. 6. 1910.

der Stellung[84]. Die im Juli verbreitete Streikparole wurde von der Polizei als Bluff gewertet[85].

Trotz dieser Urteile über die Unwahrscheinlichkeit eines Streiks mehrten sich im Sommer 1910 die Anzeichen für eine allgemeine Unruhe unter den Eisenbahnern. Die Lohnkampagne war nun in vollem Gang und drängte nach greifbaren Ergebnissen, wodurch das Syndikat immer stärker in den Sog des Sachzwangs geriet, die Kampagne ungeachtet aller Umstände mit einem Erfolg zu krönen. Für den Fall, daß die Gesellschaften auch weiterhin den Arbeiteransprüchen nicht nachgäben, stellte die Polizei deshalb schon im Juni einen Generalstreik aller Netze binnen dreier Monate in Aussicht[86]. Diese Entwicklung schritt unaufhaltsam fort. Der Polizeibericht für den Monat Juli hielt lakonisch fest: « L'agitation poursuit dans le personnel des Compagnies de chemins de fer, entretenue par le Syndicat National et la Fédération des mécaniciens et chauffeurs[87]. »

In den öffentlichen Versammlungen fand die Streikdrohung immer breiteren Zuspruch. Selbst der vorsichtige Bidegaray erklärte am 22. Juni 1910, daß, nach einem weiteren noch zu unternehmenden Versuch einer Demarche bei den Eisenbahndirektoren, dem Syndikat im Falle des Mißerfolgs nur der Streik verbleibe[88]. Die Reformisten achteten aber stets sehr darauf, die Streikdrohung nur in konditionalen Sätzen auszusprechen, doch taten sie dies immer häufiger und bestimmter, so Gaston Renaudel am 10. Juli und Jean Cheminot alias Jouanneaux am 17. Juli in der „Tribune de la Voie ferrée": « si nous n'obtenons pas satisfaction, si on ne sait pas forcer les Compagnies à discuter avec nous, nous n'aurons plus qu'à employer la seule arme qui nous restera : la grève avec toutes ses conséquences. » « Nos cent sous ou la grève[89] ! » Diese Drohungen standen durchwegs im Dienste einer sozialen Forderung und sind nicht aus der bloßen Lust am Streik geboren, sie gehörten zum taktischen Entwurf der Reformisten, um die Lohnkampagne siegreich zu beenden. Diese sollte das schwache Syndikat dem Ziel einer Massengewerkschaft nach deutschem Muster, dem vollwertigen Verhandlungspartner der Unternehmerschaft, entgegenführen.

---

84 APP B/a 1413, Bericht v. 12. 6. 1910.

85 a. a. O., Ber. v. 13. 7. 1910.

86 a. a. O., Ber. v. 12. 6. 1910.

87 APP B/a 131, Monatsbericht Juli 1910.

88 AN F 7 12559, Bericht v. 23. 6. 1910. Vgl. weiter die Versammlung der Poseurs und Ouvriers des equipes volantes von Etat am 7. 6. 1910, a. a. O., Ber. v. 8. 6. 1910; die Versammlungen der P.-L.-M.-Eisenbahner und jener von Paris-Etat vom 6. 7. 1910, a. a. O., Ber. v. 7. 7. 1910; noch spätere Hinweise in den Berichten v. 9. 8., 10. 8., 8. 9., 15. 9. u. 17. 9. 1910.

89 Tribune, 10. 7. bzw. 17. 7. 1910.

Die soziale Kampagne begann sich denn auch allmählich positiv auf den Mitgliederbestand des S. N. auszuwirken. Allein zwischen Januar und April 1910 gewann das Syndikat 10 000 neue Anhänger[90], hierauf beschleunigte sich das Wachstum noch mehr. Traten z. B. in der Woche vom 7. - 13. April 1910 1409 Eisenbahner neu dem S. N. bei, so waren es vom 7. - 13. Juli 1926, also beinahe 300 täglich. Im Vergleich zum Vorjahr verzehnfachten sich die Zuzüge[91]. Die ganze Kampagne trug Grandvallets Angaben zufolge 35 000 Mitglieder ein, wodurch die Gesamtmitgliederzahl nahe an die sinnträchtige Grenze von 100 000 vorrückte[92]. Es kennzeichnete die neue Strahlungskraft des Syndikats, daß sich beispielsweise im fernen Savoyen unter den Mitgliedern der Sektion Annemasse der Fédération du personnel à la journée (Netz P—.L.—M.), einer dem S. N. nicht angehörenden, also gelben Organisation, der mehrheitliche Wunsch regte, dem S. N. beizutreten[93]. Zusammen mit dem Mitgliederbestand stiegen jedoch auch die Erwartungen und Hoffnungen in bezug auf die Lohnkampagne. Es wuchs für die Reformisten die Gefahr, sich in der eigenen Propaganda zu verstricken und dem beschworenen Streikgeist nicht mehr entweichen zu können.

In der Streikdiskussion des Sommers 1910 wandten die Reformisten vor allem ein, daß der Streik organisatorisch mangelhaft vorbereitet sei. Die Verantwortung für dieses Ungenügen lag beim Streikkomitee. Es war in zwei Organe gegliedert. Das Comité de Grève de la Région Parisienne erfüllte die Funktion eines Exekutivorgans, weil seine Mitglieder rasch einberufen werden konnten. Dazu gehörten Bidegaray, Le Guennic, Communay, Dupont, Jarry, Guillard, Lecoannet, Lemoine, Marchal und Bizouard[94]. Das zweite, umfassendere Gremium von 22 Köpfen nannte sich Comité Central de Grève; seine Mitglieder stammten aus verschiedenen Regionen, und seine Tagungen waren seltener[95]. Sekretär der beiden Institutionen war Albert Lemoine, ein wenig konsequenter Revolutionär[96], stellvertretender Sekretär Le Guennic, Kassenführer

---

[90] Nach AN F 7 13660, 1910 - 1911, S. N. etc., p. 16, zählte das Syndikat zur Zeit des 21. Kongresses etwa 70 000 Mitglieder.

[91] Diese statistischen Werte bei Thomas, J. O. 29. 10. 1910, p. 2615/16, Séance du 28 Octobre.

[92] Grandvallet, p. 10; für den Juli 1910 gibt derselbe Syndikalist 99 000 Mitglieder an, CR 22e Congrès, p. 119.

[93] AN F 7 13683, Fédération du Personnel à la journée Traction P.-L.-M., Congrès de Moulins, Bericht aus Annemasse, 1. 6. 1910.

[94] APP B/a 1362, Grève des chemins de fer 1910, Bericht v. 1. 7. 1912. Communay nennt auch einige dieser Namen, CR 22e Congrès, p. 158.

[95] APP B/a 1362, Grève des chemins de fer 1910, Ber. v. 1. 7. 1912, nennt 22 Namen; nach Rapport gehörten dem Komitee tatsächlich 22 Mitglieder an.

[96] Lemoine, Albert Louis, geb. 1876, seit 1900 als Monteur bei Nord, durchschnittlicher Arbeiter, guter Leumund, keine Vorstrafen, APP B/a 1363, Affaire etc., Anhang.

Communay und sein Stellvertreter Guillard[97]. Schon kurz nach dem 21. Kongreß hatte das engere Komitee seine Arbeit aufgenommen, zunächst eine Intensivierung der Propaganda beschlossen und hierauf Einzelfragen abgeklärt. Später war dann der Entwurf eines Streikplans durch eine erste Versammlung des erweiterten Komitees gebilligt worden, unter Offenhaltung des Zeitpunktes[98]. In der Leitung des Komitees verfuhr Lemoine ohne Fortune: Insgesamt versuchte er das engere Komitee achtmal zusammenzurufen, bisweilen erschien er jedoch als einziger zu seinen Sitzungen, weil zur angesetzten Zeit unglücklicherweise alle neun weiteren Mitglieder im Eisenbahndienst standen[99]. Um den Wert der dabei geleisteten Arbeit zu ermessen, muß, da keine Details darüber vorliegen, auf die erkennbare Wirkung abgestellt werden. Von daher ist das Urteil unzweideutig: das Streikkomitee tat sich bis zum Sommer durch keine besondere Aktivität im Hinblick auf einen Streik hervor. Lemoine beeilte sich vielmehr wiederholt, zur Mäßigung zu mahnen[100]. Da im Komitee der reformistische Flügel überwog, bestätigte sich hier abermals dessen streikfeindliche Intention.

Während die gemäßigte Richtung im Juli 1910 die Kontrolle über das Syndikat behauptete und den Weg zu Verhandlungen trotz der Streikdrohung offen hielt, änderte sich die starre Haltung der Gesellschaften kaum. Am 27. Juli erklärten sie durch ein Communiqué im „Petit Journal“[101], wohl als Echo auf die Demarchen des Regierungschefs, zwar zu Gesprächen bereit zu sein, beharrten aber gleichzeitig strikte auf ihrer Autonomie, gewiß in der Annahme, sich durch ein Aufsplittern der Verhandlungen besser durchsetzen zu können. Das kam einer erneuten Ablehnung der syndikalistischen Vorschläge gleich.

Daß das Syndikat trotzdem nicht gesonnen war, den Streik schon jetzt zu wagen, bewies es durch sein Verhalten in den kritischen lokalen Konflikten von Villeneuve-Saint-Georges[102], Calais[103] und Tergnier, die in den August 1910 fielen. Ihnen gemeinsam ist die ungefähre Entwick-

---

97 Nach Communay, CR 22e Congrès, p. 158.

98 Rapport. Die gemeinsame Sitzung fand nach Lemoine am 31. Juli statt, CR 22e Congrès, p. 144.

99 Nach Lemoine, a. a. O. Als regelmäßige Teilnehmer der Sitzungen bezeichnet Communay neben sich selbst noch Dupont, Jarry und Marchal, a. a. O., p. 158.

100 Vgl. Tribune, 3. 7. und 21. 8. 1910.

101 Zitiert durch Thomas, J. O. 29. 10. 1910, p. 2615, Séance du 28 Octobre.

102 Entlassung dreier Arbeiter durch die Gesellschaft P.-L.-M. wegen angeblicher Beleidigung eines Vorgesetzten; kurz rekapituliert durch Thomas, J. O. 29. 10. 1910, p. 2616, Séance du 28 Octobre.

103 Entlassung des Sekretärs der Gruppe Calais, Eckman, durch die Compagnie du Nord wegen nicht nachgewiesenen Verschuldens, Thomas, a. a. O. Die Entlassung wurde als gegen die syndikalistische Organisation gerichtet empfunden, vgl. Tribune, 14. 8. 1910.

lungslinie: eine etwas unverständliche, syndikatsfeindliche Maßnahme der Gesellschaft führte zu einer spontanen Reaktion der Arbeiterschaft, was das Syndikat veranlaßte, zu intervenieren und eine Ausweitung des Konflikts zu verhindern. In Tergnier nahm der Zwischenfall die schärfste Gestalt an, worüber Toffin berichtet:

« Le camarade Miel, ouvrier des ateliers de Tergnier, accusé à tort d'avoir bu de l'alcool pendant les heures de travail, fut puni d'une mise à pied de 48 heures. L'effervescence fut énorme, les camarades quittèrent en masse le travail, 1800 ouvriers furent en grève pendant 5 jours[104]. »

Unvorbereitet wie das Syndikat und sein Streikkomitee nun einmal waren, mußte verhindert werden, daß sich die Bewegung verallgemeinern würde[105]. Die Krise konnte vor allem deshalb überwunden werden, weil auch die revolutionäre Gruppe dazu Hand bot; darin unterscheidet sich Tergnier von der Bewegung in La Chapelle, die zum großen Streik führen wird. Die Revolutionäre hatten scheinbar eingesehen, daß sie für eine größere Aktion noch nicht bereit waren[106], zumal sie unentwegt darauf hofften, auch die Reformisten schließlich noch für ein gemeinsames Vorgehen gewinnen zu können[107]. Sie ließen es sich deshalb angelegen sein, das Ihre zur Beruhigung der Lage beizutragen, und da sich ihr Ruhm nicht zuletzt auf rhetorische Qualitäten gründete, verfügten sich prominente Revolutionäre wie Bidamant vom S. N. und Yvetot von der C. G. T.[108], durch Redaktor Almereyda von der „Guerre Sociale" theoretisch abgesichert[109], nach Tergnier, wo alsbald die Massen wieder zur Arbeit schritten.

Dieser nur noch mühsam eingedämmte Konflikt widerspiegelte treffend die allgemeine Erregung, die die psychologische Verfassung der Eisenbahner im Spätsommer 1910 auszeichnet, denn nicht nur die wirtschaftliche Entwicklung mit den fühlbar werdenden Preissteigerungen, sondern auch die Streikdikussion trat nun in ihre Peripetie ein. Die im Juni 1910 festgestellte Streiktendenz bestätigte sich vollauf, so daß der Revolutionär Escabasse siegestrunken den „réveil des cheminots" verkünden konnte[110]. Es wurde nun üblich, daß die öffentlichen Versammlungen des Syndikats Resolutionen verabschiedeten, die die Streikentschlossenheit der Eisenbahner bekräftigten und ihre Loyalität gegen-

---

104 Resümiert durch Toffin, Tribune, 27. 11. 1910.

105 Meinung Lemoines, CR 22e Congrès, p. 145.

106 So äußerten sich die revolutionären Eisenbahner gegenüber La Guerre Sociale, vgl. La Guerre Sociale, 16. - 22. 11. 1910, Nr. 49.

107 Bidamant, CR 22e Congrès, p. 172.

108 a. a. O.

109 Bericht des Untersuchungsrichters Drioux, L'Humanité, 10. 1. 1911.

110 AN F 7 12559, Bericht v. 4. 8. 1910.

über den Weisungen des Streikkomitees betonten[111]. Für das Netz Nord, dem Tergnier angehörte, diagnostizierte Challaix zu Anfang September[112] erstmals eine weitverbreitete Streikstimmung, und wenig später traf sogar der Reformist Niel auf dem Mustergut des Reformismus, der Gesellschaft Est, allgemeine Streikwilligkeit an, die indessen durch einen wichtigen Vorbehalt beeinträchtigt wurde: « Personne n'a condamné la grève. Les seules objections qui aient été faites de-ci, de-là, c'est que la grève aurait plus de chance de succès si elle était faite tout au moins après la rentrée des Chambres, mais personne n'a déclaré refuser d'obéir à l'ordre de grève quand il serait donné[113]. »

In dieser unsicheren Lage bemühte sich die reformistische Mehrheit noch ein weiteres Mal um einen Ausgleich. An einer Sitzung des Streikkomitees vom 21. August schlug Bidegaray vor, mit Briand Verhandlungen aufzunehmen, und drang damit auch gegen die Opposition des Sekretärs Lemoine durch. Le Guennic, der zu dieser Zeit in Kopenhagen weilte, versuchte nach seiner Rückkehr in der Sitzung vom 11. September diesen Entschluß wieder umzustoßen, freilich ohne Erfolg[114]. Des ewigen Verlierens überdrüssig, berichteten die revolutionären Eisenbahner der „Guerre Sociale", die reformistischen Elemente wollten den Streik nunmehr bis zum Beginn der Parlamentssession (Ende Oktober) vertagen, d. h. ad calendas graecas[115]. Von nun an bemühte sich diese Wochenzeitung mit der ihr eigenen Verve, dem Ausspruch Le Guennics, wonach sie „notre journal officiel"[116] sei, gerecht zu werden.

Die neue Taktik der Reformisten, wie sie sich am 11. September durchsetzte, bestand darin, einerseits nochmals Verhandlungen in irgendwelcher Form anzustreben, andererseits der Streikidee grundsätzlich beizupflichten, jedoch noch um den Zeitpunkt des Streiks zu feilschen. Es entsprach dies bereits einer deutlichen Defensivhaltung, denn für die vorherrschende Strömung galt: « le vent souffle vers la grève, inévitablement[117]. » Das Streikkomitee hatte sich darauf festgelegt, an einer großen Konferenz der Streikkomitees und Administrativräte des S. N. und der Fédération des Mécaniciens et Chauffeurs vom 15./16. Oktober „endgültig und unwiderruflich" über das Streikdatum Beschluß zu fassen[118], was den Raum für Verhandlungen empfindlich

[111] Vgl. dazu a. a. O., Berichte v. 4. 8., 9. 8., 10. 8., 8. 9., 15. 9., 17. 9. 1910.

[112] CR 22e Congrès, p. 209.

[113] Tribune, 18. 9. 1910.

[114] Nach Lemoine, CR 22e Congrès, p. 146.

[115] La Guerre Sociale, 16. - 22. 11. 1910, Nr. 49.

[116] Bericht Drioux.

[117] Poisson, La Revue Socialiste, 15. 11. 1910.

[118] Rapport.

einschränkte. Aber auch die Revolutionäre gerieten in Zeitnot, wollten sie der Spekulation der Reformisten auf eine parlamentarische Lösung zuvorkommen.

Was nun die Stimmung zumindest dieser Revolutionäre noch weiter reizte und ihren Plänen zugute kam, war der Fall Renault. Im Frühjahr 1910 hatte der Extremist Renault eine Broschüre veröffentlicht, die unter dem Titel „Le Syndicalisme dans les Chemins de fer" offen für den Streik plädierte und gleichzeitig die Sabotage als notwendiges Streikmittel empfahl[119]. Seine Schriftstellerei trug ihm am 21. September die Entlassung durch die staatliche Gesellschaft Ouest-Etat ein[120], und bei der ohnehin gespannten Lage wurde dieser Straffall von der Eisenbahnern als weitere Provokation empfunden[121]. Vollends war, da die Gesellschaften es wagten, an den „Saint-Just du Syndicat"[122] Hand zu legen, die Geduld der revolutionären Minderheit erschöpft.

Wie schon im April ging auch im September der Verhandlungsversuch von der gewerkschaftlichen Seite aus. Dagegen wechselte der Hauptadressat der Bemühungen: im April waren in erster Linie die Eisenbahngesellschaften angesprochen worden, diesmal ausschließlich die Regierung. Offiziell handelte es sich darum, von dieser zu erfahren, welches Resultat ihre Demarche bei den Gesellschaften erbracht hätte, und dazu wollte das Syndikat eine Audienz bei Briand erlangen. Um dem Wunsch Nachdruck zu verleihen, bemühte die Syndikatsführung mit Briefen vom 14. September Persönlichkeiten aus der sozialistischen und radikalsozialistischen Führungsschicht, die Abgeordneten Jaurès und Berteaux. Da beide nicht verfügbar waren, nahm sich Albert Thomas des Syndikats an und erreichte eine Zusammenkunft für den 5. Oktober[123].

In der „Tribune de la Voie ferrée" vom 2. Oktober umschrieb der Reformist Jouanneaux die Ausgangslage aus der Perspektive der Syndikatsmehrheit:

« La question qui nous occupe et nous préoccupe au plus haut point, pouvait se solutionner pacifiquement. Nos intentions étaient claires en demandant au président du conseil et au ministre des travaux publics de présider l'audience que nous sollicitions de nos dirigeants. M. Briand et M. Millerand auraient dû se donner la peine d'insister et même de contraindre les administrations des Compagnies. C'eut été, de leur part, plus courageux et plus digne que de menacer d'honnêtes travailleurs, dévoués et courageux, de militarisation et de mobilisation [...] Nos revendications sont légitimes. En admettant — ce qui

---

119 Vgl. Kap. XIV (bei Anm. 43).

120 APP B/a 1363, Affaire etc., Anhang.

121 Vgl. Thomas, J. O. 29. 10. 1910, p. 2617, Séance du 28 Octobre.

122 So nennt ihn einer seiner Freunde, Bericht Drioux.

123 Thomas, J. O. 29. 10. 1910, p. 2617, Séance du 28 Octobre.

n'est pas — que des considérations financières ne permettent pas actuellement de nous donner entièrement satisfaction, on pouvait, il me semble — on pouvait donc — discuter loyalement avec nous. Nous ne sommes pas, que diable, des voyous, des bandits ou des apaches[124]. »

Bei dem Stande, den die interne Auseinandersetzung erreicht hatte, war die Besorgnis Jouanneaux' wohl echt; er forderte, mehr beschwörend als drohend, Verhandlungen um jeden Preis, weil ihm die Ungeduld der revolutionären Kameraden nicht verborgen geblieben sein konnte. Die Funktion, die aufziehende Krise abzuleiten, konnte dem Gespräch vom 5. Oktober nur dann zukommen, wenn mit einer baldigen sozialen Besserstellung gerechnet werden durfte. In dieser Hinsicht verfehlten die Verhandlungen ihren Zweck:

« Le président du conseil a fait remarquer aux délégues qu'une entrevue imposée à l'une des parties ne pouvait évidemment produire aucun résultat utile, mais il s'est déclaré, ainsi que le ministre des travaux publics, prêt à demander aux directeurs des compagnies de faire connaître leurs objections aux réclamations précises formulées par leur personnel. Il a ajouté qu'après avoir examiné ces objections, le Gouvernement accueillerait bien volontiers les observations en réponse du syndicat et de la fédération et qu'il ne négligerait rien pour faire obtenir satisfaction, dans la mesure du possible, aux demandes du personnel qui sembleraient justifiées[125]. »

Über die Bereitschaft hinaus, den Nachrichtenaustausch zwischen den Sozialpartnern in Gang zu bringen, leistete die Regierung keine konkreten Zusagen. Statt dessen versuchte Briand mit unmißverständlichen Drohungen den Weg der Befriedung zu weisen, indem er den Eisenbahnerstreik zur lebenswichtigen Frage des Landes erklärte: « une telle éventualité mettrait le Gouvernement en face d'un devoir impérieux, qu'il saurait remplir sans défaillance[126]. » Damit war der Stab über diese Verhandlungen gebrochen, und die Sûreté urteilte zutreffend: « Les délégues se retirent peu satisfaits : ils savent que leurs mandants retiendront plutôt de cette consultation la menace finale que les offres de médiation, et qu'ils soupçonneront le Gouvernement de chercher uniquement à gagner du temps[127]. » Die Regierung gab freilich später an, sie sei der Ansicht gewesen, das Syndikat habe ihre Vorschläge angenommen[128]. Die Vermittlungsmethode war aber dermaßen kompliziert[129], daß sie kaum als brauchbar angesehen werden konnte, und auch

124 Tribune, 2. 10. 1910.

125 Communiqué über die Verhandlungen vom 5. Oktober, zitiert nach Thomas, J. O. 29. 10. 1910, p. 2617 f., Séance du 28 Octobre.

126 a. a. O.

127 AN F 7 13923, La grève des chemins de fer d'octobre 1910, p. 19.

128 Vgl. Briand, J. O. 29. 10. 1910, p. 2618, 2614, Séance du 28 Octobre.

129 Briand führt sie näher aus J. O. 26. 10. 1910, p. 2571, Séance du 25. Octobre. Ohne direkte Verhandlungen zwischen S. N. und Gesellschaften hätte Briand die Korrespondenz zwischen den beiden Parteien besorgt, in der Hoffnung, die strittigen Punkte ließen sich so allmählich eliminieren.

reformistische Kreise hielten deshalb das Verhandlungsergebnis für untauglich. Ein Administrator erklärte: « Il est difficile de ne tenir aucun compte du semblant de bonne volonté qu'a manifesté M. Briand, mais, d'autre part, si le Gouvernement nous sert d'intermédiaire, quand les pourparlers finiront-ils ? dans six mois ou dans six ans ? on en sait rien ! c'est l'enterrement[130]. » Weit günstiger beurteilte Bidegaray das Gespräch mit Briand: für ihn hatte die Regierung ihre Arroganz abgelegt und nunmehr eine versöhnliche Haltung eingenommen[131]. In revolutionärer Betrachtungsweise hingegen grenzten die Verhandlungen an Verrat, und Bidamant überwarf deshalb Bidegaray in Toulouse an einem Kongreß mit schweren Anklagen, so daß die beiden vor aller Augen in Streit gerieten[132]. Tatsächlich stimmte der Generalsekretär, indem er Briands Angebot nicht verwarf, offensichtlich mit den Direktoren überein, denn auch diese erklärten am 14. Oktober die vorgeschlagene Prozedur für vorzüglich[133], womit sie sich freilich jetzt, nach Streikausbruch, in keiner Weise mehr verpflichteten. Nach diesem zweiten Fehlschlag der gemäßigten reformistischen Verhandlungstaktik mußte es sich nun rasch erweisen, ob das Syndikat die dadurch gestärkte revolutionäre Alternative weiterhin abweisen konnte.

Zu den schon genannten Faktoren, die auf einen Streik hinlenkten, trat durch das Ergebnis vom 5. Oktober ein weiterer. Es gilt aber nicht etwa der Satz, daß durch das Fiasko der zweiten Verhandlungsrunde der Streik zum Schicksal geworden wäre: die Reformisten glaubten weiter an eine politisch-parlamentarische Lösung, und ihr Vertrauen konnte sich in dem Maße erfrischen, wie die Parlamentsferien ihrem Ende entgegengingen. Der 5. Oktober bedeutete zunächst nur, daß es im Augenblick nicht gelungen war, den Streikwind umzukehren. Eine nächste Kraftprobe stand erst für den 15./16. Oktober zu erwarten, und es war denkbar, daß auch da die gemäßigte Taktik noch einmal triumphieren würde. Das hatte allerdings zur Voraussetzung, daß in der Zwischenzeit keine neue Krise ausbrach. Von daher drohte die Gefahr, denn die revolutionäre Minderheit war nicht länger gesonnen, stille zu halten. Nach den Verhandlungen vom 5. Oktober sprach selbst der vorsichtige Bidegaray von allgemeiner Ungeduld und Nervosität: alle Gruppen würden sich darüber beklagen, auch nicht entfernt ein Ergebnis erkennen zu können[134].

---

130 APP B/a 1362, 7 - 11 Octobre, Bericht v. 7. 10. 1910.

131 Le Temps, 11. 10. 1910, Rede Bidegarays am Kongreß des Netzes Midi.

132 Le Temps, 13. 10. 1910; vgl. auch Seilhac, p. 21.

133 Le Temps, 15. 10. 1910.

134 a. a. O., 11. 10. 1910, Interview mit Bidegaray.

Die seit den Sommermonaten wirksame, auf verschiedene Ursachen zurückzuführende Belebung brachte dem S. N. gewiß einen bedeutenden Kräftezuwachs, zumal sich auch die Fédération anzunähern begann, doch darf nicht übersehen werden, daß diese Erfolge im Oktober 1910 organisatorisch noch keineswegs konsolidiert waren. Dagegen hatte sich die Stärkung psychologisch auf das Selbstbewußtsein des S. N. übertragen und damit das Trauma von 1898 abgebaut, nach Kräften gefördert durch den von den Revolutionären zur Schau gestellten unerschütterlichen Optimismus. Die fehlende Organisation schien durch die Wucht der Spontaneität aufgewogen werden zu können.

VII. Die repressive Tradition

Während die Unruhe unter der Arbeiterschaft im Sommer 1910 sichtbar zu wachsen begann, war auf der Gegenseite, bei Staat und Eisenbahngesellschaften, noch keine Konzessionsbereitschaft zu erkennen. Bei dieser Ausgangslage bestand kaum noch Hoffnung darauf, den keimenden Konflikt schlichten zu können, denn der allgemeinen Politik von Staat und Gesellschaft fehlten die für eine Verständigung notwendigen Voraussetzungen. Dies galt zunächst für die Regierung.

Seit dem 24. Juli 1909 führte Aristide Briand die Regierungsgeschäfte, und zwar als Nachfolger Clemenceaus, dem die Kammer am 20. Juli nach einer unvorsichtigen Äußerung über die Mängel der militärischen Bereitschaft im Jahre 1905 das Vertrauen mit 212 gegen 176 Stimmen[1] verweigert hatte, bei einem geschlossenen Auftreten der P. S. U. gegen den Regierungschef[2]. Das neue Kabinett Briand, auf Empfehlung Clemenceaus gebildet, galt zunächst als eine zweite Auflage des Kabinetts Clemenceau. Briands Mehrheit unterschied sich nicht wesentlich von jener seines Vorgängers: während sich ihm eine breite Mitte zuwandte, lehnten ihn nur die Extreme von links und rechts ab[3]. Besonders zu beachten ist die politische Einschätzung des neuen Kabinetts durch die Sozialisten, weil sie im Oktober 1910 im parlamentarischen Kampf gegen Briand das Streikrecht der Eisenbahner verfechten werden. Eine Mehrheit der sozialistischen Fraktion zeigte sich am 24. Juli 1909[4] über die Regierungsbildung durch Briand erfreut, und die Politik gegenüber dem Kabinett Briand blieb zunächst zwiespältig[5]. Doch ein wachsender Teil der Linken verfolgte den Regierungskurs sehr mißtrauisch. Die Befürchtungen gingen auf die Enttäuschung über die Regierung Clemenceau zurück, die, obwohl ihr Chef der radikalsozialistischen Linken entstammte, in sozialpolitischen Fragen eine nahezu reaktionäre Politik

---

1 Abstimmungsergebnis nach Fiechter, Le socialisme français, p. 142.

2 Vgl. Bonnefous, Histoire politique de la Troisième République, Bd. I, p. 136 ff.

3 Vgl. a. a. O., p. 144. Briand erhielt das Vertrauen mit 306 gegen 46 Stimmen (darunter 18 Sozialisten; nach Fiechter, p. 142, allerdings nur 17 Sozialisten).

4 AN F 7 13073, 1909 - 1914, Le Parti socialiste unifié et les ministères, Bericht v. 24. 7. 1909, M/975. U. Vgl. zur Haltung der S. F. I. O. gegenüber Briand im einzelnen Kap. XIII.

5 Vgl. Fiechter, Tabelle Nr. III, nach p. 136.

betrieben hatte. Eine ahnungsvolle Skepsis mahnte den bürgerlichen Regierungen gegenüber zur Vorsicht: „Wenn Clemenceau das getan hat, was werden erst die andern tun[6]!“

Diese anderen, die dem Kabinett sein Gesicht gaben, waren außer Briand selbst: Millerand für die Öffentlichen Arbeiten, Viviani für die Arbeit, Barthou für die Justiz. Daß nicht weniger als drei „unabhängige Sozialisten“ (Briand, Millerand, Viviani) der Regierung angehörten, hätte diese eigentlich nach links hin profilieren müssen. Doch Millerand, 1899 als erster Sozialist einer bürgerlichen Regierung beigetreten, galt seither vielen als ehrgeiziger Renegat. Auch in Vivianis Sozialismus mischte sich zweifellos ein starkes pragmatisches Element. Welche politische Definition aber traf auf den Regierungschef, Briand, zu? In der geläufigen Bezeichnung als „unabhängiger Sozialist“[7] lag der Akzent fraglos auf dem unverbindlichen Adjektiv. In kurzer Zeit war Briand vom engagierten Sozialisten zum perfekten „homme de gouvernement“ aufgeblüht: geschmeidig und geduldig, ein begabter Vermittler, besaß er Eigenschaften, die ihm nicht nur in späteren Jahren internationale Anerkennung eintragen sollten, sondern ihn seit 1906 auch zur politischen Führungsschicht der Dritten Republik aufsteigen ließen, zunächst als Unterrichts- und Kultusminister in den Kabinetten Sarrien (März/Oktober 1906) und Clemenceau (Oktober 1906/Januar 1908), danach als Justizminister im gleichen Kabinett Clemenceau (Januar 1908/Juli 1909). Im Verlauf dieser raschen Karriere hatte er freilich seinen Sozialismus weitgehend abgestreift, so daß er nun im Kreise seiner ehemaligen Genossen als nahezu ebenso reaktionär galt, wie er früher revolutionär gewesen war.

Die Beurteilung Briands durch die Linke wird entscheidend beeinflußt durch sein Verhalten in der Generalstreikkrise: nach dem Oktober 1910 fällt die Kritik bedeutend negativer aus als zuvor. Nach der Niederlage zog sich die sozialistisch-syndikalistische Kritik auf die Interpretation von Briands Vergangenheit als der letzten Waffe im Kampf gegen den übermächtigen Gegner zurück. Doch schon zuvor erregte die ministerielle Karriere einigen Unwillen unter jenen Sozialisten, die eine Zusammenarbeit mit dem Bürgertum ablehnten. Briand beteuerte zwar, die Macht nicht gesucht zu haben: « Je ne suis pas de ceux, messieurs, qui ont ambitionné le pouvoir. Les circonstances m'y ont conduit[8]. » Dennoch wurde ihm vorgeworfen, die Arbeiterklasse verraten zu haben, um Minister zu werden[9]. Später wird er geradezu zum „Für-

---

[6] AN F 7 13581, 15e Congrès National Corporatif, Amiens, 8. - 16. 10. 1906, aus der Rede von Broutchoux.

[7] So z. B. Bonnefous, I, p. 140. Siebert, p. 72/73.

[8] J. O. 30. 10. 1910, p. 2655, Séance du 29 Octobre.

[9] J. O. 28. 10. 1910, p. 2592, Séance du 27 Octobre (Bouveri).

sten der Renegaten"[10] aufrücken. Seine neue Stellung vermochte indessen das Vertrauen einer breiteren Arbeiterschaft nicht restlos zu zerstören, wie die Erwartungen beweisen, die selbst von der Delegation des S. N. noch am 13. April 1910 in ihn gesetzt wurden: « ... nous espérions bien qu'au Ministère de l'Intérieur nous obtiendrions satisfaction ; nous comptions quelque peu sur M. Briand ...[11] » Die Enttäuschung über Briand wuchs in dem Maße, wie sich der Kontrast zwischen seiner sozialistischen Vergangenheit und seiner aktuellen Handlungsweise verstärkte. Briands Weg führte von Pol zu Pol: zuerst stellte er sich in den Dienst der Generalstreikpropaganda, daraufhin zeigte er als Ministerpräsident, wie sich der Staat des Generalstreiks erfolgreich erwehren konnte[12]. Diese bewegliche Dialektik erregte verbreiteten Mißmut; der Deputierte Painlevé vermerkte: « je n'ai trouvé personne qui ne reconnaît que le contraste entre son passé et sa politique actuelle constituait un véritable scandale[13]. » Ernest Roche qualifizierte diese Methode schlicht als Immoralität[14]. Ähnlich hatte sich schon Anatole France geäußert: « Briand ? Il a, sans en éprouver aucune tristesse, un grand mépris de l'humanité[15]. »

Wenn Briand auch nicht der Vater des Generalstreiks war, wie ihn der sozialistische Deputierte Colly bezeichnete[16], so durfte er doch vor der Jahrhundertwende als einer seiner glühendsten Propagandisten gelten. Jaurès erinnerte sich: « il était en effet connu ... depuis 1890 ou 1891 dans tous les milieux ouvriers, comme le propagandiste le plus ardent de la grève générale révolutionnaire[17]. » Der sozialistische Deputierte Rognon entsann sich einer Versammlung aus jener Zeit, an der er wegen seiner Ablehnung des Generalstreiks von Briand, dem flammenden Befürworter, verdammt worden war[18]. Auf jeden Fall errang Briand als Streiter für die Idee des Generalstreiks seine ersten großen Erfolge, so am Congrès de la Fédération nationale des syndicats in Marseille 1892, und gewann dadurch einen besonderen Platz innerhalb der soziali-

---

[10] Ballade zu Ehren des Ministerpräsidenten, mit der jeweiligen Schlußzeile der Strophe: «Briand, prince des rénégats.» Les Temps Nouveaux, 12. 11. 1910.

[11] CR 21e Congrès, p. 59.

[12] Vgl. die Interpretation von Suarez, Briand, Bd. II, p. 278.

[13] J. O. 9. 11. 1910, p. 2687, Séance du 8 Novembre.

[14] J. O. 30. 10. 1910, p. 2634, Séance du 29 Octobre.

[15] Überliefert bei Monatte, Trois scissions syndicales, p. 130.

[16] Vgl. J. O. 26. 10. 1910, p. 2566, Séance du 25 Octobre.

[17] J. O. 30. 10. 1910, p. 2649, Séance du 29 Octobre.

[18] Vgl. J. O. 28. 10. 1910, p. 2582, Séance du 27 Octobre. Auch Gaston Renaudel z. B. berichtet von einem Besuch Briands in Rouen, um den Generalstreik zu propagieren, APP B/a 1360, Bericht v. 13. 10. 1910.

stischen Bewegung[19]. Am eindrücklichsten aber zeugte von dieser frühen aktivistischen Tätigkeit des Ministerpräsidenten eine Rede, die er 1899 vor dem sozialistischen Kongreß in Paris gehalten hatte. Sie wurde von seinen Gegnern für würdig befunden, immer wieder von neuem und in zahlreichen Ausgaben verbreitet zu werden[20]. Briand ging in dieser Rede von der Kritik des begrenzten Streiks aus, den er für nutzlos erklärte: « Je ne suis pas partisan de la grève, j'entends de la grève partielle ... La grève partielle est presque toujours vouée à l'impuissance, parce que les ouvriers engagés dans un conflit ne se trouvent jamais en realité aux prises avec des patrons isolés. Les travailleurs en grève sont bien réellement isolés, eux ; même quand ils ont l'aide morale et matérielle du proletariat, qu'est cet appui à côté de celui que trouvent les patrons auprès des pouvoirs publics ? Le patron n'est jamais seul ; il a toujours avec lui, pour lui, tous les moyens de pression dont dispose sa classe, l'ensemble des forces sociales organisées : magistrature, fonctionnaires, soldats, gendarmes et policiers[21]. » Aus der Ertraglosigkeit des begrenzten Streiks leitete Briand die Notwendigkeit des Generalstreiks ab. Neben der wirtschaftlichen anerkannte er dabei auch eine politisch-revolutionäre Motivierung, was andere Kampfmittel wie Stimmzettel und Aufruhr nicht ausschloß: « Allez-y avec des piques, des sabres, des pistolets, des fusils : loin de vous désapprouver, je me ferai un devoir, le cas échéant, de prendre une place dans vos rangs[22]. » Zu den Vorteilen des Generalstreiks rechnete Briand neben der Möglichkeit einer direkten Gegenüberstellung von Arbeiterschaft und Bürgertum die psychologisch günstige Wirkung auf die Arbeiter: « La grève générale présente au militant cet avantage, elle a ceci de séduisant, qu'elle est, en somme, l'exercice d'un droit incontestable. C'est une révolution qui commence dans la légalité, avec la légalité[23]. » Im Kampf gegen die größte dem Generalstreik drohende Gefahr, die Armee, wollte Briand auf die familiäre Verbundenheit und das Solidaritätsgefühl der Soldaten vertrauen, und auf den prophetischen Einwand eines Zuhörers, die Bourgeoisie könnte die Streikenden mobilisieren, entgegnete er zuversichtlich: « Ce serait un moyen, en effet, je le reconnais volontiers, mais je crois que, dans une occurence aussi grave, la bourgeoisie y regarderait à deux fois, avant de mettre des fusils et des balles entre les mains des grévistes[24]. »

---

19 Vgl. Chambelland, La grève générale, in: L'Actualité de l'Histoire, Nr. 18/1957, p. 25/26.

20 Vgl. a. a. O., p. 9 ff. Diese Rede wurde sogar zu einem Chanson verarbeitet mit dem Titel « Briand l'a dit », vollständig zitiert bei Robert Brécy, La grève générale en France, Paris 1969, p. 99.

21 Briand, La grève générale et la révolution, p. 6/7.

22 a. a. O., p. 13.

23 a. a. O., p. 14.

24 a. a. O., p. 17.

Abschließend deutete er den Gedanken einer evolutionären Entwicklung als schönen Traum und sprach sich allgemein für die Gewalt als Instrument des politischen Kampfes aus: « Les ‹ Nuits de Quatre Août › sont des évènements exceptionnels, bien rare dans la vie des peuples. [...] D'une façon générale, en tous cas, l'histoire est là pour démontrer que le peuple n'a guère obtenu que ce qu'il a pris ou pu prendre lui-même. [...] Même en dehors des périodes de révolution, c'est presque toujours sous l'influence de la menace, par un effet d'intimidation, qu'ont été successivement consenties des améliorations à son sort[25]. » Mit Recht verglichen die Eisenbahner im Oktober 1910 Briand einem Tanzmeister, der von seinen Schülern übertroffen wurde: er hatte ihnen den syndikalistischen Tanz, von der Polka bis zum Walzer, beigebracht, sie wollten ihm nun die syndikalistische und die revolutionäre Quadrille, die ihn von seiner Größe herunterstürzen lassen würde, vorführen[26]. Dergestalt durch seine Vergangenheit belastet, schritt Briand in der Verteidigung des Staates gegenüber der syndikalistischen Herausforderung zwangsläufig mit dem Eifer des Proselyten ans Werk.

Der mutmaßliche Standort der Regierung Briand war aber nicht nur durch die Vergangenheit des Regierungschefs, sondern auch durch das politische Erbe, das dieser zusammen mit seinem Amt antrat, vorgeprägt. Clemenceau hatte schon als Innenminister im Kabinett Sarrien (März/Oktober 1906) in der Sozialpolitik neue Zeichen gesetzt, die mit der Auflösung des Bloc im Jahre 1905 übereinstimmten, und es auch als Regierungschef nicht unterlassen, der syndikalistischen und sozialistischen Linken entgegenzuwirken. Durch sein unerbittliches Zugreifen in der Kraftprobe um den 1. Mai 1906 hatte er sich als Retter der bürgerlichen Ordnung angeboten und damit den Weg der Repression angetreten[27], der ihn in die Affäre von Dravail-Villeneuve-Saint-Georges hineinführte, aus der er den Nimbus des Streikbrechers davontrug. Briand, ehemals Minister Clemenceaus und von der parlamentarischen Gnade der Radikalsozialisten abhängig, konnte diese Politik nicht verleugnen.

Diesen beiden Voraussetzungen entsprechend gestaltete sich das Verhalten der Regierung gegenüber der Forderungskampagne des Syndikats: zwar zeigte sie sich grundsätzlich um sozialen Fortschritt bemüht, doch dachte sie sich diesen Prozeß als geordneten, keineswegs sehr eiligen Vorgang unter ihrer behutsamen Aufsicht, womit sie indessen

---

25 a. a. O., p. 17/18.

26 APP B/a 1362, Télégrammes et rapports d'ordre général, Bericht v. 16. 10. 1910.

27 Vgl. Julliard, Clemenceau briseur de grève, p. 23/24.

deutlich hinter den syndikalistischen Wünschen zurückblieb und sich zu ihnen selbst alsbald in Gegensatz stellte. Als die Eisenbahner im März 1910 ihre Forderungen lautstark an die Öffentlichkeit trugen, äußerte sich Briand wohlwollend dahin, er selbst anerkenne sie als legitim, könne aber die damit verbundenen Demonstrationen nicht dulden[28]; er versicherte jedenfalls, daß die Forderungen vom Ministerrat geprüft würden[29]. Noch nach dem Streik betonte er rückblickend die große Verständnisbereitschaft der Regierung: « J'affirme, et je n'aurai pas de peine à le prouver, qu'à aucun moment le Gouvernement ne s'est désintéressé du sort des travailleurs des chemins de fer. Loin d'avoir opposé à leurs démarches l'indifférence que certains nous reprochent aujourd'hui, le Gouvernement, au contraire, est allé au-devant des désirs formulés par leurs délégués[30]. » Die Regierung unterließ gemäß Briands Aussagen nichts, um die Pensionen-, Arbeitszeit- und Salärfrage zufriedenstellend zu lösen, und sah sich dem Erfolg nahe[31]. In der konkreten Behandlung der Forderungen bekundete sie indessen weit weniger Verständigungswillen, denn selbst noch nach monatelanger Diskussion vermochte Millerand angeblich keinen verhandlungswürdigen Diskussionsgegenstand zu erkennen: « Je dis que nous sommes à dix jours de la fin de la grève et qu'à cette heure il n'existe pas encore une revendication sur laquelle puisse s'engager un débat sérieux et précis entre une compagnie et son personnel[32]. » Vom syndikalistischen Hauptpostulat nach einem minimalen Tageslohn von fünf Francs im ganzen Land behauptete der Minister, dieses sei noch nie ernsthaft (sérieusement) formuliert worden, und zwar deshalb, weil dieser Lohn in vielen Regionen noch bei weitem nicht erreicht werde und zudem Ausgaben von 124 bis 125 Mio. Francs verursachen würde[33]. Zwischen ideellem und materiellem Verständnis gegenüber der Arbeiterschaft klaffte jene Lücke, die die beiden unabhängigen Sozialisten Briand und Millerand vom Sozialismus trennte.

Um die Konzessionsbereitschaft der Regierung und damit den freien Verhandlungsspielraum zu bestimmen, sind die Maßnahmen zur Verbesserung der sozialen Lage der Eisenbahner zu betrachten, die durch die Regierung auf ihrem eigenen Netz getroffen oder den privaten Gesellschaften empfohlen wurden. Aus den Erklärungen Millerands vor dem Parlament[34] geht hervor, daß die Regierung zu keiner Zeit bereit

---

28 Mitgeteilt von Challaix, CR 21e Congrès, p. 18.
29 Tribune, 27. 3. 1910.
30 J. O. 26. 10. 1910, p. 2570, Séance du 25 Octobre.
31 Vgl. a. a. O.
32 J. O. 28. 10. 1910, p. 2588, Séance du 27 Octobre.
33 a. a. O.
34 a. a. O., p. 2588/89.

war, auf die Forderungen nach einem generellen Mindestlohn von fünf Francs einzutreten. Sie verstand sich allein dazu, eine in zweifacher Hinsicht entscheidend modifizierte Fassung dieser Forderung anzustreben: nicht nur verwarf sie den Grundsatz der Allgemeingültigkeit und ersetzte ihn durch eine regionale Beschränkung auf Paris und sein Einzugsgebiet, sondern sie gab auch dem Tageslohn eine vom Syndikat abweichende Interpretation, wonach der Tageslohn nur für die effektiv geleisteten Arbeitstage, dagegen nicht für die Ruhetage, zu entrichten war. Nach diesem Modell wurden die Löhne auf dem Netz Etat stufenweise angehoben. Zunächst erhielten die im Taglohn beschäftigten Arbeiter mit Wohnsitz Paris den Mindesttaglohn von fünf Francs pro effektiven Arbeitstag mit Wirkung ab 21. Juni 1910, was im Vergleich zum bisherigen minimalen Verdienst von 3,75 Francs einer bedeutenden Steigerung gleichkam. Hernach, unmittelbar vor dem Streik[35], erließ die Regierung eine Reihe von Bestimmungen, die den noch nicht begünstigten, im Monatslohn bezahlten Arbeitern ebenfalls den Tageslohn von fünf Francs sichern sollten, und zwar rückwirkend auf den 1. Januar 1910. Diese Verbesserungen hielten sich jedoch in zu engen Grenzen, um der Regierung einen wirksamen Verhandlungsspielraum zu gewähren. Den privaten Eisenbahngesellschaften konnte die Regierung keine größeren Aufwendungen abverlangen, als sie selbst zu leisten willens war. Außerdem stand das Verständigungsstreben dieses Sozialpartners zweifellos hinter dem der Regierung zurück. Der Starrsinn der Gesellschaften erstreckte sich schon auf das Vorfeld eigentlicher Verhandlungen, indem sie sich weigerten, irgendwelche Personaldelegierte anzuerkennen. Die Aufgabe, Syndikat und Gesellschaften miteinander zu versöhnen, darf deshalb nicht gering geschätzt werden, und das Scheitern der Regierung ist daran zu messen. Millerand versicherte jedenfalls, die Regierung hätte alles getan, um die beiden Parteien zu versöhnen[36]. Die Gesellschaften bedurften sogar des Hinweises von seiten der Regierung, ihre Weigerung, mit den Personaldelegierten zu verhandeln, sei unzulässig, worauf sich tatsächlich einige Direktoren dazu herbeiließen, solche Delegationen zu empfangen, zum Beispiel jener von Paris-Orléans, dem eine Gesandtschaft der Fédération gegenüber trat[37]. Nach diesen schwierigen Präliminarien blieben auch die sachlichen Ergebnisse dürftig. Obschon Millerand die durch eine

---

[35] In den Ausführungen vor den Deputierten nannte Millerand kein genaues Datum, er gab, a. a. O., p. 2588, lediglich an, am 30. September von der Etat-Direktion die entsprechenden Vorschläge erhalten zu haben. In der Öffentlichkeit wurden die Maßnahmen am 10. Oktober, also nach dem Streikausbruch in La Chapelle, bekannt, Le Temps, 11. 10. 1910. Vgl. auch Kap. IX, Ziff. 4.

[36] J. O. 30. 10. 1910, p. 2644, Séance du 29 Octobre.

[37] Vgl. J. O. 29. 10. 1910, p. 2614, Séance du 28 Octobre.

allgemeine Gewährung des Tageslohnes von fünf Francs entstehenden Kosten von 124 bis 125 Mio. Francs für ebenso unerträglich hielt wie sie selbst, fühlten sich die Direktoren keineswegs gedrängt, der Regierung auf ihrem Weg der kleinen Zugeständnisse nachzufolgen. Die Verbesserungen, die die Gesellschaften aufgrund der gouvernementalen Vorstellungen vornahmen, blieben so bescheiden, daß Briand zum Beweis des Erfolgs seiner Interventionen bloß einen Dankesbrief der Fédération an den Direktor des Netzes P.-O. zu zitieren wußte[38]. Allein die Netze P.-O. und Nord folgten noch vor dem Streik dem Beispiel des Staates, wenn auch hier die Anwendung des Prinzips sehr undurchsichtig blieb. Die Netze P.-L.-M. und Est stellten ähnliche Verbesserungen für eine noch unbestimmte Zukunft in Aussicht, konnten sich aber erst im Laufe des Streiks zu einer Präzisierung durchringen und setzten als Termin den 1. Januar 1911[39]. Damit gelang es der Regierung erst nach langer Bearbeitung und wohl nur dank dem Streik, die Gesellschaften zu einer der staatlichen annähernd gleichen Lösung zu veranlassen.

Bei der Behandlung der mit den Forderungen verknüpften Streikdrohung auferlegte sich der Regierungschef weit weniger Zurückhaltung. Schon im März 1910 erklärte er unumwunden, er werde nicht vor massenweisen Entlassungen zurückschrecken, falls sich die Eisenbahner für den Weg der Gewalt entschieden[40]. Im Juni sodann bekräftigte er seine Entschlossenheit gegenüber einer Gewerkschaftsdelegation: « Messieurs, il y a, parmi vous, des hommes qui ont prononcé des paroles imprudentes et graves dans des réunions de cheminots où la grève se prépare. [...] Ces paroles vous laissent encore indemnes ; mais demain, si la grève est déclarée, vous savez ce qui se passera ; et je vous signale, dès à présent, pour que vous y réfléchissiez, la situation périlleuse dans laquelle vous vous serez mis. [...] En présence d'une telle entreprise caractérisant un tel mouvement, le Gouvernement fera son devoir ; il le fera avec la plus grande énergie. Tenez pour certain qu'il ne laissera pas s'accomplir impunément les actes qui se préparent[41]. » Es ging der Regierung in ihrer Sozialpolitik vor allen Dingen darum, der Arbeiterschaft gegenüber keine übermäßige Konzessionsbereitschaft zu zeigen, denn der Ministerpräsident war aufgrund seiner Vorbelastung gegen links politisch nicht handlungsfrei.

Die Vorkehrungen, die die Regierung gegen einen möglichen Eisenbahnerstreik, den zu dulden sie, wie dargestellt, nicht gewillt war, traf,

---

[38] Vgl. J. O. 26. 10. 1910, p. 2571, Séance du 25 Octobre.

[39] Vgl. J. O. 28. 10. 1910, p. 2589, Séance du 27 Octobre.

[40] Überliefert durch Communay, CR 21e Congrès, p. 12, 70, und Challaix, a. a. O., p. 18.

[41] J. O. 26. 10. 1910, p. 2570, Séance du 25 Octobre.

entwickelten sich auf drei Ebenen: als Maßnahmen, die die Sicherheit des Staates gewährleisten sollten, als Vorbereitung einer militärischen Mobilisation der Streikenden, als Aufstellung von Richtlinien für die polizeiliche Aktion. Beim äußeren Schutz der technischen Einrichtungen des Eisenbahnnetzes vor möglichen Übergriffen von seiten der Streikenden ging es allein um einen Sicherungsauftrag im Rahmen der allgemeinen polizeilichen Aufgabe des Staates. Zu diesem Zweck hatte schon die Regierung Clemenceau am 22. April 1909 ein „streng vertrauliches" Zirkular herausgegeben[42], worin unter dem Titel „Mesures à prendre en cas de grève des employés et ouvriers des chemins de fer" der Pflichtenkatalog der dadurch berühtten Ministerien (Inneres, Krieg, Öffentliche Arbeiten) festgehalten wurde. Beabsichtigt war nur eine passive, polizeiliche Aufgabe des Staates, ein „Plan de protection", so daß daraus keine Repressionsabsicht hergeleitet werden kann.

Die bewußte Absicht, einen Streik zu verhindern, leitete indessen den Mobilisierungsplan der Regierung. Über das juristische Instrumentarium, die streikende Arbeiterschaft mit dem bequemen Hebel militärischen Zwangs zu disziplinieren, verfügte die Regierung, als der Arbeitskonflikt bei den Eisenbahnen wieder möglich wurde, noch nicht vollständig. Wie sie sich dann dieser Waffe bemächtigte, ist juristisch ebenso umstritten wie das Ergebnis dieser Anwendung politisch. Es muß deshalb versucht werden, die juristische Basis der Mobilisierung kurz zu umreißen[43].

Während ein kleiner Teil der Eisenbahner, die „Affectation spéciale", schon längst militärisch in den „Sections techniques des chemins de fer de campagne" organisiert war, gab es vor 1910 keine Spezialordnung, die die große Masse der Arbeiter erfaßt hätte. Diese bildeten, sofern sie überhaupt militärpflichtig waren, die „Non affectation": im Mobilisierungsfall hatten sie nicht unverzüglich zu ihren jeweiligen Einheiten einzurücken, sondern auf Abruf weiterhin ihren Eisenbahndienst zu versehen. Für diese Periode war noch keine militärisch-hierarchische Ordnung eingerichtet. Ein Regierungsdekret vom 16. Juli 1910 schuf hier Remedur. Unter der Bezeichnung „Subdivisions complémentaires territoriales" erstand eine Organisation, die diese „Non affectation" der „Affectation spéciale" anglich und damit den Bestand jener, die im Mobilisationsfall sofort im Eisenbahndienst aktiviert wurden, von 15 000 auf 150 000 vermehrte. Diese Masse konnte, wie die übrigen Armee-Reservisten, auch zu Manöverübungen herangezogen werden, was dann im Oktober 1910 auch geschah, wobei es sich freilich um etwas

---

42 AN BB 18 2423, Ministère de l'Intérieur, Circulaire du 22 avril 1909.

43 Die Darstellung folgt Rouchy, p. 69 - 94; seine Kritik am Manövereinsatz p. 89.

anderes als ein gewöhnliches Manöver handelte, und von juristischer Seite wurde der Streikeinsatz denn auch als eine illegale Zweckentfremdung der Manöverkurse kritisiert.

Es gilt also zu unterscheiden zwischen der administrativen Neuordnung vom 16. Juli 1910 und ihrer Anwendung im Oktober. In beiden Fällen allerdings ist die unmittelbare Beziehung auf das Streikereignis offenkundig. Das Dekret vom 16. Juli selbst wird zwar nicht einmal vom sozialistischen Juristen und Deputierten Briquet ausdrücklich als illegal bezeichnet[44], doch erweckt die Art, wie das Dekret gehandhabt wurde, den Anschein einer Machenschaft. War schon der Zeitpunkt seiner offiziellen Abfassung — im Juli 1910, als man schon allenthalben vom Streik sprach — geeignet, Zweifel an seiner objektiven Notwendigkeit zu nähren, so mußte daraus ein dringender Verdacht werden, wenn in Rechnung gestellt wird, daß sich die Regierung bis zum 12. Oktober — nach Streikausbruch — Zeit ließ, das Dekret im Amtsblatt zu veröffentlichen: « Vraiment, lorsque je compare cette lenteur à la hâte avec laquelle vous avez promulgué en temps de grève ce décret du 12 octobre, pour faire face aux grévistes, j'ai la douleur de constater que dans notre troisième République, on est beaucoup moins pressé d'assurer la défense nationale que la défense capitaliste[45]. » Daß bei der genannten Operation zumindest eine praktische Verwendung mit eingeplant wurde, konnte Briquet in der Kammer nachweisen, ohne damit irgendwelchen Widerspruch herauszufordern: über den Weg der Modifikation einer Instruktion zum Dekret vom 8. Dezember 1909 (Organisation der „Sections techinques") schlug sich die Idee eines Streikeinsatzes offiziell nieder:

« Au paragraphe 3 de cet article 34 qui se terminait ainsi:

‹ Les dépenses qu'entraînent les convocations sont à la charge de l'autorité militaire ... ›, vous ajoutiez: [...] ‹ Sauf dans le cas où le personnel des sections est maintenu dans les emplois du service normal. Les dépenses restent, dans cette hypothèse, à la charge des compagnies ou administrations auxquelles ils appartiennent. › [...]

... c'est dans une instruction ministérielle, dans une circulaire, ce n'est même pas en posant d'une façon affirmative le principe, c'est dans une phrase incidente, sur une question de réglement de frais, que vous posez le principe que des hommes astreints à une période d'instruction militaire peuvent être maintenus dans l'emploi du travail privé, ...[46] »

Da auch dieser Erlaß aus dem Juli 1910 datiert, ergibt sich zwischen den einzelnen Maßnahmen ein innerer Zusammenhang. Die Mobilisation

---

44 Briquets Darstellung der juristischen Verhältnisse aus sozialistischer Sicht in J. O. 29. 10. 1910, p. 2604 ff., Séance du 28 Octobre.

45 a. a. O., p. 2605.

46 a. a. O., p. 2606.

wurde offensichtlich von der Regierung systematisch vorbereitet. Das blieb der Arbeiterschaft jedoch nicht verborgen, denn schon am 10. Juli konnte die „Tribune de la Voie ferrée“ von der geplanten Mobilisierung berichten und sie gleich auch als Einschüchterungsmanöver qualifizieren[47], womit sie allerdings den gefährlichen Charakter dieses Vorgangs verkannte.

In die gleiche Zeit wie die Mobilisationsvorkehren, den Sommer 1910, fällt auch der Übergang zu einer aktiven, streikunterbindenden Auffassung von der Rolle des Staates in bezug auf seine polizeilichen Pflichten. Am 17. Juni rief Briand den Präfekten ein Gesetz aus der Zeit Louis Philippes in Erinnerung, das sich zwar ausschließlich auf kriminelle Gefährdung der Verkehrssicherheit im Eisenbahnbetrieb bezog, das nun aber auch auf Streikdelikte hin interpretiert werden sollte. Den nötigen Spielraum gewährten besonders die Artikel 16, 19 und 20[48] dieses Gesetzes vom 15. Juli 1845. Natürlich hat die juristische Kontroverse auch diesen Bereich nicht verschont, und so fällt die Regierung erneut unter den Verdacht, in einem opportunistischen Verhältnis zum Recht gestanden zu haben[49]. Im Begleittext des Zirkulars tat sie jedenfalls kund, daß sie eine entschlossene und aktive Haltung der Behörden wünschte:

« Il importe que tout acte tombant sous l'application d'une des dispositions qui précèdent soit sévèrement et rapidement réprimé. Les auteurs devront être en conséquence immédiatement arrêtés et remis entre les mains des autorités judiciaires avec les procès-verbaux relatant les crimes et délits constatés[50]. »

Aus der Regierungstätigkeit im Vorfeld des Streiks ist demnach zu schließen, daß Briand eine aktive Repression mit Anklage und Verhaftung der Streikanführer anstrebte.

---

47 Tribune, 10. 7. 1910.

48 AN BB 18 2423, Zirkular vom 17. 6. 1910.

Artikel 16: « Quiconque aura volontairement détruit ou dérangé la voie de fer, placé sur la voie un objet faisant obstacle à la circulation, ou employé un moyen quelconque pour entraver la marche des convois ou les faire sortir des rails, sera puni de la réclusion ... »

Artikel 19: « Quiconque, par maladresse, imprudence, inattention, négligence ou inobservation des lois ou règlements, aura involontairement causé sur un chemin de fer, ou dans les gares ou stations, un accident qui aura occasionné des blessures, sera puni de huit jours à six mois d'emprisonnements et d'une amende de cinquante à mille francs ... »

Artikel 20: « Sera puni d'un emprisonnement de six mois à deux ans, tout mécanicien ou conducteur garde-frein qui aura abandonné son poste pendant la marche du convoi ... »

49 Vgl. Willm, J. O. 30. 10. 1910, p. 2638, Séance du 29 Octobre.

50 AN BB 18 2423, Zirkular vom 17. 6. 1910.

Auch auf der Arbeitgeberseite fehlten die Voraussetzungen einer Verständigungslösung. Neigte schon die Regierung zur repressiven Strategie, so beherrschte dieses Denken die privaten Eisenbahngesellschaften vollständig. Ihre wirtschaftliche Argumentation, mit der sie die Untragbarkeit der sozialen Forderungen behaupteten, ist weiter oben dargestellt worden und läßt sich in die Worte zusammenfassen: « Il est temps, grand temps, de s'arrêter dans cette voie[51]. » Diese wirtschaftliche Lage begründete auch das gesamte sozialpolitische Verhalten der Gesellschaften. In ihrem bisherigen Verhältnis zur Arbeiterschaft hatten sie stets zu triumphieren verstanden, weshalb sie keinen Anlaß fanden, von ihrem patriarchalischen Selbstverständnis abzuweichen und sich die Gunst der Arbeiterschaft durch schmerzliche Konzessionen zu erkaufen. Sie zogen es vor, auf die Repression zu vertrauen, statt sich auf Verhandlungen mit Partnern einzulassen, deren Anerkennung ihnen zutiefst widerstrebte. Die Regierung Briand, die sie im Juli 1909 kühl, aber ohne Besorgnis, da sie von ihr eine Fortführung der Politik Clemenceaus erwarteten, begrüßt hatten[52], forderten sie deshalb schon bei den ersten Anzeichen eines Streiks zu wirksamen Taten auf. Bei ihrem Ruf nach staatlichem Sukkurs gingen sie von der Annahme aus, mit dem Streik verbinde sich unweigerlich die Gewalt, und bedrohten mit diesem undifferenzierten Urteil das Streikrecht an sich. Außerdem versuchte das Bild, das die Unternehmerzeitung von ihren streikbereiten Arbeitern im Juli 1910 entwarf, diese als nimmer zu sättigende Unruhestifter zu brandmarken:

« Ici, la prétendue grève générale dont nous menacent nos ‹ cheminots › n'a qu'une très faible répercussion sur la tenue des actions de nos grandes Compagnies. Le marché espère que la grande majorité des intéressés résistera aux excitations des gréviculteurs qui les sollicitent. Nous voulons le croire aussi, mais les pouvoirs publics auraient le devoir de mettre une terme aux agissements coupables des meneurs qui se vantent, hautement, de préparer le sabotage des transports. Les menaces de ces révolutionnaires seraient sans effet si le Gouvernement affirmait son intention d'appliquer rigoureusement la loi, au premier acte d'action directe ou d'entrave au travail. C'est le seul moyen d'enrayer les entreprises de ceux qui essayent d'organiser le désordre dans des milieux jusqu'ici réputés par l'esprit de sagesse qui y régnait. Les ‹ cheminots › qui se laisseraient entraîner dans une pareille voie peuvent être assurés que l'opinion publique se montrerait nettement défavorable à une grève basée sur des prétentions aussi injustifiables. Indépendamment du trouble qu'apporterait dans les affaires du pays un arrêt dans les moyens de transports, nul n'ignore que, grâce aux nombreux avantages dont ils jouissent déjà — et auxquelles vont s'adjoindre ceux qu'ils trouveront dans l'application de la loi des retraites du 21 juillet 1909, — les employés des chemins de fer sont les plus favorisés de tous les ouvriers de l'industrie[53]. »

---

[51] Journal des Chemins de Fer, 25. 6. 1910, Nr. 26.

[52] a. a. O., 31. 7. 1909, Nr. 30.

[53] a. a. O., 18. 6. 1910, Nr. 25.

Den Gesellschaften lag daran, frühzeitig auf die Streikgefahr hinzuweisen und die unheilvollen Qualen eines solchen Ereignisses zu antizipieren, um dergestalt die Bereitschaft zur Repression zu fördern. So warnte am 25. Juni 1910 das Unternehmerblatt vor einem „optimisme aveugle“ in bezug auf die Beurteilung der Generalstreikdrohung und beschwor die Herrschaft der Straße: « Le mouvement d'intimidation actuel nous rappelle celui qui a précédé la loi du 21 juillet 1909, loi qui fut votée au Sénat sous la menace d'une grève générale et après démonstrations tumultueuses dans la rue dont on semble avoir déjà oublié le souvenir[54].“ Im August sodann wurde die Warnung noch eindringlicher und gestaltete den drohenden Konflikt zum Prüfstein der Sozialpolitik schlechthin: « Il ne faut pas se dissimuler que c'est un acheminement progressif vers une crise sociale particulièrement grave[55]. » Diese Projektion, so richtig sie war, darf nicht als zweckfrei betrachtet werden: sie diente der Sammlung aller gegen den Streik gerichteten Kräfte. Je besser die Warnung ihren Zweck erfüllte, um so gewisser trat die Zukunft, die sie beschwor, ein, da sich nur eine von der Regierung gestützte Unternehmerschaft mit dem Syndikat messen konnte.

Die Kontrahenten der Arbeiterschaft, Regierung und Gesellschaften, erwiesen sich demnach als durchaus gewillt, sich der Konfrontation zu stellen und sie durch Repression zu ihren Gunsten zu entscheiden.

---

[54] a. a. O., 25. 6. 1910, Nr. 26.

[55] a. a. O., 6. 8. 1910, Nr. 32.

VIII. Der Streikausbruch

1. Der Streik auf dem Netz Nord

Als Folge der Zwischenfälle des Sommers 1910, der Entlassung Renaults und der erneuten Enttäuschung der in die Verhandlungen gesetzten Hoffnungen nahm die magnetische Kraft des Streikgedankens weiter zu und erregte, auf dem Hintergrund einer außergewöhnlichen Teuerung, immer größer werdende Teile der Arbeiterschaft. In einer wachsenden Gereiztheit der Eisenbahner erkannte die Sûreté ex post die Vorboten der Krise: « On a fait, depuis le mois d'avril, une campagne trop longue et trop ardente, on a trop parlé de grève pour que le mouvement puisse être désormais guidé par les dirigeants. Ce n'est plus en haut, mais en bas que gronde la tempête. [...] Les réunions incessantes, les manifestations sur la voie publique, les révocations de militants opérées à Paris, à Tours, à Arles, à Villeneuve-Saint-Georges et ailleurs, ont porté à un degré extrême l'irritabilité des cheminots[1]. » Zu Anfang Oktober 1910 manifestierte sich nach dem Zeugnis der Polizei allenthalben eine allgemeine Bereitschaft zum Streik: « Dans toutes les réunions tenues ces temps derniers, la grève générale a été préconisée et tous les ouvriers sont unanimes à la vouloir, en dépit des menaces de révocation ou de mobilisation[2]. » Das wiederum negative Verhandlungsergebnis vom 5. Oktober stärkte unter diesen Umständen die revolutionäre Argumentation. Die Reformisten mußten deshalb schon an einem Meeting vom 7. Oktober der offen vorgetragenen Forderung nach sofortigem Streik entgegentreten. Sie, die den Zusammentritt des Parlaments am 25. Oktober abwarten zu wollen vorgaben, erreichten schließlich, daß es, wie vorgesehen, der Sitzung vom 15./16. Oktober vorbehalten bleiben sollte, das Streikdatum zu bestimmen. Die Stimmung des Meetings hingegen wies, was sich dann auch bestätigte, auf ein anderes Ziel: « Mais la grève flottait dans l'air, comme le grison dans la mine. Il suffisait d'un étincelle pour provoquer l'explosion[3]. » Ohne diese Initialzündung freilich brach der Streik nicht aus, und unter den Aktivisten schien der

---

[1] AN F 7 13923, La grève des chemins de fer d'octobre 1910, p. 12.

[2] APP B/a 1360, 8 - 9 octobre, Bericht v. 9. 10. 1910.

[3] AN F 7 13923, La grève des chemins de fer d'octobre 1910, p. 19. Diese Darstellung wurde allerdings erst nach dem Streikausbruch gegeben. Am 7. Oktober selbst noch meldete ein Bericht: « Tout est calme chez les cheminots », was nun offensichtlich an der Realität vorbeiging, APP B/a 1362, 7 - 11 octobre, Bericht v. 7. 10. 1910.

Zweifel an einer solchen Wendung bedeutend, denn bereits wurden Anzeichen von Resignation festgestellt[4].

Schon am 8. Oktober aber trat ein, was die erschöpfte Geduld der Eisenbahner in einen allgemeinen Streik umsetzen konnte. Wie in Tergnier im August handelte es sich auch diesmal um eine spontane, lokal begrenzte Streikbewegung, die wieder das Netz Nord betraf, das uns seit September als streikbereit bekannt ist. Über die genauen Gründe, die am Nachmittag des Samstags, 8. Oktober, zum Streik im Pariser Depot La Chapelle führten, widersprechen sich die Quellen. Einig sind sie sich darin, daß der Konflikt von einer Lohnfrage ausging[5]. Seit dem 1. Mai 1910 war die Möglichkeit entfallen, Überstundenarbeit zu leisten[6], was für verschiedene Arbeiter Lohneinbußen nach sich zog, weshalb ihnen die Compagnie du Nord eine Salärkompensation in Aussicht gestellt hatte. Die Lohnverbesserungen, die die Gesellschaft am 8. Oktober nun ankündigte, konnte den geweckten Erwartungen aber in keiner Weise entsprechen: nach den Angaben der Gesellschaft selbst betraf die Lohnerhöhung nur solche Depot-Arbeiter, deren Tageslohn noch unter fünf Francs lag[7]. Ein Teil der davon enttäuschten Belegschaft trat auf der Stelle in den Ausstand[8]; so sahen sich die Monteure, die zwar bei einem Arbeitstag von 10 Stunden einen Verdienst von 5,50 bis 6,50 Francs erzielten, in Hinsicht auf die Kompensation der Überstunden übergangen, weshalb sie beim Chef-Ingenieur Asselin vorsprachen, um eine Lohnerhöhung von einem France zu fordern. Da ihnen Asselin nur 50 Centimes gewähren wollte, verließen sie am späteren Nachmittag die Arbeitsstätte[9]. Der Streik dieser Arbeiterkategorien hätte den Verkehr in keiner Weise beeinflußt, weshalb die Abtretenden alles daran setzten,

---

[4] APP B/a 1362, 7 - 11 octobre, Bericht v. 7. 10. 1910.

[5] In diesem Sinn äußern sich: Thomas, J. O. 29. 10. 1910, p. 2618, Séance du 28 Octobre; Rapport; Rouchy, p. 58 f.; Compagnie du Nord, AN 48 AQ 3402, Communiqués v. 9. und 11. 10. 1910; Polizeipräfektur, APP B/a 1360, Grèves des ouvriers des ateliers des chemins de fer du Nord, Octobre 1910, Ber. v. 9. 10. 1910, und a. a. O., 8 - 9 octobre, Ber. v. 9. 10. 1910; Sûreté, AN F 7 13923, La grève des chemins de fer d'octobre 1910, p. 21; Briand, J. O. 26. 10. 1910, p. 2572, Séance du 25 Octobre.

[6] Auf diesen Aspekt verweisen die sozialistischen Darstellungen (Thomas, Rapport), aber auch Rouchy. Der Sûreté-Bericht nennt zwar den 1. Mai als Ausgangspunkt von Lohnforderungen, verzichtet aber auf die Begründung. (Quellenstellen vgl. Anm. 5)

[7] AN 48 AQ 3402, Communiqué vom 11. 10. 1910. Die Lohnverbesserung war jedoch noch an weitere Bedingungen geknüpft, Rouchy, p. 59. Ebenso erreichte der angebotene Ausgleich für die entgangenen Überstunden, 0.25 bis 0.50 Francs, den erwarteten Betrag von 1.50 Francs bei weitem nicht, vgl. Thomas, J. O. 29. 10. 1910, p. 2618, Séance du 28 Octobre.

[8] Nach AN F 7 13923, La grève des chemins de fer d'octobre 1910, p. 21, war dies eine bestimmte Zahl von Arbeitern der „Creusot"-Abteilung (Ateliers des machines-outils et de l'ajustage).

[9] APP B/a 1360, 8 - 9 octobre, Bericht v. 9. 10. 1910.

auch die „Coketiers", die die auslaufenden Lokomotiven mit Kohlen versorgten, für den Ausstand zu gewinnen[10], was leicht fiel, denn diese wurden durch die Lohnerhöhung auch nicht voll zufrieden gestellt[11]. Am späteren Nachmittag begann somit im Depot La Chapelle die Arbeit fast ganz zu ruhen, und dasselbe trat nun außerdem im benachbarten Depot Plaine-Saint-Denis sein[12], kaum war dort der Streikbeginn von La Chapelle bekannt geworden. Die Zahl der Streikenden erreichte damit die Größenordnung von etwa 1000 Arbeitern.

Das entscheidende Kriterium bei der Beurteilung dieses derart folgenreichen Streiks von La Chapelle ist sein — spontaner oder provokativer — Charakter. „Le Temps" hat, seiner Sache selbst nicht völlig sicher, einen Zusammenhang vermutet zwischen dem Streik in La Chapelle und der eingangs erwähnten Versammlung vom 7. Oktober, wo Le Guennic geäußert haben soll: « Dans huit jours, peut-être, ce sera la grève[13]. » Die These einer bewußten Provokation kann dadurch allein jedoch nicht begründet werden, denn so allgemein gehaltene Beschwörungen eines bevorstehenden Streiks waren bei diesem Mystiker des Generalstreiks[14] durchaus üblich. Im Falle einer geplanten Provokation hätte er sich wohl weniger vage ausgedrückt. Die dargestellten Umstände des Streikausbruchs deuten in ihrer Zufälligkeit vielmehr auf eine echt spontane Entladung aufgestauter Unzufriedenheit hin, was selbst die Polizei der Bewegung zugute hielt[15]. Dazu bedurfte es keiner weitverzweigten Konspiration, sondern allein einer latenten Streikbereitschaft und eines schwierigen Lohnkonflikts.

Wie die Bewegung weitergehen sollte, war zunächst noch unklar. Noch am gleichen Abend[16] versammelten sich etwa 800[17] bis 1000[18] Streikende, um darüber zu beraten. In einer Tagesordnung bekräftigten sie ihren Streikwillen, unterstellten sich aber gleichzeitig dem Entscheid der

---

[10] AN 48 AQ 3402, Communiqué vom 9. 10. 1910.

[11] AN F 7 13923, La grève des chemins de fer d'octobre 1910, p. 21.

[12] a. a. O.

[13] Le Temps, 10. 10. 1910.

[14] Thomas zählt ihn dieser Gruppe unter den Revolutionären zu, J. O. 29. 10. 1910, p. 2618, Séance du 28 Octobre.

[15] Der Streik wird mit einem „mécontentement général" begründet, das von den bescheidenen Löhnen herrühre, APP B/a 1360, 8 - 19 octobre, Bericht v. 9. 10. 1910.

[16] Dieser Zeitpunkt gemäß APP B/a 1360, 8 - 9 octobre, Telegramm vom 9. 10. 1910. Damit übereinstimmend a. a. O., Ber. v. 9. 10. 1910, und Rapport, Tribune, 21. 7. 1911. Abweichend AN F 7 13923, La grève des chemins de fer d'octobre 1910, p. 21, wonach die Versammlung schon um 15 Uhr begonnen haben soll.

[17] AN F 7 13923, La grève des chemins de fer d'octobre 1910, p. 21.

[18] Gemäß Tagesordnung, Le Temps, 10. 10. 1910.

Regionalleitung Nord des Syndikats[19]. Hierauf sprach eine Delegation beim Zentralsitz des S. N. vor, wo sie auf einen erstaunten Sekretär, wohl Gaston Renaudel, stieß, der den ohne Wissen des Syndikats begonnenen Streik mißbilligte[20]. Renaudel, administrativer Sekretär des Syndikats, begab sich hernach noch an eine Sitzung des Lokalkomitees der Gruppe Paris-Nord und erklärte dort, mit Hinweis auf die bevorstehende Konferenz vom 15./16. Oktober, daß die Regionalleitung Nord kein Recht dazu habe, eine Streikbewegung ohne Konsultation des zentralen Streikkomitees vom Zaun zu brechen[21]. Der Teilstreik von La Chapelle und Plaine-Saint-Denis bedrohte, wie Renaudels Aktivität zeigt, aufs äußerste den reformistischen Zeitplan und mußte deshalb sogleich Anlaß geben zu einer weiteren grundsätzlichen Auseinandersetzung zwischen den Syndikatsflügeln.

An der Versammlung vom Samstagabend, 8. Oktober[22], versuchten u. a. auch Toffin, Präsident der Fédération des Netzes Nord und Sekretär der Gesamtföderation, und Lemoine, Ex-Sekretär der Gruppe Paris-Nord und jetziger Sekretär des Streikkomitees, die erregten Arbeiter zu beruhigen, und wiesen auf die schwachen Erfolgsaussichten eines Teilstreiks hin. Lemoine beteuerte später, er hätte bereits in La Chapelle mäßigend eingewirkt, wäre er dort zur Stelle gewesen[23]. Doch die Beschwichtigungen verfehlten ihren Zweck, und die Versammlung trat auf den Vorschlag, die Arbeit wieder aufzunehmen, nicht ein; es wurden dabei schon Stimmen laut, die den weiteren Verlauf ankündigten: « Ils expliquent qu'ils ne veulent plus rien attendre et qu'ils feront grève malgré le syndicat. »

Ob die Lokalisierung abermals gelingen würde, stand damit sehr in Frage. Alles schien im Gegenteil einer Ausweitung zuzustreben. Noch am 8. Oktober wurden Tergnier und Amiens von der Bewegung erfaßt[24], und auch die Mechaniker und Heizer von Paris-Nord entschlossen sich zum Streik, nachdem nur ein kleiner Teil von ihnen Lohnverbesserungen erhalten hatte[25]. Am Sonntag, dem 9. Oktober, war der Streik an seinem Ursprungsort, den Depots von La Chapelle und Plaine-Saint-Denis, bereits allgemein, was sich aber auf den Eisenbahnverkehr nur unbedeutend auswirkte, weil seit zwei Uhr früh Genietruppen den wichtigen Kohleladedienst versahen[26]. Da im übrigen keine anderen

19 a. a. O.

20 APP B/a 1360, 8 - 9 octobre, Bericht v. 9. 10. 1910.

21 Rapport, Tribune, 21. 7. 1911.

22 APP B/a 1360, 8 - 19 octobre, Bericht und Telegramm vom 9. 10. 1910.

23 CR 22e Congrès, p. 147.

24 APP B/a 1360, 8 - 9 octobre, Bericht v. 9. 10. 1910.

25 a. a. O., Bericht v. 9. 10. 1910.

26 APP B/a 1360, Grèves des ouvriers des ateliers des chemins de fer du Nord, Octobre 1910, Bericht v. 9. 10. 1910.

Weiterungen auftraten, blieb den Syndikatsgremien an diesem Sonntag eine kurze Frist, sich von der Überraschung[27] zu erholen und dann zu versuchen, wieder der Ereignisse Herr zu werden.

Der Streik kam für die reformistische Mehrheit insofern ungelegen, als ein Teil ihrer Führungsspitze von Paris abwesend war und in Toulouse den S. N. am Kongreß der C. G. T. vertrat. Außerdem bewirkte die Spontaneität der von der Basis ausgehenden Bewegung, daß der ordentliche Entscheidungsprozeß im Syndikat ohnehin von Anfang an vielfach gestört wurde. Von daher wird klar, weshalb über die Vorgänge, die den Streik ausweiteten, in keiner Weise Einigkeit besteht.

Der Grundsatzentscheid über die Ausweitung fiel, dem zweiten Streikkomitee zufolge, schon am Abend des 9. Oktober im Kreise des erweiterten Komitees der Gruppe Paris-Nord[28]. Der genaue Teilnehmerkreis ist nicht bekannt, auf jeden Fall aber gehörten zu den Zugezogenen Gamard, der Generalsekretär des Netz-Komitees von Nord, Toffin und Lemoine. Daß dieser improvisierte Ausschuß nicht kompetent war, einen Streik auszulösen, war offensichtlich, und Fenot, einer der Beteiligten aus der reformistischen Fraktion, hielt dies ausdrücklich fest. Die statutarischen Fragen schienen indessen in dieser außerordentlichen Stunde sekundär. Lemoine, der nach wie vor empfahl, die Versammlung vom 15./16. Oktober abzuwarten, erklärte, sich den Entscheiden dieses Adhoc-Komitees anpassen zu wollen. Der Streikbeschluß selbst ging von der Initiative der revolutionären Kräfte aus. Gamard, von Amiens, drohte mit seiner Demission, falls der Streik nicht erklärt würde, und der Vertreter von Tergnier, der den Auftrag hatte, für den Streik einzutreten, behauptete, daß schon zahlreiche Genossen ihre Gewerkschaftskarten zerrissen hätten, weil der Streik, allzu lange beredet, nie erklärt worden wäre. Mit allen gegen zwei Stimmen und bei einer Enthaltung wurde hierauf beschlossen, den sofortigen Streik für das Netz Nord auszurufen. Drei Umstände erklären dieses Ergebnis weitgehend: 1. Das Netz Nord gehörte, neben Ouest-Etat, zu den revolutionären Stammlanden. 2. Die Ungeduld der Massen drängte zum Streik. 3. Die Reformisten scheuten sich zum Teil, schon wieder als Bleigewicht in Erscheinung zu treten; so gestand Toffin:

---

[27] Wie jedermann waren auch die Führer des S. N. von der Bewegung überrascht worden, APP B/a 1360, 10 octobre, Ber. v. 10. 10. 1910; das galt besonders auch für das Streikkomitee, Tribune, 1. 11. 1910.

[28] Rapport. Wenn Le Temps, 12. 10. 1910, und AN F 7 13923, La grève des chemins de fer d'octobre 1910, p. 24, von einer Versammlung des Netzkomitees in Amiens sprechen, an welcher die Arbeitseinstellung beschlossen worden sei, was im Bericht des zweiten Streikkomitees keine Entsprechung findet, betrifft dies nicht die entscheidende Sitzung, sondern lediglich die Legalisierung des Pariser Beschlusses. Auch Gamard, der Netz-Sekretär, verlegt die Entscheidung nach Paris, CR 22e Congrès, p. 154.

« Je me suis juré, après Tergnier, de ne plus faire le métier de briseur de grève. Je n'ai pas commandé le mouvement actuel, les camarades sont partis tous seuls, mais je vous assure que nous saurions les soutenir jusqu'au bout[29]. » Toffin nannte die Bewegung auf dem Netz Nord zwar selbst überstürzt, doch hielt er sie gleichzeitig für notwendig: ein Zugzwang, um Stärke zu beweisen[30].

Der Streik wurde für Dienstag, den 11. Oktober, in Aussicht genommen[31]. Der Montag konnte somit noch für Vorbereitungen genutzt werden, die sich im Zeichen der Improvisation abwickelten:

« Depuis deux heures de l'après-midi, vingt-sept hommes munis de bicyclettes, auxquels, dès sept heures ce soir, viendront se joindre douze autres militants, sont à la disposition de Vayer [Organisator, von der Fédération] pour distribuer des plis dans Paris. D'autres camarades ont pris le train pour se rendre aux dépôts de Calais, Tergnier, Amiens, Beauvais et Crépy-en-Valois. Tous les petits dépôts situés dans un rayon de 80 à 100 Kilomètres de Paris sont prévenus par des bicyclistes[32]. »

Derweil wurde für den Abend in der Bourse du Travail eine Versammlung der Eisenbahner einberufen, an der der Streik noch von den Massen akklamiert werden sollte[33]. Vor 1800 Personen warben u. a. Lemoine, Toffin und Renault mit Erfolg für den Streik. Der Text der Streikentschließung versuchte ein Bild äußerster Entschlossenheit zu entwerfen:

« L'assemblée estime que les cheminots du Nord ne peuvent attendre plus longtemps et déclare la grève immédiatement pour Paris, avec la volonté bien arrêtée de ne rentrer qu'après satisfaction complète, sans révocations, et avec les journées de grève payées.

Ils feront la grève à outrance, même si le comité central de grève du syndicat national et de la fédération générale estimait nécessaire de localiser la grève sur le réseau du Nord. [...] Ils s'engagent à faire grève le plus calmement possible et à dédaigner toutes les provocations gouvernementales et patronales. Mais ils déclarant d'avance qu'ils refuseront d'optempérer à l'ordre de mobilisation ...[34]. »

Die Ausweitung des Streiks auf das Netz Nord erfolgte zur Überraschung aller, eingeschlossen der Führer des Syndikats selbst. Den Reformisten, wie Pierre Renaudel in „L'Humanité", blieb nur, sich über

---

29 La Guerre Sociale, 11. 10. 1910.

30 Vgl. seine Äußerungen am Meeting vom 10. Oktober und an einer Versammlung vom 11. Oktober in der Salle Perrot, Le Temps, 12. 10. 1910.

31 Erklärung Toffins und Lemoines an einer Versammlung, APP B/a 1360, 10 octobre, Telegramm vom 10. 10. 1910.

32 a. a. O., 12 octobre, Bericht v. 10. 10. 1910.

33 a. a. O., 10 octobre, Bericht und Telegramm v. 10. 10. 1910.

34 Le Temps, 12. 10. 1910.

die Übergehung der Syndikatsleitung zu wundern, wozu die Polizei festhielt[35]: « De là à dire que peut-être le mouvement n'a été fait si subitement que pour forcer le syndicat à faire un signal pour lequel il n'est pas prêt, il n'y a qu'un pas[36]. » Gamard, ein Revolutionär, beurteilte den Streik auf Nord positiv als eine Folge des Druckes, der von der Basis ausging: « ... ce ne sont pas des individualités qui ont fait la grève sur le réseau du Nord, c'est l'ensemble des travailleurs appartenant au Syndicat National et à la Fédération des Mécaniciens et Chauffeurs[37]. » Derselbe Gamard, dem das zweite Streikkomitee eine führende Rolle beim Streikausbruch beimaß, beteuerte andererseits, er hätte an der Sitzung vom 9. Oktober beruhigen wollen, doch wäre er vor der Alternative gestanden, eine völlige Desorganisation des Syndikats hinzunehmen oder den sofortigen Streik auf Nord zu befürworten[38]. In der Tat vermochte die Syndikatsführung angesichts der handlungswilligen Stimmung der Masse und ihrer eigenen Ohnmacht dem Streikverlangen keine Alternative mehr entgegen zu setzen. Der Streik auf Nord war nicht Ausdruck des gestaltenden, sondern des gestalteten Willens der Gewerkschaft.

Mit der Streikdeklaration stellte sich das Syndikat unter den Zwang, einen Beweis seiner Stärke abzulegen; es mußte zeigen, daß es für eine Mehrheit der Eisenbahner repräsentativ war und daß diese Mehrheit umgekehrt auch seinen Befehlen Gehorsam entgegen brachte. Sein Bemühen bestand demgemäß darin, möglichst die ganze Arbeiterschaft in die Bewegung hineinzuziehen, um so den Eisenbahnverkehr auch wirklich lahmlegen zu können. In welchem Maß dies gelang, läßt sich nicht in eine exakte Ziffer fassen, wenigstens nicht für das ganze Netz, denn dazu fehlen die umfassenden Einzeluntersuchungen[39]. Dagegen gibt es einige sinnvolle Vergleichszahlen für einzelne Punkte, so zum Beispiel über längere Zeit für die Depots La Chapelle und Plaine-Saint-Denis. In diesem letzteren Depot war die Lage am Morgen des 11. Oktober eindeutig[40]:

---

35 Auf welche Äußerung Renaudels sich die Polizei hier bezieht, ist nicht deutlich, vgl. L'Humanité, 9./10. 10. 1910.

36 APP B/a 1360, 10 octobre, Bericht v. 10. 10. 1910.

37 CR 22e Congrès, p. 154.

38 a. a. O.

39 Nach Caron, p. 32, erreichte die Streikbeteiligung auf dem Netz Nord 44.5 %, was einem Durchschnittswert entsprechen dürfte.

40 APP B/a 1361, Résumé par journées de la situation générale de la grève, Bericht v. 11. 10. 1910. Vgl. die Übersicht über die Streikbeteiligung in Plaine-Saint-Denis, im Anhang, Ziff. 2.

Gattung	*Bestand*	*im Dienst*	*im Streik*
Mécaniciens	135	5	130
Chauffeurs	360	10	350
Monteurs-ajusteurs	156	20	136
Manœuvres	95	15	80
Total	746	50	696
Ähnlich in La Chapelle[41]:			
Mécaniciens-Chauffeurs	440	10	430
Atelier central	680	230	450
Matériel roulage	345	110	235
Marchandise	560	160	400
Total	2025	510	1515

Im zusammenfassenden Urteil sprach die Polizei dem Streik einen vollen Erfolg zu, was das Personal des Betriebes in Paris-Nord betraf[42]. Der Eisenbahnverkehr gestaltete sich dementsprechend, verkehrten doch nur ein Bruchteil der Züge: « C'est, en somme, l'arrêt presque complet de la circulation sur le réseau[43]. » In der Provinz kann demnach kein wesentlicher Unterschied zu den Verhältnissen in der Hauptstadt bestanden haben, so daß der Streik in der Tat als geglückt betrachtet werden muß. Allerdings gewann die Bewegung unter dem Personal nicht überall dieselbe Dichte: während nach einer Schätzung des Temps eine große Mehrheit der Depot-Arbeiter, eine Mehrheit der Mechaniker und Heizer und etwa fünfzig Prozent des Werkstätten-Personals streikten, harrten die Bahnhofangestellten, Linienarbeiter und Weichensteller vorerst an ihren Posten aus[44].

Dieser Anfangserfolg des Streiks, der die verschiedentlich angesprochene Streikstimmung bestätigt[45], verlieh der lange umstrittenen Streikidee einen ersten Beweis ihrer Kraft: sie blieb nicht länger Hegkind in der Vorstellungswelt einiger spekulativer Geister, sondern wurde zur ersehnten Realität. Endlich konnten die revolutionären Syndikalisten in das Geschehen eingreifen, und es war kein Zufall, daß nun an einer Versammlung von 3000 Eisenbahnern am Dienstagnachmittag neben Toffin gerade Renault und Le Guennic das Wort führten, wobei der eine die Sabotage, der andere die soziale Revolution propagierte[46]. Damit wurde klar, daß die Extremisten den Streik auf Nord nur als Stufe betrachteten, die zu einem weit allgemeineren Streik emporführen sollte.

---

41 APP B/a 1360, 11 octobre, Telegramm vom 11. 10. 1910.

42 a. a. O., Bericht v. 11. 10. 1910.

43 Le Temps, 12. 10. 1910.

44 a. a. O.

45 Vgl. bes. die eingangs zitierte Textstelle (bei Anm. 2).

46 a. a. O., 12 octobre, Bericht v. 12. 10. 1910.

2. Die Ausweitung zum Generalstreik

Am Abend des 10. Oktober, als der Streikbeschluß für das Netz Nord schon lange feststand und eben in der Bourse du Travail von einer öffentlichen Versammlung bekräftigt wurde, versammelte sich am selben Ort eine kleine, private Gruppe von Mitgliedern des zentralen Streikkomitees, das damit erstmals seit dem Streikausbruch in La Chapelle auf den Plan traf[47]. Nachdem die Anwesenden über die Ausrufung eines allgemeinen Streiks beraten hatten, fanden sie sich, Revolutionäre wie Reformisten, in der einstimmigen Meinung, daß für einen solchen Beschluß zunächst die große Versammlung vom 15./16. Oktober abgewartet werden müßte und daß bis dahin das Netz Nord allein streiken sollte. Die Abneigung gegen diese unkontrollierte Aktion wurde damit klar angedeutet, und vollends unverblümt kritisierten reformistische Spitzenfunktionäre den unerwünschten Streik. Der ferne Bidegaray ließ aus Toulouse über den bürgerlichen „Temps" verlauten:

« Je ne puis que regretter ce nouveau mouvement partiel. Je n'ai pas encore de renseignements directs de notre siège central. Mais je pense bien qu'on va montrer à nos camarades l'inconvénient d'une grève intéressant seulement quelques groupes quand on est à la veille peut-être d'un mouvement d'ensemble[48]. »

Der Generalsekretär war offenbar gänzlich im unklaren über das, was in Paris vor sich ging, und hielt es deshalb auch nicht für nötig, nach der Hauptstadt zurückzukehren, im Gegensatz zum Revolutionär Bidamant, der ebenfalls noch in Toulouse weilte, sich aber jetzt schleunigst zur Walstatt wandte. Jenseits aller Realität bewegte sich auch der Reformist Niel, im Jahre 1909 ephemerer Generalsekretär der C. G. T. und seither Administrativsekretär bei der Regionalleitung Est, der aus Montpellier, Parallelen zum August schlagend, kommentierte:

« S'inspirant du même intérêt, le syndicat national voudra-t-il inviter le réseau du Nord à reprendre le travail jusqu'au mouvement d'ensemble? Et le réseau du Nord voudra-t-il comprendre la discipline syndicale comme la comprirent ses groupes de Calais et de Tergnier?

Je suis à peu près sûr du succès de nos camarades de Nord. Le seul souhait que je formule, c'est que leur mouvement ne puisse nuire au succès de leurs camarades des autres réseaux, lorsque ceux-ci, choisissant leur heure comme l'a choisie le Nord, jugeront utile de cesser le travail[49]. »

Es wird ganz offenkundig, daß Niel gar nicht ernsthaft ins Auge faßte, eine gemeinsame Aktion anzustrengen, so sehr dachte er in partikularen

---

[47] Rapport. Der Bericht nennt die Namen der Teilnehmer nicht.

[48] Le Temps, 11. 10. 1910.

[49] Mitgeteilt durch Poisson, La Revue Socialiste, 15. 11. 1910, p. 416.

Kategorien. Bei einer solchen Mentalität verwundert es nicht, daß die Syndikatsleitung auf den Gang der Ereignisse keinen großen Einfluß nehmen konnte: sie war zu ohnmächtig, einen allgemeinen Streik zu erzwingen, aber auch ihn zu verhindern, wenn er von einzelnen Netzen ausging. Die Lokalisierungsversuche mußten deshalb scheitern:

« Dans cette succession d'événements, le syndicat national a complètement cessé d'être un régulateur, un organisme de direction. Ses projets relatifs à la localisation du conflit au Nord n'ont eu aucun succès, et ce sont uniquement les comités de réseau qui prennent les initiatives[50]. »

Während die Reformisten noch immer darauf sannen, den Streik auf das Netz Nord, wo er offensichtlich erfolgreich verlief, zu beschränken, schritten die Revolutionäre daran, das Netz Ouest-Etat in die Bewegung hineinzuführen. Schon im Frühjahr, beim Zwischenfall von Sotteville, hatte dieses Netz zum Streik gedrängt, doch war dann im Sommer, im Gefolge kleiner sozialer Verbesserungen, der Rauch auch nach der Ansicht von Revolutionären wie Berthelot wieder einigermaßen abgezogen[51]. Jetzt aber, unter dem Eindruck der angelaufenen Bewegung auf Nord und der kürzlichen Entlassung Renaults, durfte damit gerechnet werden, mit diesem günstigen Aufwind die Glut neu entflammen zu können.

Renault, von Etat aus dem Dienst verabschiedet, unternahm es, die am 11. Oktober aufkommende spontane Streikwilligkeit in organisatorische Bahnen zu lenken. Um die Mittagszeit verteilte er im Bahnhof Saint-Lazare Handzettel, die für den Abend an eine Versammlung der Eisenbahner von Etat einluden[52]. Seinem Eifer bot indessen alsbald die Polizei Einhalt, die ihn um 13.30 Uhr vorübergehend festnahm[53]. Für die Polizei war klar, daß an der geplanten Versammlung die große Mehrheit die Streikerklärung verlangen würde[54]. Damit rechneten offensichtlich auch die Revolutionäre, wenn sie auf dem Flugblatt das Traktandum der Versammlung nur mit Fragezeichen andeuteten und absichtsvoll beifügten: « Vous connaissez la situation. » Alle Redner, die dann am Abend vor den 3000 Eisenbahnern auftraten, nahmen für den Streik Partei, darunter auch Toffin von der Fédération, der, obschon Reformist, jetzt alles daran setzte, die Mechaniker und Heizer für einen allgemeinen Streik zu gewinnen[55]. Nicht zuletzt persönliche Gründe bestimmten

---

50 APP B/a 1360, Ouest-Etat: Pièces et Rapports, Bericht v. 11. 10. 1910.

51 Rapport.

52 Ein Exemplar des Handzettels in APP B/a 1363, 11 octobre. Außer Renault wurden als Organisatoren noch Brandouy, Escabasse und Blanchard genannt.

53 APP B/a 1360, Ouest-Etat: Pièces et Rapports, Depesche vom 11. 10. 1910.

54 a. a. O., Bericht v. 11. 10. 1910.

55 a. a. O., Bericht v. 12. 10. 1910.

dieses Verhalten. Toffin, « ce modèle reconnu de modération et de sagesse »[56], war als einer der ersten schon im Laufe des 11. Oktober von der Compagnie du Nord wegen seiner Teilnahme am Streik entlassen worden. Damit hatte er nicht gerechnet, und das scheint ihn zu allem bereit gemacht zu haben. Seine Äußerungen waren in den ersten Stunden danach durchweg persönlich motiviert: « Il aurait dit qu'il allait montrer aux Compagnies de quel bois il se chauffait et que la grève serait bientôt générale sur tous les réseaux[57]. » Seine Entlassung erhob er zu einem eigenständigen Streikgrund, und an der entscheidenden Versammlung in der Rue Pouchet von diesem Abend ging er sichtlich darauf aus, die Gefolgschaftstreue der noch sehr zögernden Scharen der Fédération anzurufen: « Camarades de la Fédération, dit-il, vous avez toujours dit que vous ne laisseriez pas toucher à Toffin. Aujourd'hui Toffin est révoqué. Qu'allez vous faire ? — Mille voix répondirent : Vive la grève![58] » Nur dank Toffins persönlichem Einsatz konnte die Teilnahme der zögernden Mechaniker und Heizer von Ouest-Etat am Streik sichergestellt werden[59].

Der formelle Streikantrag ging dann von Le Guennic aus: er brachte die Ausrufung des Generalstreiks für das ganze Netz Ouest-Etat für den Mittwoch, 12. Oktober. Der Beschluß erfolgte im Zustand größter Erregung, nach Reden von „ungehörter Gewaltsamkeit"[60]. Im Anschluß an die Versammlung, nach 22 Uhr, zogen die Arbeiter noch in kleinen Gruppen gegen den Bahnhof Saint-Lazare unter den Rufen „Vive la grève!»[61].

Damit war der Streik, auf noch spontanere Weise als auf Nord, auch bei Ouest-Etat Wirklichkeit geworden, wobei die Polizei allerdings die praktische Durchsetzung des Beschlusses skeptisch beurteilte: « L'impression laissée par la déclaration de grève sur le réseau Etat est que nous croyons comme certain que cette grève ne prendera pas, tout au moins au début, l'ampleur de la grève du réseau Nord, les mécaniciens et chauffeurs de l'Etat ne témoignant pas la même énergie que ceux du Nord[62]. » Le Guennic hingegen, dem ein Aktivist das eigentliche Verdienst für die Ausweitung zuerkannte, gab sich optimistisch und sagte

[56] So Jaurès über Toffin, J. O. 30. 10. 1910, p. 2641, Séance du 29 Octobre.

[57] APP B/a 1360, Ouest-Etat: Pièces et Rapports, Bericht v. 11. 10. 1910.

[58] Rapport.

[59] Dazu AN F 7 13923, la grève des chemins de fer d'octobre 1910, p. 28; bestätigt durch Renault, CR 22e Congèrs, p. 195.

[60] AN F 7 13923, La grève des chemins de fer d'octobre 1910, p. 27.

[61] APP B/a 1360, Ouest-Etat: Pièces et Rapports, Telegramm vom 11. 10. 1910, 23 Uhr 15.

[62] a. a. O., 23 Uhr 50.

voraus, der Streik würde auf seinem Netz so allgemein werden wie auf Nord[63].

Darauf kam es aber im Augenblick noch nicht an, wichtig war nur, daß sich durch das eigenmächtige Vorgehen der Revolutionäre der Gruppe Paris-Saint-Lazare-Batignolles die Aussichten für einen Generalstreik aller Eisenbahnnetze nochmals verbesserten. Es war auch hier wieder nicht die Syndikatsführung, sondern die von revolutionären Syndikalisten angeleitete Masse, die etwas in Gang brachte.

Zur gleichen Stunde, da in der Rue Pouchet die Massenversammlung der Eisenbahner von Ouest-Etat ihren Anfang nahm, trat am Sitz des S. N. ein offenbar etwas improvisiertes Gremium zusammen, um die Frage des Generalstreiks zu erörtern[64]. Die Initiative dazu war von Le Guennic und Challaix ausgegangen, die am späteren Nachmittag, nachdem sie sicher sein konnten, für den Streik auf Ouest-Etat nicht mehr fürchten zu müssen, von Gaston Renaudel den sofortigen Zusammentritt des Exekutivkomitees verlangt hatten, in der erklärten Absicht, dort die Ausrufung des Generalstreiks zu erreichen. Der Personenkreis aber, der tatsächlich zusammentrat, bestand nicht nur aus dieser Exekutivkommission, sondern dazu noch aus einer nicht näher bezeichneten Zahl von „bedeutenden Funktionären aus Paris", weshalb keine Klarheit über die genaue Zusammensetzung zu gewinnen ist. Der Entscheid, der hier gefällt werden sollte, war darüber hinaus durch den Gang der Ereignisse weitgehend vorbestimmt, und die Anhänger der Lokalisierung sahen sich veranlaßt, von ihrer Fiktion, wenn auch ungern, abzulassen. Es war, auf reformistischer Seite, keine Persönlichkeit anwesend, die eine Wende in der Beschlußfassung hätte herbeiführen können, denn die „gefährlichen Reformisten"[65] Bidegaray und Niel beurteilten die Lage immer noch nicht ernst genug und blieben in Südfrankreich, was den Revolutionären sehr zustatten kam. Zur Diskussion stand deshalb nicht mehr, ob, sondern wann der Streik allgemein zu werden hätte. Lemoine, der noch tags zuvor bis zum 15./16. Oktober hatte zuwarten wollen, sah ein, daß es unmöglich sein würde, den allgemeinen Streik zu verhindern, widersetzte sich aber dennoch einer sofortigen Streikerklärung und wollte auf jeden Fall noch 24 Stunden zuwarten[66]. Bei dem bedenklichen Stande der Streikorganisation, für die Lemoine als Sekretär des Streikkomitees hauptverantwortlich war, wird erst er-

---

[63] a. a. O., Bericht v. 11. 10. 1910.

[64] Rapport.

[65] AN F 7 13923, La grève des chemins de fer d'octobre 1910, p. 29.

[66] Bestätigt durch seine spätere Aussage: « Malgré mes prévisions, j'ai été obligé de déclancher la grève plus tôt que je ne le voulais. » CR 22e Congrès, p. 150.

klärbar, was ihn auf diese ganz unrevolutionäre Position verschlug. Überhaupt schien Lemoine seiner Aufgabe nicht völlig gewachsen: « ce camarade avait l'air bien au-dessous de sa tâche[67]. » Dafür legte er an dieser Sitzung abermals Zeugnis ab, wovon noch zu berichten sein wird.

Vorerst aber wurde in bereits erregter Stimmung darüber Rat gepflogen, ob der Streik in 24 oder erst in 48 Stunden auf sämtliche Netze auszudehnen sei, und als endlich der 13. Oktober als Streikbeginn festzustehen schien[68], erwies sich, daß die Entscheidung anderswo gefallen war:

« Mais à ce moment entre Le Guennic. Il raconte qu'au meeting de la rue Pouchet 8000 cheminots de l'Ouest-Etat ont décidé la grève, et qu'à une réunion des cheminots de l'Est, où il s'est rendu ensuite, on l'a menacé d'un revolver si le Comité de grève ne profitait pas de l'occasion pour généraliser le mouvement[69]. »

Nach der Versammlung in der Rue Pouchet hatte sich Le Guennic an ein Meeting der Mechaniker und Heizer des Netzes Est in die Rue Ordener begeben, um auch dort noch für die gewünschte Marschrichtung zu sorgen. Toffin, schon vor ihm eingetroffen, war mit diesem Bemühen gescheitert und hatte sich eben mit einer Frist von 24 Stunden, die der Neztsekretär für nötig hielt, um seine Sektionen konsultieren zu können, zufrieden gegeben, als Le Guennic mit der Parole auftrat: « L'heure est à l'action[70]. » Hier allerdings blieb der Erfolg ihm versagt[71], was er aber anscheinend der Konferenz am Sitz des Syndikats vorzuenthalten wußte. Diese wurde nun, nachdem Le Guennic den Streik auf Ouest-Etat und Est als eine völlig sichere Unternehmung dargestellt hatte, Zeuge des Zornes Lemoines, der seine Absichten abermals vereitelt sah:

« Tu es un misérable ! Tu entends, un misérable ! Tu viens de mettre sur le pavé des milliers de pauvres gens.

Le Guennic, railleur, répliqua

— Eh bien ! si c'est là tous les compliments que tu m'adresse. Je savais bien que le comité de grève ne voulait pas la grève ! [. . .]

---

[67] So Grandvallet, CR 22e Congrès, p. 262.

[68] Nach Davoust, Revolutionär der Gruppe Paris-Saint-Lazare-Batignolles, CR 22e Congrès, p. 82 f.

[69] AN F 7 13923, La grève des chemins de fer d'octobre 1910, p. 29.

[70] Rapport. Auf dieses Meeting dürfte sich auch der Bericht in Le Temps, 13. 10. 1910, beziehen, der die Vorgänge etwas verschieden darstellt; er nennt die Diskussion konfus, woraus sich vielleicht die Differenzen erklären. Es bleibt, daß der Streik offenbar um 24 Stunden aufgeschoben wurde. Nicht erwähnt wird hier Le Guennic, ferner wird die Versammlung nicht als eine solche der Fédération eingeschränkt.

[71] Grandvallet, p. 25; dieser Bericht steht Le Guennics Aussage, vgl. Rapport, diametral gegenüber. In Anbetracht der tatsächlichen Haltung von Paris-Est im Streik ist er wohl mehr als nur eine reformistische Zwecknachricht.

Lemoine était navré. Il ne tenait plus en place. Il dit à Le Guennic:

— Tu n'as même pas conscience du mal tu viens de faire ... Nous allons à un échec certain ! ... Tout le travail d'organisation fait par le comité central de grève est réduit à néant par tes paroles imbéciles ! Dans ces conditions, je ne veux pas assumer la responsabilité du mouvement. Je donne ma démission de secrétaire du comité central de grève[72]. »

Diese Demission unterblieb dann freilich doch, denn ein offener Streit zu diesem Zeitpunkt hätte dem Syndikat schweren Schaden zugefügt. Statt dessen öffnete sich die Konferenz der Einsicht, daß nur der Generalstreik als Lösung in Betracht kam. « Le vin est tiré, il faut le boire[73]. »

Toffin, von dessen Fédération ein Streikerfolg besonders abhing, erklärte sich für den sofortigen Generalstreik[74]; und nachdem schließlich auch noch Communay, von P.-L.-M., eingetroffen war und den Streik für den Fall, daß Etat und Est mithalten würden, auch für sein Netz in Aussicht gestellt hatte, ließ sich Lemoine von seiner Demission abbringen, worauf die Versammlung, offenbar ohne weitere Diskussion, den Streikbefehl ausgab. Zu diesem raschen Verfahren zwang die Zeit, denn der gleichfalls anwesende Redaktor Pierre Renaudel, von „L'Humanité", hatte darauf hingewiesen, daß er den Streikaufruf bis ein Uhr früh in Händen haben müßte, um die Veröffentlichung in der morgigen Ausgabe sicherzustellen. In aller Eile wurde deshalb nach Mitternacht dieser Streikbefehl von Renaudel aufgesetzt:

« C'est alors que Lemoine, évidemment fatigué par quelques jours sans repos, paraissant aussi — je le dis parce que cela était — un peu affolé, désorienté, désemparé, soit par la discussion, soit par la conscience de sa responsabilité, déclare dans un geste que je n'oublierai jemais: ‹ Ah ! je suis fatigué, je ne peux pas écrire ›, et c'est à sa demande encore que je transcrivis la décision qui venait d'être prise[75]. »

Wie diese Darstellung zeigt, verlief die Genesis des Generalstreikbeschlusses weitgehend analog zu jener des Streikbeschlusses für das Netz Nord. Weder im einen noch im anderen Fall kann behauptet werden, die Syndikatsführung habe die Ausweitung der Bewegung angestrebt. Auch am 11. Oktober beugte sich die Syndikatsmehrheit nur mit

---

72 Rapport. Lemoine, CR 22e Congrès, p. 150, bestritt diese Darstellung. Er wollte zu Le Guennic nur gesagt haben: « Eh bien, tu as fait du bon travail. De cette façon, nous allons être dans l'obligation de généraliser la grève immédiatement. » Ein ironisch verbrämter Unwille ist immerhin auch da noch vernehmbar, und die Version des 2. Streikkomitees wird damit doch sehr wahrscheinlich.

73 Poisson, La Revue Socialiste, 15. 11. 1910, p. 417.

74 AN F 7 13923, La grève des chemins de fer d'octobre 1910, p. 29.

75 Brief Pierre Renaudels an den Präsidenten des 22. Kongresses des S. N., L'Humanité, 6. 8. 1911.

deutlichem Widerstreben dem Zwang der Ereignisse, dergestalt, daß sich das Syndikat erneut zu spalten drohte. Die aktivistische Minderheit hatte die Gegner des Streiks nicht in der Diskussion überzeugt, sondern mit Hilfe einiger Versammlungen ausgeschaltet und ihr so jede Alternative versagt. Das war gewiß nicht ihr alleiniges Verdienst: die spontane Streikbereitschaft großer Teile der Arbeiterschaft kann nicht ausschließlich der „revolutionären Agitation" zugeschrieben werden, denn die revolutionären Syndikalisten hatten bloß die Unzufriedenheit anzuführen, die schon bestand, nicht als ihr eigenes, künstliches Gebilde, sondern als Ergebnis der sozialen Lage, der bislang erfolglosen Verhandlungen usw. Eben deswegen war die Mehrheit, die die Revolutionäre im Syndikat erzielten, nicht „revolutionär". Als Basis für einen erfolgreichen Streik war sie zu sehr in sich gespalten, und die „Union sacrée", die jetzt für kurze Zeit anhob, mußte beim nächsten Grundsatzentscheid, weil nicht echt, wieder zerfallen. Als bewußte Aktion war, so erwies der Entschließungsprozeß, der Streik nicht möglich, er wurde es nur als Reaktion. Das Syndikat schuf keine Ereignisse, sondern legalisierte sie bloß.

Mit dem vollzogenen Streikbeschluß sah sich das Syndikat unverhofft vor die dringliche Aufgabe gestellt, den Streik zu organisieren. Bislang hatte das Streikkomitee darauf vertraut, den Streikbefehl geraume Zeit vor der Inkraftsetzung auf geheimen Kanälen den Lokalgruppen übermitteln zu können[76]. Nun aber galt es, die Bewegung auf der Stelle losbrechen zu lassen.

Zu seinem offiziellen Organ hatte das Streikkomitee schon zuvor die sozialistische Tageszeitung „L'Humanité" ausersehen[77], und so verblieb ihm nur, sich dieser Zeitung zu bedienen, um den Streikbefehl in die Provinz hinaus zu tragen. Aus dieser Methode sprach planerischer Notstand, denn es bestimmte nun weitgehend der Zufall darüber, ob der gewünschte Adressat auch wirklich erreicht wurde. Der Befehl selbst war zudem wenig präzis abgefaßt:

« [...] En présence de cette situation, le syndicat national décide de faire appel à tous les réseaux pour réaliser immédiatement la grève générale. En conséquence, tous les réseaux sont invités à mettre à exécution dans le plus bref délai, et aussitôt que cette communication leur parviendra, les mesures indispensables à la réussite du mouvement[78]. »

---

[76] AN F 7 13923, La grève des chemins de fer d'octobre 1910, p. 22 f., Plan de grève.

[77] Brief von Pierre Renaudel an den Präsidenten des 22. Kongressees des S. N., L'Humanité, 6. 8. 1911.

[78] Le Temps, 13. 10. 1910.

Für Orte, welche weniger weit entfernt lagen, hatte Lemoine noch einen weiteren Informationsdienst bereitgestellt: das Syndikat der Berufschauffeure (Syndicat des Chauffeurs-Conducteurs d'automobiles) hielt rund 40 Taxis und Autos zur Verfügung, mit deren Hilfe 24 Eisenbahner den Streikbefehl verteilen konnten, und zwar zum edlen Preis von fünfzig Centimes pro Kilometer[79]! Da aber auch das Taxisystem mehr improvisiert wurde, als es wirklich vorbereitet war, blieb das Ergebnis auch so noch lückenhaft, weshalb von einer tauglichen Planung des Streiks nicht die Rede sein kann. Das Netz Est beispielsweise wurde vom Streik nicht rechtzeitig in Kenntnis gesetzt, und Grandvallet, von der Netzleitung, erfuhr die ihm kaum sehr erwünschte Botschaft erst, als die „Humanité" in Ostfrankreich eintraf[80], doch verfehlte dieses Nachrichtensystem an jenen Orten sein Ziel, wo die Zeitung konfisziert wurde[81]. Jedoch vermittelte der Streikbefehl selbst dort, wo er anlangte, nicht durchwegs den von ihm erhofften Impuls. Viele Provinzkomitees wollten nur auf persönlichen Befehl von Lemoine und Toffin hin etwas unternehmen. Nur zu sehr ahnten sie wohl, daß nicht alles reibungslos vonstatten gegangen war. Zwar trug der Streikbefehl die Unterschriften dieser beiden, doch während Lemoine funktionell „Pour le Comité de grève et par ordre" unterzeichnete, gab Toffin seinen Namen nur persönlich als „Le Président de la Fédération des mécaniciens et chauffeurs", weil er sich nicht für berechtigt hielt, für jemanden zu sprechen, der nicht konsultiert worden war[82].

Ein sofortiger Großerfolg des Streiks scheiterte demgemäß schon am Unvermögen des Syndikats, den Streikbeschluß organisatorisch zu bewältigen. Daraus folgte, nach reformistischer Lesart: « Ce fâcheux résultat est une preuve irrécusable qu'un délai de 24 heures eut été indispensable pour ordonner un mouvement simultané. C'est en cela qu'il faut voir la cause principale de l'échec de la grève et lourdes sont les responsabilités de ceux qui, par manque de discipline, précipitèrent l'action ...[83]. »

Wie auch in seinem weiteren Verlauf, konzentrierte sich das Streikgeschehen schon am 12. Oktober auf die beiden Netze Nord und Ouest-Etat, die ihren Streikbeschluß schon vor der Ausrufung des Generalstreiks gefaßt hatten. Bei Nord blieb der Verkehr weitgehend lahmgelegt: während des ganzen Tages verließen nur 35 Züge den Bahnhof Paris-Nord[84], wobei die Fernzüge von Personal aus der Provinz bedient

[79] AN F 7 13923, La grève des chemins de fer d'octobre 1910, p. 32.

[80] CR 22e Congrès, p. 260.

[81] Rapport.

[82] a. a. O., vgl. dazu die strengen Statutenbestimmungen, Kap. IV (bei Anm. 18).

[83] a. a. O.

[84] APP B/a 1360, 12 octobre, Depesche v. 12. 10. 1910, 22 Uhr 35.

wurden[85]. Bei Ouest-Etat, wo Le Guennic den Hauptbeginn des Streiks für den Abend vorausgesagt hatte[86], war schon tagsüber eine deutliche Desorganisation eingetreten[87], nach 20 Uhr sodann wurde der große Bahnhof Saint-Lazare für das Publikum geschlossen[88]. Auf den übrigen Netzen hingegen verhallte die Streikparole im allgemeinen wirkungslos, sofern sie überhaupt vernommen worden war.

Den Befehlen der Syndikatsleitung wurde offensichtlich von seiten der reformistischen Funktionäre des Netzes Est keine große Verbindlichkeit beigemessen. Als Leleuch, der Sekretär des Netzkomitees von Est, zusammen mit Grandvallet in Paris eintraf — wohl am Nachmittag des 12. Oktober —, zögerte er noch immer, auf seinem Netz den Streik durchzuführen, denn er wollte zuvor noch die Meinung einer Autorität hören. Der Deputierte Albert Thomas begleitete die beiden hierauf zu Jaurès und versuchte sie schon auf dem Weg dorthin zu beeinflussen. Grandvallet erzählt: « Le député socialiste nous donne d'excellentes raisons en faveur de la grève, à laquelle le réseau de l'Est était tenu d'adhérer par solidarité, l'appui de ce réseau devant d'ailleurs déterminer la victoire[89]. » Jaurès selbst sprach den Gewerkschaftern im gleichen Sinn zu, und als Grandvallet dennoch von neuem die Lokalisierungsidee zu entwickeln begann, weil ihr unentwegt seine verborgene Neigung gehörte, versuchte ihn der sozialistische Führer über die unheilvolle Wirkung einer solchen Taktik aufzuklären. Daraufhin entschloß sich Leleuch resignierend zum Streik. Darin war ihm schon am Morgen die Pariser Gruppe des Netzes vorangegangen[90]. In seiner Streikerklärung vom Abend des 12. Oktobers bemühte sich das Netzkomitee, sein Unternehmen gegen jeden revolutionären Verdacht abzusichern: « Il recommande aux camarades de se maintenir strictement sur le terrain corporatif, afin de bien démontrer que leur mouvement n'est ‹ ni politique ni révolutionnaire ›[91]. » Unter den Gründen, die zu dieser Bewegung führten, wurde ausdrücklich die Solidaritätspflicht genannt, im übrigen hob der Aufruf die Verhandlungsbereitschaft deutlich hervor. Der eigentliche Impuls mußte demnach von unten ausgehen,

---

[85] a. a. O., Telegramm vom 12. 10. 1910, 10 Uhr.

[86] APP B/a 1360, Ouest-Etat: Pièces et Rapports, Bericht v. 11. 10. 1910.

[87] Schon einige Morgenzüge wurden aufgehalten und an der Weiterfahrt gehindert, APP B/a 1360, Ouest-Etat: Pièces et Rapports, Bericht v. 12. 10. 1910, Depesche v. 12. 10. 1910, 15 Uhr 35. Zur Mittagszeit wurde der Verkehr in Saint-Lazare durch zerschnittene Kabel beeinträchtigt, a. a. O., Depesche von 13 Uhr 25. Am Nachmittag stellte die Gare des Invalides den Betrieb ein, a. a. O., Telegramm von 13 Uhr 15.

[88] a. a. O., Telegramm vom 12. 10. 1910, 20 Uhr 50.

[89] Grandvallet, p. 29 f.

[90] Vgl. den nachfolgenden Abschnitt.

[91] Zitiert nach Poisson, La Revue Socialiste, 15. 11. 1910, p. 418/19.

wie bei Nord und Ouest-Etat, und so ist als nächstes zu fragen, wie sich die Arbeiterschaft an der Basis zum Generalstreikbeschluß einstellte.

Der Ort, wo sich die Streikenden über den Gang ihrer Bewegung aussprechen konnten, waren die „Réunions", Versammlungen, die während der ganzen Streikzeit häufig stattfanden und zumeist auch von der Polizei mit einem Rapport gewürdigt wurden[92]. Im folgenden soll auf der Grundlage dieser Rapporte kurz versucht werden, den Streiktrend auf den verschiedenen Netzen zu bestimmen.

Für die Eisenbahner aller Netze fanden am Nachmittag zwei Versammlungen in der Salle Ferrer in der Bourse du Travail statt, wobei die Teilnehmer aber besonders von den beiden Netzen Nord und Ouest-Etat stammten. Das erste Meeting vereinigte 3500, das zweite 2000 Personen, wobei jeweils der „Streik bis aufs Messer" (à outrance) akklamiert wurde, nachdem zuvor einige Redner aufgetreten waren, darunter Renault, Le Guennic, Toffin und nun auch Bidamant[93].

Demgegenüber hielten sich die Treffen, die ausschließlich für Eisenbahner des Netzes Nord galten, in engem Rahmen: zwei am Vormittag, jeweils mit nur wenigen hundert Streikenden[94]. Für Ouest-Etat begann der erste Streiktag am frühen Morgen mit einer Versammlung, an der die Arbeiter der Nachtschicht dem Streik ihrerseits zustimmten[95], daran schlossen sich tagsüber einige kleinere Anlässe an[96]. Sowohl bei Nord wie bei Ouest-Etat stieß also der Streik unter der Belegschaft auf deutliche Resonanz, und der Generalstreik hing nun davon ab, ob dieser Funke auch auf die noch ruhigen Netze überspringen würde. Das Netz Est verzeichnete zwar am 12. Oktober einige wenige Ausstände, der Verkehr dagegen blieb normal[97]. Im Laufe des Morgens hatte eine Versammlung der Pariser Gruppe, wohl unter dem Eindruck der Gene-

---

[92] Diese Art von Berichten wurde erstellt durch Polizeibeamte in ziviler Kleidung; sie sind nicht zu verwechseln mit Meldungen, die von sog. „Informateurs", Vertrauenspersonen aus dem jeweiligen Milieu selbst, herstammen; vgl. Kriegel, Aux origines du communisme français, Bd. I, p. 481, Anm. 1, ebenso unsere Einleitung, Abschnitt IV.

[93] APP B/a 1362, Télégrammes et Rapports d'ordre général, Telegramm v. 12. 10. 1910, 16 Uhr 30, Ber. v. 13. 10. 1910.

[94] APP B/a 1360, 12 octobre, Depesche vom 12. 10. 1910, 10 Uhr 25, und a. a. O., 13 octobre, Bericht v. 13. 10. 1910.

[95] APP B/a 1360, Ouest-Etat: Pièces et Rapports, Bericht v. 12. 10. 1910.

[96] a. a. O., diverse Berichte und Depeschen, stets mit wenigen hundert Teilnehmern.

[97] In der Gare de l'Est gab es keine Unregelmäßigkeiten, in der Gare de Noisy dagegen wurden unter dem Personal einige Streikende verzeichnet, AP B/a 1360, 12 octobre, Depesche vom 12. 10. 1910, 20 Uhr 45, und APP B/a 1361, Résumé par journées de la situation générale de la grève, Notiz vom 12. 10. 1910.

ralstreikparole, für ihren Teil den Streik ausgerufen[98], und am Abend, nachdem sich ja auch der Netzsekretär mit dem Streik abgefunden hatte, bestätigte eine Versammlung von 2000 Personen der Gruppe Paris-Est diesen Beschluß[99]. Damit zeichnete sich die Möglichkeit ab, daß sich das Streikfeuer doch noch an der Basis ausweiten könnte. In die selbe Richtung wies eine Versammlung der Pariser Gruppe von P.-L.-M. vom gleichen Abend. 500 Eisenbahner beschlossen dort den Streik und verlangten die Erfüllung ihrer Forderungen[100]. Die Mechaniker und Heizer des Netzes hatten sich schon in einer Morgenversammlung der Bewegung angeschlossen[101]. An der Gare de Lyon, wo bisher keine Ausstände aufgefallen waren, traten nun einige Mechaniker in den Streik[102]. Endlich taten sich an diesem Abend auch noch 650 Eisenbahner der Gesellschaft Paris-Orléans zusammen und riefen den sofortigen Streik aus[103]. Der Spontaneität der Streikbewegung schien es demzufolge zu guter Letzt doch zu gelingen, auch die reformistischen Netze in die Aktion zu stoßen, zumal der Rat, der den reformistischen Zauderern von ihren sozialistischen Vertrauten beschieden worden war, zur Solidarität mahnte. Auf einer anderen Ebene indessen begann sich das Streikglück entscheidend zu wenden.

---

[98] Gemäß Poisson, La Revue Socialiste, 15. 11. 1910, p. 418; ebenso in Le Temps, 13. 10. 1910, eine kurze Notiz, die sich wohl auf die gleiche Versammlung bezieht.

[99] APP B/a 1362, Télégrammes et Rapports d'ordre général, Bericht v. 13. 10. 1910. L'Humanité berichtet neben der Abendversammlung noch von einer weniger bedeutenden Nachmittagsversammlung, L'Humanité, 13. 10. 1910.

[100] APP B/a 1360, Ouest-Etat: Pièces et Rapports, Bericht v. 13. 10. 1910. L'Humanité nennt weit abweichend über 2000 Teilnehmer an dieser Versammlung sowie eine zweite Versammlung am Morgen, L'Humanité, 13. 10. 1910.

[101] Le Temps, 13. 10. 1910.

[102] APP B/a 1361, Résumé par journées de la situation générale de la grève, Notizen vom 12. 10. 1910.

[103] a. a. O., Notiz vom 12. 10. 1910; in der Sache übereinstimmend L'Humanité, 13. 10. 1910.

IX. Die Agonie des Streiks

1. Repression

Briand hatte am 5. Oktober die Eisenbahner-Delegierten nicht im unklaren darüber gelassen, daß er einen Streik auf keinen Fall untätig hinnehmen würde, und er hatte damit eigentlich bloß wiederholt, was er schon im März 1910 angedroht hatte: die staatliche Intervention[1]. Die entsprechenden Vorkehren des Staates sind oben dargestellt worden; sie werden flankiert durch die eigenen Anstrengungen der Gesellschaften.

Nach dem Streikbeginn, der auch für sie überraschend kam, schickte sich die Regierung sofort an, die Mobilisierung der Streikenden durchzusetzen. Dazu bedurfte sie aber zunächst noch der Rechtskraft ihrer Erlasse vom 16. Juli, und so fügte es sich, daß diese Verfügung zu gleicher Zeit wie der Mobilisationsbefehl selbst im „Journal Officiel“ vom 12. Oktober veröffentlicht wurde[2]. Die Einberufung galt für den 13. Oktober und zunächst nur für die „5e section de chemins de fer de campagne“ und die dazugehörigen „Subdivisions complémentaires territoriales“, d. h. die militärisch erfaßbare Belegschaft der Compagnie du Nord, auf 27 860 Angestellte beziffert[3]. Ihre Aufgabe war eindeutig, den streikgelähmten Verkehr wieder in Schwung zu bringen: « Ils continueront à assurer le service normal, sur le réseau ferré auquel ils appartiennent, d'après les ordres qu'ils recevront de leurs supérieurs hiérachiques et dans les conditions fixées par le décret précité et par l'instruction ministérielle du 10 décembre 1909 modifiée le 16 juillet 1910[4]. » Tags darauf traf die gleiche Maßnahme auch noch die Eingeteilten der weiteren streikenden Netze: 41 298 Angestellte der 2. Sektion (P.-L.-M.), 23 183 der 3. Sektion (P.-O.), 37 821 der 4. Sektion (Etat), 18 968 der 6. Sektion (Est)[5], alle mit Wirkung ab 14. Oktober. An diesem Tag folgte schließlich noch die Mobilisation des Netzes Midi nach[6]. Die also Einberufenen erhielten als Kennzeichen lediglich eine Armbinde mit ihrem militärischen Grad[7].

---

1 Vgl. Kap. VI (bei Anm. 125) und Kap. VII (bei Anm. 40).

2 Abgedruckt in Le Temps, 13. 10. 1910.

3 Rouchy, p. 73, Anm. 1.

4 Le Temps, 13 10. 1910.

5 Le Temps, 14. 10. 1910, und Rouchy, p. 73, Anm. 1.

6 Le Temps, 15. 10. 1910.

7 Rouchy, p. 89.

Über die rechtliche Gültigkeit der verschiedenen Mobilisationsbefehle, die den Betroffenen noch persönlich zukamen, wurde heftig gestritten. Die gleichzeitige Veröffentlichung von Dekret und darauf basierendem Erlaß bei der Mobilisation von Nord stieß auf den Protest Briquets, der dieses Vorgehen juristisch anfocht[8]. Den Kritikern gelang es außerdem, in der Gesetzgebung noch eine weitere sehr bedeutsame Lücke ausmachen zu können: das Gesetz über die Rekrutierung der Armee vom 21. März 1905 statuierte in seinem 85. Artikel, daß eine Frist von drei Tagen zugestanden werde, um einen Marschbefehl Folge zu leisten, und daß der Aufgebotene erst 15 Tage danach als nicht rechtzeitig erschienen (insoumis) betrachtet werde[9]. Eine Instruktion der Militärverwaltung aus der Streikzeit[10] sah tatsächlich nur für jene, die sich erst nach dem vierten, aber noch vor dem 15. Tag nach Notifizierung des Marschbefehls bei ihren Einheiten einfanden, Strafen vor, und zwar begrenzt auf ein Maximum von 8 bzw. 4 Tagen (je nach Einteilung). Mit schärferen Strafen hatten demnach nur jene zu rechnen, die dem Mobilisationsbefehl überhaupt nicht zu folgen gedachten. Somit hätte sich, bei solidarischer Haltung der Eisenbahner, die Mobilisierung wenigstens für die ersten 15 Tage ohne schwerwiegende Strafen sabotieren lassen. Mit welchem Erfolg die Streikleitung dieses Argument ausspielen konnte, wird zu sehen sein.

Auch auf der Ebene der Polizeimaßnahmen konnte sich die Repressionspolitik nun voll entfalten, und es wurde deutlich, daß die Regierung mehr als die bloß äußere Aufrechterhaltung der Ordnung anstrebte. Schon am 10. Oktober, als der Streik für das Netz Nord bevorstand, wurden die Präfekten jener Städte, die dadurch berührt wurden, unmißverständlich ins Bild gesetzt:

« ... vous devrez dès cette nuit vous mettre d'accord avec les agents principales de la Compagnie pour assurer la liberté du travail et empêcher les individus chargés de propager la grève de pénétrer dans l'enceinte des chemins de fer [...] Vous interdirez à tous ces éléments l'accès des chemins de fer et vous n'hésiterez pas à les mettre à la disposition du Parquet le cas échéant[11]. »

Wer unter diesen „Elementen" am ehesten verstanden werden sollte, schien den Sicherheitsorganen unzweideutig:

« Vous aurez soin de faire surveiller les individus qui sont connus de vous comme des militants de l'action directe en même temps que ceux qui vous ont été signalé par la direction de la Sûreté Générale[12]. »

---

8 J. O. 29. 10. 1910, p. 2606, Séance du 28 Octobre.

9 Rouchy p. 90.

10 Abgedruckt in Le Temps, 20. 10. 1910.

11 APP B/a 1360, Instructions, Telegramm vom 10. 10. 1910, 22 Uhr 45.

12 a. a. O., Telegramm vom 10. 10. 1910, 21 Uhr 45.

Es konnte sich nun auch erweisen, wie das Gesetz von 1845 auf die gegenwärtigen Verhältnisse anzuwenden war, denn am frühen Morgen des ersten Streiktages erhielt jener Artikel 20 einen völlig neuen Akzent, und die Präfekten wurden am 11. Oktober um 0 Uhr 20 telegraphisch daran erinnert, daß der Artikel

« punit d'un emprisonnement de six mois à deux ans tout mécanicien, conducteur, garde-frein qui aura abandonné son poste pendant la marche du convoi. Veuillez prendre dispositions pour assurer le cas échéant l'arrestation immédiate des délinquants et leur remise au Parquet ...[13]. »

Dem Eifer der Sicherheitsorgane waren kaum Grenzen gesetzt. Am 11. Oktober vormittags, als der Streik für Ouest-Etat noch keineswegs offiziell feststand, vermittelte ein Telegramm der Sicherheitsdirektion des Innenministeriums den Polizeipräfekten im Einzugsgebiet von Ouest-Etat vorsorglich die gewünschte Entschlossenheit in Wendungen, die nach höchster Beflissenheit verlangten:

« Entendez-vous avec parquets pour que tout acte de sabotage, toute entrave à la liberté du travail et toute provocation à ces actes soit immédiatement et très énergiquement réprimé. [...] Vous prendrez ... toutes mesures que vous jugerez utiles à la sécurité publique. [...] Je vous recommande de prévoir toutes les éventualités et d'agir, le cas échéant, avec la plus grande énergie et la plus grande rapidité[14]. »

Die Umsicht der Sûreté schloß selbst den Einzelfall ein. Mit Blick auf die geplanten Eisenbahnerversammlungen vom Abend des 11. Oktobers wurde der Pariser Polizeipräfekt angewiesen, die Repression jeder — nicht näher bezeichneten — Gesetzesübertretung sicherzustellen und „mit den nötigen Verhaftungen nicht hintan zu halten"[15]. Für diesen Kampfkurs erwies sich der Begriff „Entrave à la liberté du travail" als besonders tauglich, weil äußerst dehnbar. Der Pariser Polizeipräfekt Lépine befahl:

« Veuillez considérer comme menaces de nature à entraver la liberté du travail, non seulement les paroles et gestes menaçants, mais le seul fait de pointer ostensiblement un ouvrier, chauffeur, mécanicien, etc ... lorsqu'il passe pour se rendre au travail[16]. »

Daß solchen Auffassungen die Willkür auf dem Fuß folgen mußte, wird sich noch herausstellen.

Die Hauptelemente der Repressionspolitik sind damit, was die Regierung betrifft, aufgestellt, und es ist nur noch kurz der Beitrag der

---

[13] a. a. O., Telegramm vom 11. 10. 1910, 0 Uhr 20.

[14] APP B/a 1360, Ouest-Etat: Instructions, Telegramm vom 11. 10. 1910, 10 Uhr 50.

[15] a. a. O., Telegramm vom 11. 10. 1910, 20 Uhr.

[16] APP B/a 1361, Instructions générales, Notiz v. 12. 10. 1910.

Eisenbahngesellschaften zu erwähnen. Diesen verblieb als Mittel, auf den Gang der Dinge einzuwirken, nur noch die Entlassungsdrohung. Daß sie gewillt waren, davon auch vollen Gebrauch zu machen, wurde rasch unzweifelhaft, als schon am ersten Streiktag die Compagnie du Nord den gemäßigten Toffin entließ, freilich keineswegs mit der Wirkung, den Streik zu verhindern, sondern vielmehr, ihn zu befördern[17]. Am 12. Oktober schon stieg die Zahl der allein durch die Compagnie du Nord Entlassenen auf 89[18], so daß doch auch von dieser Seite her die Streikwilligkeit mancher Eisenbahner reduziert wurde.

Wie sich nun die verschiedenen, fast gleichzeitigen Maßnahmen, die alle darauf angelegt waren, den Streik zu brechen, auf die eben erst angerollte Bewegung auswirkten, kann der weitere Ablauf der Ereignisse zeigen.

2. Stagnation

Der erste Generalstreiktag, der 12. Oktober, hatte das Ringen um einen wirklich allgemeinen Ausstand noch nicht zu entscheiden vermocht, und bei der energischen Reaktion von Staat und Arbeitgebern mußte es sehr zweifelhaft erscheinen, ob der Zug hin zur Generalisierung, der weiter oben erkennbar geworden ist, sich überhaupt noch auswirken könnte. Das Streikkomitee erkannte sofort die Gefahr, die von der Mobilisation her drohte, und erließ sogleich einen Aufruf „Contre la Mobilisation“, der versuchte, die Illegalität der Maßnahme juristisch nachzuweisen, um dann die Eisenbahner zu beschwören: « aucun de vous ne répondera à l’appel qui lui sera adressé[19]. » Die Mobilisierung, die noch vor dem Streik, zumindest nach außen, für Bluff und Verstellung (chiqué) ausgegeben worden war[20], erwies sich nun unversehens als psychologischer Kunstgriff, geeignet, unter den Arbeitern, die sich auf juristische Spitzfindigkeiten wenig verstanden, bedeutende Verwirrung zu stiften.

Zu dieser Schwierigkeit, dem militärischen Aufgebot die Wirkung zu nehmen, trat eine weitere, die die Streikleitung selbst betraf. Noch am 12. Oktober erließ die Sûreté eine Reihe von Haftbefehlen, die sich gegen die führenden Kreise des Syndikats, besonders des Streikkomitees, richteten[21]. Da der Befehl kein Geheimnis blieb, konnten sich die Betroffenen über ihr Verhalten zuvor ins Vernehmen setzen. Neben der Möglichkeit, unterzutauchen und sich so dem polizeilichen Zugriff zu

---

17 Vgl. Kap. VIII, Ziff. 2.

18 AN 48 AQ 3402, Dossier réuni par M. Bazin.

19 Zitiert nach Poisson, La Revue Socialiste, 15. 11. 1910, p. 422.

20 APP B/a 1360, 8 - 9 octobre, Bericht vom 9. 10. 1910.

21 Le Temps, 14. 10. 1910.

entziehen, bestand auch die Verlockung, im Rahmen einer eindrucksvollen Szene die Verhaftung mit edler Würde und nicht ohne eine gewisse Feierlichkeit hinzunehmen, um dergestalt die Staatsgewalt mit moralischen Schuldgefühlen zu belasten. Der Vorschlag, das Streikkomitee sollte sich am Sitz der „Humanité“, wo auch Briand einst gewirkt hatte, gesamthaft der Polizei zur Verfügung halten, kam von Perceau, Redaktor der „Guerre Sociale“, einem revolutionären Syndikalisten[22]. Hinterher wird diese Idee dann allerdings gerade von revolutionärer Seite angegriffen werden. Lemoine wird erklären, er hätte nur zugestimmt, um damit die reformistischen Kameraden zu ermuntern[23], und Le Guennic wird darauf verweisen, daß er sich erst nach langem Zögern durch Perceau habe überreden lassen[24]. Jedenfalls fanden sich in der Nacht zum 13. Oktober die gesuchten Mitglieder des Streikkomitees und weitere Gewerkschafter bei der „Humanité“-Redaktion ein, um dort ihr Martyrium zu erleben[25].

Wenn nach den Gründen gefragt wird, die die Syndikatsführer veranlaßten, sich gleich im großen Verband verhaften zu lassen, kann die Auskunft von Albert Thomas nicht genügen, es sei nur darum gegangen, der Vereinzelung vorzubeugen und „à souligner plus nettement l'illégalité gouvernementale“[26]. Entscheidend war vielmehr die Ratlosigkeit darüber, was mit dem unvollendeten Generalstreik weiter zu geschehen hätte, denn das Syndikat stand vor der unangenehmen Alternative, den Kampf verbissen fortzuführen, ohne Skrupel in der Wahl der Mittel, mithin den „Guerre Sociale“ zu wagen, so wie ihn die revolutionären Syndikalisten wünschten, oder aber, treu dem reformistischen Credo, mit allerhand Unterschleif das nicht Gewonnene eben allmählich verloren zu geben. Mit der kollektiven Verhaftung entschied sich das Syndikat für die zweite Lösung: sich in das Unvermeidliche zu schicken und daraus wenigstens einen Effekt zu gewinnen, der vielleicht parlamentarisch ausgewertet werden konnte. Daß im übrigen der Sitz der „Humanité“ und nicht jener der C. G. T., was Le Guennic vorgezogen hätte[27], gewählt wurde, lag im intersyndikalen Gegensatz begründet: es beweist noch nicht, daß die Reformisten, die der Sozialistischen Partei und ihrem Presseorgan nahe standen, die Lage beherrscht hätten, aber

---

[22] Darin stimmen überein: Rapport und Le Guennic, CR 22e Congrès, p. 243. Lemoine nennt mit Perceau zusammen auch noch Pierre Renaudel, CR 22e Congrès, p. 152, wobei ihm der letztere die Idee zuerst vorgetragen haben soll, L'Humanité, 9. 8. 1911. Pierre Renaudel selbst gibt aber die Kreise um La Guerre Sociale als Urheber der Idee an, L'Humanité, 6. 8. 1911.

[23] CR 22e Congrès, p. 152.

[24] a. a. O., p. 243.

[25] Rapport.

[26] J. O. 29. 10. 1910, p. 2619, Séance du 28 Octobre.

[27] Rapport. Im gleichen Sinn Le Guennic selbst, CR 22e Congrès, p. 243.

es beweist, daß die Streikleitung keineswegs unter dem Diktat der Revolutionäre stand.

Die Verhaftung selbst spielte sich als Komödie ab[28].

« Des agents faisaient déblayer et une vingtaine d'entre eux se rangent devant la porte, sous laquelle pénètre un groupe. Un instant après M. Lépine se présente à l'Entrée de nos bureaux et s'efface en disant au chef de la Sûreté qui le suit: ‹ Passez, monsieur Hamard. › Celui ci, brandissant son écharpe, déclare: ‹ Messieurs, au nom de la loi, je suis commissaire de police et je viens ici pour accomplir un mandat. ›

Renaudel répond: ‹ Nous allons vous introduire. › On conduit ces messieurs dans la pièce du fond, où attendent les cheminots, les députés socialistes, les rédacteurs de l'Humanité, ceux de la Guerre Sociale et bon nombre d'autres camarades.

Jaurès déclare aussitôt: ‹ Au nom de la République et du droit de grève, je proteste énergiquement contre cette arrestation arbitraire. ›»

Nach einem weiteren Wortwechsel begann Hamard, die Namen der zu Verhaftenden aufzurufen, begleitet von den Sprüchen der Anwesenden:

« Renault ? appelle M. Hamard.

— Il est assis dans le fauteuil de M. Briand, répond quelqu'un. Et Renaudel ajoute:

— Vous pourriez même trouver ici sa table. Nous avons aussi conservé ses plumes, comme celles d'un grand homme. »

Als endlich Lemoine, Renault, Brandouy, Le Guennic und Toffin, nicht aber Challaix, in dessen Namen sich die Polizei auf dem Haftbefehl orthographisch geirrt hatte, verhaftet waren, schloß die Szene:

« Il est 10 heures moins 10. La première charrette est chargée. M. Hamard, avec sa suite de roussins et de mouches, fole dans le couloir. Un cri formidable l'accompagne, où éclatent les colères que nous avons tous douloureusement contenues:

— Vive la grève!

Puis l'Internationale jaillit, spontanée : ‹ Debout, les damnés de la terre . . . ›»

Das Ereignis war der äußere Höhepunkt des Streiks, und die Redaktoren der „Humanité“, die sich zur Mittagszeit in einem nahen Café unterhielten, meinten: « Ils sont tous d'accord pour dire que la journée d'aujourd'hui est le point culminant de la grève. On avoue que sur la masse des grévistes les arrestations et l'ordre de mobilisation produiront de l'effet[29]. » Tatsächlich mußte gerade die Verhaftung der führenden Revolutionäre Le Guennic und Renault auf den Streik ungünstig wirken, da mit ihnen jene, die die Bewegung angetrieben hatten, ausgeschaltet waren. Die Inhaftierung Toffins wiederum, ohne dessen per-

---

[28] Zitate nach L'Humanité, 14. 10. 1910.

[29] APP B/a 1363, 12 Octobre, Bericht v. 13. 10. 1810.

sönlichen Einsatz sich die Fédération kaum in diesem Maß engagiert hätte, mußte die Bündnistreue seiner Mannschaften erneut erschüttern. Von den bekannteren Revolutionären blieb vorläufig nur Bidamant auf freiem Fuß, zu seinem eigenen Erstaunen[30], während der reformistische Bidegaray, der sich öffentlich gegen den Streik gewandt hatte, am Nachmittag des 13. Oktober, als er endlich in Paris eintraf, sofort verhaftet wurde[31].

Kaum war der Streik ausgebrochen, sah sich das Syndikat demzufolge schon der massivsten Repression gegenüber, und es hatte, innerlich zerrissen und völlig ratlos, einen Weg zu finden, der um die Katastrophe herumführte.

Die Einsetzung einer neuen Streikleitung, die dann als zweites Streikkomitee auftrat, stand erneut im Zeichen der bereits üblichen Improvisation, die den Revolutionären freilich als Manipulation erschien, weil sie glaubten, ungehörig übergangen worden zu sein. Der Sekretär des ersten Streikkomitees, Lemoine, hatte noch vor seiner Verhaftung die Namen der Mitglieder des zweiten Komitees in einem Briefumschlag verwahrt, der dann schließlich in die Hände des „Humanité"-Redaktors Pierre Renaudel übergegangen war[32]. Im Gefängnis aber erstaunte Lemoine sehr, als er von der tatsächlichen Zusammensetzung des Gremiums erfuhr, die in keiner Weise seinen Vorstellungen entsprach. Er selbst hatte sich die Namen seiner Liste nicht aufgeschrieben[33], ein anderer Revolutionär hingegen, Challaix, konnte Roch, Dupont, Blanché und Robinet nennen[34], wovon der erste den Revolutionären zuzurechnen ist, während dies für die andern nach der Lage der Dinge vermutet werden

---

30 APP B/a 1361, 19 Octobre et poursuivants, Bericht v. 19. 10. 1910. Bidamant wurde erst am 18. Oktober verhaftet und schon anfangs November wieder auf freien Fuß gesetzt. Niel zeigte sich darüber sehr erstaunt, a. a. O., Ber. v. 11. 11. 1910. Im übrigen will es scheinen, daß die Syndikatsführer, da ihnen der Ruhm des Siegers nicht mehr in Aussicht stand, wenigstens die Krone des Märtyrers zu erlangen suchten, denn die Verhaftung wurde zum Ehren-Attest. Gaston Renaudel, der nicht verhaftet worden war, bestand darauf, wenigstens auf der ursprünglichen Liste der zu verhaftenden Aktivisten figuriert zu haben, APP B/a 1362, Télégrammes et Rapports d'ordre général, Bericht v. 18. 10. 1910.

31 APP B/a 1361, Résumé par journées de la situation générale de la grève, Notiz vom 13. 10. 1910. Der gerissene Generalsekretär ließ es sich, wie Challaix, CR 22e Congrès, p. 67, erzählt, nicht nehmen, die Polizisten, die ihn verhaften wollten, zuerst sein Gepäck in seine Wohnung tragen zu lassen.

32 Brief von Pierre Renaudel an den Präsidenten des 22. Kongresses des S. N., L'Humanité, 6. 8. 1911. Renaudel gibt an, der Umschlag sei ihm von Lemoine übergeben worden, nachdem ihn zuvor Gaston Renaudel behütet habe. Lemoine selbst dagegen erklärt, der Umschlag sei nicht in seiner Gegenwart an P. Renaudel übergegangen, L'Humanité 9. 8. 1911. Möglicherweise wickelte sich die Transaktion zwischen den Brüdern Renaudel ab.

33 CR 22e Congrès, p. 153.

34 a. a. O., p. 211.

muß[35]. Für die Bestellung des Streikkomitees kam dieser Umschlag deshalb nicht in Betracht, weil er irgendwie, sei es beabsichtigt oder nicht, verschwand und erst wieder erschien, als das Komitee schon gebildet war[36].

Um die Revolutionäre weitgehend auszuschalten, bedurfte es jedenfalls solcher „Zufälle“ nicht. Der wirkliche Entscheid über das neue Gesicht des Streikkomitees fiel gleich nach den Verhaftungen durch jene Syndikalisten, die gerade zur Stelle waren[37]. Statt ein völlig neues Komitee zu bestimmen, wurde das alte ergänzt. Communay, der bisherige Schatzmeister, ersetzte Lemoine als Sekretär, wozu er eigentlich bereits am 21. Kongreß hätte bestimmt werden sollen, doch hatte er damals abgelehnt[38]. Er war kein grundsätzlicher Streikgegner, hatte sich aber gegen den Streik zu disem Zeitpunkt ausgesprochen. Ganz gegen einen Streik eingenommen waren Grandvallet, Fenot und Marchal, die neu zum Streikkomitee stießen[39]. Als fünftes Mitglied wollte die Versammlung den Revolutionär Bidamant bezeichnen, doch lehnte er ab, weil er angab, an der Basis, bei den Meetings, benötigt zu werden[40]. An seine Stelle trat schließlich ein bestens ausgewiesener Reformist, der Redaktor der „Tribune de la Voie ferrée“, Jouanneaux. Die Föderation ordnete Morin und Rambaud ab. Die personelle Neuordnung kam damit allein den Reformisten zustatten, ein Indiz mehr für die tatsächliche Ausrichtung des Syndikats und der Streikpolitik. Von dieser Führung war eine radikale Politik, die alles auf eine Karte setzte, nicht zu erwarten. Darüber konnten auch martialische Gesten wie diese nicht hinwegtäuschen: « Ce comité se fera garder ... par un nombre important de terrassiers armés. Le local sera fortifié ‹ et cette fois, dit Yvetot, l'arrestation sera fort disputée[41]. › » Die Büros der „Humanité“ zumal wandelten sich zur Zitadelle, und nur das richtige Paßwort öffnete ihren Zugang. Noch abenteuerlicher nahm sich ein dreistufiger Plan aus[42], welcher der Polizei aus der Umgebung der „Humanité“ zu Ohren kam. Da-

---

[35] Roch hatte sich am 10. Oktober als ein Wortführer der Streikparole bemerkbar gemacht, APP B/a 1360, 10 octobre, Bericht v. 10. 10. 1910.

[36] P. Renaudel war an der entscheidenden Sitzung nicht zugegen, weshalb der Briefumschlag keine Verwendung finden konnte; übereinstimmend P. Renaudel, L'Humanité 6. 8. 1911, und Communay, L'Humanité 9. 8. 1911.

[37] Rapport. Eine solche Version auch in einem Interview mit Communay, Le Temps, 9. 8. 1911.

[38] Erklärung Communays im Interview, Le Temps, 9. 8. 1911.

[39] Fenot war Lemoine schon dadurch verdächtig, daß er von der Polizei ein Spitzelangebot erhalten hatte, CR 22e Congrès, p. 153.

[40] Der Rapport wird in dieser Sache bestätigt durch Challaix, CR 22e Congrès, p. 212, und im wesentlichen sogar durch Bidamant selbst, a. a. O., p. 175.

[41] APP B/a 1361, Pièces générales, Compte rendu, Bericht v. 13. 10. 1910.

[42] APP B/a 1362, Télégrammes et Rapports d'ordre général, Bericht v. 13. 10. 1910.

nach wäre es Absicht der Streikleitung gewesen, zuerst Paris vom übrigen Land zu isolieren, dann zweitens einen möglichst allgemeinen Streik in die Wege zu leiten, und drittens eine Streikarmee zu organisieren, womit wohl der Bürgerkrieg und die Revolution eingeleitet werden sollten.

Das Syndikat quälte sich jedoch mit näherliegenden Problemen, darunter finanziellen. Lemoine hatte dem Schatzmeister des zweiten Streikkomitees, Grandvallet, zwar die Streikkasse noch übergeben können, allein sie war so gut wie leer gewesen; von den anfänglich 30 000 Francs blieben gerade noch 136 Francs zurück[43]. Beim Streikbeschluß hatte noch die Meinung vorgeherrscht, das Syndikat könnte mit ausländischen Subsidien rechnen. Bonnet, Reformist von Est, der zusammen mit Le Guennic im September am internationalen Transportarbeiter-Kongreß in Kopenhagen teilgenommen hatte, meinte dort vom deutschen Gewerkschaftsführer Jochade die Summe von 500 000 Mark für den Streikfall zugesagt bekommen zu haben, und Le Guennic wollte dies weder bestätigen noch dementieren[44]. Doch die Hoffnung auf dieses edle Geschenk war unbegründet[45], und die bescheidene Hilfe der Gewerkschaften P. T. T. und Gas mit 5000 bzw. 1000 Francs veränderte die Lage nicht entscheidend[46]. So war dem Streikkomitee schon in finanzieller Hinsicht ein enger Rahmen gesetzt.

Aus eigener Kraft konnte auch der Streik selbst nicht mehr zum Erfolg geführt werden. Die Veränderungen, die dadurch die Beziehungen des Syndikats zur Sozialistischen Partei und zur C. G. T. erfuhren, werden an anderer Stelle beurteilt. Festzuhalten ist hier nur, daß beide Organisationen um Hilfe angegangen wurden. Ein Wandel vollzog sich aber auch im Verhältnis zwischen dem Syndikat und der Regierung. Noch in einer seiner letzten Handlungen hatte sich Lemoine in einem Brief an

---

43 Rapport.

44 AN F 7 13923, La grève des chemins de fer d'octobre 1910, p. 30.

45 Jochade, Sekretär der Internationalen Transportarbeiter-Föderation, äußerte sich zu diesem Handel im sozialdemokratischen Zentralorgan „Vorwärts" vom 16. November 1910. Demnach bestand tatsächlich eine Korrespondenz zu dieser Frage, allerdings im Sinne einer internationalen Übereinkunft gegenseitiger Hilfeleistung. Von einer einseitigen Zusage Jochades konnte nicht im mindesten die Rede sein, und der deutsche Gewerkschafter bat denn auch die französischen Kollegen, die Prügelknaben woanders zu suchen.

46 Grandvallet, p. 35. Aus Politikerkreisen erfuhr die Polizei, der Radikalsozialist Berteaux, Rivale Briands, hätte dem S. N. im Hinblick auf den Streik 200 000 Francs zur Verfügung gestellt und wäre zu weiteren Hilfen bereit, APP B/a 1362, Télégrammes et Rapports d'ordre général, 17 octobre, Bericht vom 13. 10. 1910. Im Lichte der prekären Finanzlage des Syndikats erscheint diese Meldung unwahrscheinlich. Ein anderes Gerücht hatte dem Herzog von Orléans eine Spende von 500 000 Francs an das Syndikat zugeschrieben, war von ihm aber dementiert worden, a. a. O., 15 Octobre, Bericht v. 15. 10. 1910.

Briand gewandt und beteuert, das Syndikat sei nach wie vor zu einer allgemeinen Konferenz mit Regierung und Unternehmern bereit[47]. Der Erfolg dieser Initiative hing nun aber weitgehend vom Ergebnis der Repressionsmaßnahmen ab, weshalb darauf zuerst einzutreten ist. Da die streikbrechende Intervention des Staates zu einem Element geworden war, das den Gang des Konfliktes bestimmen mußte, ist es für das Verständnis der weiteren Politik des Syndikats wesentlich, die Wirkung der Repressionsmaßnahmen, d. h. vor allem der Mobilisierung, zu kennen. Daß das Aufgebot, im ganzen betrachtet, den Streik bezwungen hat, steht außer Frage[48], gewiß ist aber auch, daß dieser Erfolg lokal und zeitlich sehr unterschiedlich ausfiel.

Für das Netz Nord trat die Einberufung am 13. Oktober in Kraft. In Paris-Nord aber blieb die Wirkung, nach dem Urteil des Polizeiberichts, fast ganz aus: « Malgré les ordres de mobilisation, aucun des grévistes n'est revenu à son poste ; la gare est toujours déserte[49]. » Desgleichen in Lille: « L'ordre de mobilisation est demeuré lettre morte[50]. » Wenn auch gegen Abend in Paris einige wenige Rückkehrer verzeichnet wurden[51], veränderte das die allgemeine Lage nicht. Zwar verstärkte sich diese Tendenz in der Folge schon am 14. Oktober, doch der durchschlagende Erfolg trat noch nicht ein:

« Une légère détente se manifeste dans le mouvement gréviste depuis hier après-midi. Les rentrées de ce matin, quoique peu sensibles, sont en augmentation sur celles des jours précédents. Toutefois, l'ordre de mobilisation produit peu d'effet, et la Compagnie déclare que le service des trains ne peut pas fonctionner qu'avec le concours du personnel venu de province[52]. »

Unabhängig davon, daß der Mobilisationsbefehl für das Netz Ouest-Etat erst am 14. Oktober wirksam wurde, verlief hier die Entwicklung ähnlich wie auf Nord. Im Güterbahnhof Batignolles fanden sich schon am 12. Oktober einige Angestellte mit einem militärischen Aufgebot ein[53], und ein Polizeitelegramm vom 13. Oktober meldete für die Gare des Invalides: « légère tendance à reprise travail produite par effet convocation mobilisation[54]. » Der Streik auf diesem Netz betraf im übrigen

---

47 Le Temps, 14. 10. 1910, auch bei Poisson, La Revue Socialiste, 15. 11. 1910, p. 431.

48 Eine offizielle Verlautbarung gab an, auf 13 militarisierte Eisenbahner wären 12 dem Aufgebot nachgekommen; exakte Angaben wurden aus Gründen militärischer Geheimhaltung unterlassen, Le Temps, 18. 10. 1910.

49 APP B/a 1360, 13 octobre, Bericht v. 13. 10. 1910.

50 Le Temps, 14. 10. 1910.

51 APP B/a 1360, 13 Octobre, Telegramm von 15 Uhr 45, Berichte von 16 Uhr und 18 Uhr 30.

52 a. a. O., 14 octobre, Bericht v. 14. 10. 1910.

53 APP B/a 1360, Ouest-Etat: Pièces et Rapports, Telegramm vom 12. 10. 1910, 09 Uhr 55.

54 a. a. O., Telegramm vom 13. 10. 1910, 18 Uhr 25.

zur Hauptsache nur das alte Netz Ouest, nicht aber das ursprüngliche Netz Etat; auf der Linie nach Le Havre zum Beispiel, ehemals von Ouest betrieben, ruhte der Verkehr beinahe völlig[55]. Am 14. Oktober sodann, wohl nun als Erfolg der Einberufung, hielt die Polizei fest: « Une grande détente s'est produite depuis hier soir. Des trains ont pu être établis sur la ligne du Havre[56]. » Auf den übrigen Netzen wirkte sich die Repression allenfalls dahin aus, daß es bei den vereinzelten Ausständen blieb, die den Verkehr, wenn überhaupt, nur schwach berührten.

Darin lag jedenfalls die Bedeutung der Moblilisation: sie verhinderte das weitere Wachstum des Streiks, der nicht allgemein war und es nun auch nicht mehr werden konnte. Vom dritten Streiktag an stagnierte die Bewegung. Deshalb konnte das Streikkomitee die Lage vom 14. Oktober so beschreiben: « la mobilisation avait porté, un peut partout, un coup terrible[57]. » Alle Bemühungen richteten sich folgerichtig darauf, den Eisenbahnern den Respekt vor dem Aufgebot zu nehmen. Als gelte es, sich selbst Mut zuzureden, forderten Versammlungsredner dazu auf, sich über die Moblilisationsbefehle zu mokieren[58], ihnen auf keinen Fall Rechnung zu tragen[59], sie nicht zu fürchten[60], und versicherten immer wieder, daß das Gesetz eine Schonfrist von 15 Tagen kenne[61]. Eine Solidaritätsaktion lief an, um die Eisenbahner zu bewegen, ihre Marschbefehle gemeinsam an den Absender zurückzuschicken; in Versammlungen wurde versucht, diese Papiere massenweise einzusammeln. Der Reformist Grandvallet behauptete, es wären 45 000 Aufgebotskarten an den Ministerpräsidenten retourniert worden, in einem gelben Umschlag mit der Aufschrift „Papier sans valeur"[62]. Die Polizei indes zählte zum Beispiel an einer Versammlung der Gruppe Ouest-Etat-Rive-Gauche vom 14. Oktober bloß hundert eingesammelte Befehle, bei 1200 anwesenden Eisenbahnern[63]. Dieses Verhältnis scheint den Umständen eher gerecht zu werden, denn in C. G. T.-Kreisen, bei revolutionären Syndikalisten also, die sich auf ein bevorzugtes Verhältnis zu den Massen beriefen, gab man der Bewegung keine Chance mehr: « Le mouvement

55 a. a. O., Telegramm vom 13. 10. 1910, 11 Uhr 35.

56 a. a. O., Telegramm vom 14. 10. 1910, 10 Uhr 55.

57 Rapport.

58 So an einer Versammlung vom 12. 10., APP B/a 1360, 13 octobre, Bericht vom 13. 10. 1910.

59 Colly, sozialistischer Deputierter, am 12. 10., APP B/a 1360, Ouest-Etat: Pièces et Rapports, Ber. v. 13. 10. 1910.

60 An einer Versammlung vom 14. 10., a. a. O., Bericht vom 15. 10. 1910.

61 z. B. wieder der Deputierte Colly am 13. 10., APP B/a 1362, Télégrammes et Rapports d'ordre général, Bericht vom 13. 10. 1910.

62 Grandvallet, p. 40.

63 APP B/a 1360, Ouest-Etat: Pièces et Rapports, Bericht v. 15. 10. 1910.

est fini.» Für den 15. Oktober erwartete die C. G. T. eine Vielzahl von Streikbrechern[64].

In der defensiven Funktion, die dem Syndikat nun zufiel, und bei der aufscheinenden Absetzbewegung unter den Streikenden war nicht mehr darauf zu zählen, diese Konkursmasse noch gegen Verhandlungen einlösen zu können. Dem Syndikat blieb jedoch keine andere Wahl, als diesen Kompromiß gleichwohl zu versuchen.

Auf einen ersten Brief vom 13. Oktober, worin sich das erste Streikkomitee bereit zeigte, mit Regierung und Gesellschaften zu konferieren, antwortete der Ministerpräsident nicht, obschon er dem „Temps" gegenüber andeutete, für alle Versöhnungsversuche empfänglich zu sein[65]. Nach Ablauf von 24 Stunden wandte sich das Streikkomitee am Morgen des 14. Oktober deshalb zum zweitenmal an ihn, merklich in Zeitnot und Ungeduld: «Estimant que chaque heure qui passe aggrave les responsabilités et lèse plus gravement les intérêts du public, nous venons vous demander, monsieur le président du conseil, de nous faire connaître vos intentions[66].» An einer Streikversammlung vom gleichen Nachmittag[67] ließ der Reformist Gaston Renaudel keinen Zweifel daran, daß sich das Syndikat zu Verhandlungen bereitfände, wenn die Verhaftungen aufgehoben würden, was dem Eingeständnis gleichkam, einen taktischen Vorzug gegen sachliche Konzessionen auszuspielen. Die Tagesordnung der zahlreichen „Réunions" indessen forderten unentwegt das Maximalprogramm der gewerkschaftlichen Forderungen, eingeschlossen die Nichtigkeit der repressiven Erlasse, also die Freilassung der Verhafteten und die Wiedereinstellung der Entlassenen[68]. Kurze Zeit schien es, als könnte der Streik wirklich mit Verhandlungen beigelegt werden. Zwar beantwortete Briand auch den zweiten Brief nicht, doch äußerte er sich den Pariser Deputierten gegenüber so, als hätten ihn allein formale Bedenken daran gehindert: falls die legalen Gewerkschaftsorganisationen anstelle des Streikkomitees an ihn heranträten, würde er sehen, was sich da machen ließe[69]. Tags darauf erhielt Briand deshalb den dritten Brief, gemeinsam von Syndikat und Föderation, unterzeichnet von Communay bzw. Morin als Vertreter der „momentan verhinderten" (!) Sekretäre (Bidegaray bzw. Toffin): «L'opinion publique ne comprendrait pas que nous nous arrêtions à des subtilités de procédure ; nous

---

[64] APP B/a 1362, Télégrammes et Rapports d'ordre général, Bericht v. 14. 10. 1910.

[65] Le Temps, 14. 10. 1910.

[66] Le Temps, 15. 10. 1910.

[67] APP B/a 1362, Télégrammes et Rapports d'ordre général, Bericht v. 14. 10. 1910.

[68] So z. B. gerade an der in Anm. 67 erwähnten Versammlung, aber auch noch tags darauf, a. a. O., Ber. v. 16. 10. 1910.

[69] Nach Thomas, J. O. 29. 10. 1910, p. 2620, Séance du 28 Octobre.

avons, au cours de ce conflit, constamment prouvé que nous avions le souci de ce que nous devions à l'intérêt public ; c'est à lui que nous voulons faire encore cette suprême concession[70]. » Wieder zeigte sich Briand am selben Abend einigen Deputierten gegenüber zuversichtlich, und Thomas verließ die Unterredung „l'espoir au coeur". Sei es nun aber, daß der Ministerpräsident bloß hinhalten wollte, sei es, daß er erst nachträglich bemerkte, eigentlich schon längst obsiegt zu haben: am Morgen des 16. Oktober überwies er den Delegierten einen Brief, der „keine Hoffnung mehr erlaubte". Gleich einleitend kündigte er seinen Triumph an:

« J'ai l'honneur de vous faire savoir :

1° Que je considère la grève comme virtuellement terminée, la presque totalité des agents ayant repris le travail dans des conditions normales[71]. »

Sodann sagte er, sehr bedingungsreich, zu, sein altes Vermittlungsangebot aufrecht erhalten zu wollen:

« 3° Que je reste, conformément à ma promesse, disposé à recevoir des organisations légales des travailleurs des chemins de fer leurs revendications précises et détaillées pour les communiquer aux compagnies, mais à la condition que ces organisations cessent d'être en révolte contre la loi militaire, et que leurs communications ne me soient pas transmises sous la signature d'agents, faisant partie du comité de la grève, révoqués pour refus de service depuis que la décision d'appel a paru, et par suite exposés à être arrêtés par ordre de l'autorité militaire à la porte de mon cabinet dans le moment même où ils se présenteraient pour s'entretenir avec moi[72]. »

Der Brief ließ für Verhandlungen keinen Spielraum: Briand trat als Sieger auf und strebte nicht den Kompromiß an, sondern die Unterwerfung. Für den Augenblick zwar griff er mit der Behauptung, der Streik wäre so gut wie beendet, den Ereignissen noch vor, doch über den schließlichen Ausgang des Konfliktes waren Zweifel schon jetzt nicht mehr möglich.

3. Zusammenbruch

Die aufdringliche Verhandlungsbereitschaft des Syndikats leitete sich aus der konkreten Streiklage her, über die sich das Streikkomitee nun auch keinen Illusionen mehr hingab. An Sieg dachte schon am 15. Oktober kein Eingeweihter mehr, zur Debatte stand nur noch, ob das Unternehmen sofort und bedingungslos abzubrechen oder ob ein Gespräch anzustreben wäre[73]. Bereits begannen viele streikenden Gruppen zu wanken, und diesem Übel wußte das Komitee nicht zu steuern.

---

[70] a. a. O., vollständiger Text bei Poisson, La Revue Socialiste, 15. 11. 1910, p. 433/34.

[71] Zitiert nach Le Temps, 17. 10. 1910.

[72] a. a. O.

[73] Rapport.

Am 15. Oktober, als Briand den zweiten Brief erhielt, war der Zerfall der Bewegung schon deutlich zu erkennen. Für das Netz Nord resümierte die Polizei eine merkliche Verbesserung gegenüber dem Vortag[74]. Auch bei Ouest-Etat gab es weitere Streikbrecher[75], die Lage blieb hier aber stationär, im Bahnhof Saint-Lazare wickelte sich der Fernverkehr sogar weniger regelmäßig ab als am Vortag[76], und aus der Gare des Invalides verlautete: « l'ordre de mobilisation n'a produit aucun effet[77]. » Dagegen blieb der Generalstreik auf den übrigen Netzen endgültig Wunschdenken: P.—L.—M. meldete eine „situation excellente", bei P.—O. war alles „absolument normale"[78].

Am 16. Oktober, einem Sonntag, schränkten die eintreffenden Meldungen die Handlungsfreiheit des Komitees zusehends ein. Da verlangte ein Gruppensekretär unverzüglich zu verhandeln, weil schon zahlreiche seiner Kameraden die Arbeit wieder aufgenommen hätten; ein andrer, noch dazu aus dem revolutionären Sotteville, machte klar, daß er seine Genossen nicht mehr lange zurückhalten könnte, weshalb der Konflikt beendet werden müßte[79]. In Lille taten sich einige Entlassene zusammen, um der Compagnie du Nord reumütig ihre Unterwerfung anzubieten[80]. Im Polizeibericht zur Lage auf dem Netz Nord hieß es demzufolge eindeutig: « La situation continue à s'améliorer, et les rentrées qui se sont effectuées depuis hier matin permettent à la Compagnie de rétablir aujourd'hui le service à peu près normalement[81]. » Stabiler zeigte sich auch am 16. Oktober wieder Ouest-Etat, obschon auch hier weitere Arbeiter den Streik abbrachen[82]. Das Streikkomitee erkannte: « Il fallait

---

[74] APP B/a 1360, 15 octobre, Bericht v. 15. 10. 1910.

[75] Das Ausmaß blieb durchwegs bescheiden, APP B/a 1360, Ouest-Etat: Pièces et Rapports, Telegramme vom 15. 10. 1910, 10 Uhr, 11 Uhr, 13 Uhr 40 und 22 Uhr 10.

[76] a. a. O., Telegramm von 16 Uhr 20.

[77] a. a. O., Telegramm von 09 Uhr 20.

[78] a. a. O., Telegramm von 11 Uhr.

[79] Rapport.

[80] AN 48 AQ 3402, Communiqués de la Compagnies, Bericht v. 16. 10. 1910. Gleichentags versicherte dagegen der Syndikalist Mahieux aus Lille einer Pariser Versammlung, die Streikbewegung verlaufe in Lille bestens. APP B/a 1360, 17 octobre, Bericht v. 17. 10. 1910.

[81] APP B/a 1360, 16 octobre, Bericht v. 16. 10. 1910.

[82] APP B/a 1360, Ouest-Etat: Pièces et Rapports, Telegramme vom 16. 10. 1910, 08 Uhr 45, 09 Uhr 45, 09 Uhr 50 und 22 Uhr 15. In der Gare Montparnasse hielten sich die Schwankungen in engen Grenzen. Auf einen Effektivbestand von 450 Arbeitern fehlten:

13.10.	191	
14.10.	192	
15.10.	209	
16.10.	200	a. a. O., Ber. v. 16. 10. 1910.

faire une fin à une situation sans issue qui avait trop duré. Bidamant, entendu par le Comité de grève, exprima, lui aussi, cette idée[83]. »

Auch die Revolutionäre, denn als solcher war Bidamant konsultiert worden, wollten sich nun offenbar des Streiks entledigen. „Mais comment"? Zur sofortigen Kapitulation reichte die Verzweiflung noch nicht hin. Also wurde versucht, mit dem Streikabbruch möglichst lange zuzuwarten. Durchhalten wurde zur offiziellen Losung erhoben. Zur Aufmunterung verbreiteten deshalb die führenden Funktionäre nun, als alles schon talwärts brauste, eine Sieg-in-Sicht-Stimmung[84]. Bidamant, vom Streikkomitee eigens bestimmt, „den Mut der Kameraden aufzuheizen", besorgte diesen Auftrag, wider bessere Einsicht zu sprechen, so unvollkommen, daß ein andrer den schlechten Eindruck mit stärkeren Worten ausgleichen mußte[85]. Während so ein revolutionärer Enthusiast den Erwartungen nicht genügte, bewährte sich eine ganze Reihe von Reformisten im Wettbewerb um die zündenden Parolen[86]. Allenthalben wurden dann in der Folge immer noch Resolutionen verabschiedet, die den „Grève à outrance" verlangten. Das Streikkomitee verfiel alsdann, immer auf der Suche nach Auftrieb, noch auf einen Vorschlag, der auf den „Humanité"-Redaktor Pierre Renaudel zurückzugehen scheint[87]. Um die These Briands, wonach der Streik bereits sein Ende gefunden hätte, jedermann — und sich selbst — sichtbar zu widerlegen, wurden die Streikenden auf den Morgen des 18. Oktober zu einem Meeting auf die Rasenplätze am Lac Daumesnil im Bois de Vincennes geladen[88]. Die Morgenstunde war gewählt worden, weil es nicht in der Absicht des Syndikats lag, die öffentliche Ordnung zu stören. Briand erfuhr durch einen offiziellen Brief des Streikkomitees vom Vorhaben und verbot die Demonstration. Großzügig verzichtete daraufhin das Komitee auf seinen Plan und ließ einen triumphierenden Aufruf erscheinen. Weil die Demonstration von Anfang an zu einem ganz kolossalen Beweis der Stärke stilisiert worden war, konnte nun behauptet werden, mit dem Verbot sei dieses Ziel erreicht worden, denn wenn Briand seinen eigenen

---

83 Rapport.

84 Dazu APP B/a 1360, Ouest-Etat: Pièces et Rapports, Berichte vom 16. 10. 1910.

85 Rapport.

86 Der sozialistische Deputierte Rouannet, APP B/a 1360, 17 octobre, Bericht v. 17. 10. 1910; seine Kollegen Colly und Dejeante, APP B/a 1362, Télégrammes et Rapports d'ordre général, Bericht v. 17. 10. 1910. Bei den gemäßigten Eisenbahnern z. B. Communay, APP B/a 1360, Ouest-Etat: Pièces et Rapports, Bericht v. 16. 10. 1910, und Le Guen, Rapport.

87 AN F 7 13923, 1910 - 1911, Notes, Ber. v. 17. 10. 1910, M/2062.

88 Der Vorschlag, in die Tagesordnung einer Versammlung vom 16. 10. aufgenommen (APP B/a 1362, Télégrammes et Rapports d'ordre général, Bericht v. 16. 10. 1910), wurde hierauf in einem Manifest publik gemacht.

Worten, der Streik sei beendet, vertraut haben könnte, hätte er das Verbot gar nicht erst zu erlassen brauchen[89].

Am Montagmorgen versammelten sich gleichwohl, im Hof der Maison des Fédérations, 5000 Streikende, die an der üblichen Forderung festhielten, voll zufrieden gestellt zu werden[90]. Zu dieser Zeit sann das Streikkomitee aber schon darauf, binnen kurzem die Wiederaufnahme der Arbeit anzuordnen[91].

Der Zeitpunkt, zu dem der Streik sein Ende finden mußte, wurde durch die Entwicklung selbst noch auf den 17. Oktober festgelegt. Trotz aller verbalen Beteuerungen zeichnete sich an diesem Montag der allgemeine Zusammenbruch ab. Aus dem Tagesrapport der Polizei für das Netz Nord ging dieser Sachverhalt deutlich hervor: « La grève des cheminots du Nord est actuellement en pleine décroissance ... Les rentrées se sont effectuées en grand nombre ce matin, et elles continuent[92]. » Während in Paris der besonders streikempfindliche Vorortsverkehr schon wieder annähernd normal verlief[93], war die Streiktendenz in den großen Provinzorten Amiens, Lille und Tergnier weniger rückläufig[94]. Bei Ouest-Etat nahm der Schwundprozeß gleichfalls größere Schritte: vom 16. auf den 17. Oktober sank die Zahl der Streikenden von 9171 auf 6815, d. h. um rund 25 %[95]. In Versailles beispielsweise befanden sich nur noch 50 % der ursprünglich Beteiligten im Ausstand[96].

Die Prognosen für den 18. Oktober konnten die Vorzeichen auch nicht umkehren, sie verhießen im Gegenteil den vollständigen Zusammenbruch. Aus Tergnier zum Beispiel, das die Revolutionäre zu ihren Hochburgen zählten, wurde dem Streikkomitee gemeldet, es werde dort am Dienstag keine Streikenden mehr geben[97]. Wenn der tatsächliche und der offizielle Streikabbruch zeitlich wenigstens annähernd übereinstimmen sollten, durfte das Streikkomitee nicht länger zögern. Ein für die Lage typischer Vorgang erleichterte den Entschluß. Die Kluft, die sich geöffnet hatte zwischen der demonstrativen Siegeszuversicht, die die Führer

---

89 Diese Bekanntmachung zitiert bei Poisson, La Revue Socialiste, 15. 11. 1910, p. 435 ff.

90 APP B/a 1362, Télégrammes et Rapports d'ordre général, Bericht vom 17. 10. 1910.

91 AN F 7 13923, 1910 - 1911, Notes, Ber. v. 17. 10. 1910, M/2062.

92 APP B/a 1360, 17 octobre, Bericht v. 17. 10. 1910.

93 a. a. O., Telegramm von 14 Uhr 15.

94 a. a. O., Bericht v. 17. 10. 1910.

95 APP B/a 1361, Résumé par journées de la situation générale de la grève, Résumé vom 18. 10. 1910.

96 Aussage des Streikveteranen Albert Hervieux, Papiere von Joseph Jacquet, Fédération Nationale des Cheminots C. G. T.

97 Rapport.

sorgsam pflegten, und ihren wirklichen Absichten, übertrug sich allmählich auch auf die Arbeiter. So geschah es, daß sich die Streikenden nicht mehr an ihre eigenen intransigenten Tagesordnungen gebunden fühlten. Bei den Mechanikern und Heizern von Paris-Nord hatte dies folgende Wirkung:

« Le lundi après-midi, 560 mécaniciens acclamaient la grève à outrance à l'unanimité moins une voix. Mais sur la nouvelle non contrôlée que les trois quarts de ceux qui venaient de voter la grève à outrance avaient décidé de reprendre le travail, une panique s'empara de l'assistance : à huit heures du soir on apprenait que la grande majorité s'était fait inscrire pour reprendre le service[98]. »

Wieder war der entscheidende Impuls von der Basis ausgegangen, das Streikkomitee konnte davon nur bedauernd Kenntnis nehmen: « ce fut pour nous un coup terrible et nous étions atterrés. » Es blieb nur, Bilanz zu ziehen und sich ins Unvermeidliche zu schicken:

« Après un examen profond de la situation sans issue dans laquelle nous nous trouvions, devant les défections nombreuses signalées, la reprise du travail à Paris-Nord et Tergnier, la lassitude manifeste des grévistes, le manque de renseignements, la pénurie de nos fonds, devant la débandade certaine qui se préparait et l'impossibilité absolue d'entrer en pourparlers avec le gouvernement, complice des Compagnies, après une longue discussion nous décidâmes la reprise du travail pour le lendemain matin — sans conditions[99]. »

Die Folgekette, die zum Beschluß hinführte, war damit zutreffend aufgereiht. Bezeichnend war, daß die Streikführung wieder nur anordnete, was ohnehin bereits vor sich ging: ohne diesen Beschluß hätte sie sich dem offenen Abfall gegenüber gesehen[100].

Um zwei Uhr früh, am 18. Oktober, hatte das Syndikat den Befehl der Presse übermittelt[101], am Nachmittag desselben Tages begründete es ihn gegenüber der Arbeiterschaft und der Öffentlichkeit in einem Manifest, das von Pierre Renaudel und Communay redigiert worden war[102]. Hier wurden die disziplinarischen Ursachen für den Streikabbruch mit der Behauptung verschleiert: « Le comité a préféré la rentrée sans conditions à des pourparlers mensongers qui ne pouvaient plus être poursuivis sans humiliation[103]. » Die Niederlage wurde zwar offen eingestanden —

---

98 La Guerre Sociale, 23. - 29. 11. 1910, Nr. 50.

99 Rapport.

100 Gaston Rènaudel stellte dies ganz klar heraus an einer Versammlung vom 27. Oktober: « Le Comité de grève ... préféra intimer l'ordre de cessation de la grève plutôt que de donner le spectacle de la débandade des grévistes. » APP B/a 1361, 19 octobre et poursuivants, Bericht v. 28. 10. 1910.

101 Le Temps, 19. 10. 1910.

102 APP B/a 1361, 19 octobre et poursuivants, Bericht v. 19. 10. 1910. Spöttisch heißt es dazu: « C'est ce qui explique pourquoi (le manifeste) est si terne et si malhabile. »

103 Le Temps, 20. 10. 1910.

« vaincus nous ne sommes pas abattus » —, dennoch wollte man stolz sein « d'avoir fait la démonstration de notre force, d'avoir prouvé qu'un grand mouvement était possible parmi les travailleurs des chemins de fer. »

Nicht einmal in der Wiederaufnahme der Arbeit konnte dieser Kraftnachweis erbracht werden. Obwohl die Sûreté in großer Hilfsbereitschaft die Präfekten anwies, dem Communiqué der Streikleitung mit dem Streikabbruchbefehl die größte Publizität einzuräumen[104], blieb die Ausführung uneinheitlich und ungleichzeitig. In Paris-Nord kehrten die Arbeiter „en grand nombre" in den Dienst zurück, ebenso in Tergnier, weniger allgemein dagegen in Amiens und Lille[105]. Das Streikkomitee von Lille zum Beispiel lehnte es noch ab, der Pariser Weisung zu folgen: der weitere allgemeine Ausstand beschränkte sich aber auf die Werkstätten, wo von 3000 Arbeitern nur gerade 112 ihren Dienst leisteten[106]. Immerhin konnte jetzt der normale Verkehr als wiederhergestellt bezeichnet werden[107]. Am 19. Oktober endlich traten, außer Kranken und Entlassenen, alle Eisenbahner von Nord wieder zur Arbeit an[108]. Für das Netz Ouest-Etat galt, was Paris betraf, das Streikende am 18. Oktober als fast vollständig und in der Provinz als sehr fortgeschritten[109]; am 19. Oktober war das Personal auf dem gesamten Netz wieder vollzählig[110]. Zuletzt, einige Tage später, normalisierte sich die Lage auch auf dem südfranzösischen Netz Midi, wo der Streik ja auch verzögert begonnen worden war[111].

4. Die unmittelbaren Streikfolgen

Die Repression hatte ihr Ziel erreicht: Der Konflikt war beendet. Aber die Unruhe war nicht besänftigt. Die Streikenden kamen verstimmt an die Arbeit zurück, besonders jene, die disziplinarisch bestraft wurden, durch Versetzung usw.[112]. Die sozialistischen Parlamentarier rechneten

---

104 APP B/a 1361, Instructions générales, Zirkular vom 18.10.1910, 10 Uhr 20.

105 APP B/a 1360, 18 octobre, Bericht v. 18.10.1910. Für die Übersicht über die Streikentwicklung in Plaine-Saint-Denis vgl. erneut den Anhang, Ziff. 2.

106 Le Temps, 19.10.1910. Am 19. Oktober kehrten auch hier die Massen zur Arbeit zurück, Le Temps, 20.10.1910.

107 APP B/a 1360, 18 octobre, Bericht v. 18.10.1910, 15 Uhr.

108 a. a. O., 19 octobre et suivants, Bericht v. 19.10.1910.

109 APP B/a 1361, Résumé par journée de la situation générale de la grève, Résumé vom 18.10.1910.

110 APP B/a 1360, Ouest-Etat: Pièces et Rapports, Telegramm vom 19.10.1910, 10 Uhr 20.

111 Die Darstellung hat bewußt darauf verzichtet, das Netz Midi in die Betrachtung einzubeziehen. Der Streik auf Midi ist für die allgemeinen Aspekte des Streiks weiter nicht relevant.

schon mit neuen Teilstreiks, falls sich die Repression als zu maßlos herausstellen sollte[113]. Diese zweite Schlacht indes unterblieb, denn der S. N. war im Anschluß an den Streik zu sehr mit sich selbst beschäftigt: die Niederlage hatte nämlich jenen recht gegeben, die stets vor dem Streik gewarnt hatten. Ihnen schien die Lage günstig genug, um mit dem revolutionären Flügel ins Gericht zu gehen. Aber auch Parlament und Öffentlichkeit sollten sich noch mit dem Streik befassen müssen. Auf diese verschiedenen politischen Nachwirkungen ist später zurückzukommen.

Der Ertrag, den der Streik auf dem sozialen Feld eintrug, konnte den Umständen gemäß nicht reich ausfallen. Immerhin wurde in der hauptsächlichsten professionellen Forderung, jener nach höheren Löhnen, ein Teilerfolg erzielt. Schon am 10. Oktober, noch vor dem Streikausbruch auf diesem Netz, veröffentlichte die Direktion der staatlichen Gesellschaft Etat eine Erklärung, die diversen Personalkategorien mit Residenz in Paris den Mindestverdienst von fünf Francs pro Arbeitstag zusicherte, und zwar rückwirkend auf den 1. Januar 1910[114]. Mit der lokalen Begrenzung und dem Verzicht auf die Berechnung der Ruhetage blieb die Maßnahme allerdings hinter den syndikalen Forderungen zurück und konnte deshalb den Streik nicht verhindern. Am 15. Oktober sodann, in ihrer täglichen Konferenz mit dem Minister für Öffentliche Arbeiten, kündigten die Direktoren der privaten Gesellschaften an, daß spätestens vom 1. Januar 1911 an alle in Paris wohnenden Eisenbahner ein Mindestgehalt von fünf Francs pro effektiven Arbeitstag beziehen sollten[115]. Um jedoch dem Streik keine nachträgliche Rechtfertigung zu liefern, wiesen die Gesellschaften durch ein Communiqué vom 17. Oktober jeden Zusammenhang zwischen Lohnverbesserung und Streik weit von sich, da die Maßnahme im Prinzip schon vor dem Streik beschlossen worden sei: « Il restait seulement à régler les détails et la date de l'application[116]. » Diesem schleppendem Prozeß von den Vorsätzen zu ihrer Erfüllung kam der Streik wohl sehr entscheidend zustatten, denn die Ankündigung am 15. Oktober, noch dazu in einer Sitzung mit Millerand, kann billigerweise nicht als Zufall erklärt werden. Für den S. N. freilich blieb dieser sehr partielle Erfolg, gemessen an den ursprünglichen Forderungen, äußerst bescheiden[117].

---

112 Dies traf z. B. auf versetzte Mechaniker der Compagnie du Nord zu, die nur zähneknirschend ihre Arbeit wieder aufnahmen, APP B/a 1360, Ouest-Etat: Pièces et Rapports, 19 octobre, Notiz vom 18. 10. 1910.

113 AN F 7 13923, 1910 - 1911, Notes, Ber. v. 20. 10. 1910, M/2063.

114 Le Temps, 11. 10. 1910. Vgl. Kap. VII (bei Anm. 35).

115 Le Temps, 16. 10. 1910.

116 Zitiert nach Le Temps, 18. 10. 1910.

117 Bei Georges/Tintant, Léon Jouhaux I, p. 48, Anm. 1, wird, ausgehend von einer falschen sachlichen Grundlage, der Streik als eine gewonnene Partie für die Streikenden gewertet.

Unter die direkten Auswirkungen des Streiks fallen schließlich auch die Verkehrsstörungen, die selbst noch nach einigen Wochen die Netze Nord und Ouest-Etat betrafen, und zwar besonders im Güterverkehr. Bei Nord wurden am 17. Dezember, zwei Monate nach dem Streik, die folgenden chaotischen Verhältnissen registriert: « Le Nord a dans ses transports un retard de plus de 20.000 wagons, et 2.800 wagons se promènent sur les lignes sans que l'on sache ni où ils viennent, ni où ils vont, ni à qui appartiennent les marchandises qu'ils contiennent[118]. » Der Streik war damit in eine neue Form übergegangen, die „grève perlée", die Grandvallet so definierte: « ... [elle] consiste à diriger wagons et colis dans de fausses directions et à se conformer rigoureusement aux réglements[119]. » Dieser Untergrundstreik vermochte sich teilweise während langer Zeit zu behaupten: noch im Mai 1911 wurden auf dem Netz Nord täglich Tausende von Frachtstücken fehlgeleitet, was zu häufigen Beschwerden der Kundschaft führte. Die Verantwortlichen schienen gewillt, diese Taktik bis zur Reintegration ihrer Kameraden fortzusetzen[120]. Im übrigen aber schwand das Interesse am Oktobergeschehen rasch. Schon am 5. November fanden von 25 Versammlungen, die den Streik zum Thema hatten, zwei wegen Teilnehmermangels nicht statt[121], und am 13. November protestierte ein als Großveranstaltung aufgezogenes Meeting nicht wie vorgesehen hauptsächlich gegen die Erwürgung des Streiks, sondern gegen das Desinteresse der Arbeiterschaft, denn es waren bloß 200 Personen anwesend[122].

In finanzieller Hinsicht stürzte der Streik keine Eisenbahngesellschaft in ernste Schwierigkeiten. Die Mindereinnahmen betrugen für die Zeit vom 8. bis zum 21. Oktober:

Nord	2.97 Mio. Francs
Etat	2.25 Mio. Francs
P.-L.-M.	1.06 Mio. Francs.
P.-O.	0.95 Mio. Francs.
Est	0.81 Mio. Francs.
Midi	0.40 Mio. Francs.
Total	8.44 Mio. Francs

---

118 Mitgeteilt bei Seilhac, p. 94. Eine Bestätigung der Schwierigkeiten der Gesellschaft in ihrem Brief an das Ministère des Travaux Publics vom 12. 11. 1910, AN 48 AQ 2952, p. 439; sowie im Sûreté-Bericht AN F 7 13923, La grève des chemins de fer d'octobre 1910, p. 40, Für die Behinderung auf Ouest-Etat vgl. die Mitteilung der Compagnie générale transatlantique, wonach wegen Nicht-Gewährleistung der üblichen Fristen auf diesem Netz die Waren teilweise nach Bordeaux spediert werden sollen. Zitiert in L'Humanité, 18. 12. 1910.

119 Grandvallet, p. 62.

120 APP B/a 1413, Compagnie de l'Est 1891 - 1913, Bericht vom 30. 5. 1911.

121 APP B/a 1361, 19 octobre et poursuivants, Bericht v. 6. 11. 1910.

122 a. a. O., Bericht v. 14. 11. 1910.

Da jedoch in den übrigen Monaten des Jahres bis zum 7. Oktober 1910 die Einnahmen gegenüber dem Vorjahr zusammen um 36,9 Mio. Francs gestiegen waren, fiel der Streikausfall nicht übermäßig stark ins Gewicht[123]. In ihrem Jahresbericht konnte die am meisten betroffene Gesellschaft Nord ganz kurz darüber hinweggehen: « Les résultats de l'exercice 1910 sont au nombre des plus satisfaisants que la Compagnie ait réalisés, malgré la grève et les autres circonstances défavorables qui ont affecté les derniers mois de l'année[124]. »

5. Das Ausmaß der Repression

Auf die schon besprochene Mobilisation braucht bei diesem Überblick über die repressiven Maßnahmen jetzt nicht mehr eingegangen zu werden. Im Vordergrund stehen deshalb die Verhaftungswelle und die mit leichter Hand ausgeworfenen Entlassungen. Eine Übersicht der Sûreté gibt ein detailliertes Bild zu den Verhaftungen:

Verhaftungen[125] wegen	Est	Etat	Nord	PLM	PO	Midi	Total
Sabotagepropaganda	8	16	12	10	3	3	52
Vergehen gegen die Arbeitsfreiheit, Gewalt	22	65	117	10	7	6	227
Antimilitarismus	9	11	25	11	1	—	57
Nichtbefolgung der militärischen Einberufung	1	2	2	—	10	1	16
Behinderung des Zugsverkehrs	—	26	7	5	2	—	40
Rebellion	—	1	1	—	—	—	2
Total	40	121	164	36	23	10	394

Die Angaben bestätigen zunächst klar einen allgemeinen Zug: die Verhaftungen überwiegen bei den zwei wirklich streikenden Netzen Etat und Nord. Sodann erweist sich: 1. 57 % der Verhaftungen geschahen auf der Grundlage der unscharfen Formel „Vergehen gegen die Arbeitsfreiheit" (Entraves à la liberté du travail), nämlich 227 von 394. 2. Gegen die Mißachtung des Mobilisationsbefehls wurde nur in Einzelfällen eingeschritten. Darin drücken sich die fragwürdigen juristischen Verhältnisse aus, denn die tatsächlichen „Refus de réponse à convocation militaire" lagen sehr siel höher. Es ist unzweifelhaft, daß relativ große Teile der Arbeiterschaft auf das Aufgebot nicht sofort eingetreten sind. 3. Die

123 Die Zahlen sind der „Revue Economique et Financière" entnommen, mitgeteilt in L'Humanité, 18. 12. 1910.

124 AN 48 AQ 574, Rapport, p. 32.

125 AN F 7 13923, La grève des chemins de fer d'octobre 1910, Anhang.

Gesamtzahl der Verhaftungen erlaubt, von einer eigentlichen Verhaftungswelle zu sprechen.

Die willkürliche Natur der ganzen Aktion wird beleuchtet durch den Vergleich mit den erfolgten Verurteilungen, wozu die Sûreté eine zweite Aufstellung erstellte:

Verurteilungen[126] wegen	Est	Etat	Nord	PLM	PO	Midi	Total
Sabotagepropaganda	1	2	3	—	1	—	7
Vergehen gegen die Arbeitsfreiheit, Gewalt	11	34	60	7	3	5	120
Antimilitarismus	4	6	16	6	—	—	32
Nichtbefolgung der militärischen Einberufung	—	—	1	—	—	—	1
Behinderung des Zugsverkehrs	—	1	2	—	—	—	3
Total	16	43	82	13	4	5	163

Dabei fällt auf: 1. Von den Verhaftungen wurden nur 41 % durch die juristische Untersuchung gerechtfertigt. Die von der Linken behauptete Willkür der Justiz selbst würde diesen Prozentsatz zudem nochmals stark sinken lassen. 2. Das genannte Mißverhältnis ist besonders kraß dort, wo die Verhaftung im Zusammenhang mit Sabotage steht (Punkt 1 und 5).

Die Unbedenklichkeit bei der Vornahme von Verhaftungen ist an einigen Beispielen erkennbar. So wurde ein Mechaniker verhaftet, weil er es gewagt hatte, auf der Ankunftsrampe in der Gare Montparnasse „Vive la grève" auszurufen[127], und einem „Individuum", das im Angesicht eines Leutnants demselben Ausruf noch ein „Vive la révolution" hinzufügte, widerfuhr das gleiche Schicksal[128]. In anderen Fällen wiederum genügte es vollauf, arbeitende Eisenbahner als „salaud"[129], „fainéant"[130] und „renard"[131] zu beschimpfen oder auch nur Plakate der C. G. T. anzukleben[132], um auf der Stelle festgenommen zu werden. Der sozialistische Deputierte Willm behauptete, es wäre schon allein aufgrund von Polizeinotizen zu Verhaftungen gekommen[133] und es hätte

[126] a. a. O.

[127] APP B/a 1360, Ouest-Etat: Pièces et Rapports, Telegramm vom 14. 10. 1910, 10 Uhr 45.

[128] APP B/a 1361, Incidents et bagarres, Depesche vom 19. 10. 1910, 14 Uhr 40.

[129] APP B/a 1363, Arrestations et condamnations, Telegramm vom 14. 10. 1910, 11 Uhr 15.

[130] a. a. O., Bericht v. 17. 10. 1910.

[131] a. a. O., Bericht v. 15. 10. 1910.

[132] a. a. O., Meldungen vom 16. 10. 1910.

[133] J. O. 30. 10. 1910, p. 2638, Séance du 29 Octobre.

Unregelmäßigkeiten bei der Untersuchung gegeben[134], Jaurès spielte auf den Fall Dreyfus an[135], Rognon deklamierte: « vouz avez rénové ce que la Révolution avait fait disparaître de ce pays : la lettre de cachet[136]. » Die energischen Instruktionen der Regierung jedenfalls taten ihre Wirkung; die Polizei legte zweifellos einen außergewöhnlichen Eifer an den Tag. Die Justiz hielt sich in ihren Urteilen mehr zurück: neben den zahlreichen Freisprüchen gingen die meisten Strafen nicht über einen Monat hinaus, und nur in Einzelfällen überschritten sie ein halbes Jahr[137].

Die Entlassungen unterschieden sich von den Verhaftungen durch die ungleich größere Zahl wie durch die noch ausgeprägtere Willkür. Über die exakten Zahlen besteht Unklarheit. Das Syndikat selbst gab im November 1910 eine sichere Basis von 2558 Entlassungen an[138], wozu allenfalls noch eine unbekannte Dunkelziffer nicht gemeldeter Fälle geschlagen werden muß. Die höchsten Schätzungen liegen deshalb bei 3300[139]. Da aber auch das Ministerium für Öffentliche Arbeiten nur 2575 Entlassungen verzeichnete, dürfte die effektive Zahl unter 3000 liegen. Die interessante Aufschlüsselung auf die einzelnen Netze nennt[140]:

	Ministerium	*S. N.*
Nord	1162	862
Etat	322	386
Est	185	203
P.-L.-M.	436	530
P.-O.	228	210
Midi	119	127
Ceinture	123	103
Compagnies Secondaires		32
Andere		105
Total	2575	2558

In diesen Zahlen drückt sich aus: 1. Die Compagnie du Nord trieb eine über die Maßen radikale Entlassungspolitik; daraus erhellt die besondere Schärfe, die den Sozialkonflikt auf diesem Netz charakterisiert.

134 a. a. O., p. 2640.

135 a. a. O., p. 2641.

136 J. O. 28. 10. 1910, p. 2583, Séance du 27 Octobre.

137 Von 26 Urteilen, die z. B. die 9e Chambre Correctionelle am 25., 27. und 29. Oktober ausfällte, überstiegen sechs einen Monat, nur eines dagegen mit 13 Monaten ein halbes Jahr, APP B/a 1363, Arrestations et condamnations, Rapporte Condamnations.

138 Tribune, 27. 11. 1910.

139 Rouchy, p. 62, Anm. 1. Auch Jouanneaux, L'Humanité, 4. 11. 1910.

140 Für die Zahlen des Ministeriums: AN 48 AQ 3402, Personnel, Brief des Ministère des Travaux Publics vom 19. 1. 1912. Für die Zahlen des S. N.: Tribune, 27. 11. 1910.

Erneut bestätigt sich so das gewonnene Bild von der dezidiert arbeiterfeindlichen Haltung dieser Gesellschaft. 2. Die staatlichen Eisenbahnen hielten mit der Repression verhältnismäßig sehr zurück: die Entlassungen nehmen sich bescheiden aus, wenn die starke Bestreikung des Netzes in Rechnung gestellt wird. 3. Die übrigen, vom Streik schwach berührten Privatgesellschaften sind energisch gegen die kleinen Streikherde vorgegangen. Dies gilt besonders für die Compagnie Paris—Lyon—Mediterranée, wo es schon vor Oktober 1910 zu ernsten Zwischenfällen gekommen war. 4. Im Vergleich der Zahlen von Syndikat und Regierung zeigt sich kein wirklich bedeutender Unterschied; damit stehen die Proportionen fest.

Auf die Frage, wen die Entlassungen vor allen Dingen trafen, nennt das Syndikat zwei Gruppen: leitende Syndikalisten und dienstalte Eisenbahner[141]. In der ersten Kategorie wurden entlassen: alle fünf Mitglieder des Büros des Conseil d'Administration, alle streikenden Mitglieder des Conseil d'Administration, 32 in der Zahl, alle sieben Sekretäre der Netz-Komitees, fast alle Sekretäre der streikenden Gruppen, das sind:

Netz	*streikende Gruppen*	*entlassene Sekretäre*
Nord	31	28
Etat	26	17
Est	11	8
P.-L.-M.	14	13
P.-O.	9	6
Midi	7	6
Ceinture	3	3
Total	101	81

In 933 Fällen war dem Syndikat auch die Zahl der Dienstjahre der Entlassenen bekannt:

Dienstjahre	*Arbeiter*	*in %*
bis 5	353	37.8
6 - 10	195	20.9
11 - 15	187	20.1
16 - 20	113	12.1.
21 - 25	55	5.9
26 - 30	24	2.6
darüber	6	0.6
Total	933	100.0

Um zu erkennen, welche Dienstaltersgruppen durch die Entlassungen besonders betroffen wurden, müßte die Dienstaltersstruktur des Eisen-

[141] Tribune, 27. 11. 1910.

bahnpersonals genau bekannt sein. Auch so aber spricht aus den Zahlen eine gewisse Rücksichtslosigkeit gegenüber jahrelang beschäftigten Arbeitern. Die Entlassung alter Arbeiter hatte zudem einen finanziellen Hintergrund: die den Gesellschaften für diese Arbeiter zufallenden großen Lasten, wie sie durch die Einführung des Retraitengesetzes auf den 1. Januar 1911 anfielen, konnten so auf verblüffende Weise gelöscht werden. Im Hinblick auf die Dienstaltersstruktur des streikenden Personals wird ferner auch aus diesem unzulänglichen Zahlenmaterial erkennbar, daß der Streik keineswegs nur jüngere, unbedächtige Eisenbahner in seinen Bann schlug: von den oben erfaßten Entlassenen standen immerhin 41,3 % seit über zehn Jahren im Dienst der Gesellschaften.

Nach dem Streikende erhob sich die Frage, was mit den Entlassenen hinfort zu geschehen hätte. Die meisten Arbeiter wünschten, baldmöglichst wieder in Gnaden aufgenommen zu werden, und die Compagnie du Nord beispielsweise erhielt eine größere Menge völlig analoger, offenbar vom Syndikat standardisierter Bittschriften[142]. Außer der staatlichen Gesellschaft, die sich nach dem Regierungswechsel von Briand zu Monis relativ großmütig zeigte, beeilte sich hingegen keine der privaten Gesellschaften, die Reintegration in die Tat umzusetzen. Im Jahr 1912 waren bei Etat 279 von 322 Entlassenen wieder im Dienst, auf den übrigen Netzen blieben Wiedereinstellungen vereinzelt[143]. Dem Drängen der neuen Regierung widerstand die Compagnie du Nord mit der Begründung: « Or, toute réintégration plus ou moins généralisée des agents révoqués pour faits de grève aurait pour effet certain de favoriser les manœuvres des mêmes agitateurs en vue de grèves prochaines[144]. » Noch 1915, als im Zeichen der nationalen Einheit alte Konflikte beigelegt werden sollten, mußte das Ministerium für Öffentliche Arbeiten durch seinen Kabinettschef Léon Blum bei dieser Gesellschaft wegen der ungenügenden Reintegration vorstellig werden[145]. Mit dem Reintegrationsproblem hatte auch das Parlament in den Jahren nach dem Streik noch mehrmals zu schaffen, regelmäßig ohne greifbares Ergebnis. Erst 1919, ein Jahr bevor eine zweite große Streikbewegung die Eisenbahnen ergriff, konnte Bidegaray die Reintegration als abgeschlossen erklären[146]. Für die vielen Betroffenen blieb damit der Streik ein noch auf Jahre hinaus gegenwärtiges Erlebnis, was sich in zahlreichen Kampagnen und Meetings für diese Entlassenen ausdrückte.

---

142 AN 48 AQ 3402, Demandes de réintégration, Schreiben vom Oktober 1910, diverse Daten.

143 a. a. O., Personnel, Brief des Ministère des Travaux Publics vom 19. 1. 1912.

144 a. a. O., Demandes de réintégration, Brief vom 27. 4. 1911, Nr. 34144.

145 a. a. O., Personnel, Brief des Ministère des Travaux Publics vom 28. 7. 1915.

146 Chaumel, p. 81.

X. Revolutionäre Niederlage und Syndikatskrise

Die Hoffnung vernichtet, die Führung größtenteils verhaftet, Tausende streikender Eisenbahner entlassen, eine breite Mitgliederschaft verloren, die Organisation erschüttert, die Spaltung vertieft: die Diskrepanz zwischen den revolutionären Vorstellungen vom Streik und seiner tatsächlichen Gestalt war offenkundig. Statt des Triumphs bemächtigte sich der Marasmus[1] des Syndikats, der bis zum Kriegsausbruch anhalten sollte. Die beiden Syndikatsfraktionen wurden durch die Niederlage jedoch ungleich betroffen. Die Reformisten, die der Streikpropaganda mit größter Skepsis begegnet waren und ein Debakel erwartet hatten, fühlten sich durch das Streikergebnis in ihrer Methode bestätigt. Die Revolutionäre hingegen, die an den Streik enthusiastische Erwartungen geknüpft hatten, wurden durch den Streikverlauf jäh enttäuscht: ihr Sinnen und Trachten verfehlte unzweifelhaft die Realitäten.

Der Eisenbahnerstreik war vor allen Dingen ein Testfall für den Revolutionären Syndikalismus und seine Möglichkeiten, ging es hier doch nicht allein um ein seine Kräfte messendes Syndikat, sondern um die zu examinierende Doktrin schlechthin. Denn obschon der Revolutionäre Syndikalismus zu keiner Zeit die Bewegung völlig in seinen Griff zu schließen vermochte, beanspruchte er ihr Patronat, freilich nur solange, als sie erfolgreich verlief. Ohne die revolutionäre Förderung jedenfalls war der Streik nicht möglich. Daß sich diese Förderung nicht zur sicheren Führung des Streiks zu entwickeln vermochte, wirft ein grelles Licht auf den fundamentalsten Mangel des Revolutionären Syndikalismus: seine trügerische Selbstüberschätzung. In der Tat ist der Revolutionäre Syndikalismus, wie die Streikgeschichte zeigt, nicht etwa erst an der Regierung gescheitert, sondern schon im Syndikat. Deutlich erweist dies die Beurteilung des Streikcharakters.

Die Regierung bezeichnete den Streik als „mouvement insurrectionnel[2]“, als eine Unternehmung, die den Ruin und den Tod des Landes, ja selbst den Bürgerkrieg angestrebt habe, und billigte ihm zu keiner Zeit professionellen Charakter zu. Im Bestreben, den Streik als eine Machenschaft umstürzlerischer Zirkel darzustellen, behauptete Briand gar, die Ereignisse seien seit langem systematisch vorbereitet worden[3].

---

[1] Communay, Tribune, 13. 10. 1911.

[2] Vgl. Millerand, J. O. 28. 10. 1910, p. 2588, Séance du 27 Octobre.

[3] Briand, J. O. 26. 10. 1910, p. 2569, Séance du 25 Octobre.

Die Streikgeschichte jedoch zeigt, daß es dem Syndikat an dieser systematischen Organisation nur zu sehr gebrach. Demgegenüber hielten die den Streik unterstützenden Kreise strikte am korporativen Charakter des Streiks fest. Ein Eisenbahner definierte dies während des Streiks schlicht so: « ... [le] mouvement n'est pas une révolution, mais une simple grève dans le but d'obtenir de quoi vivre[4]. » Im gleichen Sinn wies Jaurès den Ministerpräsidenten in die Schranken: « Ne dites donc pas que la grève a une origine révolutionnaire[5]. » Mit großer Einmütigkeit unterstrichen sozialistische Deputierte wie Colly[6], Vaillant[7], Bouveri[8], Briquet[9], Thomas[10] und syndikalistische Führer wie Jouhaux[11] den professionellen Charakter des Streiks. Es wurde dabei auf den Umstand hingewiesen, daß keine Ereignisse vorlägen, die der Regierung gestatteten, dem Streik einen aufrührerischen Charakter zuzuschreiben[12]. Briquet berichtete über das Streikbild in der Gegend von Arras: « Jamais on a vu dans cette région ouvrière une grève aussi calme[13]. » Und der Radikalsozialist Daniel Vincent attestierte den Streikenden seiner Region (Nord): « ... [ils] sont restés jusqu'au bout de bons citoyens[14]. » Auch dieser nicht der extremen Linken zugehörige Zeuge lehnte die These vom aufrührerischen Charakter des Streiks ab und warnte mit einem Zitat Pascals vor ihrer Verbreitung: « L'homme est ainsi fait que lorsqu'on lui dit qu'il est un sot, il le croit. » Während der Untersuchungsrichter Drioux sich im gleichen Sinn um Differenzierung bemühte und ausschließlich den Revolutionären im Syndikat vorwarf, sie benutzten die sozialen Forderungen nur als Fassade[15], beurteilte ein Bericht der Sûreté das Verhalten der Regierung wesentlich pragmatischer und wies dem Streikcharakter nur sekundäre Bedeutung zu: « Il lui [d. h. der Regierung] était impossible de rester neutre en présence d'une grève qui, même si elle fût restée strictement corporative, n'en

---

4 APP B/a 1360, Ouest-Etat, 15. 10. 1910 (Bericht zur Versammlung der Eisenbahner von Ouest-Etat Rive-Gauche, Votum von Cognard).

5 J. O. 30. 10. 1910, p. 2643, Séance du 29 Octobre.

6 Vgl. J. O. 26. 10. 1910, p. 2565, Séance du 25 Octobre.

7 Vgl. a. a. O., p. 2569.

8 Vgl. J. O. 28. 10. 1910, p. 2590, Séance du 27 Octobre.

9 Vgl. J. O. 29. 10. 1910, p. 2607, Séance du 28 Octobre.

10 Vgl. a. a. O., p. 2610; ebenso z. B. an einer Versammlung vom 14. 10. 1910 in Paris, APP B/a 1362, Télégrammes et Rapports d'ordre général, Bericht v. 15. 10. 1910.

11 Vgl. seine Aussage an einer Versammlung vom 13. 10. 1910 in der Manège Saint-Paul, APP B/a 1362, Télégrammes et Rapports d'ordre général, Depesche vom 13. 10. 1910.

12 Bouveri, J. O. 28. 10. 1910, p. 2590, Séance du 27 Octobre.

13 J. O. 29. 10. 1910, p. 2607, Séance du 28 Octobre.

14 J. O. 28. 10. 1910, p. 2596, Séance du 27 Octobre.

15 Bericht Drioux.

mettait pas moins en péril l'existence de la nation[16]. » Da der Streik in der Tat als korporativ bezeichnet werden muß, scheiterte der Revolutionäre Syndikalismus schon in der ersten Phase des Kampfes, indem es ihm mißlang, die Ereignisse seinem Stil zu unterwerfen. Hier setzte auch die revolutionär-syndikalistische Kritik des „Guerre Sociale" ein, die den Mißerfolg der Operation, den korporativen Streik in eine revolutionäre Bewegung hinüberzuführen, erkannte: « Il aurait suffi d'un peu plus de préparation, d'un peu plus d'entente, pour bousculer la société, affoler complètement le gouvernement et changer le mouvement purement corporatif à l'origine, en mouvement nettement révolutionnaire[17]. » Nach diesem klaren Eingeständnis stellt sich die Frage, ob dieser Mißerfolg des Revolutionären Syndikalismus seinen Grund in der Doktrin selbst findet, oder ob er auf außergewöhnliche, auf diesen Fall bezogene Bedingungen zurückzuführen ist.

Der Streik bestätigte zunächst die Bedeutung der von den Revolutionären stets hoch gerühmten Spontaneität, gelang es doch der Syndikatsminderheit beim Streikausbruch, ein überraschendes Maß an spontaner Energie freizulegen. Es besteht kein Zweifel, daß der Streik von der Basis ausging und die bis zuletzt zögernde Gewerkschaftsleitung überwältigte: vom 8.-12. Oktober 1910 führten eine Folge von unter sich nicht koordinierten Beschlüssen zum allgemeinen Streik, denn dem Syndikat fehlte vom Streik in La Chapelle bis zum Generalstreik jegliche lenkende Kraft, sei sie revolutionär oder reformistisch. So räumte der Revolutionär Bidamant ein: « On reproche aujord'hui à certains d'entre nous d'avoir provoqué sciemment la grève. Je tiens à établir que pas plus Le Guennic, que Renault, que d'autres n'étaient maîtres des événements. La poussée s'est faite de bas en haut et non pas de haut en bas. Voilà la vérité. Nul ne pouvait endiguer le mouvement, il y avait là une impossibilité absolue; on ne pouvait canaliser toutes les colères, pas plus qu'on ne peut empêcher le flot de l'Océan de monter[18]. » Diese jedes organisatorische Kalkül zerfetzende Wucht der Spontaneität belegt ebenso eindrücklich die latente Sprengkraft des Revolutionären Syndikalismus wie sein Sensorium für die Psychologie des französischen Arbeiters, der unter geeigneten Umständen auch ohne breite Massenorganisation am sozialen Konflikt teilnimmt.

Gegenüber diesem Beweis der Spontaneität wiegen jedoch die negativen Aspekte der revolutionären Streikbilanz bedeutend schwerer. Zwar erkannte der Revolutionäre Syndikalismus die Macht der Spontaneität, doch verkannte er ihre Funktion, indem er übersah, daß die Ausrufung

---

[16] AN F 7 13923, La grève des chemins de fer d'octobre 1910, p. 33.
[17] La Guerre Sociale, 22. 10. 1910, Spezialausgabe Nr. 45 L.
[18] CR 22e Congrès, p. 173.

eines Streiks, wozu die Spontaneität hinreichen mochte, noch nicht dessen Erfolg gewährleistete. Die Kraft der Spontaneität war zu gering, um eine Bewegung, die, wie erwartet werden mußte, auf Widerstände stieß, zum Erfolg zu führen. Der Einfluß der spontanen Begeisterung reichte nicht über ein begrenztes Eisenbahnermilieu hinaus: sie erfaßte die reformistischen und die nicht-organisierten Eisenbahner nur unvollständig und scheiterte völlig an der Masse der übrigen Arbeiterschaft und der weiteren Öffentlichkeit. Diesen Faktoren sprach jedoch Jaurès die Bedeutung von unabdingbaren Voraussetzungen für das Gelingen eines Streiks zu: « Les salariés savent de plus en plus que les grandes grèves ne peuvent réussir qu'à deux conditions: c'est que la masse même des salariés de la corporation y participe et que l'opinion publique leur soit favorable[19]. » Diese Grenze spontaner Wirkungsmöglichkeiten erfuhr und bezeichnete ein Syndikalist, der bei der Schließung der Gare du Nord ausrief: « Si quelques régiments passaient en ce moment de notre côté, ce serait la Révolution[20]. » Die Regimenter indessen verharrten bei der Republik.

In dieser der revolutionären Planung eignenden Schwäche liegt die sehr allgemeine Hauptursache für das Scheitern des Revolutionären Syndikalismus auch im Oktober 1910. Die Revolutionäre trugen dem grundlegenden Dilemma jeder schwachen Gewerkschaftsorganisation, das Grandvallet zum Beispiel schon am Eisenbahnerkongreß von 1908 beschrieb, zu wenig Rechnung: « C'est donc entendu, nous voulons faire grève, mais il nous manque quelque chose pour faire grève, c'est non seulement une caisse de résistance solide, mais la conscience du prolétariat qui n'est pas encore éclairée[21]. » Die Richtigkeit dieses reformistischen Arguments widerspiegelte der Syndikalisationsgrad, und daß die Revolutionäre dieses fehlende Bewußtsein durch eine spontane Bewegung ersetzen zu können glaubten, zeugt vom unausgewogenen Verständnis des Revolutionären Syndikalismus für die Wirklichkeit. Die Arbeiterschaft gab sich im Gegensatz zu seinen Erwartungen kein einheitliches, solidarisches Bewußtsein, sondern war im wesentlichen noch regionalem und berufsständischem Partikularismus verhaftet, wofür auf das System von Aversionen verwiesen werden kann, das die Arbeiterschaft im allgemeinen und die Eisenbahner im besonderen überzog.

Neben diesem groben Fehlurteil trugen noch einige weitere Umstände zur Niederlage der Revolutionäre bei. Besonders verhängnisvoll wirkte

---

19 Jaurès in La Dépêche du Toulouse, 14. 11. 1910; vgl. dazu Madeleine Rebérioux, Jaurès et la grève des cheminots de 1910.

20 La Guerre Sociale, 7.-13. 12. 1910, Nr. 52; der Ausspruch stammt von Thuilier, Sekretär der Union des Syndicats de la Seine.

21 CR 19e Congrès, p. 184.

sich in der Streikzeit eine beträchtliche Unsicherheit in der zu befolgenden Methode aus. Von einem konsequenten Einsatz der so hoch gepriesenen Mittel der Action directe waren die Revolutionäre weit entfernt: der Streik blieb Stückwerk und die Sabotage desgleichen. Statt dessen vertrauten die Revolutionäre allzu sehr ihrem improvisatorischen Geschick, was sich bei der Unerfahrenheit ihrer Führung, die zudem nicht allein über die Gewerkschaft gebot, als äußerst gefährlich herausstellte. Die Reformisten, die zwar zu diesem Streik gezwungen, indessen nicht aus der Syndikatsführung verdrängt worden waren, widersetzten sich unentwegt einer Umwandlung des korporativen in einen revolutionären Streik. Deshalb fehlte dem Syndikat nach den ersten Erfolgen, als es Standfestigkeit zu beweisen galt, eine gut organisierte Führung, wie sie für den Streikausbruch zwar entbehrlich, für das weitere Schicksal hingegen entscheidend war.

Die Beurteilung des Streiks im S. N. selbst war natürlicherweise an die Flügelbildung gebunden. Reformisten wie Revolutionäre überantworteten sich gegenseitig die Schuld, wobei sich die reformistische Interpretation des Streiks zusehends derjenigen von Regierung und bürgerlicher Öffentlichkeit annäherte. Das zweite, reformistisch orientierte Streikkomitee verfolgte in seinem Bericht zu den Streikereignissen[22] den Zweck, die Revolutionäre mit dem Mißerfolg des Streiks zu belasten, weil sie den Weg der Planung und Organisation verlassen hätten: « Ce fâcheux résultat est une preuve irrécusable qu'un délai de 24 heures eut été indispensable pour ordonner un mouvement simultané. C'est en cela qu'il faut voir la cause principale de l'échec de la grève et lourdes sont les responsabilités de ceux qui, par manque de discipline, précipitèrent l'action. » Die Wahl des Zeitpunkts eines Streiks gehörte stets zu den Argumenten der reformistischen Kritik: ein Streik im Jahre 1910 erschien ihr wegen der Inkraftsetzung des Retraitengesetzes auf den 1. Januar 1911 als höchst inopportun[23]. Auch Grandvallet erklärte deshalb die revolutionäre Indisziplin, d. h. den verfrühten Zeitpunkt, als für die Niederlage verantwortlich[24]. Sehr scharf ging der Reformist Jouanneaux in der Tribune mit den Revolutionären, voran Le Guennic, ins Gericht, wobei er nicht mehr nur hauptsächlich den Zeitpunkt, sondern den Streik überhaupt angriff und sich so der Briandschen Theorie der Unterwanderung des Syndikats durch die revolutionäre Fraktion öffnete: « Ceux qui étaient la véritable cause de l'échec de la

[22] Rapport du 2me Comité de grève, abgedruckt in Tribune, 21. 7. 1911. Hauptverantwortlich für den Text dieses Berichts ist Jouanneaux, vgl. Grandvallet, CR 22e Congrès, p. 87.

[23] Vgl. schon Bonnet im April 1910, CR 21e Congrès, p. 62.

[24] CR 22e Congrès, p. 259, 261.

grève d'octobre 1910, au lieu de reconnaître loyalement que leur pensée et leurs actes avaient été au-delà de la pensée de la grande majorité des cheminots et que pour reconstituer les forces affaiblies et éparpillées, il fallait suivre une tactique prudente et réfléchie, au lieu de profiter des enseignements du passé, ont par leur intransigeance et sans se soucier des intérêts des révoqués, affaibli et discrédité l'organisation[25]. » In verletzender Weise äußerte sich der Reformist Barbin, zu Lemoine und seinen Freunden gewandt: « Oui, la grève aurait pu réussir, car nous étions devenus des lions, mais nous étions conduits par des ânes[26]. »

In umgekehrter Weise wurden die Reformisten Opfer revolutionärer Beschuldigungen. Die Darstellung der Streikereignisse durch das zweite Streikkomitee stieß auf den Widerspruch von Revolutionären wie Lemoine[27] oder Davoust[28]. In der Guerre Sociale unterzog Gustave Hervé als Beschützer der revolutionären Eisenbahner den Streik einer Analyse[29], die von großem Verständnis gegenüber den Maßnahmen des ersten, vom Revolutionär Lemoine geführten Streikkomitees getragen wurde. Den Reformisten dagegen wurde Verrat angelastet: « La faute capitale, le crime, la trahison — disons simplement la stupidité — ç'a été pour l'Est, le P.-L.-M. et l'Orléans, de ne pas profiter de l'enthousiasme causé dans tout le monde des cheminots par ce brillant départ, pour entrer en ligne aussitôt, comme a fait l'Ouest-Etat[30]. » Die revolutionäre Hauptanklage richtete sich demnach gegen die nichtstreikenden Netze, und darunter besonders gegen das eine: « Le mieux organisé de tous [d. h. les réseaux] : l'Est, a ‹ flanché › au moment décisif[31]. » Verantwortlich für dieses Kneifen war nach Hervé der Est-Generalstab mit Grandvallet und Niel an der Spitze[32]. In den revolutionären Kreisen der C. G. T. bedauerte man, daß sich der S. N. im Streik von der C. G. T. entfernte und der Humanité näherte, und kritisierte beide Streikkomitees: das erste, weil es sich von Pierre Renaudel verführen ließ, das zweite, weil es sich auf Demarchen bei den sozialistischen Parlamentariern und der „Groupe de défense des intérêts des chemins de fer" beschränkte[33]. Mit diesen wechselseitigen Anklagen und Verdächtigungen offenbarte die Gewerkschaft eine bemerkenswerte Unfähigkeit zur sachlichen Diskussion und Analyse des Mißerfolgs.

---

25 Tribune, 22. 9. 1911.

26 CR 22e Congrès, p. 222.

27 Vgl. a. a. O., p. 142 - 154.

28 Vgl. a. a. O., p. 82 - 86.

29 La Guerre Sociale, Artikelfolge „Après la grève", November/Dezember 1910, Nr. 49 - 53.

30 La Guerre Sociale, 23. - 29. 11. 1910, Nr. 50.

31 a. a. O.

32 La Guerre Sociale, 30. 11. - 6. 12. 1910, Nr. 51.

33 AN F 7 13923, 1910 - 1911, Notes, Bericht vom 18. 11. 1910, M/4917.

Das Trauma, das durch die Oktoberereignisse unter den Eisenbahnern geschaffen wurde, übertraf bei weitem jenes, das der unglückliche Streik des Jahres 1898 zurückgelassen hatte, und lähmte das Syndikat fast vollständig. Die retrospektive Streikbetrachtung mit ihren die Einheit bedrohenden Beschuldigungen bildete in der Folgezeit noch lange den Hauptgegenstand der innergewerkschaftlichen Diskussion. Als Möglichkeit, das Zerwürfnis über die Schuldfrage zu überbrücken, verblieb nur das gemeinsame Kampferlebnis. Dieses letzte und deshalb häufig beschworene Band der Einheit vermochte allerdings die zentrifugalen Kräfte nicht zu überwinden. Immerhin wurde versucht, den Oktoberstreik zu verklären und die Flucht aus der erbärmlichen Wirklichkeit in die ruhmreiche Legende anzutreten. Es gehörte hinfort zum festen Ritual nahezu jeder Eisenbahnerversammlung, als vereinigende Litanei die Streikgeschichte in verwandten Formen zu wiederholen oder wenigstens an sie zu erinnern. Noch am 19. November 1911 fand zum Beispiel in Thouars (Departement Deux Sèvres) im Anschluß an den Regionalkongreß des Netzes Etat eine öffentliche Eisenbahnerversammlung statt, an der sich 350 Personen, darunter viele Damen, von Le Guennic und Lardeux einleitend die Streikerzählung vortragen lassen mußten, wobei der korporative Charakter des Streiks hervorgehoben und scharfe Angriffe gegen Briand gerichtet wurden[34]. Allein dieser Griff nach der Märtyrerkrone wirkte sich eher lähmend als belebend auf das Syndikat aus und verhinderte die Spaltung nicht.

Die Geschichte dieser Spaltung kann hier nicht mehr im einzelnen betrachtet, sondern nur abrißartig geschildert werden[35]. Nach dem Oktober 1910 begann ein ziemlich allgemeiner organisatorischer Zerfall des Syndikats, der sich am sichtbarsten in einem starken Aderlaß beim Mitgliederbestand ausdrückte. Zwar wies der Conseil d'Administration für den 31. Dezember 1910 noch immer 43 455 Mitglieder aus[36], was einer Einbuße von nahezu einem Drittel gegenüber dem Vorjahr gleichgekommen wäre, doch nahm der tatsächliche Verlust noch bedeutend größere Dimensionen an. Ende März 1911 schätzte die Polizei den Bestand auf 17 000, wobei sie von einer Zahl von 80 000 für den Herbst 1910 ausging[37]. Einen Verlust in dieser Größenordnung von drei Vierteln errechnete im August 1911 auch Grandvallet[38]; am Ende dieses Jah-

---

[34] AN F 7 13663, Congrès de Thouars, Bericht aus Niort vom 21. 11. 1911.

[35] Eine Arbeit des Amerikaners Larry Ceplair über die ideologischen Auseinandersetzungen dieser Periode im S. N. ist im Entstehen begriffen.

[36] CR 22ᵉ Congrès, p. 309.

[37] APP B/a 1417, Bericht v. 31. 3. 1911. Die Gewerkschaft selbst nannte für den gleichen Zeitpunkt 24 025 Mitglieder, L'Humanité, 11. 4. 1913.

[38] AN F 7 13662, 22ᵉ Congrès, Bericht v. 4. 8. 1911. Nach seinen Angaben betrug die Mitgliederzahl noch 22 000 gegenüber 90 000 vor Streikausbruch.

res war mit nur noch rund 14 000 Mitgliedern der Tiefstand erreicht[39]. Nach kontinuierlichem Wiederanstieg wurde der Bestand im April 1913 auf nahezu 23 000 Mitglieder beziffert[40], was etwa dem Wert von 1905 entsprach. Auch die Verwaltung des S. N. bot zunächst ein Bild völliger Desorganisation: « Les receveurs, ne voulant plus s'occuper de quoi que ce soit, se sont démis de leurs fonctions, tout en restant syndiqués. Les adhérents ne versent plus leurs cotisations ; plusieurs sont redevables de trois mois. Il n'est question dans aucun groupe de reformer les bureaux[41]. » Nicht anders gestaltete sich der ideologisch-politische Zustand: auf dem Hintergrund der allgemeinen Krise lebten die inneren Spannungen in neuer Heftigkeit auf, wobei wieder die gleichen schon bekannten Positionen eingenommen wurden. Während auf der einen Seite für kurze Zeit von einer Rückkehr Guérards an die Spitze des Syndikats gesprochen wurde[42], begann sich auf der anderen Seite der revolutionäre Sonderbund in Gestalt der „Groupe de Défense Syndicaliste" neuerdings zu regen[43]. Nach der Freilassung der noch gefangenen Eisenbahner, worunter Le Guennics, am 24. März 1911[44] akzentuierte sich die Spaltung des Syndikats weiter: « la fosse est da plus en plus large entre les révolutionnaires et les réformistes[45]. » An einem öffentlichen Meeting vom 10. Juli in Gegenwart von Jaurès und Jouhaux arteten die heftigen Auseinandersetzungen zwischen Reformisten und Revolutionären zu direkten Tätlichkeiten aus[46]. Der 22. Kongreß des S. N. vom 2. - 5. August 1911, an dem sich die Delegierten hauptsächlich über die Schuld am Scheitern des Streiks stritten, verlief so tumultuös, daß sich Dumoulin, der die C. G. T. am Kongreß vertrat, schon am zweiten Tag niedergeschmettert davonmachte, „complètement écœuré de la façon dont vous discutiez[47]. » Das Kräfteverhältnis der beiden Fraktionen stand an diesem Kongreß 2 : 1 zugunsten der Reformisten[48]. Jede Gemeinsamkeit ging nun verloren, und die Krise trat in ihr letztes Stadium ein. Am 25. September

---

39 L'Humanité, 11. 4. 1913 (Gewerkschaftsangabe).

40 a. a. O.; die Zahl 22 000, die die Syndikatszeitung für den April 1912 nennt, Tribune 5. 4. 1912, muß als übersetzt gelten.

41 APP B/a 1413, Bericht v. 7. 12. 1910.

42 a. a. O., Bericht v. 28. 10. 1910, Ein Bericht vom 19. 11. 1910 konnte bereits das Ende dieser Renaissance mitteilen.

43 a. a. O., Bericht v. 20. 11. 1910 meldet eine Versammlung dieser Gruppe vom 19. 11. 1910, mit dem allgegenwärtigen Bidamant als Hauptredner.

44 APP B/a 1417, Notiz vom 24. 3. 1911; vgl. auch L'Humanité, 25. 3. 1911.

45 APP B/a 131, Monatsbericht April 1911.

46 a. a. O., Juli 1911; L'Humanité, 11. 7. 1911.

47 CR 22e Congrès, p. 79. Die undankbare Aufgabe wurde dann von Jouhaux übernommen.

48 Bei der Gegenüberstellung zweier Anträge in der Frage der Reintegrationen erhielt der reformistische Antrag Barbin 354, der revolutionäre Antrag La Guennic 174 Stimmen, CR 22e Congrès, p. 139.

tagte die Opposition, d. h. die revolutionäre Sondergruppe und ihr nahestehende Gruppensekretäre, tadelte in einer Entschließung den Conseil d'Administration und tat kund, mit den Renegaten des Zentralsitzes nichts mehr gemein zu haben[49]. Eine revolutionäre Versammlung, zusammengesetzt aus den revolutionären Administratoren und den Sekretären einiger Gruppen aus Paris und dessen Einzugsgebiet[50], beschloß endlich in der Nacht auf den 29. November 1911, eine „Fédération des transports de la voie ferrée" zu gründen, ohne die Beteiligung der Gewerkschaftszentrale[51]; schon wenige Tage zuvor hatte die Minderheit unter der Führung Le Guennics den Regionalkongreß des Netzes Etat nach schweren Auseinandersetzungen und einer Abstimmungsniederlage verlassen[52]. In der Folge versuchte diese revolutionäre Splittergewerkschaft der C. G. T. beizutreten, doch lehnte eine C. G. T.-Kommission die Aufnahme ab, rief im Gegenteil den S. N. dazu auf, die Dissidenten wieder zu begrüßen, und wies diese selbst an, ihre Föderation aufzulösen. Der C. G. T.-Kongreß von Le Havre (16. - 23. September 1912) bekräftigte diese Regelung, doch wollten die Revolutionäre, die im Oktober 1912, unter der Führung Bidamants, einen Kongreß veranstalteten, an ihrer Organisation festhalten. Der revolutionäre Kampfbund verstand es jedoch nicht, breiten Anhang zu gewinnen, und verlor sich in Neben- und Ersatzhandlungen. So sprengten, wie die Polizei unter den zunehmend spärlicheren Meldungen berichtet, die Revolutionäre Le Guennic und Bidamant mit ihrem Anhang, wozu sich auch Gewerkschafter des S. N. gesellten, am 13. Juni 1912 unter Tumult und Kämpfen eine Versammlung der « Union radicale et radical-socialiste des Employés et Ouvriers des Chemins de fer de l'Etat », wobei die Polizei einschreiten und den Saal räumen mußte[53]. Nach ihrer Aktion versammelten sich die Streiter der Dissidenten und des S. N. gemeinsam und faßten die Fusion ihrer Organisation ins Auge. Im Jahr 1913 kehrte die Besinnung in der Gewerkschaftsbewegung im Sinne des C. G. T.-Kompromisses wieder ein, denn am 24. Kongreß des S. N. vom 11./12. April 1913 konnte der Konflikt als beendet erklärt werden: « Il ne reste qu'une organisation de cheminots reconnue par la classe ouvrière organisée, par la C. G. T., c'est le Syndicat national[54]. » Der

---

[49] APP B/a 1417, Bericht v. 26. 9. 1911, und APP B/a 131, Monatsbericht September 1911.

[50] Vgl. das Aufgebot zu dieser Versammlung, La Bataille Syndicaliste, 28. 11. 1911.

[51] APP B/a 131, Monatsbericht November 1911; vgl. auch La Bataille Syndicaliste, 29. 11. 1911.

[52] AN F 7 13663, Etat, Congrès régionaux, Congrès de Thouars 1911, Bericht aus Niort vom 21. 11. 1911, Nr. 320.

[53] AN F 7 13660, Union radicale etc., Bericht zum 13. 6. 1912; L'Humanité, 14. 6. 1912.

[54] L'Humanité, 11. 4. 1913.

Erste Weltkrieg sodann leitete auch bei den Eisenbahnern einen noch umfassenderen Sammlungsprozeß ein[55].

Das Gesamtergebnis des Streiks aus revolutionär-syndikalistischer Sicht zeigt damit einerseits die grundsätzliche Fähigkeit der Eisenbahner an, einen Streik zu organisieren, der sogar vorübergehend die Regierung in Bedrängnis setzen konnte, dokumentiert aber andererseits auch jene überspannte chiliastische Dimension des Revolutionären Syndikalismus, der einer zutiefst gequälten Arbeiterschaft die Erlösung bringen möchte, mithin von Voraussetzungen ausgeht, die 1910 trotz sinkender Reallöhne in keiner Weise gegeben waren. Der Revolutionäre Syndikalismus ist wesentlich auf eine unerträgliche Wirklichkeit, die nur den Verzweiflungsakt offen hält, zugeschnitten, weshalb seine Aktionsdoktrin den Bedingungen seiner Zeit nicht gemäß war.

---

[55] Zur Syndikatsgeschichte ab 1912 vgl. Chaumel, p. 63.

XI. Das nationale Interesse

Die Oktoberereignisse wurden, wie schon in der Einleitung erwähnt, geprägt durch eine deutliche Polarisierung der Öffentlichkeit in zwei Lager, deren grundsätzliche Feindschaft das enge Thema der sozialen Forderungen der Eisenbahner gänzlich überlagerte. Die Gruppierung der Streikgegner, wozu im wesentlichen die Regierung und die Eisenbahngesellschaften mit ihrem jeweiligen Anhang gehören, zeichnete sich in diesem Kampf dadurch aus, daß sie sogleich den Begriff der Nation ins Zentrum ihrer Argumentation stellte[1]. Dahinter verbarg sich die Absicht, der unerbittlichen Repressionspolitik, die ihr Ziel darin erkannte, die Eisenbahner zur unverzüglichen Wiederaufnahme der Arbeit zu zwingen, die theoretische Rechtfertigung zu sichern. Die Argumentation ging davon aus, daß ein Eisenbahnerstreik die vitalen Interessen der Nation am Transportwesen und damit auch die Landesverteidigung gefährde. In seinen Auswirkungen unterschied er sich folglich nicht vom Landesverrat, weshalb er nicht straflos hingenommen werden durfte. Da der Streik zum vornherein als eine nationale Gefahr empfunden wurde, konnte schon bei seinem Ausbruch die Öffentlichkeit auf das höchste gewarnt werden. Am 13. Oktober kommentierte „L'Aurore" den Generalstreik unter der aufrüttelnden Schlagzeile „La France en péril" und erhob lautstark den Ruf nach dem Retter aus des Vaterlands Not: « Il faut que la France vive. Il faut la sauver[2]. » Ausführlich und pathetisch beschrieb Le Temps die Bedrohung, die von den streikenden Eisenbahnern ausging:

« Nous étions hier en présence de la grève d'un réseau, le Nord ; l'arrêt du trafic s'étend aujourd'hui à l'Ouest-Etat, et le syndicat national des travailleurs des chemins de fer vient de proclamer la grève générale. Ainsi, il ne suffit pas aux meneurs des ‹ cheminots › de priver une région de communications avec la métropole et le reste de la France, il leur faut l'arrêt complet de tout trafic, la cessation absolue des rapports de leurs concitoyens entre eux. Et c'est pour une simple question d'augmentations de salaires que les cheminots s'arrogent le droit de priver les travailleurs de la banlieue de leur gagne-pein quotidien en les séparant de l'usine qui les emploie, de faire subir au commerce et à l'industrie un préjudice considérable, d'interdire à un fils d'aller au lieu natal embrasser sa mère mourante, d'affamer peut-être toute une population[3] ! »

---

[1] Das Nationale Interesse wurde von Clemenceau schon im Poststreik vom März 1909 angerufen, vgl. Pauron, CR 20e Congrès, p. 190.

[2] L'Autore, 13. 10. 1910.

[3] Le Temps, 13. 10. 1910.

Der Begriff der Nation war weit genug, neben der Sorge um die Wirtschaft auch die Nöte des kleinen Mannes einzuschließen: von seiner Trennung von der Fabrik (nicht umgekehrt!) bis zu seiner einsam sterbenden Mutter. Verglichen mit den Bedürfnissen der Nation verlor der Eisenbahnerstreik jede Berechtigung. Jaurès äußerte sich nach der Oktoberkrise über Streik und Gerechtigkeit: « C'est seulement si [l'opinion publique] est convaincue de la justice de leur cause que la nation peut supporter les ennuis et les dommages résultant de l'interruption d'un grand service. Si l'opinion est contre, les grévistes sont vite vaincus[4]. » Dieses öffentliche Verständnis verweigerte sich der Sache der Eisenbahner. Mit der äußerst geschickten Konstruktion, die sozialen Forderungen der Eisenbahner als partikulare Interessen zu diffamieren und sie irgendwelchen nationalen Interessen gegenüber zu stellen, waren die Streikgegner im Wettbewerb um die Gunst der Öffentlichkeit den Eisenbahnern jederzeit überlegen, weil die höhere Gerechtigkeit der Nation außer jedem Zweifel stand und nicht erst, im Gegensatz zu den sozialen Ansprüchen, begründet zu werden brauchte. Ein Streik, der die Interessen der Nation selbst gefährdete, konnte keine Zustimmung finden. Als wichtigster Teil der Rechtfertigungslehre durchzog dieses Argument die Äußerungen aller Glieder der Repressionspartei. Briand erklärte vor der Deputiertenkammer am 29. Oktober: « Je veux bien reconnaître qu'il n'existe aucun texte spécial qui s'oppose à ce que des travailleurs de la voie ferrée fassent grève. [...] Mais, messieurs, il faut bien cependent de dire à cette tribune : il y a un autre droit dont il n'a jamais été question dans ce débat et qui est supérieur à tous les autres : c'est le droit de la société à vivre. Il n'est pas de liberté, si respectable soit-elle, il n'est pas de liberté particulière ou corporative dont l'exercice soit susceptible de porter atteinte au droit de la nation à la vie[5]. » Der Ministerpräsident erkannte im Vorrang des Kollektivs der Nation vor Einzelinteressen einen unumstößlichen Grundsatz, der, wie er den S. F. I. O.-Deputierten eröffnete, auch in sozialistischen Kreisen gutgeheißen werde: « Il y a des socialistes qui n'admettent pas vos solutions, qui placent au-dessus des droits particuliers, des libertés particulières, si nombreux que soient ceux qui en bénéficent, la liberté supérieure, le droit supérieur de la collectivité et de la nation, et ils le disent[6]. » Der gleichen Problemstellung wie die Regierung bediente sich auch Le Temps in seinen Streikkommentaren. Die Frage der sozialen

---

[4] La Dépêche de Toulouse, 14. 11. 1910; vgl. Madeleine Rebérioux, Jaurès et la grève des cheminots de 1910.

[5] J. O. 30. 10. 1910, p. 2653, Séance du 29 Octobre.

[6] J. O. 10. 11. 1910, p. 2717, Séance du 9 Novembre. Angespielt wird hier wohl auf jene sozialistischen Abgeordneten Italiens, die ihre streikenden Eisenbahner schon in zwei Streiks getadelt und damit zur Wiederaufnahme der Arbeit veranlaßt hatten, vgl. Le Temps, 15. 10. 1910, Leçons de patriotisme.

Forderungen wurde dabei zynisch auf eine Ebene verwiesen, die sich soeben als für die Lösung dieser Fragen ungeeignet erwiesen hatte; gleichwohl konnte dergestalt soziale Verständigungsbereitschaft vorgespiegelt werden. Am 13. Oktober schrieb Le Temps: « La question des revendications professionnelles est indépendante de la question de la grève. Les cheminots disposent de moyens suffisants pour poursuivre pacifiquement leurs réclamations auprès des compagnies et de la direction des chemins de fer de l'Etat ; mais il n'est pas permis de frapper de paralysie un grand pays comme la France pour une question de gros sous. L'intérêt public d'abord : on discutera ensuite[7]. » In extremer Weise vereinfachte Le Temps den sich im Streik öffnenden Gegensatz, als er, auf die Hintergründe der verständnisvollen Haltung Le Rappels gegenüber dem Streik anspielend, von den persönlichen Ambitionen ehemaliger Minister auf der einen und den „Intérêts sacrés de la patrie" auf der anderen Seite sprach[8]. Dieser Versuch, den Oktoberstreik als das Werk einiger Herostraten-Naturen, die das heilige Nationalgut der Eisenbahnen schändeten, darzustellen, zeigt das grenzenlose Vertrauen an, das die Repressionspartei in die Wirkung des Schlagworts von der Nation setzte.

Die Eisenbahngesellschaften, vernehmbar im „Journal des Chemins de fer", setzten den Anspruch der Nation auf ihr Lebensrecht nicht weniger absolut: « M. Briand ... a résolu la question du droit de grève dans les services publics en démontrant qu'elle était inadmissible pour ceux qui placent l'intérêt national au-dessus de tout[9]. » In unechter Resignation maß das Unternehmerorgan nach dem Streik die Kraft der sich befehdenden Prinzipien: « lentement l'intérêt national cède le pas aux plus hypocrites intérêts individuels[10]. » In gleicher Weise wie die Eisenbahngesellschaften beurteilte auch die weitere wirtschaftliche Führungsschicht den Streik aus nationaler Sicht, so zum Beispiel die Handelskammer von Versailles: « la grève des chemins de fer ... portait le plus grand préjudice aux intérêts généraux du Pays ...[11]. » Das einflußreiche „Comité républicain du commerce, de l'industrie et de l'agriculture", nach seinem Präsidenten auch als „Comité Mascuraud" bezeichnet, auf das sich nach Le Temps bisher alle radikalen Regierungen gestützt hatten, nannte die Streikereignisse « une situation qui trouble si profondément les intérêts du pays »[12]. Damit schließt sich der Kreis der nationalen Argumentation: bar aller Proportionen stilisierte sie die Auseinander-

[7] Le Temps, 13. 10. 1910.

[8] Le Temps, 15. 10. 1910.

[9] Journal des Chemins de Fer, 5. 11. 1910.

[10] a. a. O., 17. 12. 1910.

[11] AN F 12 6412, Grève Octobre 1910, Bericht v. 7. 11. 1910.

[12] Le Temps, 19. 10. 1910.

setzung um die Löhne der Eisenbahner zum Todeskampf der Nation gegen die Anmaßung zutiefst heuchlerischer individueller Interessen.

Die propagandistisch so geschickte Behauptung des unbedingten Vorrangs der nationalen Interessen führte die Regierung zwangsläufig in einen juristischen Konflikt, weil die Gesetze keinen ihnen übergeordneten Grundsatz ertragen. Was Briand durch seine energische Streikpolitik im Lande an Sympathien gewann, drohte er durch eine frivole Äußerung, die das Rechtsempfinden verletzte, wieder zu verlieren. Mit folgenden Worten forderte der Ministerpräsident den schäumenden Protest seiner Gegner in der Nationalversammlung heraus: « Et je vous dirai une chose, messieurs, qui va vous faire bondir peut-être d'indignation: Si pour défendre l'existence de la nation le Gouvernement n'avait pas trouvé dans la loi de quoi rester maître de ses frontières, s'il n'avait pu disposer à cet effet de ses chemins de fer, c'est-à-dire d'un instrument essentiel de défense nationale, eh bien, aurait-il dû recourir à l'illégalité, il y serait allé[13]. » Die Aufregung, die Briand damit verursachte, ließ die Nationalversammlung in dieser Sitzung die Ruhe nicht wiederfinden, die Opposition sprach von einem abscheulichen Wort, nannte den Ministerpräsidenten einen Diktator und forderte seine unverzügliche Demission; ein Deputierter schrie, inmitten des Tumults: « Vive la loi[14] !» Briand versuchte sich zu erklären und seine Worte abzuschwächen: « j'ajoutais, affirmant le droit absolu, imprescriptible, supérieur à tous autres, d'une nation à la vie que, dans le cas où les frontières se trouveraient ouvertes à l'invasion, à défaut d'une loi ayant prévu le cas d'une indisponibilité des chemins de fer, un gouvernement serait excusable, en vertu de ce droit supérieur, de recourir à des mesures mêmes extralégales. Mais cette doctrine, messieurs de la gauche, est celle de la Révolution ; c'est la pure doctrine de Danton[15]. » Bei diesem Hinweis auf Danton indessen übersah Briand, daß seine Gegner auf der extremen Linken keine Jakobiner mit ihrem missionarischen Nationalismus mehr waren, noch zwischen nationalen und sozialen Zielen schwankende Kommunarden, sondern Sozialisten, die sich schon durch ihren Parteinamen zum Internationalismus verpflichteten. Die Herausforderung republikanischen Rechtsempfindens geschah, wie allein die Ankündigung „Et je vous dirai une chose" zeigt, nicht zufällig, sondern fügte sich im Gegenteil vorzüglich in die bewußt gewählte nationale Argumentation ein, deren logischen Schlußstein sie bildete. Das absolut gesetzte nationale Interesse durfte sich selbst über legale Schranken hinwegsetzen. Ein Parteigänger Briands aus den lichten Reihen der

[13] J. O. 30. 10. 1910, p. 2654, Séance du 29 Octobre.

[14] Vgl. J. O. 30. 10. 1910, p. 2654 ff., Séance du 29 Octobre.

[15] a. a. O., p. 2654.

unabhängigen Sozialisten, Landry, drückte diesen Grundsatz noch klarer aus als Briand selbst: « C'est le devoir de tout gouvernement digne de ces nom, de mettre ces intérêts supérieurs de la nation, si la nécessité en apparaît, au-dessus même de ses scrupules de légalité[16]. » Die Öffentlichkeit stand in diesem unbedingten sozialen Selbstbehauptungswillen der Regierung und dem Parlament in keiner Weise nach, denn Le Temps, der sich zu ihrem Interpreten erhob, formulierte verächtlich: « Le pays proclame son droit de vivre, supérieur à toutes les affirmations gratuites qui prétendaient se nommer ‹ droits ›. Et il faudra que les révolutionnaires ou leurs complices renoncent au jeu ridicule d'invoquer un commentaire législatif ou même une parole de ministre pour assassiner la France impunément[17]. »

In der Kammerdebatte meldeten sich dagegen auch eine Reihe von nicht der S. F. I. O. angehörenden Deputierten, die ihre Skrupel nicht so leichthin zu beschwichtigen vermochten. Jean Cruppi, zur „gauche radicale" (Mitte) zählend, empörte sich: « ... je considère que le régime de la France est avant tout un régime légal et que personne, dans aucune circonstance, ne doit se mettre au-dessus de la loi[18]. » Der unabhängige Sozialist Augagneur erschrak vor den Perspektiven, die er im Rechtsdenken des Regierungschefs erkannte: « A plusieurs reprises, un certain nombre de nos collègues sont venus déclarer que le péril national créé par la grève des chemins de fer constituait un état anormal au cours duquel le jeu régulier des lois pouvait être considéré comme suspendu. Nous ne saurions trop nous élever contre une semblable manière de voir. C'est de ces opinions-là que sortent les lois de sûreté générale et les coups d'Etat[19]. » Äußerst vernichtend urteilte auch der Deputierte Painlevé, ein unabhängiger Sozialist, über die Regierungspolitik: « Je me refuse, quant à moi, à participer à l'apothéose de l'immoralité[20]. » Es war die als unmoralisch qualifizierte Bereitschaft der Regierung, die Legalität zu verlassen, die ihr zahlreiche Anfeindungen zuzog.

Regierung, Presse und Eisenbahngesellschaften verwiesen in großer Einmütigkeit auf das nationale Interesse. Unklar bleibt noch, was mit dieser Formel gemeint war. Der schon angeschnittenen Weite des Begriffs entsprechend läßt sich der Inhalt nicht eng fassen: er umschloß alles, was zum „Recht der Nation auf das Leben", wie Briand sagte, gehörte. Ein sehr anschauliches Bild der bedrohten Werte vermittelte der Jurist Planques, der in seiner Dissertation den Streik der Eisen-

---

16 J. O. 31. 10. 1910, p. 2661, Séance du 30 Octobre.

17 Le Temps, 15. 10. 1910.

18 J. O. 31. 10. 1910, p. 2663, Séance du 30 Octobre.

19 a. a. O., p. 2666.

20 J. O. 9. 11. 1910, p. 2689, Séance du 8 Novembre.

bahner ablehnte: « Toute la vie de la nation considérée serait arrêtée soit par le manque de matières premières nécessaires à l'industrie, ou à la vie quotidienne des habitants, soit par le non-écoulement des objets commerciaux de toute sorte, soit enfin par la privation des relations entre les diverses régions du pays. Et, sans qu'on puisse nous taxer d'exagération, de pessimisme, pourons-nous imaginer ce malheureux pays livré bientôt aux envahissements de nations voisines et enemies qui ne manqueraient pas de profiter du désarroi et du trouble causés pour essayer de conquérir de nouveaux territoires[21]. » Diese apokalyptische Darstellung enthält alle wesentlichen Elemente, die durch den Streik des öffentlichen Verkehrs in Mitleidenschaft gezogen werden, wobei sich deutlich zwei Bereiche scheiden: der Notstand der Wirtschaft im weitesten Sinn und jener der Verteidigung. Während Planques den wirtschaftlichen Folgen, die er an erster Stelle nennt, das Hauptgewicht beimaß, kehrte die Regierung die Priorität um. Briand argumentierte hauptsächlich militärisch: « Je dis que la continuité du service des chemins de fer constitue une condition essentielle de la défense nationale et qu'à aucun moment ce service ne peut lui manquer[22]. » Die Sicherheit des Landes bildete das höchste nationale Gut. Ihr folgte die Wirtschaft nach: « J'ajoute que, même abstraction faite de l'intérêt pourtant prépondérant de la défense nationale, les chemins de fer représentent un élément essentiel de la vie de la nation[23]. » „Leben" bezeichnete hier wohl die Fülle der wirtschaftlichen Tätigkeiten. Es ist bezeichnend, daß sämtliche Bestimmungen der „nationalen Interessen" sehr im Allgemeinen verweilten, denn die großzügige Weite verlieh dem Begriff seinen besonderen Reiz. So beschrieb Briand die Grenzen für das Streikrecht der Eisenbahner vage: « C'est le souci de l'intérêt général, de l'activité nationale, ce sont des considérations de sécurité irrésistibles[24]. » In diesen Räumen konnte sich die Phantasie jedes einzelnen beliebig ausdehnen, was Le Temps in seinem Leitartikel vom 13. Oktober bewiesen hatte. Das Organ der Eisenbahngesellschaften zum Beispiel fand darin Platz genug für den ihm wichtigen Wert der Ehre der Nation: die Tätigkeit der „Sabotage-Professoren" und der „Streikbrecher-Jäger" schien ihm schlicht Frankreichs unwürdig: « la honte d'un pays civilisé[25]. » Und Le Temps gab eine treffliche Zusammenfassung der Deutungsversuche, als er, an Bergson anklingend, die Lebenskraft der Nation selbst gerettet sehen wollte: « L'univers entier est attentif à ce

---

21 Planques, Les grèves et coalitions dans le Personnel des Chemins de fer, p. 7 - 8.

22 J. O. 10. 11. 1910, p. 2717, Séance du 9 Novembre.

23 a. a. O.

24 a. a. O.

25 Journal des Chemins de Fer, 29. 10. 1910.

qui se passe chez nous. On épie nos moindres symptômes de faiblesse. On guettera nos défaillances. Il faut que la France et la République donnent une preuve éclatante de leur vitalité[26].» In dieser überdehnten Rhetorik gewann der Streik gigantische Dimensionen: Frankreich war aufgerufen, vor dem Welttheater seine Lebenstüchtigkeit zu beweisen.

Da die Verfechter der nationalen Argumentation für sich das alleinige Recht, die nationalen Interessen zu vertreten, zu beanspruchen gedachten, versuchten sie den Begriff der Nation ihren Zwecken anzupassen. An Jules Guesde gewandt trachtete Briand danach, diesen Anspruch durchzusetzen: « Mais, monsieur Guesde, entre les compagnies et les cheminots, les travailleurs, il y a ... une personne que vous semblez oublier toujours dans vos préoccupations. Elle a pourtant quelque valeur aux yeux des représentants du pays et du Gouvernement : c'est la pays lui-même[27].» Guesde war jedoch nicht gesonnen, der Regierung den nationalen Ruhm unbestritten zu überlassen, erhob sich seinerseits zum berufenen Vertreter der Nation und setzte Briand in den Anklagezustand: « Mais, c'est précisément au nom et dans l'intérêt du pays que je vous reproche de ne pas avoir, en refusant d'armer les compagnies, rendu la grève impossible. C'est donc nous qui, en la circonstance, avons défendu contre vous les intérêts nationaux[28] !» Guesde meinte damit, daß die Regierung durch Druck auf die Eisenbahngesellschaften den Streik hätte vermeiden und den nationalen Interessen dienen können. Doch die Repressions-Partei anerkannte die Forderungen der Eisenbahner nicht als nationale Interessen, für die sie sich verwenden mußte, vielmehr hielt sie dafür, daß im nationalen Interesse die Eisenbahnen mit diesen Forderungen nicht belastet werden durften. In ihrem Begriff der Nation waren jene ausgeklammert, die den sozialen Frieden gefährdeten. Der „Journal des Chemins de fer" umschrieb deshalb die bedrohte Nation als: « La France qui travaille, et qui pour cela a besoin d'ordre et de paix intérieure ...[29].» Die Repressionspartei vertrat die Interessen der arbeitsamen, friedliebenden Bürger, die die Mehrheit bildeten. Guyot sprach im Namen « de la grande majorité qui a besoin de sécurité pour se loger, se vêtir, manger tous les jours, élever ses enfants et pourvoir à l'avenir[30].» Wer auch nur die Bereitschaft zum Streik erkennen ließ, schloß sich selbstredend aus dieser idyllischen Gemeinschaft aus. Die der nationalen Argumentation zugrundeliegende Vorstellung der Nation war demnach die einer allgemeinen Konzentration aller Kräfte auf das Ziel hin, Frankreich, d. h.

---

26 Le Temps, 15. 10. 1910.

27 J. O. 10. 11. 1910, p. 2717, Séance du 9 Novembre.

28 a. a. O.

29 Journal des Chemins de Fer, 29. 10. 1910.

30 Guyot, Les chemins de fer et la grève, p. XII.

den Status quo, zu erhalten. Durch diese Konzentration verengte sich jedoch der Nationsbegriff, indem nicht einfach mehr die Gesamtheit des Volkes als Nation galt, sondern allein sein konzentrationswilliger Teil, der als die Mehrheit der Tüchtigen definiert war.

Die Gefahr, in die Frankreich durch die finsteren Mächte des Todes, versinnbildlicht im Streik, gestürzt wurde, war so ernst, daß dieser Kampf nach nationaler Interpretation zum Prüfstein des Patriotismus wurde. Der Streik schied Frankreich in die „Nation“ und ihre Feinde. Das soziale Thema sah sich unverhofft zur patriotischen Angelegenheit verfälscht: ein innerer Konflikt wurde nach außen projiziert. Briand beschrieb pathetisch: « Non, monsieur Jaurès, vous avez mal lu. Ce n'est pas seulement une presse conservatrice, ce ne sont pas seulement les milieux conservateurs qui se sont félicités de voir la France sortir de cette période d'anarchie : ce sont aussi et surtout les hommes qui l'ont toujours aimée, ceux qui espèrent en elle. Ce n'est pas pour une œuvre de réaction qu'elle leur a paru belle encore, c'est parce que, dans ces circonstances, c'était elle qui tenait le drapeau de la civilisation contre l'anarchie[31]. » Der Patriotismus als schlichtes Bekenntnis der Liebe zur Heimat konnte sich im Oktober 1910 im Kampf gegen den Streik bewähren. Le Temps vollzog diese Verlagerung von innen nach außen am Beispiel von Jean Jaurès: « Nous trouvons, en ces circonstances, M. Jaurés à la place qu'il s'est choise : contre la patrie. Qu'il s'agisse de désorganisation intérieure ou de menace extérieure, M. Jaurès ne varie pas : il est toujours contre nos intérêts nationaux[32]. » Auf diese Weise begradigte die Repressionspartei die Fronten: hier der von den Patrioten gegen fremden Zugriff geschützte häusliche Herd, dort der heimtückische Feind im sozialen Gewand.

Der Ausgang der Oktoberkrise bestätigte die noch ungebrochene Lebenskraft des Landes, was das Selbstvertrauen der nationalen Partei weiter festigte. Der Regierungschef erkannte in dieser Frucht seines energischen Handelns das bedeutendste Ergebnis des Streiks, als er die Bilanz der Ereignisse zog: « En tout cas, pour nous, nous trouvant en présence de ces responsabilités, nous les avons assumées et nous n'avons pas hésité à recourir à des mesures exceptionnelles très graves, mais que la loi autorisait. La loi militaire permettait au Gouvernement, au ministre de la guerre de prendre le décret qui est intervenu d'organiser la militarisation à laquelle vous avez assisté, et, si de cette grève il reste quelque chose d'heureux, ce sera la persistance de cette organisation. Elle a joué dans des conditions de nature à nous réconforter au point de

31 J. O. 10. 11. 1910, p. 2717, Séance du 9 Novembre.

32 Le Temps, 15. 10. 1910.

vue patriotique[33].» Als eine Selbstbestätigung Frankreichs wertete auch der Journal des Chemins de fer den Streikausgang; in seiner Jahresbilanz vermischte er die Oktoberkrise und die schweren Überschwemmungen im Januar und November 1910 in Paris zu einer einzigen Gefahr und stellt beruhigt fest: « La France a fait preuve d'une vitalité si intense en présence de ces calamités publiques, d'ordre local ou général, qu'il en reste à peine trace dans le bilan de l'année 1910[34].» Getragen von einem stark übersteigerten Nationalgefühl feierte Le Temps das Ende des Streiks: « Dans la France, dans l'Europe entière, le retentissement de ce triomphe de l'ordre républicain sera immense[35].» Mit dem Stolz des Lehrmeisters freute sich das Blatt über die den Eisenbahnern verabreichte „patriotische Lektion": « vaincus, ils apprennent à leurs dépens à respecter la sécurité de la patrie et l'ordre républicain[36].»

Die Öffentlichkeit hatte angesichts der Streikgefahr nach dem Retter gerufen: Briand hatte diesen Ruf vernommen und stand nun als glänzender Sieger vor dem Land: « Cela donnait même au Président du Conseil l'auréole de sauveur de la société, la grève des cheminots étant représentée comme le prélude de la révolution sociale[37].» Doch Briand war nicht nur der Retter der Gesellschaft, sondern vielmehr, darin lag der Erfolg seiner psychologischen Schlachtordnung, der Retter der Nation, oder wie sein Biograph Suarez nahezu mystisch, ohne jedes Attribut sagt: « le sauveur[38].» Dafür statteten ihm die Geretteten ihren Dank ab: seine Post lief förmlich über von anerkennenden und enthusiastischen Briefen aus angeblich allen politischen Richtungen[39]. Der Dramatiker Henry Bernstein schrieb überschwenglich: « Je suis persuadé qu'aucun gouvernement désormais ne pourra se maintenir sans votre collaboration et que vous êtes en France le seul homme capable de défendre contre le plus redoutable assaut un régime à quoi nous sommes attachées et qui est l'héritage de 89 ...[40].» Der gewiß als höchstes Lob verstandene Hinweis auf 1789 zeigt, wie wirksam es die Regierung verstand, als Verteidigerin der heiligsten Werte des Landes aufzutreten.

Dem Argument von der Bedrohung der Nation durch den Streik stehen indessen einige Einwände gegenüber, die seine Glaubwürdigkeit beeinträchtigen. Da die zentrale Bedeutung der Eisenbahnen für die

---

[33] J. O. 30. 10. 1910, p. 2654, Séance du 29 Octobre.
[34] Journal des Chemins de Fer, 7. 1. 1911.
[35] Le Temps, 19. 10. 1910.
[36] a. a. O.
[37] Georges/Tintant, Léon Jouhaux, I, p. 47, Anm. 4.
[38] Suarez, Briand II, p. 281.
[39] a. a. O., p. 280.
[40] a. a. O., p. 281.

Wirtschaft außer Zweifel steht, beziehen sie sich auf die Landesverteidigung, die durch die nationale Argumentation ohnehin in den Vordergrund geschoben wurde. So ergibt sich aus den weltpolitischen Kommentaren des Journal des Chemins de fer, eines entschlossenen Verteidigers der nationalen Interessen, zu Recht ein durchaus beruhigendes Bild der außenpolitischen Lage im Jahr 1910, was seltsam kontrastiert zu der angeblich die Landesverteidigung schwächenden Wirkung des Streiks. Am 1. Januar 1910 drohte demnach Frankreich keine unmittelbare Gefahr: « En somme, l'horizon international s'est très sensiblement rasséréné depuis quelques mois, et l'année qui vient s'annonce avec des apparences plus favorables, que celles par lesquelles avait débuté l'année qui prend fin[41]. » Daran änderte sich in der zweiten Jahreshälfte nichts: « La situation politique internationale est aussi satisfaisante que possible[42]. » Auch der Jurist Planques, der als Folge des Streiks „dieses unglückliche Land bald den Invasionen benachbarter feindlicher Nationen ausgeliefert" sah, widersprach seiner pessimistischen Prognose selbst, da er ein sehr hoffnungsvolles Zukunftsbild der internationalen Politik zeichnete, und dies im Jahre 1911: « le vingtième siècle qui parait devoir assister au triomphe de la résolution pacifique des grands conflits internationaux . . .[43]. » Der Streik fiel also selbst nach dem Urteil wichtiger Glieder der Repressionspartei in eine Periode außenpolitischer Beruhigung, so daß kein Anlaß bestand, ihn wegen drohender äußerer Gefahr zu brechen.

In streng militärischer Hinsicht gefährdete im übrigen nicht so sehr der Streik als vielmehr seine Bekämpfung die Landesverteidigung, wie aus einem Zirkular des Innenministeriums an die Präfekten hervorgeht: « Le ministre de la Guerre appelle mon attention sur l'intérêt qui s'attache à ce qu'aucune addition ne soit apportée au plan de protection sans des nécessités impérieuses, surtout à cette époque de l'année où les effectifs disponibles sont très réduits[44]. En particulier l'occupation par voie de réquisitions de points qui n'y sont pas incorporés présente de sérieux inconvénients. Elle a en effet pour conséquence de diminuer les réserves qu'il importe de laisser entre les mains de l'autorité militaire pour parer à toute éventualité[45]. » Die Zahl der für die Sicherung strategischer Punkte des Eisenbahnnetzes verfügbaren Truppen schien dem-

---

[41] Journal des Chemins de Fer, 1. 1. 1910.

[42] a. a. O., 27. 8. 1910.

[43] Planques, p. 9.

[44] Für die Planung des Streikkomitees war diese Bestandesverminderung sehr bedeutsam, wurde doch im September 1910 die Entlassung eines Rekrutenjahrgangs im Oktober als der frühestmögliche Zeitpunkt für einen Streik genannt, weil dadurch der Einsatz des Militärs erschwert wurde, Rapport.

[45] APP B/a 1361, Grève Octobre 1910; Instructions et mesures générales, Zirkular vom 15. 10. 1910, 18 Uhr 50.

nach begrenzt, dergestalt, daß eine Zuspitzung des Konflikts möglicherweise Lücken in die militärische Sicherung des Landes gerissen hätte.

Als besonders schwerwiegender Einwand gegen die nationale Argumentation ist endlich die Anfrage der deutschen Regierung zu werten, die mit großem Interesse die Anstrengungen der französischen Regierung in der Streiksache verfolgt hatte und nun um Aufschluß über die juristische Basis der Repressionsmaßnahmen bat[46]. Daß gerade jene Regierung, die nach meist unausgesprochener, aber tief verankerter Meinung mit dem sprungbereiten Angreifer gleichzusetzen war, dessentwillen der Streik den Bestand des Landes gefährdete, sich der Grundsätze repressiver staatlicher Streikpolitik in Paris versichern wollte, gibt dem Wort Jaurès', wonach Briand durch diese Streikpolitik Frankreich zur Avantgarde der Reaktion gemacht habe[47], einen tieferen Sinn. Daß auch Briand jedenfalls die nationale Argumentation als zweckgerichtetes Mittel empfand, zeigt eine Äußerung, wonach die Regierung den Eisenbahnern durch die Mobilisation den patriotischen Vorwand zur Wiederaufnahme der Arbeit gegeben habe: « les cheminots ont été heureux que le Gouvernement leur donnât le prétexte patriotique, qu'ils cherchaient, de se soustraire à une tyrannie insupportable[48]. »

---

[46] AN BB 18 2423, 95 A 10, Bericht des Ministère des Affaires Etrangères an den Justizminister, 12. 11. 1910.

[47] J. O. 9. 11. 1910, p. 2696, Séance du 8 Novembre.

[48] J. O. 30. 10. 1910, p. 2654, Séance du 29 Octobre.

XII. Der „Bloc de la Peur“

Die Sorge um „La France“, das personifizierte Frankreich, dessen Ermordung es zu verhindern galt (Le Temps: assassiner la France[1]), reicht allein nicht aus, um die Sammlung der Repressionspartei zu erklären. Die Argumentation mit dem bedrohten Landesinteresse ist im vorangehenden Kapitel vielmehr als der Versuch erschienen, die Konfliktsebene zu wechseln und dergestalt den Streik am Fels des Patriotismus scheitern zu lassen. Als Ferment bei der Bildung des nationalen Lagers wirkten in der Tat noch weit konkretere als bloß nationale Bedenken mit, jene, die von der ursprünglichen, sozialen Konfliktsebene ausgingen. In treffender Weise bezeichnete die briandfeindliche, radikalsozialistische Zeitung „Le Rappel“, die ihre Ausgaben neben der christlichen Zeitrechnung auch noch nach dem Revolutionskalender datierte, am 19. Oktober (oder dem 26. Vendemiaire des Jahres 118) dieses Integrationsmittel: « Derrière la grève des cheminots se dessine nettement un mouvement de réaction perfidement préparé de longue main. C’est toute une politique nouvelle de répression et de régression que les partis conservateurs — le Bloc de la Peur — entendent exiger de M. Briand[2]. » Damit wird der Streik seinem innenpolitischen Charakter zurückgegeben: er wird verstanden als ein prinzipieller Konflikt zwischen dem „Parti de l’ordre“ und dem „Parti du mouvement“: die Repression ist Ausdruck der Angst der Ordnungspartei vor der Veränderung schlechthin, mithin Angst um ihre eigene gesellschaftliche Stellung. Auch der sozialistische Deputierte Colly erkannte in der Angst die die nationale Motivation regierende Kraft: « On dit que lorsque la peur gouverne, on peut s’attendre à toutes les folies et à toutes les atrocités[3]. »

Die einzelnen Teile des national argumentierenden Blocks waren dadurch miteinander verwandt, daß sie auf das gleiche Ereignis, die Störung der öffentlichen Ordnung durch den Streik, in gleicher Weise reagierten: sie empfanden Furcht. Als politisches Phänomen ist die Furcht, wie schon aus der Einleitung hervorgegangen ist, von konservativer Art: sie will Bestehendes bewahren und Künftiges abwehren. Im „Bloc de la peur“ fanden sich demnach die am Status quo Interessierten zusammen: die direkt betroffenen privaten Eisenbahngesellschaften, die

---

[1] Le Temps, 15. 10. 1910.

[2] Le Rappel, 19. 10. 1910.

[3] J. O. 26. 10. 1910, p. 2564, Séance du 25 Octobre.

Regierung als Arbeitgeber des Netzes Etat und Wahrerin der Ordnung, eine weitere Öffentlichkeit als Stütze der Ordnung. Wie sehr die Repressionspartei auf die Bewahrung gerade des sozialen Status quo hielt, hat „La Guerre Sociale", polemisch überspitzt, nachzuweisen gesucht, indem sie die Streikforderungen an den nationalen Argumenten maß: « Qu'est-ce qu'on leur demande ? 5 francs par jour et le repos hebdomadaire pour les plus humbles des cheminots et un peu moins de surmenage pour les autres ! Ils ne sont pas capables, ces actionnaires dont les actions ont triplé depuis quarante ans, de faire ce léger sacrifice pour sauver la patrie dont ‹ la frontière est ouverte à l'invasion allemande ›[4] ? » Die Repressionspartei war nicht bereit, die Sicherheit des Landes mit dem Preis sozialer Zugeständnisse zu erkaufen, was deutlich ihre Fähigkeit erkennen läßt, neben dem Nationalinteresse auch ihrer Eigeninteressen zu gedenken.

Der Charakter der Oktoberkrise als im wesentlichen sozialer Konflikt konnte in der Tat nicht verschleiert werden, denn auch in den Äußerungen der Streikgegner ist allenthalben die tiefe Besorgnis über die Gefährdung der sozialen Ordnung zu fassen. Der Gegensatz zwischen Patriotismus und Landesverrat stellte sich auf dem sozialpolitischen Feld in anderer Form, wie der „Journal des Chemins de fer" ankündigte: « La lutte est maintenant engagée entre les partis de l'ordre, du travail et la révolution[5]. » Die Ordnung wehrte sich gegen die Revolution. Und noch genauer beschrieb Le Temps den Sachverhalt: « Les incidents auxquels nous avons assisté depuis deux jours, montrent qu'il s'agit en effet d'un attentat révolutionnaire contre *l'ordre social*[6]. » Die Furcht des „Bloc de la peur" bezog sich unmißverständlich auf die Revolution, den Umsturz der sozialen Verhältnisse. Der Streik wurde betrachtet als revolutionäre Herausforderung, „le défi de la révolution"[7], die mit der sozialen Verteidigung beantwortet werden mußte, wie der Journal des Chemins de fer bei der Beurteilung des zweiten Kabinetts Briand formulierte: « le nouveau ministère parait fermement décidé à entrer dans la voie de la défense sociale ; il semble prêt à résister à l'envahissante omnipotence du syndicalisme révolutionnaire[8]. » Die Repressionspartei verstand ihre sozialpolitische Haltung selbst als defensiv: die statische, seit 1848 das Land prägende Tendenz im Widerstand gegen die dynamische, von der Mehrheit mit Mißtrauen betrachtete Tendenz. Auch auf der sozialen Ebene ergab sich damit ein eindrucksvolles Gegen-

---

[4] La Guerre Sociale, 14. 10. 1910, Nr. 44 C. Die im Text selbst zitierte Aussage stammt von Henri Bérenger, dem Direktor der „L'Action".

[5] Journal des Chemins de Fer, 15. 10. 1910.

[6] Le Temps, 15. 10. 1910. (Hervorhebung vom Verf.)

[7] a. a. O.

[8] Journal des Chemins de Fer, 12. 11. 1910.

satzpaar: Ordnung und Anarchie. Geschickt gestaltete Le Temps diesen Antagonismus aus, wobei es ihm gelang, der Partei der Ordnung den dynamischen Charakter der Arbeit, der Partei der Bewegung den statischen Charakter träger Untätigkeit zu verleihen:

« Quiconque se trouve par hasard dans une gare de Paris, entre six heures et sept heures et demie du matin, doit être bien dépourvu d'imagination et de cœur s'il ne s'arrête à contempler la descente des trains de banlieue. Le flot s'écoule et se hâte vers la sortie. Hommes, femmes, jeunes gens, jeunes filles, les uns achèvent de lire un journal, d'autres causent. Tous vont au travail, ce travail qui est leur vie et leur dignité, et qui fait la gloire de Paris. On ne peut assister à ce défilé de gens de tout âge, et si divers par le costume, la physionomie, l'attitude sans être pénétré d'admiration et de respect pour tant d'énergies ordonnées et embellies par la notion claire du devoir. A quelque condition qu'on appartienne, on est fier de se sentir le concitoyen de ces travailleurs et de travailler aussi dans une autre sphère, mais avec la même conscience et la même ardeur disciplinée ... Pendant ce temps-là, des gens dorment encore, ‹ secrétaires de syndicats ›, fonctionnaires embusqués dans la demi-oisiveté de leurs bureaux, appointés pour quelques efforts intermittents et nuisibles. Et ceux-ci, frelons repoussants et venimeux, auraient, paraît-il, le droit de décider que le travail de la ruche s'interrompra, que les trains s'arrêteront, que la banlieue ne versera plus sa population sur Paris et que tant de familles, sans fortune acquise, sans avances, devront se priver du nécessaire et que les petits manqueront de lait parce que les wagons ne circulent plus ? Où donc est l'homme doué de raison qui croit que ces abominations sont permises ? Qui soutiendra que le gouvernement manque de lois et de pouvoirs pour châtier et réduire à l'impuissance les malfaiteurs publics avec tous leurs complices[9] ?»

Durch diese Verkehrung des Politischen, des Widerspruchs von Ordnung und Bewegung, ins Private, den Widerspruch von Arbeit und Streik, d. h. Untätigkeit, sicherte Le Temps der Repressionspartei den psychologisch wichtigen Anspruch auf Vitalität.

Um dem beschriebenen Idealbild der Konfrontation näher zu kommen, war es unumgänglich, den Eisenbahnerstreik als revolutionäre Herausforderung zu brandmarken und die Bedrohung der Interessen der Eisenbahngesellschaften als Gefahr für die gesamte Gesellschaftsordnung auszugehen. Wie unbeschwert die Unternehmerseite auf den revolutionären Charakter des Streiks schloß, zeigt die Argumentation des Journal des Chemins de fer: « Le caractère révolutionnaire de ce mouvement est encore mieux mis en lumière si on examine les revendications que les agents du Nord présentèrent le jour même où ils cessaient le travail. [...] Poser, pour la reprise du travail, des conditions que l'employeur est dans l'impossibilité de discuter, c'était avouer qu'un mouvement d'ensemble était déjà préparé, et qu'il importait, avant tout, de brusquer les événements, pour ne pas être entraîné à ces discussions amiables que le Président du Conseil et le ministre devraient présider[10]. »

---

[9] Le Temps, 15. 10. 1910.

[10] Journal des Chemins de Fer, 15. 10. 1910.

In dieser Beweisführung wurden Streikende deshalb zu Revolutionären, weil sie Forderungen erhoben, die nach dem keineswegs neutralen Urteil der Arbeitgeber nicht erfüllt werden konnten. Le Temps seinerseits hielt, ungeachtet aller sozialen Fragen, den Streik für ein Verbrechen: « Que valent les discussions plus ou moins académiques sur ‹ le droit de grève › en soi, lorsqu'il apparaît que la cessation du travail, chez les fonctionnaires ou les agents d'un grand service public, est forcément un crime révolutionnaire et un acte de trahision contre la patrie[11]? » Wie schon auf der nationalen Ebene verwies die Repressionspartei nun auch auf der sozialen ihre Gegner in eine Stellung, die ihnen zwar nicht zukam, die aber aus Gründen der psychologischen Kampfführung für notwendig gehalten wurde.

Die unmittelbarste Quelle der Angst vor der Revolution war die den Streik begleitende Gewalttätigkeit. Die psychologische Wirkung der von einigen revolutionären Gruppen betriebenen Sabotage überstieg ihren praktischen Wert so sehr, daß der Streik vor allem unter diesem Gesichtspunkt betrachtet wurde. Charakteristisch dafür ist das Urteil von Planques: « Il ne faut pas oublier en effet que ce mouvement, s'il donne lieu à des revendications professionnelles eut surtout un caractère anarchiste[12]. » Das Odium ungezügelter, krimineller Gewalt haftete der Bewegung in verhängnisvoller Weise an und verlieh dem Argument vom revolutionären Wesen des Streiks überzeugende Kraft. Es fehlte nicht an makabren, anonymen Morddrohungen, wie sie das Innenministerium am 18. Oktober empfing: « Un groupe de Terroristes, em présence de la situation actuelle décrète : le Président de la République, les Membres du Conseil des Ministres, les Membres de la Police (Municipale et Civile) sond condannés à mort. Leur exéction aura lieu aux moments propices sans autres avis[13]. » Obschon kein konkreter Hinweis einen direkten Zusammenhang mit dem Streik ausweist, atmet diese Drohung den haßerfüllten Geist der Oktoberkrise. Sogar Jaurès mußte sich gegen den Vorwurf zur Wehr setzen, in seiner Zeitung sei die Beseitigung Briands indirekt empfohlen worden[14], und die inkriminierten Zeilen waren tatsächlich sehr zwiespältig. In einem Artikel von A. Socolovert, der das Schicksal des kurz zuvor gestürzten königlichen Regimes in Portugal, das mit der Ermordung des Königs Carlos und der Flucht seines Minister Franco endete, mit den französischen Zuständen verglich, hieß es: « Sans doute, nul ne songe à faire payer à Fallières les coups de force de son ministre. Il ne sera pas sur ce point atteint comme

[11] Le Temps, 15. 10. 1910.

[12] Planques, p. 48.

[13] AN F 7 13923, 1910 - 1911, Notes; anonyme Mitteilung vom 17. 10. 1910. Im Zitat wurde die Orthographie unverändert belassen.

[14] Vgl. J. O. 30. 10. 1910, p. 2642/43, Séance du 29 Octobre.

Carlos, le gros monarque. Car nous le savons particulièrement irresponsable, le pauvre homme. A notre vindicte, Briand suffira. Nous avons été ses élèves, pleins de conscience et de mémoire. Nous le lui ferons bien voir. Et il n'aura point la consolation suprême de s'en aller, sauf de corps au moins, finir dans l'opulence ses misérables jours[15]. » Dieser schiefe Vergleich förderte zweifellos das allgemeine Mißtrauen gegenüber der Streikpartei. Völlig ungehemmt schürte naturgemäß „La Guerre Sociale" die Gewalttätigkeit. An „Aristide-la-Gaffe" gewandt, schrieb „Sans-Patrie" am 14. Oktober: « Si jamais on te hisse au haut d'un bec électrique ... sois assez gentil pour me léguer par testament un bout de la corde[16]. » Drohungen dieser Art dienten der Revolutionspsychose vorzüglich, und wo sie nicht als unmittelbare Gefahr empfunden wurden, vermochten sie doch gewiß prohibitive Abwehrreaktionen zu wecken: die Oktoberkrise aktivierte wohl ein beträchtliches Maß an retrospektiver Angst, die bis auf die Commune zurückgehen mochte. Den Schrecken von 1871 wünschte sich jedoch kein Bürger herbei. Diese Beunruhigung des Bürgertums durch den Generalstreik fand schon bei seinem Beginn in „Le Temps" beredten Ausdruck:

« La nation tout entière est aujourd'hui tournée vers le gouvernement, et suivant une expression devenue courante, lui fait confiance. Elle attend de son énergie, de sa loyauté, de son dévouement aux intérêts généraux, les actes nécessaires. Elle est déjà péniblement surprise que la main de la justice ne se soit pas encore abattue sur les fauteurs de désordres et les coupables de sabotage. Il faut agir sans tarder, courber les malfaiteurs publics, embusquées dans les bureaux de la C. G. T. ou ailleurs ou sur les voies ferrées, sous le glaive de la loi. Toute hésitation, tout atermoiement pourrait être funeste. Le gouvernement doit dédaigner les injures des profiteurs de troubles qui essayent de l'intimider et les manœuvres des bas politiciens dont une calamité publique ne fait qu'exciter les convoitises[17]. »

Der Streik versetzte das Land in Unruhe und Furcht. Doch was der Repressionspartei ihre Kohärenz gab, war weniger die Furcht vor dem Untergang des Landes, als vielmehr jene vor dem Verlust der sozialen Ordnung. Der nationalen Argumentation kam nur eine Schildfunktion zu, sie diente als Folie für die Angst um die eigene soziale Stellung: der Begriff der Nation sollte die Feinde der Gesellschaft in den Bann schlagen.

---

[15] L'Humanité, 15. 10. 1910, Artikel „Briand-Franco". Der Verfasser verteidigte seinen Artikel unter dem Titel „Une canaillerie du Temps", L'Humanité, 18. 10. 1910. Le Temps hatte den zwiespältigen Aufruf unter der Überschrift „La grâce de M. Jaurès" aufgegriffen, Le Temps, 18. 10. 1910.

[16] La Guerre Sociale, 14. 10. 1910, Nr. 44 C. Ob der Artikel von Hervé selbst stammt, der üblicherweise unter dem Pseudonym „Sans-Patrie" schrieb, ist ungewiß, da er seit dem 13. Oktober in der Santé isoliert gehalten wurde, APP B/a 1361, Pièces d'ordre général, Befehl des Präfekten vom 13. 10. 1910.

[17] Le Temps, 13. 10. 1910.

Es kennzeichnet das Maß der gegenwärtig oder auch nur retrospektiv empfundenen Angst, daß sich in der Öffentlichkeit der Ruf nach möglichst massiver Repression erhob. Die im vorstehend zitierten Artikel von Le Temps gebrauchten Wendungen für die geforderten Maßnahmen legen davon Zeugnis ab: ohne Zögern handeln, jeden Aufschub vermeiden, die Missetäter unter das Schwert des Gesetzes zwingen usw. Le Temps erhoffte sich offensichtlich eine klare Lösung der Krise. Hinter diesem Bestreben glaubte dagegen Le Rappel dunkle Absichten erkennen zu können: « Il ne faut pas préparer l'apaisement social avec des menaces derrière lesquelles il n'y a plus de retraite, ni se livrer pieds et poings liés à toute la gent qui cherche une bagarre sociale pour jeter la République hors des voies de la Démocratie[18]. » Das Briand opponierende Blatt interpretierte demnach die überproportionierte Abwehrreaktion der nach seiner Auffassung konservativ-reaktionären Kreise als den Versuch, das Land bewußt in eine soziale Schlacht hineinzuführen, um dergestalt die Linke auszuschalten. In der Tat lassen sich solche Vorstellungen im Lager der Repressionspartei nachweisen. Am 15. Oktober forderte Le Temps die bedingungslose Kapitulation der Streikpartei ohne Gnade: « Dans une grève ordinaire, il est bon que la conciliation se fasse le plus complètement possible, qu'elle panse toutes les blessures, et qu'il n'y ait ni vainqueurs ni vaincus. Ici, il faut qu'il y ait des vaincus : les criminels qui ont trompé les ouvriers et qui ont tramé contre leur pays un épouvantable complot[19]. » Der Streik sollte dazu benutzt werden, die sozialpolitische Lage auf lange Sicht zu stabilisieren, wozu ein totaler Sieg erforderlich war: « Le pays ne peut se contenter d'une trêve ni d'une sécurité précaire ; il veut des garanties pour l'avenir ...[20]. » Diese strenge Auffassung teilten die führenden Wirtschaftskreise, denn nach polizeilichen Informationen, die als Quelle den rechtsgerichteten Abgeordneten Charles Benoist (Progressist) und andere Deputierte zitieren, strebte die Mehrheit der Kaufleute und Industriellen danach, mit den sozialen Unruhestiftern gründlich abzurechnen: « une fois pour toutes »[21]. Doch auch im staatlichen Sicherheitsapparat wurde eine möglichst massive Repression gewünscht: der Pariser Polizeipräfekt Lépine wollte die Bewegung zunächst anwachsen lassen, um sie anschließend mit größter Härte unterdrücken zu können. Briand mußte sich, nach dem Bericht des unabhängigen Deputierten Pugliesi-Conti, gegen diese Methode zur Wehr setzen[22]. Mit Fug konnte

[18] Le Rappel, 13. 10. 1910.

[19] Le Temps, 15. 10. 1910.

[20] a. a. O.

[21] APP B/a 1362, Télégrammes et rapports d'ordre général, Bericht v. 15. 10. 1910.

[22] a. a. O.; Pugliesi-Conti, Deputierter des Seine-Departements, verbreitete diese Information am 14. 10. 1910 beim Verlassen der Kammer.

der Ministerpräsident deshalb nach dem Streik der Kammer zurufen: « Regardez mes mains : pas une goutte de sang[23]. »

Alle drei Abteilungen der Repressionspartei, Eisenbahngesellschaften, Regierung und Öffentlichkeit, standen unter dem Eindruck, sich einer drohenden Revolution erwehren zu müssen. Alle hielten sie ihre jeweilige Existenz für bedroht. Diese Furcht um die eigene Lebensgrundlage war bei jedem Teil jedoch anders gelagert. Offen zu Tage liegt der Wert, um den die Eisenbahngesellschaften kämpften: ihre wirtschaftliche Selbständigkeit. Die Stärkung der Macht ihrer Arbeiterschaft zog unweigerlich die Schmälerung des wirtschaftlichen Erfolgs und damit über kurz oder lang die staatliche Bevormundung nach sich. Die weitere wirtschaftliche Führungsschicht empfand mit den Eisenbahnunternehmern solidarisch und bezog deswegen gegen den Streik Stellung. Die breitere Öffentlichkeit endlich, das mittlere und kleine Bürgertum, das die Dritte Republik repräsentierte und seine neu erworbene Stellung nicht aufs Spiel setzen wollte, fürchtete um die Grundlagen seiner Existenz: den normalen Gang der Wirtschaft, den Arbeitsplatz. Le Temps erhob sich zu seinem Anwalt: « C'est avec l'opinion des petites gens que le gouvernement doit compter surtout. Ce sont les premières victimes et les victimes les plus cruellement frappées par la bande révolutionnaire. Il faut que le gouvernement les protège avant les crises, et qu'il les venge pendant et après ; si non il fortifierait singulièrement la propaganda anarchiste auprès de cette classe importante et nombreuse qui dédaigne jusqu'à présent le mot d'ordre des saboteurs et des sans-patrie[24]. » Die wirtschaftliche und persönliche Sicherheit seiner selbst und seiner Familie waren die Werte, die der „Petit“ verteidigte.

Bedeutend komplexer gestaltet sich die Motivation bei der Regierung. Zunächst betrafen ihre Befürchtungen die öffentliche Sicherheit. Es kann zwar keine Rede davon sein, daß der Streik den Staatsapparat wanken gemacht hätte, dennoch kann nicht übergangen werden, daß die Zuverlässigkeit der gegen den Streik bereitgestellten Truppen nicht über jeden Zweifel erhaben war. Ein Polizeibericht vom 13. Oktober vermittelt ein Stimmungsbild bei höherem Eisenbahnpersonal und Truppen: « Il faut ajouter que le personnel des gares (chefs et sous-chefs) est favorable aux grévistes. [...] Tous approuvent les grévistes implicitement, et si leur grandeur les attaches au rivage, du moins favorisent-ils par sympathie, ou mollesse dans l'exécution du service, les grévistes de leur réseau. Ces sentiments sont ceux de l'armée. On a eu occasion, depuis deux jours, de causer avec divers officiers des 76e et 104e régiments d'infanterie, à la gare Montparnasse. Tous manifestent

---

[23] J. O. 31. 10. 1910, p. 2663, Séance du 30 Octobre.

[24] Le Temps, 15. 10. 1910.

la plus grande répugnance à la pensée d'une action vigoureuse et la plupart, se retrachant derrière la faiblesse de leurs effectifs, déclarent qu'en cas de mouvement gréviste, ils laisseront faire[25]. » Wenn dieses Zeugnis auch nicht überbewertet werden darf, ist doch einsichtig, daß solche und ähnliche Meldungen die Regierung zu größter Wachsamkeit gegenüber revolutionären Umtrieben veranlaßten. Bei der Durchsuchung der Wohnung eines Schneiders, im ersten Stockwerk des Hauses, das die Redaktion der „Guerre Sociale" beherbergte, wurden jedenfalls am 13. Oktober Sympathiebriefe von im Dienst stehenden Militärpersonen an die Zeitung gefunden[26], die nicht nur den Streik entschlossen unterstützte, sondern vor allem auch leidenschaftlich antimilitaristische Propaganda betrieb. An diesen Anzeichen der Illoyalität des Staatsapparats ist indessen weniger die tatsächliche als vielmehr die psychologische Wirkung bedeutsam.

Zur Motivierung der repressiven Politik der Regierung Briand mag aber nicht nur die Sorge um die öffentliche, sondern auch jene um die eigene Sicherheit des Kabinetts selbst beigetragen haben. Das Kabinett schien zu Anfang Oktober gefährdet, und der Streik erfüllte die Funktion, den Bestand der Regierung zu sichern. Der unabhängige Abgeordnete Ernest Roche beschrieb im nachhinein den Vorgang: « Eh, messieurs, ce n'est un mystère pour personne que la situation était plus ou moins branlante, que des compétitions, des menaces planaient dans l'air. Grâce à la grève, vous bravez ces menaces, vous anéantissez ces compétitions, vous consolidez votre situation politique, vous apparaissez comme un sauveur[27]. » Der alte Combes verfolgte in der Tat noch immer den Plan, den 1905 erloschenen Block der Linken wiederzuerwecken, und intrigierte im Herbst 1910 gegen Briand[28]. Mit Combes versuchte der linke Flügel der Radikalen und Radikalsozialistischen Partei den Sturz der Regierung herbeizuführen. Im Hinblick auf den Kongreß des Parti radical et radical-socialiste, der am 6. Oktober 1910 in Rouen begann, holte Le Rappel vom 4. bis 10. Oktober zu einem Generalangriff auf Briand aus. Zur Hauptsache wurde der Mentor der Befriedung zwischen Kirche und Staat des Verrats an den laizistischen Prinzipien verdächtigt[29]. Unüberbrückbare Gegensätze schienen sich zu öffnen: « Les radicaux et M. Briand ne professent pas ... la même philosophie de l'histoire contemporaine[30]. » In Rouen sodann, wo Combes den Kongreß präsidierte, führten die radikalsozialistischen Deputierten Thalamas

---

[25] APP B/a 1362, Télégrammes et rapports d'ordre général, 17 octobre, Bericht v. 13. 10. 1910.
[26] APP B/a 1363, Arrestations et condamnations, Bericht vom 19. 10. 1910.
[27] J. O. 30. 10. 1910, p. 2635, Séance du 29 Octobre.
[28] Vgl. Suarez, Briand II, p. 276.
[29] Vgl. Le Rappel, 5. 10. 1910.
[30] Le Rappel, 8. 10. 1910.

und Pelletan, jener ein Vorkämpfer der Entmythisierung der Nationalgeschichte[31], dieser ein alter Verfechter eines Linkskurses[32], der nun deshalb die Demission Briands forderte[33], die Fronde gegen die Regierung an. Der Kongreß verabschiedete in der Folge eine Entschließung, die sich vornehmlich gegen Briand richtete: « Le Congrès [...] refuse de s'associer à une politique de compromission réactionnaire qui jette le désarroi dans l'armée républicaine. Il donne mission aux parlementaires du parti de ne soutenir désormais qu'un gouvernement qui saura par ses paroles et surtout par ses actes, prouver qu'il s'inspire des principes directeurs de l'esprit républicain, laïque et social[34]. » Die Bedeutung dieses Parteitagbeschlusses stand nun freilich, bei der bekannten Disziplin der Deputierten, dahin. Während man ihm in sozialistischen Kreisen kein großes Gewicht beimaß[35], urteilte die Polizei im Gegenteil: « La grève des cheminots aura, paraît-il, raffermi le ministère Briand qui paraissait perdu au moment du congrès de Rouen[36]. » Noch nach der Rede Briands vom 11. Oktober vor dem einflußreichen Komitee Mascuraud, die nicht sehr günstig aufgenommen wurde, blieb die Zukunftsprognose für die Regierung düster: « Mais la lecture de ce discours produit le plus fâcheux effet dans les milieux radicaux et radicaux-socialistes. On lui reproche d'être creux, contradictoire, redonnant et dépourvu du minimum de sincérité qu'un homme politique puisse mettre dans l'expression de sa pensée. [...] On escompte dans les mêmes milieux la chute du Ministère dès la rentrée des Chambres[37]. » Angesichts dieser wenn nicht prekären, so doch gewiß unsicher werdenden Lage bot der Streik dem Kabinett Gelegenheit, den Beweis seiner Regierungsfähigkeit abzulegen. Zwischen dem Kongreß von Rouen und der Regierungspolitik im Streik konnte deshalb ein innerer Zusammenhang gesehen werden: « On raconte, dans certains milieux, que la grève des cheminots est la conséquence du congrès radical de Rouen. On prétend, en effet, que la politique ministérielle ayant été condamnée par les radicaux irrités contre M. Briand, il fallait au Président du Conseil une diversion qu'il a trouvée dans la déclaration de la grève. [...] Au congrès radical de Rouen, il a été question de cette grève que l'on redoutait parce qu'elle devait profiter à M. Briand en ralliant autour de lui tous les partisans de l'ordre[38]. » Die Bedrohung seiner parlamentarischen

31 Vgl. Weber, The nationalist revival in France, p. 69/70.

32 Vgl. Loubère, Left-wing radicals, strikes, and the military 1880 - 1907.

33 Vgl. Suarez, Briand II, p. 277.

34 Le Rappel, 9. 10. 1910.

35 AN F 7 13073, Bericht v. 8. 10. 1910, M/2054 U.

36 APP B/a 1361, 19 octobre et poursuivants, Bericht vom 19. 10. 1910.

37 APP B/a 1362, Télégrammes et rapports d'ordre général, Bericht v. 13. 10. 1910. Diese Informationen bezog die Polizei von den Senatoren Berger und Humbert.

38 a. a. O., Bericht v. 13. 10. 1910.

Basis durch die Manöver der radikalsozialistischen Fronde zwangen Briand dazu, den Streik mit aller Energie zu bekämpfen, wofür er des Beifalls der politischen Mitte und Rechten gewiß sein konnte. Außerdem erlaubte ihm diese Taktik, die extreme Linke in die Stellung des Feindes von Nation und Ordnung zu drängen, mithin den von den Radikalsozialisten gesuchten sozialistischen Bündnispartner in der Öffentlichkeit weiter zu diskreditieren. Jaurès und andere Sozialisten erkannten schon am 11. Oktober den Vorteil des Streiks für Briand: « Au point de vue politique, cette grève arrive juste quelques heures avant le banquet Mascuraud : elle ne peut donc que servir M. Briand, qui va se poser en défenseur de l'ordre public et des intérêts généraux menacés par ceux-la-mêmes avec lesquels les combistes cherchent à reformer le bloc pour renverser le Cabinet[39]. » Diese parlamentarische Lage ist für die Motivierung der Repressionspolitik zu berücksichtigen. Die Repression ist indessen keineswegs allein dadurch bedingt, denn Briand ließ schon in früheren Phasen der Auseinandersetzung mit den Eisenbahnern seine Absicht erkennen, vor repressiven Maßnahmen nicht zurückzuschrecken, was anzeigt, daß die Repression in tieferen Schichten verankert war. Alle drei Abteilungen der Repressionspartei verfügten damit über jeweils besondere wohl begründete Motive, sich in der Abwehr der sozialen Herausforderung zu finden. Die Furcht des nationalen Blocks war also nicht vorgegeben, sondern echt. Sie wurde durch den Revolutionären Syndikalismus nach 1906 stets von neuem belebt, und diesem wild drohenden Gegner verdankte die Repressionspartei ihre Einheit.

Die Repressionspartei war so wenig wie die Streikpartei ein monolithischer Block. Auch in ihr ist eine vielschichtige Kräftegeometrie erkennbar. Allein durch den Umfang ihrer Machtmittel kam darin gewiß der Regierung die Führung zu, doch ihr Verhältnis zu den beiden andern wichtigen Gruppen, den Eisenbahngesellschaften und dem amorphen Gebilde der „Öffentlichen Meinung“, war keinesfalls das einer Domination. So sehr zum Beispiel die Eisenbahngesellschaften vom guten Willen der Regierung abhingen, so wenig willfuhren sie in sozialen Fragen, wie wir gesehen haben, den gouvernementalen Wünschen. Die Regierung galt den übrigen Gliedern der Repressionspartei nicht als Schiedsrichter zwischen den Sozialpartnern, sondern als Protektor vor den syndikalistischen Forderungen, war also zur Parteinahme kraft ihres Amtes verpflichtet. Le Temps brachte dieses Verhältnis zum Ausdruck, als er vom Schutz der „Petits“ sprach: « Il faut que le gouvernement les *protège* avant les crises, et qu'il les *venge* pendant et après[40]. »

---

[39] APP B/a 1360, Bericht v. 11. 10. 1910.

[40] Le Temps, 15. 10. 1910. (Hervorhebung vom Verf.)

Damit wurde die Regierung fest, so es dieses Bandes noch bedurfte, an das Schicksal von Eisenbahngesellschaften und Bürgertum geknüpft.

Was das Verhältnis zwischen der Regierung und der Öffentlichen Meinung betrifft, ist von der Streikpartei eine enge Abhängigkeit der ersteren von der letzteren vermutet worden. Nach der Meinung von Le Rappel ging der Mobilisationsbefehl auf den Druck der Öffentlichen Meinung zurück: « cédant aux conseil, aux suggestions de la presse conservatrice et réactionnaire ...[41]. » Daß selbst ein Glied der Repressionspartei wie „Le Journal des Chemins de fer“ in seinem Streikrückblick den Abschnitt über die Bedeutung der Öffentlichen Meinung für die Staatsorgane bewußt zweideutig formulierte, zeigt, daß auch die Eisenbahngesellschaften diese Bedeutung hoch bewerteten. Der Text lautet: « Peu de jours après, la Chambre, soutenue ... ou *guidée* par l'opinion publique, approuvait les mesures prises par le gouvernement[42]. » In diesem Satz drückt sich gleichzeitig die Zufriedenheit der Eisenbahngesellschaften über die Haltung der Öffentlichen Meinung aus. Auch das Protokoll der Generalversammlung der Compagnie du Nord (1911) äußerte sich lobend über die Öffentliche Meinung, deren im Zusammenhang mit dem Retraitengesetz erwachtes Verständnis für die Probleme der Eisenbahngesellschaften gewürdigt wurde[43].

In der Ausdrucksweise, die Le Temps für seine Streikkommentare wählte, widerspiegelte sich in der Tat der von der Öffentlichen Meinung auf die Regierung ausgeübte Druck. Auf der einen Seite zeigte dieses rechtsgerichtete Blatt der Regierung sein Vertrauen an und erwartete zuversichtlich ihre Beschlüsse, ohne freilich die Hoffnung auf die tatkräftige Repression der Bewegung zu verleugnen, so am 13. Oktober: « La nation tout entière est aujourd'hui tournée vers le gouvernement, et suivant une expression devenue courante, lui fait confiance[44]. » Und am 15. Oktober: « On attend, et l'on espère, les actes décisifs du gouvernement[45]. » In das Warten mischte sich aber schon Ungeduld: « Que le gouvernement agisse donc ! Le pays accepte toutes les conséquences de la lutte, il en souffre, mais il en souffre moins que de l'incertitude jusqu'à ce jour exploitée par les anarchistes. Toutes les classes[46] de la

[41] Le Rappel, 13. 10. 1910.

[42] Journal des Chemins de Fer, 5. 11. 1910. Die Auslassung steht so im Text, wodurch dieser seinen zweideutigen Charakter erhält. (Hervorhebung vom Verf.)

[43] Vgl. AN 48 AQ 9, Procès-Verbaux Nr. 9, p. 187.

[44] Le Temps, 13. 10. 1910.

[45] Le Temps, 15. 10. 1910.

[46] Dieser Ausdruck erscheint im gleichen Artikel mehrfach, wird also zu dieser Zeit schon nicht mehr gemieden wie noch in den Anfängen der Dritten Republik, vgl. Adolf Kimmel in einer Rezension zu Pierre Barral (Les fondateurs de la Troisième République, Paris 1968), Neue Politische Literatur, Nr. 2/1972, p. 274.

population fraternisent dans le même esprit. » Auf der anderen Seite trat Le Temps aber auch aus dieser passiven Rolle heraus und leitete die Regierung magistral zum Handeln an, wie der oft unverkennbare Befehlscharakter seiner Aufrufe zeigt. Die Repressionspolitik wurde als der Auftrag der Gesellschaft an die Regierung verstanden: « Eh bien, la société veut vivre et veut se défendre ! Elle ne se rendra pas. Pour qu'elle eût le dessous dans cette lutte ouverte, il faudrait que le gouvernement la trahît. Les premières décisions de M. Briand, les nouvelles arrestations ordonnées aujourd'hui, notamment celle du citoyen Pataud, d'autres indices encore montrent que le gouvernement a compris son devoir. Il s'agit, à présent, de l'accomplir jusqu'au bout ...[47]. » In letzter Anmaßung spielte sich Le Temps gar zum Intendanten und Inquisitor der Repression auf: « Au gouvernement de tenir la main surtout à ce que ses ordres soient exécutés non seulement à la lettre, mais dans leur esprit. Partout, les parquets doivent agir avec promptitude et vigeur ; partout ils doivent faire appel des jugements de faiblesse où se trahit une complaisance politique dont la cause n'est généralement pas très difficile à deviner. Dans cette crise le gouvernement est soutenu par l'opinion ; il sera, s'il le faut, *poussé par elle*[48]. » Auf diese Weise würdigte die Öffentliche Meinung die Regierung zum bloßen Erfüllungsgehilfen und Ausführungsorgan der Repressionspolitik herab. Doch die Regierung bedurfte, wie ihre Vorbereitung der Repression erweist, dieser Direktiven einer aufgeregten Öffentlichkeit nicht. Die breite Unterstützung ihrer Politik durch die Presse stärkte indessen zweifellos ihre Entschlossenheit, die Repression ohne Zögern durchzuführen. Sie beeinträchtigte andrerseits aber eine Verhandlungslösung, denn als Briand am 13. Oktober, nachdem das erste Streikkomitee verhaftet worden und der Streik damit gescheitert war, Verhandlungsbereitschaft erkennen zu lassen schien, antwortete Le Temps mit seinem heftigen Aufruf „De l'énergie" vom 15. Oktober[49]. Es störten hingegen keine schwerwiegenden Differenzen die Übereinstimmung von Öffentlicher Meinung und Regierung. Die Presse anerkannte im wesentlichen die Führungsrolle der Regierung und behielt sich lediglich eine kritische Kontrolle derselben vor. Nach dem Sieg belobigte die Öffentlichkeit die Regierung, so auch der Jurist Planques: « Nous ne pouvons, pour notre part, que louer le gouvernement de l'énergie qu'il sut montrer dans les circonstances difficiles qu'il venait de traverser[50]. » Besonderer Wert eignete dabei den zahlreichen Glückwünschen von Handelskam-

---

47 Le Temps, 15. 10. 1910.

48 a. a. o. (Hervorhebung vom Verf.)

49 a. a. O., wegen der Vordatierung des Blattes fällt die Abfassung des Artikels aber auf den 14. Oktober.

50 Planques, p. 48.

mern, Zeugen des Vertrauens der Wirtschaftskreise in die Regierung. Die Handelskammer von Versailles beschloß am 3. November 1910: « La Chambre de Commerce approuve à l'unanimité les mesures énergiques prises par le Gouvernement pour enrayer la grève des chemins de fer ... et exprime le vœu que des lois soient votées pour qu'à l'avenir tous les services publics soient assurés et garantis[51]. »

Leiser Hochmut und schwaches Vertrauen kennzeichneten die Beziehungen der Eisenbahngesellschaften zum Staat und seinen Organen. Die sehr allgemeine Verachtung dieser Kreise für Minister und Parlamentarier, die als inkompetent und schwächlich beurteilt wurden, schlug sich in der Streikbetrachtung Guyots nieder: « La grève des chemins de fer est le châtiment des ministres et des parlementaires qui, entendant avoir le droit de bousculer les conventions, ont affirmé le pouvoir souverain de l'Etat sur les compagnies de chemins de fer. Elle est la conséquence de la timidité des ministres et des parlementaires à l'égard du Syndicat général des employés de Chemins de fer. Pressés par lui, ils ont transmis sa poussée aux compagnies. La force qu'ils ont montré à l'égard des compagnies n'est que l'expression de leur faiblesse[52]. » Die Haltung des Journal des Chemins de fer gegenüber dem Kabinett Briand richtete sich nach diesen allgemeinen Voraussetzungen. Bei der Investitur des ersten Kabinetts Briand im Juli 1909 hielt sich das Unternehmerorgan sehr zurück und gab lediglich an, von ihm dem Inhalt nach eine Fortsetzung der Politik Clemenceaus zu erwarten[53], was der allgemeinen Meinung entsprach. Der Kommentar zur Investitur des zweiten Kabinetts Briand im November 1910 dagegen war schon deutlich zuversichtlich gestimmt[54]; das Blatt nahm bezeichnenderweise nicht nur keinen Anstoß an der sozialistischen Vergangenheit des Ministerpräsidenten, sondern wies gar die entsprechenden Angriffe als einen Versuch der Linken zurück, ihn zu diskreditieren[55]. Der Sturz des Kabinetts im Februar 1911 wurde kommentarlos übergangen. Diese Urteile zeigen, daß Briand zur Zeit der Oktoberkrise und dank des Streiks das Vertrauen der Eisenbahngesellschaften in großem Maß und mehr als zuvor genoß.

In bezug auf das Verhältnis von Eisenbahngesellschaften und Regierung während des Streiks bestehen einige Indizien, die auf eine gute und enge Zusammenarbeit hinweisen. Schon vor dem Ausbruch des Streiks auf dem Netz Nord wurden die betroffenen Polizeipräfekten in

---

51 AN F 12 6412, Grève Octobre 1910, Bericht v. 7. 11. 1910; ähnliche Schreiben aus Bergerac, Montauban, Bayonne usw.

52 Guyot, p. 39/40.

53 Vgl. Journal des Chemins de Fer, 31. 7. 1909.

54 Vgl. oben (bei Anm. 8).

55 Vgl. Journal des Chemins de Fer, 12. 11. 1910.

einer Anweisung zur Absprache der Sicherheitsmaßnahmen mit Organen der Compagnie du Nord aufgefordert: « ... vouz devrez dès cette nuit vouz mettre d'accord avec les agents principales de la Compagnie pour assurer la liberté du travail et empêcher les individus chargés de propager la grève de pénétrer dans l'enceinte des chemins de fer[56]. » Im Rückblick auf den Streikeinsatz bezeichnete die Pariser Polizeipräfektur die Zusammenarbeit mit den Ingenieuren der Eisenbahngesellschaften, besonders auf den stark bestreikten Netzen Nord und Etat, als gut[57]. Obschon diese Zusammenarbeit wohl weitgehend durch die Erfordernisse des Sicherheitsdienstes gerechtfertigt war, identifizierte sich dadurch der Staat im Empfinden der Streikenden mit den Arbeitgebern. Die Eintracht zwischen Staat und Unternehmertum verlor jedenfalls dort ihr Maß, wo die Privatbahngesellschaft zur direkten finanziellen Belohnung von Staatsbediensteten für ihren Streikeinsatz schritt. Am 2. November 1910 bewilligte die Leitung der Compagnie du Nord einen Kredit von 7400 Francs, mit dem Polizeibeamte, die während des Streiks im Dienst standen, zu belohnen waren[58]. Im konkreten Fall wurde an 15 Gendarmen, die während des Streiks dem Depot Arras zugeteilt gewesen waren, eine Gratifikation von zusammen 150 Francs entrichtet[59]. Diese symptomatischen Vorgänge zeigen die große Genugtuung der Eisenbahngesellschaften über die Haltung des Staates im Streik an.

Die Kohärenz, welche die Repressionspartei als ganze auszeichnete, galt auch für ihre einzelnen Teile. Die Hoffnungen, die einige Kreise der Streikpartei auf einen Bruch innerhalb der Regierung hegten, wurden enttäuscht. Als Albert Thomas am 21. Oktober den Sitz des geschlagenen Syndikats besuchte, sagte er zwar einen Sieg Briands auch in der bevorstehenden Parlamentsdebatte voraus, ließ jedoch auch die Möglichkeit einer Überraschung offen: « Cependent, l'interpellation peut réserver des surprises ; c'est ainsi qu'une des choses à laquelle M. Briand ne s'attend pas, c'est que M. Viviani ‹ lui claquera dans les mains ›[60]. » In sozialistischen Kreisen sprach man von Meinungsverschiedenheiten zwischen Briand und den Ministern Viviani und Millerand, die, selbst wenn die Kammer der Regierung ihr Vertrauen ausspräche, zu einer tiefgreifenden Regierungsumbildung führen würden[61], was zu Anfang November auch eintraf. In der Tat hatten sich innerhalb des Kabinetts Viviani, Millerand und Barthou, aus unterschiedlichen Gründen, gegen die vorgesehene Art der Repression gewandt[62]. Am heftigsten hatte sich ihr

---

[56] APP B/a 1360, Instructions, Telegramm vom 10. 10. 1910, 22 Uhr 45.

[57] APP B/a 1362, Pièces générales, compte rendu, Bericht vom 22. 10. 1910.

[58] AN 48 AQ 3402, Gratifications, Bericht v. 2. 11. 1910.

[59] a. a. O., Bericht v. 14. 11. 1910.

[60] AN F 7 13923, 1910 - 1911, Notes, Bericht v. 22. 10. 1910, M/2070 U.

[61] a. a. O., Bericht v. 25. 10. 1910, M/2077 U.

Viviani widersetzt; auf ihn konzentrierten sich die sozialistischen Erwartungen. In seiner großen Kammerrede vom 29. Oktober griff Jaurès die Gerüchte von einer Demission Vivianis auf, wohl um damit eine Spaltung des Kabinetts zu provozieren. Doch Viviani dementierte seinen angeblichen Rücktritt[63]. Trotzdem gehörte er auf eigenen Wunsch dem kurz darauf gebildeten neuen Kabinett Briand ebensowenig mehr an wie Millerand und Barthou. Doch daß Briand bis zur Vertrauensabstimmung die Einheit, wenigstens nach außen, wahren konnte, spricht für die große Geschlossenheit des nationalen Lagers.

Diesen Vorzug dankte die Repressionspartei vor allen Dingen ihrer starken Fixierung auf den Gegner. Die fortwährende negative Beschreibung des Gegners zeichnete die Kampfweise dieses Blocks aus. Seine Presse bemühte sich unablässig, das drohende Böse als solches zu identifizieren, um dergestalt die vielfältigen Abwehrkräfte zu mobilisieren. Dieses Feindbild ist im Verlaufe der Darstellung bereits beschrieben worden und erscheint zusammengefaßt so: die Streikpartei wurde angeführt von einer Gruppe tödlicher Feinde von Land und Ordnung, die mit verbrecherischen Methoden kämpften und die Masse der Mitläufer bwußt irreführten.

Nach dem Sieg über den Streik errang der „Bloc de la peur“ erwartungsgemäß auch den Sieg in der parlamentarischen Kraftprobe. Die am 25. Oktober begonnene Kammerdebatte endete am 30. Oktober, nachdem die Verhandlungen des Vortags wegen der provozierenden Äußerung Briands über die Illegalität äußerst stürmisch verlaufen waren, mit der Vertrauensabstimmung. Der Vertrauenstext, von Raynaud, einem Deputierten der „Gauche démocratique“ (Mitte), eingebracht, wurde in vier Teile zergliedert, über die einzeln abgestimmt wurde. Die Verschiebungen in den Stimmenzahlen ermöglichen eine bessere Interpretation der entscheidenden Abstimmung[64].

« La chambre
I flétrissant le sabotage, la violence et l'antipatriotisme,
II approuvant les actes du Gouvernement,
III confiante en lui pour sauvegarder, dans l'ordre et dans la loi, les intérêts légitimes des employés et ouvriers des chemins de fer, les libertés de la République et les intérêts vitaux du pays,
IV et repoussant toute addition, passe à l'ordre du jour. »

Während die Abstimmung über den vierten Teil überhaupt nicht ausgezählt wurde, ergaben die übrigen Abschnitte und die Gesamtabstimmung unterschiedliche annehmende Mehrheiten.

---

62 Vgl. dazu Suarez, Briand II, p. 278/79.

63 Vgl. J. O. 30. 10. 1910, p. 2651/52, Séance du 29 Octobre.

64 J. O. 31. 10. 1910, p. 2667, Einzelergebnisse p. 2673 - 2677, Scrutins Nr. 43 bis 46, Séance du 30 Octobre.

Teil	*Annahme*	*Ablehnung*
I	522	0
II	415	116
III	329	183
Gesamtabstimmung	388	94

Der für das Schicksal der Regierung maßgebliche Passus war Teil III: eine Reihe von Deputierten, die zwar die repressiven Maßnahmen im ganzen billigten (wie Teil II zeigt), konnten hier ihren Wunsch nach einem Regierungswechsel kundtun. 60 Deputierte enthielten sich der Stimme. Die beiden kontrahierenden Blöcke setzten sich in dieser Abstimmung wie folgt zusammen[65]:

Annahme: 329		Ablehnung: 183	
Radicaux socialistes	52	Radicaux socialistes	75
Gauche radicale	77	Gauche radicale	13
Gauche démocratique	70	Republicains socialistes	16
Républicains socialistes	9	Socialistes unifiés	75
Progressistes	71	Droite	3
Action libérale	24	Indépendant	1
Indépendants	14		
Droite	3		
Ministerstimmen	9		

Geschlossen, ohne jegliche Enthaltungen, traten die konservativen „Progressistes“ für, die Sozialisten des P. S. U. gegen die Regierung auf. Es geht aus dem Ergebnis hervor, daß Briand vor allem die Mitte und die Rechte um sich scharte, was Le Rappel veranlaßte, seine Mehrheit als nicht-republikanisch zu qualifizieren: « Pas de majorité à gauche[66]. » Das Sprachrohr der dissidenten Radikalsozialisten gestand Briand nur 208 republikanische Stimmen zu (Radikalsozialisten, Gauche radicale, Gauche démocratique, Unabhängige Sozialisten), während sich 219 Republikaner gegen ihn entschieden hätten[67], eine Rechnung, die auf der Wertung der Enthaltung als regierungsfeindliche Stimme beruhte. Die Unterschiede in den negativen Voten von Teil II und III enthüllen überdies, daß zahlreiche „Republikaner“ weniger aus Empörung über die Repressionspolitik als aus opportunistischen Gründen das Vertrauen verweigerten. Der Vorwurf von Le Rappel, wonach Briand nun „le prisonnier de la réaction“[68] geworden sei, geht deshalb fehl, bezeichnet

[65] Die Klassifizierung folgt Le Temps, 1. 11. 1910. Wo Le Rappel Vergleichszahlen vorlegt, Le Rappel, 2. 11. 1910, stimmen sie mit jenen von Le Temps überein.

[66] Le Rappel, 3. 11. 1910.

[67] a. a. O., 2. 11. 1910.

[68] a. a. O., 3. 11. 1910.

hingegen eine Gefahr, die Briand in Fortsetzung seiner Politik drohte. Théodore Reinach, ein Radikaler, der sich der Stimme enthalten hatte, warnte den Ministerpräsidenten: « Vouz avez, Monsieur le président du conseil, des ennemis très intolérants et des amis très compromettants[69]. » Die parlamentarische Auseinandersetzung um den Eisenbahnstreik bekräftigte die Absage an den Block der Linken und erhöhte das Gewicht der parlamentarischen Rechten. Suarez interpretierte das Votum vom 30. Oktober als letzte Etappe der Entfernung vom „Bloc“: « Le vote de la Chambre avait définitivement rompu l'union des gauches. La majorité était changée et ne se recrutait plus que chez les radicaux et au centre[70]. »

In seinem Ergebnis führte der „Bloc de la peur“ aber auch eine entscheidende Stärkung der Gesellschaft herbei, die dem sozialen Status quo und damit auch den am meisten gefährdeten Eisenbahngesellschaften, die ihre patronale Stellung behaupteten, zugute kam.

---

69 J. O. 9. 11. 1910, p. 2700, Séance du 6 Novembre.

70 Suarez, Briand II, p. 294.

XIII. Die „Union Sacrée" der Streikpartei

Zeigte der nationale Block trotz einiger Divergenzen eine bemerkenswerte Einheit, so gebrach es dieser dem sozialen Lager vollständig. Die soziale Argumentation war ungleich weniger geeignet, der Streikpartei die innere Kohärenz zu verleihen, als dies der nationalen Argumentation bei der Repressionspartei gelang. Die soziale Argumentation verwies auf für berechtigt gehaltene soziale Interessen, die Forderungen der Eisenbahner, und versuchte sie durchzusetzen. Ein Vorrang nationaler Interessen vor diesem Ziel einer gerechten Sozialordnung wurde nicht eingeräumt. Die Auseinandersetzung galt als ein Konflikt zwischen Arbeiterschaft und Patronat, nicht als ein Kampf zwischen der Nation und ihrem Feind. Dieser eher vage theoretisch-propagandistische Hintergrund ließ eine Vielzahl von Interpretationen und Nuancen zu, was sich auf das Engagement der Einzelteile der Streikpartei auswirkte. Auch die Struktur der Streikpartei wich schon in der Zahl der beteiligten Gruppen deutlich von jener der Repressionspartei ab. Bei der Streikpartei sind zu unterscheiden: die beiden gegensätzlichen Tendenzen des S. N., die reformistische Mehrheitsgruppe und die revolutionäre Minderheitsgruppe, die gewerkschaftliche Dachorganisation C. G. T., die auch keineswegs monolithische Sozialistische Partei, die revolutionären Kräfte um „La Guerre Sociale" mit dessen Chef Gustave Hervé, der gegen Briand intrigierende linke Flügel der Radikalsozialisten. Die Gliederung dieser verschiedenen Kräfte wurde beherrscht von der Polarität zwischen revolutionärer und reformistischer Orientierung, sei dies nun beim Syndikalismus oder beim Sozialismus.

Zum ohnehin schwierigen Unterfangen, diese an internen Spannungen reiche Gruppierung zu einer Einheit zusammenzufassen, trat nun zusätzlich der Nachteil der offensiven Position. Die sozialen Postulate einer einzelnen Gewerkschaft, des Syndicat National, waren zu schwach, um eine bedeutende Breitenwirkung zu erzielen und die Arbeiterschaft insgesamt zu Solidaritätsaktionen zu bewegen. Die Oktoberbewegung vermochte sich während ihres ganzen Verlaufs, trotz einer Periode sinkender Reallöhne, nicht zu einem Streik allgemeiner Natur zu entwickeln, weder unter den Eisenbahnern selbst noch unter den Arbeitern überhaupt. Der Streikpartei fehlte damit zunächst ein starkes einheitliches Motiv. Erst die massive staatliche Repression spielte ihr ein wirksameres Integrationsmittel in die Hand, dessen sie sich umgehend bediente: im Protest gegen die Repressionspolitik fanden sich die zerstrittene Arbeiterschaft und die mit ihr sympathisierende Linke wieder. Um allerdings die Gegensätze auch nur innerhalb der Arbeiterschaft völlig zu überbrücken, genügte selbst dieses Band nicht, denn dazu war die Kluft zwischen Revolutionären und Reformisten zu bedeutend, wie schon die Streikdiskussion erwiesen hatte, zumal sich die reformistische Mehrheit beim Streikausbruch als überspielt betrachtete. Gleichwohl entstand eine kurzfristige „Union Sacrée“ aller syndikalistischen und sozialistischen Kräfte, der sich der linke radikalsozialistische Flügel um die Zeitung „Le Rappel“, den Sturz Briands und die Erneuerung des Blocks der Linken erhoffend, beflissen anschloß.

Allein außer dem Protest gegen die Repressionspolitik kannte dieser Notbund keine tragfähige gemeinsame Basis, so daß sich seine Aktivität im wesentlichen darauf beschränkte, diese Politik und ihren Leiter anzugreifen. Schon zu Beginn des Streiks auf dem Netz Nord interpretierten sozialistische Kreise um Jaurès die ganze Bewegung als eine gouvernementale Provokation: « une manœuvre exécutée par quelques agents à la solde de M. Briand[1]. » In der Folge bezeichnete der Deputierte Colly es als das Ziel der Sozialistischen Partei, „Briand moralisch und politisch zu töten[2]“. Mit der Taktik, durch Anspielung auf seine Vergangenheit das Prestige des Ministerpräsidenten zu zerstören, versuchten Colly und Bouveri in ihren Parlamentsreden den Rücktritt Briands zu erzwingen. Jaurès indessen mißfiel dieser Stil[3], er zog es vor, gegen die Repressionspolitik selbst zu Felde zu ziehen. Die Heftigkeit seiner Angriffe gegen Briand überraschte dennoch die gemäßigten Elemente seiner Partei wie Breton, Rouannet, Brunet: « Ils remarquent notamment que cette violence du leader de l’extrême-gauche est bien tardive et que le temps n’est pas très éloigné où il préconisait la modération envers le ministère Briand et empêchait même qu’on se livrât dans ‹l’Humanité› à des attaques personnelles contre les membres du Gouvernement. » Der Grund dieser bei Jaurès überraschenden Heftigkeit lag darin, daß er vor allem über die illegalen Verhaftungen sehr aufgebracht war[4]. Mit Jaurès teilte Gustave Hervé die Ansicht, daß nicht Briand ins Zentrum des Protests gestellt werden sollte. Zwar zeichnete sich gerade „La Guerre Sociale“ durch die besondere Schärfe seiner Angriffe aus, doch Hervé erklärte, daß richtigerweise die Familie Rothschild, die besonders in der Compagnie du Nord stark engagiert war, zum Angriffsziel der Bewegung erklärt werden sollte: « C’était là la

---

1 APP B/a 1360, Bericht v. 11. 10. 1910.

2 APP B/a 1361, 19 octobre et poursuivants, Ber. v. 10. 11. 1910.

3 AN F 7 13073, 1909 - 1914, Le Parti socialiste unifié et les ministères, Bericht v. 28. 10. 1910, M/2088 U.

4 a. a. O., Bericht v. 4. 11. 1910, M/2097 U.

forme populaire de la bataille, la forme dangereuse pour les Rothschild. J'y avais songé depuis longtemps : mais j'ai l'horreur de l'antisémitisme, j'ai eu peur, et mes amis avec moi, de créer dans notre classe ouvrière un courant d'antisémitisme dont heureusement elle a su se préserver jusqu'ici[5]. » Selbst im Gegenstand des Protests fehlte damit der Streikpartei eine überzeugende Einheit.

Wie gefährdet die theoretisch-propagandistische Grundlage der Streikpartei im übrigen war, zeigt sich im Gebrauch der nationalen Argumentation im sozialen Lager selbst. Am Eisenbahnerkongreß des Jahres 1909 protestierten die Mechaniker des Netzes Nord gegen den Verkehr belgischer Züge auf dem Netz Nord. Täglich legten belgische Eisenbahner, Mechaniker, Heizer, Zugführer, Bremser, 4000 Kilometer auf Nord zurück, während die französischen Eisenbahner nur 240 Kilometer in Belgien befuhren: « Il y a là un abus; les salaires sont en jeu et la défense nationale en même temps. » Beflissen schloß sich Bidamant dem Protest an und rief aus: « La patrie est en danger[6]. » Wo die Nation den Arbeitsplatz zu verteidigen hatte, gestand auch ein Revolutionär wie Bidamant dem Patriotismus seine Berechtigung zu. Der Nation noch enger verbunden zeigte sich der reformistische Redaktor der „Tribune de la Voie ferrée", Jouanneaux, der am 2. Oktober 1910, eine Woche vor dem Streik, ein Bekenntnis ablegte, das sich seinem Inhalt nach bruchlos in die Begründung der Repression durch Briand einfügte: « J'ai la conviction d'être un honnête homme dont les idées nettement républicaines ne sauraient être mises en doute. Je dis qu'une grève générale des chemins de fer constituerait un crime véritable à l'actif de la Republique, *et que ce crime ne doit pas être commis*[7]. » Da das Syndikat, dessen offizielles Organ diesen Maßstab setzte, eben dieses Verbrechen kurz danach beging, konnte der Streikpartei die Begründung ihres Tuns in der Tat nicht leicht fallen.

Aus der vielschichtigen Zusammensetzung der Streikpartei und dem Fehlen eines starken Integrationsmittels ergab sich eine komplizierte Geometrie der in der Streikpartei wirkenden Kräfte. Anders als der Gegner ermangelte diese Gruppierung einer anerkannten Führung. Mit Bedauern registrierte dies „La Guerre Sociale" in seiner vereinfachenden Art: « Malheureusement, malgré la belle énergie qu'ont montrée, que montrent encore à l'heure actuelle, les bons bougres de province, à la tête du mouvement il ne s'est trouvé personne. Il y avait peut-être

---

[5] La Guerre Sociale, 16 - 22. 11. 1910, Nr. 49. Zur Stellung der Familie Rothschild vgl. Jean Bouvier, Les Rothschild.

[6] CR 19e Congrès, p. 161.

[7] Tribune, 2. 10. 1910. (Hervorhebung im Originaltext)

des bonnes volontés. Il n'y avait pas un homme. Dans ces conditions, le Rénégat pouvait triompher à bon compte[8]. » Die fehlende Führung ist symptomatisch für die Zerrissenheit der sozialen Partei. Die Geometrie ihrer Kräfte kannte drei widerstrebende Zentren, wovon eines in sich selbst gespalten war: S. F. I. O., C. G. T. und der in zwei Fraktionen zerfallende S. N. Affinitäten bestanden einerseits zwischen der S. F. I. O. und der reformistischen Fraktion des S. N., andererseits zwischen der C. G. T. und der revolutionären Fraktion des S. N. Auf das Streikgeschehen hatten diese beiden Flügel einen zeitlich gestaffelten Einfluß: die revolutionäre Fraktion, mit dem allgemeinen Beistand der C. G. T., führte den Streikausbruch herbei, die reformistische Fraktion, mit dem bedeutenderen und unverhüllten Beistand der S. F. I. O., übernahm die Streikleitung.

Zwietracht herrschte schon am Herd der Oktoberbewegung, beim wichtigsten Glied der Streikpartei, der Eisenbahngewerkschaft. Der Gegensatz zwischen dem Revolutionären Syndikalismus und dem Reformismus im S. N. ist früher dargestellt worden; er prägte indes das Syndikat auch während des Streiks. Ein durchaus kritischer Betrachter wie Griffuelhes, der in diesen Richtungskämpfen ein Hauptübel des Oktoberstreiks erkannte, nannte nach den Ereignissen noch einmal die beiden Hauptgruppen mit ihren unterschiedlichen Auffassungen: « D'un côté, c'étaient les militants couvaincus que seule la grève était susceptible de faire aboutir les revendications formulées par l'ensemble des cheminots ; leur influence s'exerçait sur le Nord et sur l'Ouest-Etat. De l'autre côté, c'étaient les hostiles, de parti pris, à la grève ; pour eux, l'action syndicale est la vassale de l'action socialiste, celle-ci traduisant toutes les aspirations du prolétariat ; leur influence pesait sur l'Est. Puis c'étaient les hostiles à la grève par timidité, par attachement à l'Etat, par fidelité aux relations anciennes : leur influence rayonnait sur le Midi[9]. » Auf die Organisation des Streiks wirkten sich die inneren Zerwürfnisse verhängnisvoll aus, so konnte von einer engen Zusammenarbeit zwischen Streikkomitee und Administrativrat des Syndikats keine Rede sein: « Le comité de grève a pour secrétaire un bon camarade, hardi par raison, timide par nature. Le conseil a pour secrétaire un camarade peu préparé à admettre l'inévitable grève. [...] De sorte qu'il y a un comité de grève chargé de tout préparer, voulant faire cette préparation, sans y parvenir, et ayant le vif désir d'éviter la grève, dont il recule l'échéance ; il y a un conseil qui ne veut pas la grève, mais qui néanmoins crie partout qu'il prend des mesures en vue de sa préparation. » Das streikende Syndikat bot damit das Bild zweier feindlicher Fraktionen, die sich in ihren Handlungen gegenseitig blockierten. Jede dieser Grup-

[8] La Guerre Sociale, 22. 10. 1910, Nr. 45 L.

[9] Le Matin, 6. 11. 1910, ebenso das folgende Zitat.

pen verfügte über Verbindungen zu syndikatsfremden Organisationen: die Revolutionäre zur C. G. T., die Reformisten zur S. F. I. O. Die beiden Syndikatsflügel wahrten sich dabei allerdings ihre Selbständigkeit: weder waren die Revolutionäre bloße Sekundanten der C. G. T., noch die Reformisten solche der S. F. I. O. Schon früher ist auf den Kontakt zwischen den Revolutionären und der C. G. T. hingewiesen worden, der im einzelnen zwar nicht bekannt ist, jedoch durch Anzeichen von gegenseitiger Affinität bestätigt wird. Le Guennic legte davon Zeugnis ab, als er am 13. Oktober erklärte, eine Verhaftung am Sitz der C. G. T. jener auf der Redaktion der Humanité vorzuziehen[10]. Direkte Beweise für Kontakte zwischen C. G. T. und revolutionären Eisenbahnern vermochte auch die Polizei nicht beizubringen[11]. Die Vertrautheit von Reformisten und führenden Kräften der S. F. I. O. offenbarte sich im Erkundungsgang der Est-Funktionäre Grandvallet und Le Leuch zu Albert Thomas und Jaurès am 12. Oktober[12]. Durch diese beidseitige Ausdehnung des Konflikts auf die höhere Ebene von C. G. T. und S. F. I. O. wurde der intersyndikale Gegensatz freilich eher verstärkt denn aufgehoben. Die Gespaltenheit der sozialen Bewegung konnte kaum eindrücklicher ins Licht gesetzt werden. Wenig harmonisch gestaltete sich auch das Verhältnis des Syndicat National zur C. G. T. In der Ära Guérard hatten sich ihre Beziehungen zunehmend divergent entwickelt und wurden durch den Gegensatz zwischen reformistischem und revolutionärem Syndikalismus geprägt. Da sich weder durch den Rücktritt Guérards noch durch die Radikalisierungstendenz des Jahres 1910 die Mehrheiten im Syndikat umkehrten, blieben die Beziehungen weiterhin getrübt. Als Jouhaux, seit 1909 Generalsekretär der C. G. T., im April 1910 den 21. Kongreß des S. N. besuchte, wurde er zwar vom revolutionären Flügel heftig beklatscht, doch die reformistische Mehrheit verzichtete demonstrativ auf Beifall[13]. Die Verbesserung der Zusammenarbeit war nur von der Angleichung der theoretischen Positionen zu erwarten; ein allfälliger Sieg der Revolutionäre im Syndikat konnte sich nicht zuletzt in einer Wandlung der Beziehungen zur C. G. T. sichtbar niederschlagen. Doch das geschah während der restlichen Zeit bis zum Streik nicht. Die Radikalisierung im S. N. traf die C. G. T. im übrigen in einem geschwächten Zustand an, hervorgerufen durch die unaufhörlichen Niederlagen seit der verstärkten Aktivität des Jahres 1906 und die inneren Schwierigkeiten des Jahres 1909 mit dem Zwischenspiel des reformistischen General-

---

[10] Rapport.

[11] Vgl. AN F 7 13923, La Confédération Général du Travail, le Parti Socialiste Unifié et le Parti Révolutionnaire, leur rôle dans la grève des Chemins de fer d'octobre 1910, p. 12/13.

[12] Vgl. Grandvallet, p. 29/30.

[13] AN F 7 13661, 21e Congrès, Bericht zum ersten Sitzungstag.

sekretärs Niel, der inzwischen in der Gewerkschaftsorganisation des Netzes Est tätig geworden war.

Der Streikausbruch, zunächst in La Chapelle, hernach auf dem Netz Nord, wurde von der C. G. T. so wenig erwartet wie von der übrigen Öffentlichkeit. Zwar behauptete Jouhaux in seinen Memoiren: « Comme cela était à prévoir au congrès confédéral de Toulouse, en 1910, la grève générale des cheminots éclata encore la même année[14]. » Doch gibt diese Äußerung eher eine allgemeine Erwartung denn eine bestimmte Prognose wieder, und die Wahl des Verbes „éclater" unterstreicht den unkontrollierten Charakter des Vorgangs. In der Tat ist keine direkte Beteiligung der C. G. T. am Streikausbruch anzunehmen. Ein Polizeibericht, der den Einfluß der C. G. T. auf die Ereignisse ermessen wollte, konnte nur sehr allgemein die Verbindung des revolutionären Flügels des S. N. mit der C. G. T. feststellen und Äußerungen prominenter Eisenbahner mitteilen, die er gemeinhin der C. G. T. zuzuschreiben geneigt schien, darunter gar Aussprüche Bidegarays, eines führenden Reformisten[15]. Die C. G. T. ließ im Gegenteil, wie spätere polizeiliche Recherchen ergaben, keinen Zweifel daran aufkommen, daß sie den Streik nicht wünschte: « On se rappelle les faits. Un soir, au début de la grève, le comité de la Fédération des Transports, réuni à la Bourse du Travail, votait la grève générale pour le lendemain. Mais, du comité confédéral, réuni rue Grange-aux Belles, l'ordre arrivait d'annuler cette décision[16]. » Diese Darstellung stimmt durchaus mit andern Indizien zur Haltung der C. G. T. im Streik überein. In einem Manifest zu den Streikereignissen schrieb sich die C. G. T. selbst größte Zurückhaltung zu: « La Confédération Générale du Travail qui pendant la durée du conflit a toujours observé une sage réserve, dictée par les intérêts des cheminots en lutte ...[17]. » Diese Diskretion, schon beim Ausbruch des Streiks beachtet, steht nun freilich in bezeichnendem Kontrast zu einer späteren Äußerung von Jouhaux, der dem Streik allgemein den Wert einer Schicksalsentscheidung zuerkannte: « J'éstime, en effet, que dans une grève, deux forces se trouvent en présence. C'est la plus forte qui emporte la victoire, c'est donc celle-ci qui doit ... imposer les conditions[18]. » Dieser Geist ließ andere Taten erwarten.

Nachdem der Generalstreik am 12. Oktober ohne Mithilfe der C. G. T. zustande gekommen und von ihr im äußersten Fall durch die allgemeine propagandistische Tätigkeit beeinflußt worden war, mußten sich

---

14 Jouhaux, Mémoires, Le Mouvement Social, Nr. 47/1964, p. 109.

15 Vgl. AN F 7 13923, La C. G. T., le P. S. U. etc., p. 12/13.

16 APP B/a 1361, 19 octobre et poursuivants, Ber. v. 14. 10. 1910.

17 a. a. O., Bericht v. 29. 10. 1910; Text des Manifests vollständig in L'Humanité, 29. 10. 1910.

18 AN F 7 12773, Diverses, Bericht v. 7. 1. 1911.

die beiden von den Ereignissen überraschten Organisationen C. G. T. und S. N. über ihr weiteres wechselseitiges Verhalten ins Vernehmen setzen. Die Absichten der C. G. T. in bezug auf eine Ausweitung des Streiks bleiben während Tagen undurchsichtig. Es ist indessen im ganzen unzweifelhaft, daß die Führungsmacht des Revolutionären Syndikalismus die Intervention tunlichst zu vermeiden trachtete. Zunächst allerdings trug Jouhaux am 12. Oktober, dem ersten Tag des Generalstreiks, dem S. N. emphatisch die unbedingte Unterstützung der C. G. T. an: « Ne voulant pas empiéter sur votre autonomie, je tiens malgré tout à vous déclarer que nous nous mettons entièrement à votre disposition. Nous attendons vos indications, avant que de tenter quoi que ce soit[19]. » Doch das Syndikat bediente sich dieser kaum sehr verbindlichen Blankozusicherung nicht: Lemoine, der revolutionäre Sekretär des Streikkomitees, erklärte dem C. G. T.-Generalsekretär am Abend des 12. Oktober, daß das Syndikat im Augenblick der Mitwirkung der C. G. T. nicht bedürfe[20]. In der Notlage, die das Syndikat nach der Verhaftung des ersten Streikkomitees traf, entsann sich das zweite Streikkomitee des Angebots und bat noch am Abend des 13. Oktober die C. G. T. um moralische, materielle und finanzielle Unterstützung[21]. Wie wenig die C. G. T. dazu bereit war, zeigt das von Communay überlieferte Gespräch: « Lorsque Jouhaux est venu, ses premières paroles ont été celles-ci : ‹ il faudrait envisager le cas où la grève ne se généraliserait pas. Vous seriez obligé de resserrer la grève sur un réseau, le réseau Nord me paraît bien parti. Envisagez cette idée. › Nous lui avons dit: ‹ C'est impossible, pour la bonne raison que la grève générale vient d'être votée, que les militants vont certainement faire tout leur devoir ›[22]. » Darüber hinaus wußte Jouhaux keinen Rat[23]. Der Versuch des C. G. T.-Generalsekretärs, den Streik nach zweitägiger Dauer erneut auf das Netz Nord zu beschränken, beweist eindringlich das Desinteresse der C. G. T. an einer Ausweitung des Konflikts. Die verbalen Hilfsversprechen der C. G. T., mit denen sie die Frage ihres Eingreifens offen hielt, zeichneten sich denn auch häufig durch einschränkende Zusätze aus. So erklärte Jouhaux am 13. Oktober, einen Tag nach dem großzügigen ersten Hilfsangebot, an einer großen Eisenbahnerversammlung mit 5000 Personen: « Jouhaux dit apporter aux cheminots en grève la sympathie de la C. G. T. et non son appui ... Cependant, il ajoute que si les cheminots

---

[19] Rapport.

[20] a. a. O.

[21] a. a. O.

[22] CR 22e Congrès. p. 164. Dieses Gespräch kann identisch sein mit dem vom Rapport auf den 14. 10., 10 Uhr, festgesetzten.

[23] Rapport, Gespräch vom 14. 10. 1910, 10 Uhr.

faiblissaient, la C. G. T. serait là pour prendre la tête du mouvement[24]. » Tags darauf beschied er einer anderen Versammlung von 2200 Personen: « ... il les assure que l'appui de la C. G. T. leur sera donné en temps opportun[25]. » Der mit der C. G. T. ideell eng verflochtene Le Guennic hatte sich schon am 11. Oktober ähnlich unbestimmt vor 3000 Eisenbahnern geäußert: « Il assure les assistants de l'appui de la C. G. T. en cas de besoin[26]. » Diese Bedürftigkeit stand spätestens am 13. Oktober außer Frage, doch die C. G. T. ließ den Interventionszeitpunkt ungenutzt verstreichen. Es ist bekannt, daß man in C. G. T.-Kreisen den Streik am 14. Oktober für verloren hielt[27]. Gleichwohl nährten noch immer gewerkschaftliche Sprecher, mit geringerer Zurückhaltung als Jouhaux, die Hoffnung der Eisenbahner auf eine wundersame Hilfe der C. G. T. Vor 4000 Eisenbahnern sprach am Nachmittag des 14. Oktober Thuillier von der Union des Syndicats des Departements Seine[28]: « Il déclare ... que la C. G. T. entière est prête à entrer dans la lutte par solidarité s'ils en font la demande[29]. » Schlechthin Erstaunliches vernahmen am Morgen des 14. Oktober 200 Arbeiter der Werkstätten von La Chapelle, dem Ausgangsort der Bewegung: « Un orateur de la C. G. T. assure que celle-ci rentre dès aujourd'hui dans le mouvement provoquant la grève de diverses organisations[30]. » Doch der Widerspruch zwischen den angekündigten und den tatsächlichen Ereignissen wurde zusehends offenkundiger und führte schon am 14. Oktober zu offener Kritik aus den Reihen der streikenden Eisenbahner an der Untätigkeit der C. G. T.[31]. Nach dem Streik kursierten selbst noch im Dezember 1910 Beschuldigungen gegen Jouhaux, des Inhalts, er habe dem Streikkomitee der Eisenbahner die Unterstützung der C. G. T. verweigert[32].

Zur Begründung ihrer „weisen Reserve“, die sie, wie ihr schien, immerhin vor Schaden bewahrt hatte — « En somme, à la Confédération Générale du Travail, on ne croit pas être sorti amoindri de cette grève »[33] —, führte die C. G. T. mehrere Gründe an, offizieller wie auch

---

24 APP B/a 1362, Télégrammes et rapports d'ordre général, Bericht v. 13. 10. 1910.

25 a. a. O., Bericht v. 15. 10. 1910.

26 APP B/a 1360, 12 octobre, Bericht v. 12. 10. 1910.

27 APP B/a 1362, Télégrammes et rapports d'ordre général, Bericht v. 14. 10. 1910.

28 Thuillier gehörte dem revolutionären C. G. T.-Flügel an, vgl. Brécy, Le mouvement syndical en France, bes. p. 103.

29 APP B/a 1362, Télégrammes et rapports d'ordre général, Bericht v. 14. 10. 1910.

30 APP B/a 1360, 14 octobre, Telegramm vom 14. 10. 1910, 09 Uhr 50. Zur Zusammensetzung der Versammlung a. a. O., Bericht v. 14. 10. 1910.

31 a. a. O., Bericht v. 14. 10. 1910, Kritik eines nicht namentlich genannten Arbeiters.

32 APP B/a 1361, 19 octobre et poursuivants, Ber. v. 14. 12. 1910.

33 a. a. O., Bericht v. 20. 10. 1910.

eher inoffizieller Natur. Zu der ersten Gattung gehörte mit Vorrang die nur teilweise zutreffende Behauptung, die Eisenbahner hätten ihre Unterstützung nicht gewünscht, wie die Polizei in C. G. T.-Kreisen notierte: « Il est bien vrai que le troisième jour de la grève la C. G. T. pensa intervenir en invitant toutes les corporations à quitter le travail, mais les cheminots ne le lui demandèrent point et, par conséquent, la C. G. T. n'eut rien à refuser. C'était une initiative qu'elle prenait. Mais cette initiative déplut à ‹ L'Humanité ›. Aussi, sur les suggestions de l'administrateur de ce journal, Renaudel, trois membres du comité de grève vinrent trouver Jouhaux, au nom de leurs camarades, et lui dirent qu'après avoir examiné la situation sous toutes ses faces, il valait mieux laisser les cheminots lutter corporativement. Ils firent valoir que si la C. G. T. se mettait en ligne, le Gouvernement ne manquerait pas de tirer argument de ce fait pour discréditer le mouvement en lui donnant un caractère anarchiste et antipatriotique. En face de ces arguments, la C. G. T. s'inclina ...[34] » Hinter dieser Version, die zwar die Vorbehalte des ersten Streikkomitees richtig wiedergibt, das Hilfegesuch des zweiten Streikkomitees hingegen verschweigt, verbargen sich Motive bedeutenderer Art. Eines dieser Motive ist im zitierten Text bereits zum Ausdruck gekommen: der Einfluß, den die Humanité auf den S. N. ausübte, sichtbar in der Pierre Renaudel zugeschriebenen Urheberschaft der Ablehnung des C. G. T.-Angebots. Der C. G. T. mißfiel, daß sich der S. N. vom Streikausbruch an mit der Humanité verband und sein Streikkomitee auf ihrer Redaktion verhaften ließ: das erste Streikkomitee sei von Pierre Renaudel verführt worden[35]. Die These, wonach das Syndikat den Streik durch die Verbindung mit Exponenten des politischen Lagers wie „L'Humanité" und S. F. I. O. verriet, entwickelte sich alsbald zum bevorzugten Argument der C. G. T.-Prominenz, mit dem sie ihre Untätigkeit zu verhüllen versuchte. Es verlautete, Jouhaux und Griffelhues hätten davon abgeraten, „L'Humanité" als offizielles Streikorgan zu bestimmen und an ihrer Statt „La Voix du peuple", das C. G. T.-Organ, empfohlen. « De la sorte, la grève garderait une allure purement corporative et empêcherait le gouvernement d'amenter l'opinion publique en disant que la grève était politique ...[36]. » „L'Humanité" mit ihrem politischen Charakter wurde für das Scheitern des Streiks zur Hauptverantwortlichen erklärt: « La C. G. T. estime — et Griffelhues et Jouhaux l'ont déclaré — que la grève a été naufragée par ‹ l'Humanité ›. Dans le but de favoriser des rancunes politiques et de lancer un journal on a coulé un mouvement qui aurait pu prendre une toute autre allure[37]. »

---

[34] a. a. O., Bericht v. 14. 12. 1910.

[35] AN F 7 13923, 1910 - 1911, Notes, Bericht v. 18. 11. 1910, M/4917.

[36] APP B/a 1361, 19 octobre et poursuivants, Ber. v. 22. 10. 1910.

[37] a. a. O.

Die Diffamierung ging so weit, der Humanité niedrigste Motive zuzuschreiben: « pour une basse besogne commerciale, pour vendre du papier[38]. » Merrheim stellte an einer Protestversammlung gegen die Regierung am 11. November 1910 diese Vorwürfe in einen größeren Zusammenhang: « Merrheim dit qu'il a rien à espérer des partis politiques pour l'amélioration du sort de la classe ouvrière. Il déclare que le Parti Socialiste, s'il arrive au Pouvoir, sera voué à l'impuissance comme les autres partis. La grève des cheminots aurait dû rester ‹ grève des cheminots › : ils auraient dû faire eux-mêmes leurs affaires et porter eux-mêmes leurs doléances aux Compagnies ; c'est le seul moyen de réussir. Si les cheminots n'ont pu, depuis vingt ans, faire aboutir leurs revendications, c'est parce qu'ils se sont toujours trompés d'adresse en s'en référant à l'Etat. Si leur grève a échoué, c'est surtout parce qu'ils ont accepté le concours d'un parti politique ‹ celui de l'Humanité ›[39] ! » Auch Jouhaux kritisierte noch in seinen Memoiren den Entschluß des Streikkomitees, sich in den Büros der Humanité verhaften zu lassen, da dies der Regierung den Vorwand geliefert habe, den Streik als politisch zu erklären[40]. Doch Briand und die C. G. T. meinten, wenn sie die Oktoberbewegung mit dem Etikett „politisch“ versahen, keineswegs dasselbe, wie Hervé klar erkannte: « Quand Briand accusait la grève d'être une grève politique, ce n'est pas la politique de l'Humanité qu'il visait, c'est la politique insurrectionnelle de la Guerre Sociale[41]. » Die C. G. T. verstand hingegen unter dem Vorwurf des „Politischen“, daß der Streik für die Zwecke der S. F. I. O. mißbraucht wurde. Diese Auffassung äußerte Pierre Monatte in seiner Streikbesprechung: « Ainsi que cela devait arriver, la lutte directe des cheminots contre les Compagnies a fait place à une lutte parlementaire du parti socialiste contre le gouvernement[42]. »

Die C. G. T. verdächtigte jedoch nicht nur die S. F. I. O., sich des Streiks bemächtigen zu wollen, sondern auch die revolutionäre Gruppe um „La Guerre Sociale“. Jouhaux gibt an, sich in geheimen Versammlungen, an denen die Sabotagetaktik dieser Kreise diskutiert wurde, diesen Plänen widersetzt und erklärt zu haben, die C. G. T. würde jegliche Solidarität verweigern, falls die Eisenbahner diese Taktik beschlössen[43]. Demnach versuchten nicht weniger als drei Gruppen, das Patronat über den S. N. zu beanspruchen: die C. G. T. selbst, die S. F. I. O. und die Revolutionäre der „Guerre Sociale“.

---

38 a. a. O.

39 a. a. O., Bericht v. 12. 11. 1910.

40 Vgl. Jouhaux, Mémoires, p. 109.

41 La Guerre Sociale, 23. - 29. 11. 1910, Nr. 50.

42 La Vie Ouvrière, 16. 11. 1910, zit. bei Seilhac, p. 93.

43 Vgl. Jouhaux, Mémoires, p. 109.

Die bisher genannten Motive können das Verhalten der C. G. T. im Streik noch nicht genügend erklären, selbst wenn sie sich so gut in das Programm von Amiens einfügen wie der Verdacht auf eine „politische Lenkung“ der Bewegung. Sie alle werden überschattet von einem grundlegenden Mangel der C. G. T., der sie von einer aktiven Einschaltung zurückhielt: ihre Schwäche. Jouhaux wußte wohl, weshalb er die Bewegung eher einschränken denn ausweiten sollte. Bei der C. G. T. zeigten sich Führer wie Griffuelhes und Pouget schon am 14. Oktober äußerst erleichtert darüber, nicht in die Ereignisse hineingezogen worden zu sein. « Ils sont très contents que le Comité de grève des cheminots n'ait pas voulu de leur concours, car ils auraient été obligée de décréter la grève générale, ce qui eût abouti à un lamentable fiasco[44]. » Über die Stärke der eigenen Kräfte gab sich die C. G. T., durch die Erfahrungen der vergangenen Jahre belehrt, keinen Illusionen mehr hin, ergriff deshalb dankbar die Argumente, die eine Nicht-Intervention stützten, und machte sich bereitwillig die Vorbehalte des Syndikats zu eigen: « En face de ces arguments, la C. G. T. s'inclina — et elle le fit avec d'autant plus de plaisir qu'elle se rendait fort bien compte de son incapacité de déchaîner une grève sinon générale, du moins importante[45]. » Die tiefsten Befürchtungen der C. G. T. förderte einer ihrer Sprecher zutage, als er die Reserve der C. G. T. damit begründete, ihr Eingreifen hätte ein Blutbad zur Folge gehabt[46]. In dieser Prognose offenbart sich die Ohnmacht der C. G. T. im Oktober 1910. Damit ist das Verhalten der Dachgewerkschaft genügend motiviert, und es steht fest, daß die C. G. T. in der Tat, wie dies schon der an den Ereignissen beteiligte Reformist Grandvallet behauptete[47], nicht versuchte, den Eisenbahnerstreik in einen Generalstreik hinüberzuführen. Bei diesem keineswegs koordinierten Vorgehen von S. N. und C. G. T. verfehlt auch die von der Repressionspartei verfochtene Interpretation des Streiks als eines Komplotts des Revolutionären Syndikalismus, für dessen Hochburg die C. G. T. gehalten wurde, die Wirklichkeit.

Der reformistische Charakter der Oktoberbewegung manifestiert sich aber auch in den engen Kontakten zwischen der Eisenbahnergewerkschaft und der Sozialistischen Partei. Schon in der Aera Guérard waren die Beziehungen des Generalsekretärs zu Politikern der Linken, Sozialisten, Unabhängigen Sozialisten und auch Radikalsozialisten, von sei-

---

[44] APP B/a 1362, Télégrammes et rapports d'ordre général, Bericht v. 14. 10. 1910.

[45] APP B/a 1361, 19 octobre et poursuivants, Ber. v. 14. 12. 1910.

[46] APP B/a 1360, 14 octobre, Bericht v. 14. 10. 1910. Es handelt sich beim Zeugen um Desgrange, Mitglied des Comité confédéral.

[47] Vgl. Grandvallet, p. 54.

nen revolutionären Gegnern negativ angemerkt worden. Nach dem Rücktritt Guérards blieben diese Affinitäten durchaus erhalten: zu erinnern ist an die Beteiligung von Politikern sozialistischer und radikalsozialistischer Couleur an der zweiten Phase der Verhandlungen im Herbst 1910, sodann an den Wunsch der reformistischen Mehrheit, die Rückkehr des Parlaments abzuwarten, in der Hoffnung, mit seiner Hilfe die sozialen Forderungen durchsetzen zu können.

So wenig wie das Syndikat selbst bildete die Sozialistische Partei eine Einheit. Die noch junge S. F. I. O. widerspiegelte noch immer die Zerfahrenheit des französischen Sozialismus, die bis 1905 auch sein äußeres Bild gezeichnet hatte. Sie drückte sich in der Haltung der S. F. I. O. zum Kabinett Briand deutlich aus. Schon bei der Designation Briands zum Ministerpräsidenten schied sich die Fraktion in Freunde und Gegner des Kabinetts. Während sich eine Mehrheit über die Regierungsübernahme des früheren Sozialisten freute, hüllte sich Guesde in absolutes Schweigen. Jaurès jedenfalls äußerte sich sehr optimistisch: « L'arrivée de M. Briand au Pouvoir va augmenter dans des proportions considérables l'influence du P. S. U. car elle démontréra aux yeux des timorés et surtout des petits propriétaires et des paysans que les socialistes sont aussi des hommes de gouvernement[48]. » Dies beweist ein weiteres Mal, daß Briand auch bei der Linken noch immer über ein großes Prestige verfügte. In der Vertrauensabstimmung vom 27. Juli 1909 spaltete sich die Partei dreifach auf: eine Mehrheit von 30 Deputierten mit Jaurès enthielt sich der Stimme, 17 Deputierte verweigerten der Regierung das Vertrauen und drei schenkten es ihr[49]. Nach Auskunft des Guesdisten Roland befanden sich unter den Enthaltungen einige Deputierte, die durchaus von der Absicht erfüllt waren, das Ministerium kategorisch zu unterstützen. Davon versprachen sich die Guesdisten eine Frontbegradigung: « Roland ... se réjouit de cette résolution qui, dit-il, si elle venait à se réaliser aurait pour résultat de purger le Parti de députés qui n'ont de socialiste que le nom[50]. » In der Frage der Einstellung zur Regierung Briand drohte, nach Meinung des Generalsekretärs Dubreuilh, eine noch schlimmere Krise als 1899 im Falle Millerand[51], wobei in der Fraktion die positive, in der Partei die negative Würdigung des Kabinetts überwog[52]. Schon zirkulierten Gerüchte über eine bevorstehende Spaltung: « Guesdistes et Hervéistes réuniront à cette occasion leurs votes contre les indépendants dans l'espoir de provoquer une scission qu'ils

48 AN F 7 13073, 1909 - 1914, Le Parti socialiste unifié et les ministères, Bericht v. 24. 7. 1909 M/975 U.

49 Vgl. Fiechter, p. 142 und Tabelle nach p. 136.

50 AN F 7 13073, 1909 - 1914, Le Parti socialiste unifié et les ministères, Bericht v. 4. 8. 1909, M/1003 U.

51 a. a. O., Bericht v. 14. 9. 1909, M/1051 U.

52 a. a. O., Bericht v. 9. 10. 1909, M/1080 U.

escomptent depuis longtemps[53].» Die berühmte Rede Briands vom Oktober 1909 in Périgueux, in der er das durch Dreyfus und Kirchenpolitik gespaltene Land zur Versöhnung aufrief, minderte die Gunst auch der Reformisten gegenüber Briand: «Le discours de Périgueux est très sévèrement commenté dans les milieux socialistes, même parmi les réformistes qui étaient dans une certaine mesure favorables au ministère[54].» Die Ereignisse des Jahres 1910 trafen eine Partei, die sich über Briand zunehmend enttäuscht zeigte. Nach der Neuwahl der Kammer im Frühjahr verweigerte die gestärkte Fraktion am 28. Juni 1910 der Regierung geschlossen das Vertrauen[55].

Der plötzliche, unerwartete Streikausbruch auf dem Netz Nord setzte die sozialistischen Kreise in großes Erstaunen und in Bestürzung, so die Umgebung der Humanité: «une véritable stupéfaction[56].» Jaurès hatte dafür gehalten, die Eisenbahner sollten sich auf Drohungen beschränken, jedoch zu keinen Taten schreiten, und im übrigen den Zusammentritt der Kammer abwarten. Über diesen „coup imprudent" herrschte deshalb Unzufriedenheit[57]. Selbst Pierre Renaudel, durch seinen Bruder Gaston über die Vorgänge im S. N. unterrichtet, hatte den Streik nicht erwartet: «Son opinion est que le Syndicat National et le Comité de grève ont été débordés[58].» Die überraschenden Ereignisse wurden ohne jeden Enthusiasmus aufgenommen[59], und düstere Prognosen bestimmten die Beurteilung: «... on n'est pas loin de croire à une rapide solution[60].» Doch da die Bewegung gut fortzuschreiten schien und außerdem erkennbar wurde, daß ihr kaum Einhalt zu gebieten war, stellte sich die S. F. I. O., im Gegensatz zur C. G. T., ohne weiteres Zögern ihr zur Seite. «Mais dès qu'ils [= les Unifiés] virent que la grève prenait de l'ampleur, ils se décidèrent à la seconder dans l'espoir d'en tirer un grand profit pour le Parti[61].» Pierre Renaudel unterstützte das Streikkomitee in der Nacht auf den 12. Oktober bei der Redaktion des Aufrufs zum Generalstreik[62], und Albert Thomas bearbeitete am 12. Oktober den unschlüssigen Sekretär des Netzes Est, Le Leuch, und seinen Begleiter Grandvallet mit einigen Gründen für einen Streik, rief sie zur Solidarität auf und führte sie zu Jaurès, der sie seinerseits bat, einen Beweis der Solida-

---

53 a. a. O.

54 a. a. O., Bericht v. 12. 10. 1909, M/1087 U.

55 Vgl. Fiechter, p. 181 und Tabelle nach p. 184.

56 AN F 7 13923, 1910 - 1911, Notes, Bericht v. 11. 10. 1910, M/2058 U.

57 APP B/a 1360, 11 octobre, Bericht v. 11. 10. 1910.

58 AN F 7 13923, 1910 - 1911, Notes, Bericht v. 11. 10. 1910, M/2058 U.

59 AN F 7 13923, La C. G. T., le P. S. U. etc., p. 14.

60 AN F 7 13923, 1910 - 1911, Notes, Bericht v. 11. 10. 1910, M/2058 U.

61 AN F 7 13923, La C. G. T., le P. S. U. etc., p. 14.

62 Vgl. Kap. VIII, Ziff. 2.

rität abzulegen. Die Idee einer Lokalisierung, wie sie Jouhaux noch nach dem Ende des ersten Streikkomitees vorbrachte, lehnte Jaurès ab[63]. Der S. F. I. O.-Flügel um Guesde freilich beargwöhnte den Streik und verzichtete auf besondere Aktivität, ohne sich aber offen gegen ihn zu wenden: « Quoique adversaires de cette grève, ils sentaient qu'ils seraient débordés s'ils tentaient de s'y opposer[64]. »

Die Wahl der sozialistischen Parteizeitung „L'Humanité“ zum offiziellen Organ der Streikbewegung war das sichtbarste Indiz für den engen Kontakt zwischen S. F. I. O. und S. N., Angelpunkt auch der Kritik der C. G. T. Die C. G. T. führte diese Wahl auf die Intrigen von Gaston Renaudel, dessen Bruder Pierre Redaktor an der Humanité war, zurück[65]. Doch Pierre Renaudel wies das Motiv des Nepotismus zurück und leitete die Bestimmung der Humanité von einem ordentlichen Beschluß des Streikkomitees ab, gefaßt auf Antrag des Revolutionärs Lemoine: « mes rapports avec le premier comité de grève datent d'une entrevue bien antérieure à la grève elle-même, dans laquelle Lemoine m'annonça que le comité de grève, sur sa proposition, avait décidé de considérer l'Humanité comme son organ officiel[66]. » In der Tat bot sich dem S. N. kaum eine Alternative zur Humanité an, die, wie Hervé zugestand, dank der S. F. I. O. und Jaurès über „eine große moralische Autorität“ verfügte[67]. In bezug auf die angeblichen Intrigen der Humanité beim S. N. konnte Hervé im übrigen der C. G. T. nicht beipflichten: « Or, la verité c'est que ce n'est pas l'Humanité qui s'est jetée à la tête du comité de grève pour écouler son papier, c'est le comité de grève qui s'est jeté à la tête de l'Humanité pour se servir d'elle, d'abord comme tribune, ensuite comme couverture, le transport d'un quotidien en automobile facilitant singulièrement la communication du comité de grève avec ses centres de province. Et le comité de grève ne pouvait pas agir autrement. » In der Rolle als Streikorgan gelang es der Humanité sogar, die Anerkennung eines Extremisten wie Hervé zu finden: « ... il faut bien reconnaitre qu'elle leur [d. h. den Streikenden] a prêché la résistance à outrance ; qu'elle n'a pas eu — durant la grève — un seul mot de reproche, ni contre les saboteurs, ni contre les violents ...[68]. » Durch die Verhaftung des ersten Streikkomitees in ihren Büros wurde die Funktion der Humanité als Hauptquartier der Bewegung scheinbar noch deutlicher hervorgehoben, doch gilt auch hier, daß die Initiative nicht von der Zei-

---

[63] Vgl. Grandvallet, p. 29/30.

[64] AN F 7 13923, 1910 - 1911, Notes, Bericht v. 20. 10. 1910, M/2064 U.

[65] APP B/a 1361, 19 octobre et poursuivants, Ber. v. 22. 10. 1910.

[66] Brief von Pierre Renaudel an den Präsidenten des 22. Kongresses des S. N., L'Humanité 6. 8. 1911.

[67] La Guerre Sociale, 23. - 29. 11. 1910, Nr. 50.

[68] a. a. O.

tung selbst ausging[69]. Aus der Tätigkeit der Humanité im Streik darf keinesfalls auf ihre Urheberschaft an den Ereignissen geschlossen werden.

Bedingt durch den ungünstigen Verlauf der Ereignisse, bedurfte das Syndikat der wachsenden Unterstützung der S. F. I. O. Daraus ergab sich, daß die Sozialistische Partei immer mehr als eigentliches Zentrum der Bewegung hervorzutreten schien, besonders klar nach dem 13. Oktober: « Dès le début de la grève des cheminots, le parti socialiste a cherché à accaparer le mouvement. Avant les arrestations, il n'y a réussi qu'à demi, mais depuis, c'est lui qui dirige tout, ou, pour préciser, le comité de grève c'est la redaction de l'Humanité. [...] Celui qui mène la grève, qui fait tout, c'est le jeune Renaudel [d. h. Gaston], qui ne fait ni plus haut ni plus bas que ce que lui indique son frère et les gens de l'Humanité[70]. » Die gleiche Verlagerung der Streikführung zu einer politischen Leitung hin registrierte auch die Guerre Sociale in der Periode des zweiten Streikkomitees: « Dès lors, la direction du mouvement passe aux mains des politiciens[71]. » Diese Entwicklung widerspiegelt indessen weniger den Versuch der S. F. I. O., sich der zerfallenden Streikbewegung zu bemächtigen, als vielmehr die völlige Hilflosigkeit der Eisenbahnergewerkschaft. Die Sozialistische Partei gehorchte lediglich dem Gebot der Solidarität, als sie der Streikleitung die Hilfe ihres Apparates gewährte. Am 14. Oktober sandte das zweite Streikkomitee den Revolutionär Bidamant auf dessen eigene Bitte zur sozialistischen Parlamentariergruppe, um die Hilfe der Advokaten und Deputierten der Partei zu erbitten, worauf diese dem Syndikat alle ihre Redner zur Verfügung stellte[72]. In der Folge bewährten sich diese Parteikader als gewandte Vertreter des Widerstandes gegen die Repression. Über ihre passive Rolle im Streikgeschehen selbst ließ jedoch auch Hervé keinen Zweifel: « Quant aux élus socialistes, ce ne sont pas eux non plus qui se sont jetés au cou des cheminots : c'est le premier comité de grève, avant l'arrestation des révolutionnaires, qui est allé solliciter leur concours pour les meetings où il fallait tenir en haleine continuellement des milliers de grévistes : ils y sont venus et ils ont prêché la résistance[73]. »

Die engen Beziehungen von S. F. I. O. und S. N. in der Streikzeit bewiesen den Vorwurf der C. G. T. nicht, die Sozialisten hätten die Führung des Streiks angestrebt. Darin stimmen sowohl der glühende Feind des Reformismus, Hervé, als auch der Reformist Grandvallet überein.

---

69 Vgl. Kap. IX, Ziff. 2.

70 APP B/a 1362, Télégrammes et rapports d'ordre général, Bericht v. 17. 10. 1910.

71 La Guerre Sociale, 22. 10. 1910, Nr. 45 L.

72 Rapport.

73 La Guerre Sociale, 23. - 29. 11. 1910, Nr. 50.

Hervé entlastete die „politischen" Kräfte: « L'Humanité, ni les élus socialistes ne sont pas allées s'imposer aux cheminots : c'est leur comité de grève, réformistes et révolutionnaires, qui sont allés les chercher et leur demander un concours, qui, avec raison, leur semblait utile[74]. » Und Grandvallet bescheinigte den Sozialisten die Korrektheit ihres Verhaltens: « L'autonomie du Syndicat a été scrupuleusement respectée par les socialistes, qui ont simplement appuyé le mouvement gréviste dans toute la France[75]. » Daß sich die Streikleitung so eng an die Sozialisten anlehnte, ist bezeichnend für die noch während des Streiks im Syndikat herrschenden Mehrheitsverhältnisse.

Die massive Unterstützung des Syndikats durch die Partei schloß auch die Verteidigung des Streiks in der mehrtätigen Parlamentsdebatte ein. Nochmals wurde hier die weitgehende Übereinstimmung der S. F. I. O.-Mehrheit mit der reformistischen Syndikatsmehrheit deutlich. Jaurès verhehlte nicht, daß er den Aufschub der Streikentscheidung begrüßt hätte: « Pour moi, si vous me permettez de le dire d'accord avec nos amis socialistes — nous l'avons dit et tous nos écrits et toutes nos paroles en témoignent — nous avions désiré passionnément que les ouvriers et employés des chemins de fer ajournent toute décision, je dirai même toute délibération sur la grève, non pas seulement jusqu'à ce que la chambre soit rentrée ... mais jusqu'à ce que la Chambre, étant rentrée, ait pu délibérer sur quelques-uns des objets qui faisaient le sujet du conflit[76]. » Das entsprach den Wünschen der reformistischen Eisenbahnern. Und wie bei diesen konnte auch bei den Sozialisten von der Befürwortung der Sabotage keine Rede sein: bei der Abstimmung vom 30. Oktober über den Antrag Raynaud wandte sich kein einziger Deputierter, auch kein sozialistischer, gegen die Verurteilung der Sabotage[77]. Die Entrüstung über die Repressionspolitik, welche die Deputierten zur Schau stellten, wird indessen von Suarez für nicht ehrlich gehalten[78].

In Fortsetzung des sozialistischen Engagements wollte der Abgeordnete Colly durch die Partei in ganz Frankreich eine Kampagne zugunsten der Eisenbahner organisieren lassen[79]. In der Tat wurde eine Reihe von Versammlungen, die dem Protest gegen die Repression dienten, durchgeführt. Doch Ende November verzichtete die ständige Administra-

---

[74] a. a. O.

[75] Grandvallet, p. 58.

[76] J. O. 30. 10. 1910, p. 2644, Séance du 29 Octobre.

[77] Vgl. J. O. 31, 10. 1910, p. 2673/74, Séance du 30 Octobre. Die meisten S. F. I. O.-Deputierten enthielten sich der Stimme, einige stimmten für die Verurteilung.

[78] Suarez, Briand II, p. 282.

[79] AN F 7 13923, 1910 - 1911, Notes, Bericht v. 20. 10. 1910, M/2063 U.

tivkommission der Partei auf weitere Veranstaltungen, da sie einen Mißerfolg befürchtete[80]. Der Eisenbahnerstreik begann bereits an Interesse zu verlieren. Zwar zeigten sich die Pariser Sektionen mit starken hervéistischen Elementen unzufrieden über die sich abzeichnende Mäßigung des sozialistischen Protestes[81], doch wandte sich die Fraktion gleichwohl anderen Themen zu. Collys Bemühungen, die Fraktion wegen der Frage der Reintegration der entlassenen Eisenbahner zur Obstruktionspolitik zu veranlassen[82], bleiben erfolglos: « On sait que le Groupe Socialiste parlementaire, a refusé aux cheminots de faire de l'obstruction à la Chambre afin d'obtenir la réintégration des révoqués[83]. » Das Schicksal der entlassenen Eisenbahner wurde von der sozialistischen Partei weiterhin verfolgt, beanspruchte jedoch nicht mehr ihr Hauptinteresse.

Von der Sammlung der Streikpartei wurden auch die inneren Verhältnisse der S. F. I. O. berührt. Der Kampf gegen das Ministerium Briand näherte Jaurès, Guesde, Vaillant und ihre Strömungen einander an[84], was sich in der starken Geschlossenheit der Partei in der parlamentarischen Auseinandersetzung niederschlug, in der sich selbst Jules Guesde hervortat. Bei der Bestimmung des weiteren Vorgehens schieden sich indessen zwei Gruppen. Die eine, mit Vaillant, Colly u. a. strebte danach, die revolutionäre Taktik wieder aufzunehmen und die im Streik begonnene Agitation unter dem Vorwand der Entlassungen und der Prozesse fortzuführen: « Le but poursuivi serait en somme de maintenir entre le P. S. U. et la classe ouvrière le contact repris avec succès à la faveur de la récente grève. » Die andere, mit Jaurès und Thomas, wandte sich gegen die Rückkehr zum Blanquismus und wollte ihre Anstrengungen auf die Wahlreform richten: « Ils estiment que la prolongation de l'agitation, injustifiée d'après eux, éloignera du P. S. U. les éléments modérés et nuira ainsi à l'action parlementaire ...[85]. » Die Partei verzichtete jedoch auf eine revolutionäre Wendung ihrer Politik. Die Oktoberereignisse trugen damit gesamthaft zu einer Festigung der Sozialistischen Partei bei, die die Gelegenheit ergriffen hatte, einen Beweis ihrer Solidarität mit der Arbeiterschaft abzulegen.

Die Gespaltenheit der Streikpartner offenbarte sich darin, daß sich dem S. N. die Option für die Streikunterstützung nur alternativ, nicht

---

80 AN F 7 13073, Le parti et le ministère Briand 1910, Bericht v. 25. 11. 1910, M/2160 U.

81 a. a. O., Bericht v. 11. 11. 1910, M/2115 U.

82 AN F 7 13923, 1910 - 1911, Notes, Bericht v. 24. 11. 1910, M/3000 U.

83 a. a. O., Bericht v. 22. 11. 1910, M/2996 U.

84 AN F 7 13073, Le parti et le ministère Briand 1910, Bericht v. 8. 11. 1910, M/2105 U.

85 AN F 7 13923, 1910 - 1911, Notes, Bericht v. 27. 10. 1910, M/2085 U.

kumulativ, stellte: C. G. T. oder S. F. I. O., nicht C. G. T. und S. F. I. O. Denn zwischen C. G. T. und S. F. I. O. bewirkte die Union sacrée lediglich einen kurzfristigen Waffenstillstand, nicht aber wirkliche Zusammenarbeit. Die Action directe der C. G. T. und die Action parlementaire der S. F. I. O. waren schwerlich miteinander zu versöhnen. In dieser Zwangslage entschied sich das Syndikat für die Hilfe der Sozialistischen Partei. Während die Streikereignisse die Unfruchtbarkeit der Action directe erwiesen, verliehen sie der Action parlementaire eine nachträgliche Rechtfertigung, an die sich noch der in den Parlamentsdebatten erworbene rhetorische Glanz heftete. Um so mehr fürchteten die Sozialisten die Anklagen der C. G. T. über den Verrat der S. F. I. O. Schon zu Beginn der Parlamentsdebatten zeigten sie sich beunruhigt über die sehr unabhängige Gewerkschaftsorganisation, von der sie nach der Kammerdebatte öffentliche, ihnen feindliche Verlautbarungen zu den Verantwortlichkeiten für den Mißerfolg erwarteten[86]. Diese Erwartungen wurden bekanntlich nicht enttäuscht, und noch im November ängstigten sich die Sozialisten wegen bevorstehender Enthüllungen der C. G. T.: « . . . on annonce que mardi prochain Griffuelhes et Jouhaux porteront devant le Comité de la C. G. T. la question de la responsabilité de l'Humanité, de Renaudel, de Thomas etc. . . . dans la grève des cheminots ; de gros incidents sont à prévoir. Et on est très inquiet chez les Unifiés, car on craint plus que jamais les affiches qui suivront cette réunion[87]. » Dieses Mißtrauen zwischen der gewerkschaftlichen und der politischen Organisation der Linken beeinträchtigte die Kohärenz der Streikpartei schwer. Vielleicht in Erkenntnis der verhängnisvollen Wirkung dieser Rivalität äußerte Jaurès, es werde sich demnächst eine Annäherung zwischen der Partei und der C. G. T. aufdrängen. Er und Renaudel versuchten deshalb nach dem Streik einer feindseligen Diskussion, wie sie die C. G. T. provozierte, zu entgehen. « Mais ces derniers [d. h. Jaurès und Renaudel] ont estimé que les arguments formulés contre le Parti laissaient la masse ouvrière indifférente, et qu'il valait mieux, pour l'instant, ne pas attirer son attention par un polémique avec quelques dirigeants de la C. G. T. . .[88]. » In diesem Sinn erwiderte Niel nicht einfach die Anklagen der C. G. T. durch gegenteilige Beschuldigungen, sondern ging statt dessen mit den Kreisen um „La Guerre Sociale“ ins Gericht: « S'il est vrai qu'une influence politique a nui à la grève corporative des cheminots, il faut chercher cette influence dans la politique anarchiste[89]. »

---

[86] AN F 7 12496, Bericht v. 26. 10. 1910, M/1117.

[87] AN F 7 13073, Le parti et le ministère Briand 1910, Bericht v. 11. 11. 1910, M/4894.

[88] AN F 7 13923, 1910 - 1911, Notes, Bericht v. 18. 11. 1910, M/2137 U.

[89] Le Matin, 11. 11. 1910.

Während sich der radikalsozialistische Kreis um „Le Rappel" in seinen Beziehungen zur Streikpartei auf den bloß verbalen Beifall beschränkte und vorzugsweise auf die parlamentarische Ausschlachtung der Ereignisse einrichtete, gestaltete sich der Einfluß der revolutionären Aktivisten um „La Guerre Sociale" bedeutend vielschichtiger und wird deshalb im Rahmen des nächsten Kapitels behandelt.

Die im Vergleich zur Repressionspartei ungleichwertige Kohärenz der Streikpartei erklärt die verhältnismäßig rasche Niederlage. Der Mißerfolg wiederum enthüllte mit ungewöhnlicher Schärfe die Zerstrittenheit dieses Lagers. Dem Syndikat hinterließ der Streik große unlösbare Probleme und mannigfachen Anlaß zum Richtungskampf, worüber es zerbrach. Die soziale Lage wurde durch den Streik nicht wesentlich verändert, dazu forderte die Wiedereinstellung der entlassenen Eisenbahner die geschwächten Kräfte des Syndikats heraus. Einziger Nutznießer des Debakels schien die Sozialistische Partei, die in den Ereignissen tatkräftige Solidarität bewiesen hatte, was ihr zahlreichen neuen Zulauf, vorwiegend von Eisenbahnern, eintrug. Schon am 20. Oktober verzeichnete die S. F. I. O. steigende Beitrittszahlen: « La grève des Cheminots a déterminé une recrudescence d'adhésions dans quelques Fédérations du P. S. U. Aussi, à la Commission Administrative Permanente, on se montre-t-on très satisfait de ces résultats[90]. » Zu den stark anwachsenden Parteisektionen im Seine-Departement zählten besonders jene des 12., 13., 15. und 18. Arrondissements, also von Gebieten im Bereich der großen Bahnhöfe und Depots. Während demnach die Streikpartei insgesamt in der Oktoberbewegung eine deutliche Niederlage erlitt, durfte sie die Sozialistische Partei mit ihrer im Streik solidarischen, aber streng legalen Politik in mannigfacher Hinsicht als eine Stärkung betrachten. Die kurzfristige „Union Sacrée" täuscht nicht darüber hinweg, daß das Solidaritätsempfinden der Arbeiterschaft durch die Streikereignisse arg in Mitgleidenschaft gezogen wurde. Dauernd angerufen, wurde sie kaum ausgeübt. Als ihr blasser Abglanz machte sich erst nach dem Streik eine zaghafte Mildtätigkeit gegenüber den Repressionsopfern, den entlassenen Eisenbahnern, breit. Die solidarische Aktion der gesamten Arbeiterschaft, Grundlage und Hoffnung des Revolutionären Syndikalismus, hatte sich einmal mehr als zu brüchiges Fundament für den sozialen Konflikt erwiesen.

[90] AN F 7 13923, 1910 - 1911, Notes, Bericht v. 20. 10. 1910, M/2064 U.

XIV. Die Sabotage: Urheberschaft und strukturelle Bedingtheit

Mit der Oktoberbewegung hing eine Sabotagewelle zusammen, die den Streik selbst noch beträchtlich überdauerte. Ihr erhebliches Ausmaß verleitete die Öffentlichkeit gar dazu, den Streik hauptsächlich unter diesem Aspekt zu würdigen. Auch Briand zögerte nicht, ein Zusammenspiel von Streikorganisation und Sabotagekommando zu behaupten: « Je dis que des organisateurs de cette grève ont donné directement sous leur signature des conseils de sabotage et j'ai le droit de le dire, car la preuve ne tardera pas à éclater à vos yeux[1]. » Als Übermittlungsstelle für die Befehle der Sabotagezentrale nannte Briand indessen mit „La Guerre Sociale" eine Zeitung, die keinswegs als Stimme des Syndikats anerkannt werden konnte, sondern zu diesem im Gegenteil in einem äußerst gespannten Verhältnis stand. Unbestritten freilich ist, daß Gustave Hervés Wochenzeitung der Sabotagepropaganda mit großer Hingabe diente, doch setzte sie gerade diese Rolle als Hauptexponent einer Gewaltspolitik in Widerspruch zu den übrigen Gliedern der Streikpartei. Nicht nur die Reformisten, sondern auch Jouhaux, der revolutionäre Generalsekretär der revolutionären C. G. T., wandte sich gegen den Versuch der Kreise um „La Guerre Sociale", die Führung der Bewegung zu ergreifen und eine revolutionäre Sabotage ins Werk zu setzen[2]. Mit dieser Sabotagestrategie genügte das „Organ des revolutionären Proletariats", wie sich „La Guerre Sociale" zu bezeichnen wagte, zwar gewiß seiner eigenen Werbung, die versprach: « La Guerre Sociale est le plus vivant, le plus combatif de tous les journaux d'avant-garde[3]. » Doch zog sie sich damit gleichzeitig die Isolierung innerhalb der Streikpartei zu, gebrochen nur durch ihre Beziehungen zu den Revolutionären des Syndikats, die sie vertraulich „notre journal officiel"[4] nannten. Dank dieser Verbindung konnte die „Guerre Sociale"-Gruppe gleichwohl auf die Oktoberbewegung Einfluß nehmen; Grandvallet sprach sogar überspitzt von einer „sérieuse influence"[5], die nach seiner Meinung schon beim Streikausbruch wirksam wurde: « Il est certain qu'il [= le journal] a une large part de responsabilité dans la déclaration

---

1 J. O. 26. 10. 1910, p. 2573, Séance du 25 Octobre.
2 Vgl. Jouhaux, Mémoires, p. 109.
3 Zeitungskopf der Ausgaben von La Guerre Sociale.
4 Bericht Drioux.
5 Grandvallet, p. 58.

de grève anticipée[6]. » Doch vor der Beurteilung des tatsächlichen Gewichts der Guerre Sociale ist die die Sabotage begründende theoretische Vorstellung zu umreißen.

Die Lehre, wonach das Proletariat sein Heil allein als Ergebnis der überlegenen Führung durch tatkräftige Minderheiten, „minorités agissantes", empfangen, werde, ergänzte die Theorie der Action directe und beantwortete die Frage nach ihrer Umsetzung in die Wirklichkeit, gehörte also zum Ideengut des Revolutionären Syndikalismus. Gustave Hervé und der revolutionäre Zirkel um „La Guerre Sociale" nahmen sich dieser Lehre mit besonderem Eifer an, doch auch die revolutionären Eisenbahner bedienten sich ihrer, um ihre kreative Rolle hervorzuheben. Bidamant beschrieb die Gesellschaft als ein System von sich immerzu verengenden Kreisen, die einem dynamischen Zentrum zustrebten, das er sich als die revolutionäre Zelle des Syndikats vorstellte, von der aus der gesellschaftliche Fortschritt dialektisch seinen Weg nahm; dadurch gelangten die Revolutionäre in den Besitz einer nahezu mythischen Urkraft: « Ceux qui veulent transformer la société actuelle, ont contre eux l'immense majorité de la nation. Ceux qui veulent au sein de la classe ouvrière donner au prolétariat plus de cohésion, plus de force par le syndicat, sont encore en minorité. Minorité aussi ceux qui veulent, au sein du syndicat, éduquer révolutionnairement la masse[7]. » Nicht durch das Gewicht ihrer Zahl also, sondern durch das ihrer qualitativen Überlegenheit zeichneten sich die Revolutionäre aus, und dies gestattete ihnen auch, den abschließenden Sieg zu erhoffen.

Hervé war sich dieses Triumphes nach den Oktoberereignissen gewiß, denn im Streik schien ihm der Beweis für die Möglichkeiten entschlossener Minderheiten erbracht worden zu sein. Der Streikausbruch auf Nord galt ihm als ein Werk der revolutionären Elite dieses Netzes: « Si le réseau Nord est parti, c'est que sa minorité agissante avait pris au sérieux la décision de faire grève[8]. » Eine gleiche Kerntruppe führte nach Hervé auch die Bewegung auf Ouest an[9], die übrigen Netze dagegen litten unter dem Mangel an einer „minorité agissante"[10]. Im ganzen betrachtete Hervé die Lehre der tätigen Minderheiten als bestätigt und gab sich optimistischen Zukunftserwartungen hin: « Puisque les cheminots qui passaient pour les plus paisibles et les plus timides des grosses corporations de la C. G. T. ont été capables de marcher, on peut dire qu'il n'est plus une seule corporation qu'une minorité agissante ne

---

6 a. a. O., p. 59.
7 Tribune, 19. 6. 1910.
8 La Guerre Sociale, 23. - 29. 11. 1910, Nr. 50.
9 a. a. O.
10 a. a. O., 7. - 13. 12. 1910, Nr 52.

puisse soulever, en sachant s'y prendre[11]. » In dieser letzten Bemerkung Hervés wurde die Revolution auf eine bloß technische Dimension reduziert, auf ein Problem der psychologischen Führung der Massen. Mit diesem ungebrochenen Glauben an die Möglichkeiten des einzelnen im historischen Prozeß, der Verehrung individueller Schöpferkraft und dem unbändigen Vitalismus war die Lehre von den „minorités agissantes" vorzüglich zugeschnitten auf Männer mit großen Plänen und kleinem Anhang, zu welcher Kategorie Hervé und seine Freunde zweifellos gehörten. Denn diese „minorités agissantes" stützten ihren Optimismus allein auf den Glauben an ihre katalysatorische Wirkung, die sie zugunsten einer entscheidenden Wendung der Geschichte der Arbeiterschaft einzusetzen gedachten.

Daß diese Lehre in revolutionär-syndikalistischen Kreisen Anklang finden konnte, hatte seinen strukturellen Grund im Organisationsstand der Arbeiterschaft. Die Kluft zwischen einer großen, unorganisierten Masse und einer kleinen, schwach organisierten Gewerkschaftsbewegung mußte wenigstens theoretisch überbrückt werden, indem der organisierte Teil der Arbeiterschaft in den Rang einer Elite erhoben wurde. Vom Leninschen Modell des elitären Berufsrevolutionärs trennte die revolutionären Syndikalisten indessen die Lückenhaftigkeit ihrer Organisation.

Den hohen Wert der „minorités agissantes" für den Tageskampf schien ihre Funktion beim Streikausbruch zu erweisen: ohne die revolutionäre Syndikatsminderheit und die Aktivität ihrer Führer wie Le Guennic, Renault und Bidamant wäre der Generalstreik nicht ausgerufen worden. Besonders klar zu erfassen ist ihr Anteil an der Ausweitung des Streiks auf das Netz Ouest-Etat, was den Generalstreik herbeiführte. Die Polizei bestätigte für diesen Vorgang das Urteil Hervés: « Mais le voici enfin arrivé, le moment où il sera démontré qu'une minorité audacieuse peut imposer sa volonté à la majorité[12]. » Bei der Würdigung dieses Erfolgs der „minorités agissantes" ist allerdings zu berücksichtigen, daß ihr Wirken entscheidend begünstigt wurde durch die tatsächlich bestehende, sachlich begründete Unruhe unter der Eisenbahn-Arbeiterschaft, ohne die die revolutionäre Agitation keine Frucht tragen konnte. Sein Endziel erreichte der „Parti Révolutionnaire", wie die Sûreté die um „La Guerre Sociale" gruppierten Kräfte nannte[13], auf jeden Fall nicht: « Le Parti Révolutionnaire n'a qu'un but : profiter d'un mouvement populaire quelconque (agitation politique, grève, etc. . . .) pour intervenir et pour le transformer en mouvement révolutionnaire[14]. » Wie schon im

---

[11] a. a. O.

[12] AN F 7 13923, La grève des chemins de fer d'octobre 1910, p. 28.

[13] AN F 7 13923, La C. G. T., le P. S. U. etc., p. 10/11, 15.

[14] a. a. O., p. 11.

Poststreik von 1909 bemühte sich „La Guerre Sociale", durch feurigen Einsatz für die Sache der Streikenden der Bewegung seine Führung aufzudrängen[15]. Die Resultate der ersten Streiktage schienen den Erfolg der revolutionären Elite, zusammengesetzt aus dem permanenten Generalstab der Revolution um Hervé und den assoziierten Revolutionären des Syndikats, in der Tat vollauf zu bestätigen. Der weitere Gang des Streiks führte diese Eliten jedoch in wenigen Schritten an die Grenzen ihrer Theorie. Die „minorités agissantes" verloren die Kontrolle über die Bewegung noch rascher, als sie sie vordergründig gewonnen hatten. Es blieb ihnen nur, zur revolutionären Guerilla überzugehen. Taugte der Streik nicht dazu, den Eisenbahnbetrieb lahm zu legen, so konnte ihn doch die Sabotage, der Kleinkrieg auf dem Bahnareal, verunsichern. Die Methode galt wenig, wenn nur der Zweck, die Zerschlagung des gesellschaftlichen Gefüges, erreicht wurde.

Die Sabotagewelle, die als Folge der Oktoberereignisse die Eisenbahnen heimsuchte, nahm einen großen Umfang an. Eine Statistik der Sûreté registrierte und klassifizierte folgende Einzelereignisse[16]:

Sabotageart	Nord	Etat	PO	PLM	Est	Midi	Total
Blockierte Weichen	4	1	1	7	2	—	15
Zerschnittene Leitungen	931	357	258	303	113	39	2001
Entgleisungen und Versuche dazu	21	47	5	31	7	6	117
Unterbrochene Signale	12	2	9	15	1	1	40
Gefällte Masten	33	5	5	1	5	—	49
Sabotierte Signalstangen	10	15	1	7	—	1	34
Steinwürfe	19	6	5	4	1	3	38
Bomben	3	3	—	7	1	3	17
Revolverschüsse	2	5	—	4	1	—	12
Total	1035	441	284	379	131	53	2323

Von diesen Sabotageakten fielen 1411 in die Zeit vom 8. - 21. Oktober (die beiden Streikwochen), die übrigen 912 Fälle verteilten sich dann auf die folgenden Monate bis zum 12. Januar 1911[17]. Zu diesen Zahlen ist

---

15 Vgl. a. a. O., p. 15.

16 AN F 7 13923, La grève des chemins de fer d'octobre 1910, Anhang. In bezug auf die Zahlen der einzelnen Sabotageakte liegen verschiedene Werte vor, selbst in Sûreté-Berichten; so nennt eine spätere Statistik, AN F 7 13065, Actes de sabotage commis sur les voies ferrées d'Octobre 1910 au 25 Juin 1911, bedeutend niedrigere Zahlen als die hier aufgeführten; wir folgen der früheren Statistik, weil sie wohl die noch nicht durch die Justiz verminderte Gesamtheit der Vorfälle festhält. Vgl. auch Anm. 18.

17 AN F 7 13923, La grève des chemins de fer d'octobre 1910, p. 40.

festzuhalten: 1. Den weitaus größten Anteil (86 %) der Sabotageakte nimmt der relativ harmlose Tatbestand „zerschnittene Leitungen" ein. 2. Trotz der absolut betrachtet großen Zahl gefährlicher Anschläge (Entgleisungen und Versuche dazu, Bomben, Revolverschüsse) sind keine Unfälle mit Todesopfern vorgefallen. 3. Die Aufgliederung auf die einzelnen Netze bestätigt das bereits vertraute Verhältnis: die Compagnie du Nord steht weit an der Spitze (45 %).

Die Kette der Sabotageakte riß im Jahr 1911 keineswegs ab. Eine Statistik[18], die bis gegen Ende Juni 1911 fortgeführt wurde, zeigte im Gegenteil beim einfachen Delikt der zerschnittenen Telgraphen- und Telephondrähte nach einer Periode starker Abnahme im März und Arpil 1911 ein erneutes sprunghaftes Ansteigen im Mai und Juni, was wohl auf die wachsende Unruhe wegen der noch immer aussstehenden allgemeinen Reintegration der entlassenen Eisenbahner zurückzuführen ist. Im übrigen gehörte in dieser sozialpolitischen Konfliktszeit die Sabotage zu den allgemeinen Erscheinungen des erhitzten Klimas, denn die Compagnie du Nord berichtete zum Beispiel am 30. Juli 1910, also Wochen vor dem Streik, von 28 zerschnittenen Telgraphendrähten zwischen Arras und Hazebrouck, was durchaus keinen Einzelfall darstellte[19].

Die konkrete Natur dieser Sabotage kann durch einige wenige Beispiele veranschaulicht werden. In der Nacht auf den 12. Oktober, den ersten Generalstreiktag, wurde bei Rosny an der Linie Paris—Belfort ein Telegraphenmast von unbekannten Tätern angesägt, in der Absicht, wie die Polizei wohl zu Recht vermutete, den Masten auf das Geleise stürzen zu lassen[20]. Am 19. Oktober, nach Streikabbruch, warfen ebenfalls unbekannte Täter bei Antony, südlich Paris, einen Klotz Holz auf ein Geleise, der jedoch vom Mechaniker eines nahenden Zuges entfernt werden konnte. Der Anschlag wurde wegen der denkbaren Folgen als gefährlich beurteilt[21]. In weiteren Fällen wurden Geleisestücke, Querbalken oder Kilometersteine auf die Schienen geworfen. Auch trafen die

---

[18] AN F 7 13065, Actes de sabotage commis sur les voies ferrées d'octobre 1910 au 25 Juin 1911:

Dezember 1910	307
Januar 1911	168
Februar 1911	217
März 1911	39
April 1911	15
Mai 1911	632
Juni 1911	893

[19] AN 48 AQ 2951, Bericht v. 30. 7. 1910; ähnliche Meldungen in der weiteren Korrespondenz verstreut.

[20] APP B/a 1363, Sabotage, Notes au Parquet, Akten zu Rosny, 12. 10. 1910.

[21] APP B/a 1363, Sabotage, Notes au Parquet, Telegramm aus Sceaux, 20. 10. 1910.

Saboteure Anstalten zum Abbruch der Eisenbahneinrichtungen: an den Schienen wurden Bolzen entfernt und Halterungen gelöst. Sogar gegen die Züge selbst richteten sich die Attentate: häufig wurde auf sie aus sicherem Versteck heraus geschossen, wobei zum Beispiel zwischen Aulnay und Blanc Mesnil an der Linie Paris—Soissons ein Reisender leicht verletzt wurde. Verschiedentlich explodierten Bomben auf den Schienenwegen, so bei einem Tunneleingang in Versailles kurz nach der Durchfahrt eines Zuges, ohne jedoch Personen- oder Sachschaden zu verursachen[22]. Der großen Verwundbarkeit und enormen Ausdehnung des Eisenbahnnetzes wegen blieb die Polizei diesen Anschlägen gegenüber weitgehend machtlos, doch erwies sich die Einführung von Fahrrad-Patrouillen zur Vermeidung der Sabotage als dienlich[23].

Darüber, wer die Saboteure und ihre Hintermänner waren, besteht keine letzte Gewißheit. Galten sie Briand als Erfüllungsgehilfen von Organisatoren, die auch die Streikbewegung kontrollierten, so betrachteten sozialistische Deputierte die Polizei als den eigentlichen Drahtzieher der Anschläge. Walter enthüllte: « C'est la police qui a fait couper les fils[24]. » Vaillant bekräftigte: « Les faits criminels ont été commis par le Gouvernement[25]. » Bouveri äußerte den Verdacht, die einzelnen Bombenattentate gingen auf polizeiliche Anstiftung zurück[26]. Vaillant weitete seinen Vorwurf sogar noch aus und witterte hinter dem Streik eine großangelegte Machenschaft der Polizei: « La grève était orientée ... par la police[27]. » Diese Beschuldigungen sind jedoch durch nichts zu stützen, vielmehr sprechen Indizien wie zeitliche und räumliche Verteilung der Anschläge und die Qualität der Ausführung gegen diese These.

Schwer zu halten sind aber auch die Beschuldigungen gegen die streikenden Eisenbahner. Briand selbst sah sich außerstande, irgendwelche schlüssige Beweise für die Schuld des Eisenbahnersyndikats beizubringen, und schränkte, vom sozialistischen Deputierten Briquet arg bedrängt, seine Anklage bedeutend ein, indem er nun nur noch Individuen belasten wollte. Geschickt gestaltete er diesen Rückzug zur philosophischen Lektion: « J'ai horreur des condamnations collectives, qui, presque toujours, sont injustes. J'ai dit que cette grève, par certains de

---

[22] Diese diversen Meldungen APP B/a 1363, Sabotage, Parquet non avisé.

[23] APP B/a 1363, Grève Octobre 1910, Sabotage, Instructions d'ordre général sur le sabotage, Bericht v. 18. 10. 1910.

[24] J. O. 26. 10. 1910, p. 2569, Séance du 25 Octobre.

[25] a. a. O.

[26] J. O. 28. 10. 1910, p. 2593, Séance du 27 Octobre.

[27] J. O. 29. 10. 1910, p. 2607, Séance du 28 Octobre.

ses organisateurs, devait nécessairement prendre un caractère anarchique et insurrectionnel ... et que les membres du comité de grève, même s'il en était qui voulussent conserver à ce mouvement un caractère purement professionnel, n'en serait plus maîtres[28].» So vorgetragen, mußte die Anklage in sich zusammenfallen. Einer solchen Anklage widersprachen außerdem selbst die eigenen Beobachtungen der Sûreté, deren Direktor schon am 15. Oktober den Präfekten mitteilte: «Mon attention s'est portée sur le fait que la plupart des actes du sabotage, qui ont été constatés sur les voies ferrées sont imputables à des inconnus généralement étrangers au personnel des chemins de fer et paraissant appartenir à des organisations syndicales telles que le bâtiment et les terrassiers inconnus qui circulent en bicyclettes et se déplacent avec une très grande mobilité sans laisser de traces[29].» Eine generalisierende Verdächtigung der streikenden Eisenbahner fällt damit außer Betracht. Die Polizei konnte im weiteren schon am 14. Oktober Pressemeldungen, wonach von Streikkreisen Revolver und Totschläger gekauft worden seien, dementieren und als tendenziös bezeichnen[30]. Die Strafverfolgung der Sabotageakte blieb meist völlig erfolglos, denn die Täterschaft erstreckte sich keineswegs auf den beschränkten Kreis der Eisenbahner. Der Kommentar zur Justizaktensammlung vermerkt: «Les rapports de 1911 à 1912 signalent de nombreux sabotages sur les voies ferrées, mais leurs auteurs demeurent la plupart du temps inconnu à la Justice. A l'exception de quelques cheminots révoqués, presqu'aucun employé de la S. N. C. F., n'est signalé. Il faut noter un grand nombre d'enfants ‹idiots de village›, analphabètes, auteurs de sabotage. Il semble qu'il y ait eu durant les années 1911 - 1913, une véritable psychose du sabotage des voies ferrées chez les esprits infantiles[31].» Wo konkrete Hinweise vorliegen, entkräften sie häufig den Verdacht gegen die Eisenbahner. Bei der Durchsuchung der Lokalitäten des Anarchistenblattes „Le Libertaire" am 16. Oktober 1910 wurden zwei Gamellen gefunden, die genau dem Modell eines schon bekannten Bombentyps entsprachen[32], was den Schluß nahelegt, zumal hinter den Bombenattentaten anarchistische Sabotagetrupps zu vermuten. Endlich sprach auch „La Guerre Sociale" die Eisenbahner von jeglicher Schuld frei: die Saboteure seien meist

---

[28] a. a. O.

[29] APP B/a 1363, Instructions d'ordre général sur le sabotage, Zirkular vom 15. 10. 1910, 16 Uhr.

[30] APP B/a 1362, Télégrammes et rapports d'ordre général, Bericht v. 14. 10. 1910.

[31] Urteil des Bearbeiters der zeitgenössischen Justizakten der Archives Nationales, Registerband BB 18 2422 - 2475, Einleitung, p. IV.

[32] APP B/a 1363, Grève Octobre 1910, Arrestations et condamnations, Bericht v. 19. 10. 1910.

keine Eisenbahner, sondern Freunde der Eisenbahner[33]. Und eine „Kampforganisation", deren Meldung „La Guerre Sociale" abdruckte, gab dieser Aussage eine noch absolutere Form: « L'organisation de combat qui a organisé le sabotage à l'occasion de la grève des chemins de fer, informe le public que les syndicats de cheminots sont complètement étrangers à cette besogne ; que c'est à leur insu et en dehors d'eux que le sabotage a été pratiqué ...[34]. » Wie sehr die Gewalttätigkeit den Eisenbahnern fernlag, versuchten die sozialistischen Deputierten der Kammer gegenüber darzustellen. Briquet verwies auf die Eisenbahner von Arras, die gegen einen ihrer Kollegen Klage erhoben, weil er Sabotageakte zu provozieren versucht hatte[35]. Daniel Vincent zitierte eine Bekanntmachung der Gruppe Valenciennes der Fédération, die sich gegen Gerüchte wandte, wonach der Mobilisationsbefehl mit dem Revolver beantwortet werden solle: « Le groupe de Valenciennes du syndicat des mécaniciens et chauffeurs réunis proteste énergiquement contre les allégations de ce journal, les cheminots de Valenciennes ayant toujours préconisé le calme le plus absolu et montré qu'ils n'étaient pas disposés à se servir de moyens anarchistes qu'ils réprouvent complètement[36]. » Dieser Text gab die Auffassung von Syndikat und Föderation durchaus zutreffend wieder.

Obschon sich gezeigt hat, daß die Täterschaft der Sabotagehandlungen sehr weit gestreut ist, fällt doch zumindest die moralische Hauptverantwortung auf die Hervé-Gruppe um „La Guerre Sociale", und auch ein großer Teil der praktischen Arbeit wird von dieser Gruppe geleistet worden sein. Das Blatt ließ es sich nicht nehmen, die Sabotage als eindrucksvollstes Mittel der revolutionären Guerilla nach Kräften propagandistisch zu unterstützen. Bereitwillig übernahm „La Guerre Sociale" das geistige Patronat über die Sabotage, die unter dem Zwang der Umstände zum Inbegriff der revolutionären Aktion wurde: « Non, Vaillant, ce n'est pas la police qui a ‹ orienté › la grève. Nos ‹ 75 › ont le tort de croire qu'il n'y a que trois formes d'action : l'action coopérative, l'action parlementaire, l'action syndicale. Il y en a une quatrième qui les complète : c'est l'action révolutionnaire ou insurrectionnelle[37]. » Gleich nach Streikbeginn wurden die unbekannten Saboteure in einem Chanson besungen, womit diese revolutionäre Gruppe erneut ihre Absicht erkennen ließ, durch den Gebrauch volkstümlicher Mittel die Masse zu beherrschen:

---

[33] La Guerre Sociale, 12.—18. 10. 1910, Spezialausgabe Nr. 44 Al [13. 10. 1910].

[34] a. a. O.; eine Bekräftigung dieser Aussage folgte schon am 15. Oktober, La Guerre Sociale, 15. 10. 1910, Nr. 44 D.

[35] Vgl. J. O. 29. 10. 1910, p. 2608, Séance du 28 Octobre.

[36] J. O. 28. 10. 1910, p. 2597, Séance du 27 Octobre.

[37] La Guerre Sociale, 2. - 8. 11. 1910, Nr. 47.

I
Cheminots, quel joli sabotage !
Voilà du sabotage parfait,
Et Môssieu Lépin' demand' qu'est-c'qui l'a fait ?
Celui qui l'a fait
Il est de son village
Cheminots, quel joli sabotage
Voilà du sabotage parfait
Et Môssieu Lépin' demand' qu'est-c'qui l'a fait ?

VI
S'il vous plaît d'en savoir davantage
Maintenant, Môssieu le Préfet,
Adressez-vous donc à celui qui l'a fait !
Celui qui l'a fait
Il est de son village,
S'il vous plaît d'en savoir davantage
Maintenant, Môssieu le Préfet,
Adressez-vous donc à celui qui' l'a fait[38] !

Meldungen über Unternehmungen, die die Saboteure mit ihren Helfern, dem Revolver „Citoyen Browning" und der Drahtschere „Mademoiselle Cisaille", ausführten, vereinigte „La Guerre Sociale" traditionsgemäß unter der Rubrik „Où les bons bougres trouvent matière à se réjouir". Hervé vermittelte seinen Lesern eine Vorstellung vom mühevollen Tagwerk der Saboteure:

« Alors ils ont pris leurs outils, et à la tombée de la nuit, lâchement, ne risquant que quelques coups de fusil, ils sont allés déposer aux pieds des Compagnies et de l'Etat Patron l'hommage de leur profonde sympathie et adresser leur ‹ interpellation › au gouvernement. Comme ils sont intelligents, ils se sont arrangés pour qu'il n'y eût pas d'accident de personne : une catastrophe qui eût fait périr des centaines de voyageurs innocents eût été pour les cheminots et pour les méthodes révolutionnaires quelque chose comme le pavé de l'ours[39]. »

Wer sich gegen die Sabotage wandte, wurde vom Revolutionsorgan zurechtgewiesen. Als Jaurès eine von Briand zitierte Sabotage-Instruktion aus der Zeit des Poststreiks nachsichtig „plus enfantine que coupable" nannte, fuhr „La Guerre Sociale" auf: « Enfantine ou coupable, elle a tout de même contribué à faire réintégrer les postiers[40]. »

Hervés Zeitung stand mit der Sabotage offensichtlich auf vertrautem Fuß, und wenn sie in revolutionärem Überschwang gelegentlich auch Taten für sich reklamieren mochte, die ihr nicht zustanden, deutet doch vieles darauf hin, daß das Sabotagekommando mit „La Guerre Sociale" eng verbunden war. Eine ominöse „Kampforganisation" bediente sich

38 a. a. O., 12. - 18. 10. 1910, Nr. 44.
39 a. a. O., 26. 10. - 1. 11. 1910, Nr. 46.
40 a. a. O., 2. - 8. 11. 1910, Nr. 47.

jedenfalls dieses Blattes als Sprachrohr. Die Veröffentlichungen dieser Organisation zeigen, daß sie ihre Tätigkeit keineswegs mit irgendwelchen Organen des Syndikats koordinierte. Nach Streikbeginn ließ sie verlauten: « Pour le moment, l'organisation de combat se borne à déclarer aux cheminots ... que le sabotage se pratique dans l'intérêt seul des exploités des chemins de fer, la mise hors de service du matériel étant le seul moyen d'empêcher la jaunisse. L'organisation déclare en outre que le sabotage continuera la grève finie — quelle qu'en soit l'issue — tant que tous les révoqués n'auront pas été réintégré jusqu'au dernier[41]. » Es bestand keine Veranlassung, dieser Selbstbezichtigung des „Parti Révolutionnaire" keinen Glauben zu schenken und statt dessen die Eisenbahner zu verdächtigen. Die breite Öffentlichkeit freilich verzichtete auf eine notwendige Differenzierung und erleichterte der Regierung damit die Repression des Streiks.

War das Syndikat als ganzes zwar der Verantwortung für die Sabotage enthoben, so galt das doch nicht für alle seine Mitglieder, und jene sabotageverdächtigen „Individuen", auf die Briand anspielte, entsprangen nicht bloß seiner Einbildungskraft. Zu Recht zitierte Millerand[42], der Minister für Öffentliche Arbeiten, in diesem Zusammenhang die Broschüre von Alexandre Joseph Renault, die ihrem Autor im September 1910 die Entlassung aus den Diensten der staatlichen Eisenbahnen eingetragen hatte. Diese Schrift, herausgegeben von der revolutionären Gruppe Paris—Saint-Lazare—Batignolles, der Renault angehörte, entwarf tatsächlich in groben Umrissen den Plan einer organisierten Sabotage:

« Pour être certain du succès, au cas où la majorité des employés de chemins de fer ne cesserait pas le travail au début, il est indispensable qu'une besogne dont il est inutile de donner ici une définition, soit faite, au même instant, dans tous les centres importants, au moment de la déclaration de grève. Pour cela, il faudrait que des équipes de camarades résolus, décidés coûte que coûte, à empêcher la circulation des trains, soient dès maintenant constitués dans tous les groupes et les points importants. Il faudrait choisir des camarades parmi les professionnels, parmi ceux qui, connaissant le mieux les rouages du service, sauraient trouver les endroits sensibles, les points faibles, frapperaient à coup sûr sans faire de destruction imbécile, et, par leur action afficace, adroite, intelligente autant qu'énergique, rendront, d'un seul coup, inutilisable pour quelques jours, le matériel indispensable au fonctionnement du service et à la marche des trains[43]. »

Die „Humanité" bestritt allerdings den subversiven Charakter dieser Schrift, da nicht die Zerstörung, sondern nur die Außerbetriebsetzung

---

41 a. a. O., Nr. 44 Al, Spezialausgabe, 13. 10. 1910.

42 J. O. 28. 10. 1910, p. 2587, Séance du 27 Octobre.

43 Renault, Le syndicalisme dans les chemins de fer, p. 25.

des Materials geplant werde, was gegenüber einer Regierung, die mit der Mobilisation drohe, allein die Wahrnehmung des legitimen Streikrechts darstelle[44]. Die Broschüre wurde stark beachtet und beeinflußte nach den Angaben des Untersuchungsrichters die Eisenbahner in hohem Maße; ihre Verbreitung durch das Syndikat diente nach Drioux der Vorbereitung der Sabotage[45]. Renault pflegte auch bei seinen öffentlichen Auftritten der Sabotage das Wort zu reden, wofür die Justiz mehrere Beispiele anzuführen wußte[46]. Am 6. Juli 1910 riet er einer Versammlung dazu, im Fall der Mobilisation „das Material zu sabotieren“[47]. Da Renault als zweiter Sekretär (secrétaire-adjoint) des Netzkomitees von Ouest-Etat zu den offiziellen Repräsentanten des Syndikats zählte, wie Millerand mit Nachdruck feststellte[48], konnte seine Sabotagepropaganda mit Leichtigkeit gegen das Syndikat verwendet werden. Ebenso schwerwiegend sind die Sympathien, die der Sekretär des Streikkomitees, der Revolutionär Lemoine, der Sabotage gegenüber bekundete. Noch vor dem 22. Kongreß des S. N. im August 1911 warf er sich zu ihrem Verteidiger auf: « Et je me permets ... d'envoyer mon salut fraternel et mon admiration à tous les saboteurs. [...] Je dis que vous n'avez pas le droit de les désapprouver parce qu'ils s'exposent avec un désintéressement parfait, et c'est tout à leur honneur et à leur louange. [...] Ceci dit, camarades, j'ajoute que pour mon compte personnel, je ne réprouve pas le sabotage[49]. » Vor dem Streik teilte er offensichtlich Renaults Auffassung, das Syndikat bedürfe einer eigenen, geheimen Sabotageorganisation; am 1. Juli 1910 schrieb er an Gamard: « Un Comité de grève s'impose pour chaque groupe, dans ce comité, il devra y avoir trois ou quatre camarades sur lesquels on puisse absolument compter, pas bavards, pas soiffeurs, et qui n'hésiteraient pas à faire du sabotage, ça ne serait-il que des lignes télégraphiques le long de la voie et même sur les routes départementales et nationales[50].» Ob diesen theoretischen Vorstellungen auch die praktischen Schritte folgten, ist ungewiß, doch erscheint es als wahrscheinlich, daß die Kontakte Lemoines mit Almereyda von „La Guerre Sociale“ diesem Zweck dienten. Zwischen dem 17. und 29. August 1910 traf sich Lemoine mehrmals mit Almereyda und übergab ihm schließlich nach eigenem Bericht am

---

44 Vgl. L'Humanité, 15. 9. 1910.

45 Bericht Drioux.

46 a. a. O.; es handelt sich dabei um Reden in Landerneau, Saint-Nazaire, Argenteuil, Le Mans, in den Monaten Juni - September 1910.

47 AN F 7 13559, Bericht v. 7. 7. 1910.

48 J. O. 28. 10. 1910, p. 2588, Séance du 27 Octobre. Zu Renaults Funktion vgl. APP B/a 1363, Affaire etc., Anhang; AN F 7 12559, Bericht v. 7. 3. 1910 über die Wahl der Gewerkschaftsleitung von Etat.

49 CR 22e Congrès, p. 143.

50 Bericht Drioux.

29. August eine Summe von 1500 Francs, wobei der Verwendungszweck unbestimmt bleibt[51]. An den engen Beziehungen der Revolutionäre zur „Guerre Sociale“ ist demnach nicht zu zweifeln. Von dieser Affinität her kann jedoch nicht zwangsläufig auf den Anteil der Revolutionäre an den Sabotagehandlungen geschlossen werden. In nur sehr wenigen Fällen gelang es der Polizei, Eisenbahner der Sabotage zu überführen; so wurden zum Beispiel in Cormeilles-en-Parisis 15 Streikende ergriffen, die einen Personenzug aufgehalten hatten[52]. Beim Attentat von Pont-de-l'Arche auf den Schnellzug le Havre—Paris vom 29. Juni 1911 vermuteten auch die Reformisten des Syndikats, daß führende Revolutionäre daran beteiligt seien: « Renaudel disait que les révolutionnaires du Syndicat National étaient des criminels. Il assurait que les auteurs de l'attentat du Pont-de-l'Arche étaient Renault et Le Guennic, et que ce dernier avait été entraîné par Renault. » Der verdächtigte Renault jedenfalls setzte sich nach Belgien ab[53].

Im Zusammenhang mit der Oktoberkrise machten sich die Revolutionäre indessen gewiß der verbalen Sabotagetätigkeit schuldig. Schon vor dem außerordentlichen Kongreß vom Dezember 1909 wurde bekannt, die Revolutionäre wollten versuchen, das Syndikat mit Sabotagepropaganda zu bearbeiten: « Le Comité du groupement syndicaliste nouvellement créé doit exposer aux délégués de province une tactique révolutionnaire afin de faire aboutir la réforme des salaires sans recourir à la grève. Cette tactique, sorte de sabotage, jetterait un tel désarroi dans le service que le gouvernement obligerait les Compagnies à mettre les pouces. » Pataud, von der Elektrikergewerkschaft, wollte bei dieser Gelegenheit erläutern, wie die Weichen sabotiert werden könnten, wofür ein Streik der Weichenwärter in den USA mannigfache Anregung bot[54]. In dieser verbalen Empfehlung der Sabotage fuhren die Revolutionäre 1910 fort. Zur Begründung seiner Anklage konnte der Untersuchungsrichter zwölf Reden revolutionärer Eisenbahner zitieren, die Provokationen zu Sabotagehandlungen darstellten, gehalten von u. a. Renault, Le Guennic, Berthelot, Bidamant[55]. Damit wurden jedoch keineswegs alle einschlägigen Äußerungen erfaßt. Am 30. Juli 1910 erklärte Gamard: « Si Briand nous pousse au sabotage, il faudra saboter

[51] APP B/a 1362, Télégrammes et rapports d'ordre général, Bericht v. 1. 7. 1912.

[52] AN F 7 13923, La C. G. T., le P. S. U. etc., p. 16. Es werden hier weitere unbedeutende Fälle aufgeführt.

[53] AN F 7 13065, Attentat sur l'O.-E., 29. 6. 1911, Bericht v. 27. 7. 1911. Die Information geht auf Dussaix zurück. Ein Bericht, a. a. O., 12. 8. 1911, M/5902, meldete die Absicht Renaults, London zu erreichen, und jene Le Guennics, nach Brüssel zu gelangen.

[54] AN F 7 13661, Congrès Extraordinaire, Avant le congrès.

[55] Bericht Drioux.

le plus possible. » Am 10. Oktober, noch in Toulouse, drohte Bidamant: « A la mobilisation des cheminots, ceux-ci sauront répondre par l'immobilisation des machines[56]. »

So sehr sich damit die revolutionären Eisenbahner der moralischen Verantwortung nicht entziehen konnte, so wenig reichen die bekannten Tatsachen aus, sie mit der Tatausführung zu belasten. Die juristische Strafverfolgung gegen die verhafteten Eisenbahner und Personen aus dem Kreise der „Guerre Sociale" wurde deshalb im Oktober 1911 eingestellt. Die letzten Häftlinge, Le Guennic, Renault, Berthelot, Fiolet, Gamard, Merle und Vigo, waren schon im März 1911, nach fünfmonatiger Haft, auf freien Fuß gesetzt worden. Der Generalprokurator des Cour d'Appel d'Orléans, der die Einstellung begründete, aberkannte den als Beweismittel vorgelegten Sabotageaufforderungen jede Aussagekraft: « Il faut, en pareil cas, pour constituer l'infraction, que la provocation soit ‹ directe ›, c'est-à-dire qu'il y ait une relation précise, incontestable et un lien étroit entre le fait de la provocation et les crimes visés dans la prévention. » Im vorliegenden Fall wurde diese Verbindung als nicht bestehend erachtet, da sogar nicht einmal bewiesen sei, daß die bekannten oder unbekannten Saboteure diese Aufforderungen und Reden überhaupt gekannt hätten[57]. Dieser Freispruch nicht aus erwiesener Unschuld, sondern mangels genügender Beweise, täuscht nicht darüber hinweg, daß die Sabotagetätigkeit der revolutionär-anarchistischen Hervé-Gruppe und ihrer assoziierten Helfer aus der Eisenbahn-Arbeiterschaft der Streikpartei großen Schaden zufügte. Die Sabotage-Aktionen zeigen als Ergebnis das gänzliche Scheitern der „minorités agissantes". Als lautlose Schatten der Nacht wandelten sie dahin in ihrer Einsamkeit, fern von Ruhm und Erfolg, den Annalen unbekannt.

Wenn die Sabotagetaktik als Ausdruck dafür aufzufassen ist, daß sich die „minorités agissantes" ihrer Ohnmacht bewußt waren und deshalb als Desperados handelten, so ist ein Zusammenhang zu vermuten zwischen der organisatorischen Stärke einer Gewerkschaft und ihrer revolutionären Tendenz. Jaurès durchschaute diese Beziehung und fand, daß sich die Sabotagetätigkeit, Kampfmittel der extremen Revolutionäre, umgekehrt proportional zum Organisationsgrad verhalte: « C'est parce que les syndicats n'ont pas réussi encore à grouper un nombre d'hommes suffisant ; c'est parce que la grève, quand ils la déclarent n'est pas encore assez générale et assez effective pour que le travail soit arrêté en effet, que les plus violents sont tentés de suppléer à ce défaut d'organi-

[56] AN F 7 13923, La C. G. T., le P. S. U. etc., p. 12/13.

[57] AN BB 18 2443, Grève des cheminots, Instruction Drioux etc., Bericht aus Orléans vom 25. 10. 1911.

sation par la mise hors d'usage momentanée des mécanismes. Je dis que c'est un signe de faiblesse et que c'est une cause de faiblesse, parce que les violences imbéciles et inutiles sont exploitées contre l'ensemble du mouvement ouvrier, et que dans les démocraties tous les combats, même combats de grève, étant des combats d'opinion, il faut avoir avec soi, garder avec soi la sympathie de la grande masse. Quelle est la conclusion, messieurs? C'est qu'il y aura d'autant moins de sabotage, qu'il y aura plus d'organisation ...[58].» Zum gleichen Ergebnis war auch schon Guérard gelangt: « Plus un syndicat est faible, et plus, en apparence, il est révolutionnaire[59].» Er begründete damit, daß sich in den mitgliederschwachen Organisationen die feurigen, unerschrockenen Gewerkschafter zusammenfänden, die sich durch keinerlei Anfeindung, wie sie die Syndikate noch immer zu bestehen hatten, beirren ließen, aber dennoch schwach und erfolglos blieben[60]. Diese unzufriedenen Gruppen waren für die revolutionäre, die Entwicklung beschleunigende Lehre empfänglich. Doch Guérard hielt die Hoffnung der Revolutionäre, die Massen beeinflussen zu können, für trügerisch: « J'entends bien que les minorités agissantes sont capables de faire mouvoir des forces qui sont en dehors d'elles ; c'est entendu. Mais sont-elles susceptibles de faire mouvoir des masses inertes dix fois, vingt fois, cent fois supérieures à elles? Pour bien se convaincre de l'immense effort à accomplir, il suffit d'examiner ce que représente la C. G. T. par rapport au nombre des travailleurs[61].» Den Revolutionären sprach Guérard die Kraft zum revolutionären Akt aufgrund ihrer Schwäche rundweg ab, während er den Reformisten der Netze Midi und Est die Fähigkeit dazu bescheinigte[62]. Aus dieser Einsicht heraus ist das reformistische Ziel zu verstehen, die Organisation optimal auszubauen.

Der Einfluß der revolutionären Minderheit war in der Tat ungleich auf die verschiedenen Netze verteilt. Die beiden Netze, die die größte Streikbeteiligung und Sabotagetätigkeit aufwiesen, Nord und Ouest-Etat, verrieten auch eine deutlich revolutionäre Tendenz. Ihnen standen die beiden klar reformistischen Netze Est und Midi gegenüber. Die Netze P.-L.-M. und P.-O. vermochten sich weniger zu profilieren, neigten jedoch in den Fraktionskämpfen eher auf die revolutionäre Seite. Die beiden reformistischen Netze galten in Eisenbahnerkreisen als Muster der Organisation, was selbst die Revolutionäre zugestanden. Als der Revolutionär Despaty die Neigung des Netzes Est, nach der Devise „le

---

58 J. O. 30. 10. 1910, p. 2648, Séande du 29 Octobre.

59 CR 20e Congrès, p. 216.

60 Vgl. a. a. O.

61 a. a. O., p. 213.

62 a. a. O.

Syndicat National, c'est moi" zu handeln, kritisierte, respektierte er trotzdem die „organisation admirable" dieses Netzes[63]. Guérard wurde nicht müde, die Vorzüge dieser reformistischen Modellbetriebe anzupreisen. Vor den Delegierten des 20. Kongresses verglich er die erfolgreiche Tätigkeit dieser am besten organisierten Netze mit den erfolglosen Wirken eines schlecht organisierten Netzes wie P.-L.-M.[64] Dem schwachen Netz P.-O. empfahl er, das Netz Est nachzuahmen, „qui, il y a quelques années, n'avait presque pas de syndiqués et qui est, aujourd'hui, à la tête du Syndicat[65].» Als die Beitrittszahlen für das Jahr 1907 bei Midi einen nur sehr mäßigen Zuwachs zeigten, führte er dies auf Sättigung zurück: « leur nombre n'augmente pas, simplement parce qu'il n'y a plus que peu d'adhésions à recueillir sur se réseau[66].» Nach Hervé erreichte das Netz Est einen Syndikalisationsgrad von 70 % und war damit das bestorganisierte des Syndikats[67]. Da der durchschnittliche Syndikalisationsgrad nur wenig über 20 % lag, offenbart diese Zahl die sehr bedeutenden Unterschiede im Organisationsstand der verschiedenen Netze. Est konnte sich in den Jahren vor dem Streik stets zur Gruppe jener Netze zählen, die am meisten Beitritte verzeichneten: 1907 führte es die Liste mit großem Abstand an (7343 Beitritte)[68], 1908 nahm es die zweite (2640 Beitritte)[69] 1909 die vierte Stelle ein (2796 Beitritte)[70]. Das andere Ende des Organisationsspektrums belegte das Netz Paris—Orléans, für das Guérard 1909 eine allgemeine Propagandatournee empfahl, „car c'est lui qui est le plus en retard"[71]. Die Zahl der Gewerkschafter wurde hier als sehr klein bezeichnet[72]. In den Beitrittszahlen pflegte P.-O. die hinteren Ränge einzunehmen. Eine mittlere Stellung hielten die Netze P.-L.-M., Ouest-Etat und Nord, wobei Guérard wiederholt deutlich machte, daß er die Organisation von P.-L.-M. als unbefriedigend betrachtete[73]. Nord erreichte im Frühjahr 1910 einen immerhin überdurchschnittlichen Syndikalisationsgrad von 32 %[74]. Das vereinigte Netz Ouest-Etat schob sich

[63] a. a. O., p. 55. Despaty vertritt die klar revolutionäre Gruppe Paris-Grenelle.

[64] Vgl. CR 20e Congrès, p. 89.

[65] CR 19e Congrès, p. 157.

[66] a. a. O., p. 145.

[67] La Guerre Sociale, 30. 11. - 6. 12. 1910, Nr. 51.

[68] CR 19e Congrès, p. 217.

[69] CR 20e Congrès, p. 237.

[70] CR 21e Congrès, p. 274.

[71] CR 19e Congrès, p. 156.

[72] Guérard, a. a. O., p. 155.

[73] Vgl. CR 19e Congrès, p. 155, CR 20e Congrès, p. 89.

[74] Caron, p. 32.

1909 deutlich an die Spitze der Beitrittsstatistik (mit 6576 Beitritten)[75]; vor der Vereinigung hatte sich Ouest in den vorderen, Etat in den hintersten Rängen aufgehalten. Beim Vormarsch des Netzes im Jahre 1909 glaubte Guérard jedoch differenzieren zu müssen: « J'ai le regret de vous dire que si le réseau de l'Etat, dans son ensemble, a augmenté, les groupes révolutionnaires de ce réseau ont périclité. » Le Guennic widersprach dieser Interpretation allerdings[76]. An der organisatorischen Überlegenheit des Reformismus zweifelte indessen auch Hervé nicht: klar stellte er Est an die Spitze, nannte Nord „das nicht am besten organisierte" Netz, und ordnete Ouest-Etat noch hinter Nord ein[77].

Die These darf daher als erhärtet gelten, daß die sozialpolitische Tendenz eines Netzes von seinem Syndikalisationsgrad beeinflußt wird, und zwar steigt die reformistische Tendenz zusammen mit dem Syndikalisationsgrad. Je straffer die Gewerkschaft organisiert ist, um so eher ist sie in der Lage, allein durch ihr potentielles Gewicht ihre Forderungen durchsetzen zu können, ohne zu Mitteln greifen zu müssen, die ungünstige Nebenwirkungen nach sich ziehen können. Bei geringem Organisationsgrad entfällt die Hoffnung auf den Erfolg reformistischer Methode, und es steigt die Bereitschaft zur revolutionären Aktion. Der Revolutionäre Syndikalismus verdankt seine Chance damit negativ dem Zweifel am Erfolg reformistischer Bemühungen. Im weiteren Sinn erscheint deshalb der Revolutionäre Syndikalismus als ein Phänomen, das einer frühen Phase gewerkschaftlicher Organisation angehört. Die zunehmende quantitative Entwicklung des Syndikalismus entzog ihm die Grundlage. Auch er also stand, wie das Patronat in Gestalt der selbstherrlichen Eisenbahngesellschaften, im Widerstand gegen die Zeit.

---

[75] CR 21e Congrès, p. 247. Nach den Angaben des Streikveteranen Hervieux waren in Versailles beim Zugspersonal 40 % syndikalisiert, Papiere von Joseph Jacquet, Fédération Nationale des Cheminots C. G. T.

[76] CR Congrès extraord., p. 86.

[77] Vgl. La Guerre Sociale, 23. - 29. 11. 1910, Nr. 50.

XV. Zusammenfassung: der Sieg der Republik

« Dans la France, dans l'Europe entière, le retentissement de ce triomphe de l'ordre républicain sera immense[1]. » Die euphorische Siegestrunkenheit der Repressionspartei, in der sich hier Le Temps nach dem Streikabbruch erging, war nicht unbegründet, denn die Darstellung der Streikgeschichte hat zu einem eindeutigen Ergebnis geführt: der Streik der Eisenbahner ist nach kurzem Kampf vollständig gescheitert, wenn auch weit weniger kläglich als seine Vorgänger von 1891 und 1898. Zum wahren Sieger erklärte Le Temps indessen nicht die Eisenbahngesellschaften, auch nicht die Regierung, sondern die republikanische Ordnung schlechthin: das Sinnbild der äußeren und inneren Unberührbarkeit der Nation, mit dem sich die Repressionspartei im Streik sogleich identifiziert hatte. Die ins Unermeßliche erweiterte Strahlungskraft dieses Sieges wurde allerdings maßlos überschätzt, wie ja auch die Streikereignisse allzu sehr zum Schicksalskampf überhöht worden waren, doch zeichnete sich die Streikpartei durch den gleichen Verlust der Proportionen aus, denn sie bezeichnete die Oktoberereignisse nicht weniger visionär als „le plus formidable conflit des temps modernes"[2]. Das waren sie nun gewiß nicht. Ohne Zweifel aber überstiegen sie die Bedeutung eines reinen Arbeitskonfliktes und setzten als Meilenstein der sozialpolitischen Entwicklung auch der französischen Innenpolitik der Jahre 1905 - 1914 ein einprägsames Zeichen. Im folgenden soll versucht werden, dieses Zeichen zu deuten.

Die Umstände des Triumphes der Repressionspolitik sind zunächst bei genauerer Betrachtung dazu angetan, seine Großartigkeit entscheidend zu beeinträchtigen. Die Repression bezwang den Streik so leichthin, daß diese behende Mühelosigkeit zur beschworenen Mächtigkeit der Gefahr in augenfälligem Widerspruch steht. Weil aber eine Kausalität vorliegt zwischen dem Sieg des einen und der Niederlage des andern, ist zu prüfen, ob der Erfolg des Siegers seine Erklärung nicht schon in der organisatorischen Disposition und im taktischen Verhalten der unterlegenen Partei findet. Durch die Proklamation des Triumphs der

---

[1] Le Temps, 19. 10. 1910.

[2] Rapport. Die Überschätzung sozialer Konflikte war für die Zeit charakteristisch: im Generalstreikversuch von 1908 wähnten sich viele Beobachter der unmittelbaren Revolution gegenüber, vgl. Julliard, Clemenceau briseur de grèves, p. 26.

republikanischen Ordnung war dieser besiegte Gegner implizit bezeichnet worden: das Chaos, die Revolution, personifiziert in den revolutionären Syndikalisten. Doch wenn dieser Widersacher, der Revolutionäre Syndikalismus, den Maßstab des Erfolgs bildet, wird einsichtig, weshalb der Sieg der Repression zu keiner Zeit gefährdet war.

Die Streikbewegung trug den Keim des Scheiterns von Anfang an in sich. Zwar meldete sich unter den Eisenbahnern eine wachsende soziale Unrast, hervorgerufen durch die unbefriedigenden Lohnverhältnisse und die Pensionenfrage, genährt durch die mangelnde Konzessionsbereitschaft der Eisenbahngesellschaften und des Staates, griff zusehends um sich und brachte die Lohnkampagne von 1909/1910 hervor, was jede Streikbewegung stärken mußte. Doch blieb diese Arbeiterschaft, die ohnehin schon soziologisch vielschichtig zusammengesetzt war, tief zerrissen in ihre beiden Flügel, deren einer den Streik verwirklichen, deren anderer ihn verhindern wollte. Die Vorgeschichte des Streiks stand ganz im Bann dieser Kontroverse, wobei die revolutionären Streikpropagandisten in ihren Thesen vom fruchtlosen Verlauf der Lohnkampagne zunehmend bestärkt wurden. Das Syndikat sah sich außerstande, seinen inneren Konflikt beizulegen, und konnte sich infolgedessen auch nicht zu einer einträchtigen, gemeinsamen Planung des Streiks aufraffen. In dieser desolaten Verfassung stürzte sich die Gewerkschaft in das Abenteuer vom 12. Oktober. So war die Herausforderung beschaffen, der die Regierung entgegentrat.

Diese Radikalisierung der Eisenbahnergewerkschaft war nicht zu denken ohne die Förderung durch die revolutionären Syndikalisten in ihren Reihen, deren Stellung aber nicht überschätzt werden darf. Als sich der Revolutionäre Syndikalismus im S. N. eine bedeutende, aber keineswegs beherrschende Stellung zu erlangen vermochte, von 1909 an, hatte er in der sozialen Bewegung seinen Höhepunkt schon überschritten und, geschwächt durch eine Reihe von Niederlagen, seinen ursprünglichen Impetus eingebüßt. Das epigonale revolutionäre Erwachen in einer Gewerkschaft, die seit Jahren als Inbegriff der Mäßigung galt, war denn auch nicht eine zwingende Folge der Entwicklung des Revolutionären Syndikalismus, sondern des Ergebnis eines Bündels mehr zufälliger, in ihrer Wirkung aber gleichgerichteter Fügungen. Als eine Grundbedingung der Fruchtbarkeit der revolutionären Propaganda ist die unbefriedigende, sich relativ sogar nachteilig entwickelnde soziale Stellung der Masse des Eisenbahnpersonals anzusehen; darüber hinaus begünstigte ein historischer Umstand, die wenn nicht erfolgreiche, so doch legendäre Streiktradition von 1891 und 1898, deren Erneuerung zugleich einer Absage an die autoritären Neigungen des reformistischen Generalsekretärs Guérard gleichkam, den revolutionären Einbruch. Erklärte Absicht der Revolutionäre war es, die Eisenbahnen, einen wichtigen, leicht verletzbaren Schlüsselbetrieb der Wirtschaft, ohne Verzug in den Streik zu führen. Von einer solchen Strategie, sorgfältig geplant und ins Werk gesetzt, ging zweifellos eine ernste Bedrohung des Staates aus. Doch die revolutionäre Gruppe im S. N., Le Guennic, Bidamant, Renault, Lemoine u. a., schien einer solchen Aufgabe kaum gewachsen: sie gehörte durchwegs zu den weniger prominenten Kadern des Revolutionären Syndikalismus und vertrat beispielhaft jenen Utopismus und jene Großsprecherei, durch welche sich diese Kreise, im Gegensatz zu den meist luzideren Elementen aus der dominanten Gruppe, auszeichneten[3]. Die Revolutionäre des Syndikats verfügten zwar gewiß über rhetorische Qualitäten, wie besonders Le Guennic, waren aber zu unbesonnen, um eine große Bewegung in einer Krise zu steuern. Vom eigenen Ungenügen abgesehen fehlte ihnen außerdem die Kontrolle über die Gewerkschaft, denn sie vermochten selbst nach dem Weggang Guérards nicht aus ihrer minoritären Stellung auszubrechen, erfüllten mithin eine Grundvoraussetzung des Erfolgs nicht, da bei den schwachen Mitgliederbeständen der Syndikate jede Bewegung wenigstens der uneingeschränkten Unterstützung der organisierten Arbeiter bedurfte. Die Revolutionäre mußten deshalb ihren Kampf auf zwei Ebenen führen: gegen das Patronat und gegen die Reformisten in der Gewerkschaftsbewegung, gegen diese sogar oft vehementer als gegen jene, wie die Streikgeschichte lehrt. Nur wo sie den größten Anhang besaßen, auf den verhältnismäßig schwach organisierten Netzen Nord und Ouest-Etat, erfüllten sich daher ihre kühnsten Erwartungen: am 8. Oktober brach der Streik in La Chapelle spontan aus, ergriff spontan weitere Teile des Netzes Nord, endlich das gesamte Netz, und schon schien der revolutionäre Funke die vielgepriesene Kettenreaktion der Spontaneität auszulösen: auch das Netz Ouest-Etat schloß sich der Bewegung am 11. Oktober an und durchbrach damit den Damm der Lokalisierung. In kaum verhüllter Resignation riefen Syndikat und Fédération in der folgenden Nacht zum Generalstreik auf. Doch schon waren die revolutionären Kräfte erschöpft: der verordnete Streik erbrachte nicht die Ergebnisse des spontanen. Dem Generalstreik fehlte auf den übrigen Netzen die breite Resonanz, die er auf Nord und Ouest-Etat gefunden hatte, und zwar gewiß nicht allein zufolge der raschen, energischen und zweifellos auch wirksamen Gegenmaßnahmen der Regierung, sondern ebenso sehr wegen des inneren Widerstandes im S. N. selbst, denn das Zögern des Netzes Est beispielsweise wurzelte in ganz grundsätzlichen reformistischen Bedenken gegen den Streik und dessen Zeitpunkt. Der Streik war damit bereits in seiner Anfangsphase, wenigstens was seinen

---

[3] Zur qualitativen Charakterisierung der revolutionär-syndikalistischen Führungsschicht etwa Julliard, Fernand Pelloutier et les origines du syndicalisme d'action directe, Le Mouvement Social, Nr. 75/1971, p. 17.

Anspruch, allgemein zu sein, betraf, gescheitert, denn eine repräsentative Ausdehnung konnte er unter diesen Bedingungen nicht mehr erlangen. Revolutionäre von dieser Durchschlagskraft zu zerstreuen, fiel nicht schwer. Schon am zweiten Tag ihres Generalstreiks hielten sie sich der Polizei zur Verfügung und ließen sich widerstandslos verhaften. Mit diesem Eingeständnis des Unvermögens, die ausgelöste Aktion weiterhin führen zu können, endete der letzte große Versuch revolutionärer Syndikalisten, eine breite soziale Bewegung zu entfesseln. In weiser Zurückhaltung verzichtete die C. G. T. auf eine Intervention und ließ den Dingen ihren Lauf. Die Revolutionäre mußten sich damit bescheiden, die Action directe zwar verwirklicht, aber nicht erfolgreich beendet zu haben, und im weiteren darauf vertrauen, daß die Ereignisse den syndikalistischen Erziehungsprozeß auf geheimnisvolle Weise förderten; den Vollzug der unausweichlichen Kapitulation mochten die Reformisten besorgen. Der Niedergang des Revolutionären Syndikalismus indes war nach diesem Mißerfolg, der weit über den Bereich der Eisenbahnen hinausstrahlte, nicht minder unausweichlich: sein Spätwerk hatte die Reihe der Niederlagen nicht gebrochen, sondern nur fortgesetzt und damit jeglicher Zuversicht den Grund entzogen.

Die Frage nach dem Streikcharakter kann nunmehr eindeutig beantwortet werden: den Revolutionären gelang es nicht, der Bewegung ihr Zeichen einzuprägen. Zwar ist die Ausrufung des Generalstreiks unmittelbar ihrer Agitation zuzuschreiben, doch ließen sich die Reformisten nicht aus ihrer Führungsrolle verdrängen. Zu keiner Zeit setzte sich die Bewegung revolutionäre Ziele, sie führte ihren Kampf im Gegenteil aus sozialen Motiven mit einem Forderungskatalog, der allein die Verbesserung der sozialen Lage der Eisenbahner anstrebte, also korporativ ausgerichtet war. Dieses Wesen des Streiks erweist sich auch in der äußerst heterogenen Zusammensetzung der Streikkoalition, der so reformistische Elemente wie die Fédération und die gemäßigten Deputierten der S. F. I. O., oder so bürgerliche Kreise wie die radikalsozialistische Gruppe um Le Rappel angehörten. Deshalb konnte die Bewegung schon gleich nach ihrem Ausbruch eine ausgesprochen defensive Gestalt annehmen. Hätte ihr eine revolutionäre Absicht zugrunde gelegen, wäre der Ablauf der Ereignisse sicherlich ein anderer gewesen, und die Streikführung hätte sich nicht prinzipiell zu einem Kompromiß über ihre Forderungen bereit finden können. Die Regierung stand also nicht der Revolution, sondern lediglich einer zur Unzeit von revolutionären Syndikalisten provozierten korporativen Streikbewegung gegenüber. In dieser eigentümlichen Gespaltenheit des Gegners war der rasche Erfolg der Repressionspolitik wesentlich angelegt, und der Panegyrikus auf den Triumph der republikanischen Ordnung erscheint deshalb als eine entstellende Verklärung der wirklichen Vorkommnisse.

Die Niederlage traf, den jeweiligen Verantwortlichkeiten gemäß, die beiden Syndikatsfraktionen in ungleichem Maß: während die Revolutionäre ihr volles Gewicht zu tragen hatten und fortan jeden bedeutenden Einfluß einbüßten, sahen sich die Reformisten in ihren Anschauungen bestärkt, wonach die Action indirecte, der systematische organisatorische Aufbau einer breiten Gewerkschaftsbewegung, ausgerichtet auf eine Verbesserung des sozialen Status der Berufsgruppe, der revolutionären Action directe vorzuziehen sei. Die empfindliche Niederlage des Syndikats insgesamt schlug ihnen zum Vorteil aus, obwohl auch sie insofern ihre Verantwortung trugen, als sie trotz düsterer Prognosen nichts Entscheidendes unternommen hatten, um den Streik abzuwenden.

Als eine Randerscheinung des Streiks, für die Beurteilung seines intentionalen Wesens nicht entscheidend und nur dazu angetan, die Bewegung zu diskreditieren, ist die Sabotagetätigkeit zu bewerten. Ihr Ziel war es in der Tat, den Bürgerkrieg und die Revolution heraufzubeschwören. Die Urheber dieser kriminellen Handlungen sind jedoch in keiner Weise repräsentativ für die Streikbewegung, sondern müssen vielmehr mit dem revolutionären Zirkel um La Guerre Sociale in Verbindung gebracht werden. Hervés Organ erlebte in diesen Oktobertagen seinen Höhepunkt, erschien mit zahlreichen Sondernummern, die zu den besten seiner Produktion gehören, und ließ es sich gern gefallen, für kurze Zeit zur scheinbar wichtigsten Tribüne des Revolutionären Syndikalismus erhoben zu werden[4]. Die Kehrseite dieses Ruhmes bestand allerdings darin, daß das Blatt der Repressionspartei mit seiner hemmungslosen Sabotagepropaganda einen wichtigen Beitrag für ihre Streikinterpretation stiftete.

Daß die Streikpartei so zerrissen und ideologisch vielgestaltig auftrat, erlaubte der Repressionspartei, deren Bild ihren Bedürfnissen anzupassen. Denn deutlich hat sich ergeben, daß die von einer breiten Öffentlichkeit geteilte Regierungsinterpretation des Streiks nicht die Wirklichkeit wiedergab, sondern ihre Stilisierung, mithin eine Vereinfachung, die das Gute zum Bösen in Kontrast zu stellen suchte, indem sie die Auseinandersetzung zwischen Arbeitnehmern und Arbeitgebern zum Kampf Frankreichs gegen seine Feinde erklärte. Diese Interpretation stand im Dienst der Défense sociale, sie verband eine äußere mit einer inneren Problemebene. Dazu boten die Eisenbahnen als unentbehrlicher Träger der Landesverteidigung und zugleich großer Wirtschaftsbetrieb mit rund 300 000 Beschäftigten ideale Voraussetzungen. Der Eisenbahnerstreik wird dadurch zu einem Angelpunkt der innenpolitischen Entwicklung der Vorkriegszeit, zu einem Bindeglied jener beiden Strömungen, die ein „nationales Erwachen“ des Landes und eine

---

[4] Vgl. Peyronnet, La „Guerre sociale“ de Gustave Hervé, p. 111, 197.

Verschiebung der politischen Achse nach rechts nach sich zogen[5]. Dieser von Weber „Drang nach rechts" genannte Vorgang[6] hatte eine äußere und eine innere Wurzel. Auf der einen Seite ließ die seit der ersten Marokkokrise von 1905 deutlich erkennbare deutsche Herausforderung den Nationalismus erneut aufleben, auf der andern Seite weckte der wenn auch noch so vordergründige politische Zusammenschluß der sozialistischen Linken von 1905 in der S. F. I. O. und die wenn auch noch so wirre Aktivität des Revolutionären Syndikalismus die Angst vor einer sozialen Revolution. In der Oktoberkrise von 1910 waren beide Strömungen eng ineinander verflochten. Während aber die außenpolitische Komponente in diesem Jahr keine Bewegung erfuhr, vielmehr zwischen Bosnischer Annexionskrise und Agadir eine gewisse Beruhigung eintrat[7], kam die Bedrohung allein von der inneren Komponente her. Die Verknüpfung des sozialen Reaktionsprozesses mit dem nationalen war erst das Werk der Repressionspartei.

Auf der innenpolitischen Szene vollzog sich der Klimawandel seit dem Ende des „Bloc". Der Oktoberstreik besiegelte diese Umorientierung, denn in dieser Krise offenbarte es sich klar, daß die Republik, die ihren Feind noch in der Dreyfus-Affäre und in der Epoche des Antiklerikalismus rechts gesucht hatte, ihn nunmehr links vermutete[8]. Immer stärker trieb die Innenpolitik dem Sog des Gegensatzes von nationaler und kollektivistischer Idee entgegen[9]. Vor die Entscheidung zwischen dem Sozialismus und der bestehenden Ordnung gestellt, votierten die Radikalsozialisten überwiegend für die Défense sociale. Von inneren Reformen wurde deshalb mit dem Verweis auf den äußeren Feind Abstand genommen, dergestalt, daß im Vorfeld von 1914 die nationale Thematik die soziale mehr und mehr zurückdrängte, und zwar mit dem Anspruch eines politischen Axioms, das über den Einzelfall hinwegschreitet. So erlag die Repressionspartei der Verlockung, den gewiß nicht zu leugnenden, aber im konkreten Fall nicht vordringlichen äußeren Zwang zum nationalen Zusammenschluß zur Erhaltung innerer sozialer Strukturen zu mißbrauchen, wie dies in der Oktoberkrise von 1910 geschah,

---

[5] Weber, The nationalist revival in France, 1905 - 1914. Weber hat der französischen Rechten mehrere Abhandlungen gewidmet, vgl. dazu Bibliographie.

[6] a. a. O., p. 203.

[7] Daß gerade auch eine Eisenbahngesellschaft wie P.-L.-M., die für ihre guten Beziehungen zu Deutschland bekannt war, selbst noch 1911 eine Agentur in Berlin eröffnen konnte, zeigt, daß die „nationale Gefahr" keineswegs als allzu bedrohlich beurteilt wurde, vgl. Poidevin, Les relations économiques et financières entre la France et l'Allemagne de 1898 à 1914, p. 743, ferner p. 596 ff., 602.

[8] Vgl. Loubère, left-wing radicals, strikes, and the military 1880 - 1907, bes. p. 101 - 105.

[9] Vgl. Weber, Le renouveau nationaliste en France et le glissement vers la droite 1906 - 14, p. 121.

als das Schlagwort von der nationalen Gefahr der sachlichen Berechtigung entbehrte. Die weltpolitische Lage trug damit zur Stärkung der Défense sociale bei, was vor allen Dingen dem Unternehmertum, hier den Eisenbahngesellschaften, zum Vorteil gereichte[10].

Doch die Linke fügte sich keineswegs willig diesem System der undifferenzierten Gleichsetzung sozialer Forderungen mit antinationalen Bestrebungen ein. Die Reformisten des S. N. ließen klar erkennen, daß sie nicht einen Kampf gegen den Staat, sondern eine Kampagne für höhere Löhne durchführten; und die von der S. F. I. O. im Streik bekundete Solidarität mit den Eisenbahnern, auch mit ihren revolutionären Teilen, kann nicht darüber hinwegtäuschen, daß die Sozialisten mit wenigen Ausnahmen diesen Streik im Grunde verurteilten. Nicht nur entzog sich aber die Partei der Gefahr einer Identifikation mit dem Revolutionären Syndikalismus, sondern sie vermochte sich im Gegenteil auch noch zur Verteidigerin der republikanischen Legalität gegen die bürgerliche Usurpation aufzuwerfen. Erst posthum, in den Parlamentsdebatten von Ende Oktober, gewann der Streik einen matten Glanz, als die Besiegten zum Opfer staatlicher Willkür erklärt wurden. In der Tat trafen sich Repression und Revolution in ihrer gemeinsamen Beziehung zur Illegalität. „La Guerre Sociale" bezeichnete dieses Band zutreffend, als sie in einer Karikatur zwei mit dem Umlegen von Leitungsmasten beschäftigte Saboteure zeigte, die ihr Werk mit einer durchaus sinngemäßen Abwandlung der berühmten Worte Briands vom 29. Oktober begründeten: « ... Et si nous ne trouvions dans la loi les armes nécessaires, nous recourerions à l'illégalité[11]. » In der Geringschätzung der Legalität und damit letztlich auch der Republik standen sich die Extreme also ungleich näher, als ihre militante Gegnerschaft hätte erwarten lassen. Die gleiche Bereitschaft zu außerlegalen Handlungen hatte im übrigen schon Clemenceau auf seine Art bekundet, als es galt, den Gegner zur Linken zu provozieren, wie seine Machenschaften in der Affäre von Draveil-Villeneuve-Saint-Georges zeigen.

Die glänzende parlamentarische Verteidigung des Streiks durch die S. F. I. O., getragen von Solidarität, nicht von Identifizierung, stärkte die Alternative zur Action directe und damit den sozialistischen Reformismus. In diesem Sinn wurde auch die Linke selbst von der Verschiebung nach rechts betroffen. Damit stimmt überein, daß der Streik, trotz entsprechender Bestrebungen in der Partei, nicht zu einem politischen Kurswechsel, zur Rückkehr in eine staatsverdrossene Oppositionsrolle benutzt wurde. Bedeutende Teile der Sozialisten waren in diese

---

[10] Vgl. zur Stärkung des Unternehmertums Stearns, Against the strike threat: employer policy toward labor agitation in France 1900 - 1914, bes. p. 500.

[11] La Guerre Sociale, 2. - 8. 11. 1910, Nr. 47.

Republik eingeholt worden und hatten sich mit ihr abgefunden. Der Streik blieb für diese Kreise deshalb nur eine Episode, durch die sie sich nicht vom parlamentarischen Spiel und dem Versuch, den Linksblock zu erneuern, abhalten ließen.

Die im ganzen politischen Spektrum wirkende Bewegung nach rechts widerspiegelte sich besonders eindrücklich in der Person des Ministerpräsidenten selbst. Vom Mitstreiter Pelloutiers und Propagandisten des Generalstreiks hatte er den Weg gefunden zu einem Verteidiger von Staat und Unternehmerschaft, der vor dem Gebrauch des Militärapparats nicht zurückschreckte. Seine Repressionspolitik, mit Leichtigkeit durchgesetzt gegen einen maroden Revolutionären Syndikalismus und einen kampfunwilligen Reformismus, trug wesentlich zur Sammlung des nationalen Lagers bei, indem zu ihrer Begründung die Trennung zwischen sozialer und nationaler Verteidigung aufgehoben wurde: die Republik öffnete sich der Rechten. In Poincaré vollendete sich diese Entwicklung[12]. Der Revolutionäre Syndikalismus hat diese Umstellung nicht allein verursacht, aber durch seine unbedachte Provokation des Generalstreiks auf den Eisenbahnen, ein Ergebnis verhängnisvoller Selbstüberschätzung, gefördert. Durch die unvermeidliche Niederlage diskreditierte er den Generalstreikgedanken und nährte die Zweifel an seiner Realisierbarkeit, trug so, in letzter Konsequenz, bei zur Loyalität der Linken bei Kriegsausbruch, zur Rettung des Staates, den er beseitigen wollte. Indessen unterließ auch die Repressionspartei nichts, um den Ereignissen eine gegen die Linke schlechthin gerichtete Wendung zu geben. Darin äußert sich der grundsätzliche Aspekt der Oktoberkrise, die Projizierung innerer Konflikte auf äußere im Zeichen einer nationalen Ideologie. In der Einleitung ist dieser Streik deshalb einer allgemeinen Betrachtungsweise unterstellt worden, denn wer möchte in den materiellen und ideellen Gegensätzen von 1910 nicht in der Tat ein Modell des landesweiten sozialen Konflikts erkennen!

---

[12] Das Briand-Bild ist wegen Briands kirchen- und später außenpolitischen Versöhnungsbemühungen vielfach idealisiert worden, historiographisch durch Suarez, aber auch z. B. durch Alfred Aubert (Briand, sa vie politique, l'orateur, l'homme, son œuvre, Paris 1928) oder noch heute durch Baumont, Briand, Diplomat und Idealist (1966); dieser Abschnitt ist überwunden in der großen neuen Biographie von Ferdinand Siebert, Aristide Briand 1862 - 1932, ein Staatsmann zwischen Frankreich und Europa (1973). Die zeitgenössischen Urteile aus Briands früher Umgebung waren denn auch bedeutend kritischer, so z. B. ein neuerdings zugängliches Zeugnis Brunellières, vgl. La Correspondance de Charles Brunellière, Brief vom 3. 7. 1909. Dem standen auf der andern Seite positive Urteile von rechts gegenüber; so äußerte Barrès 1910 in bezug auf nationalistische Politik, die Nationalisten könnten es nicht besser machen als Briand und Millerand, vgl. Weber, The nationalist revival, p. 9.

Anhang

1. Die Entwicklung der Streiks 1890—1914

(nach Julliard, Théorie syndicaliste révolutionnaire et pratique gréviste, p. 67/68)

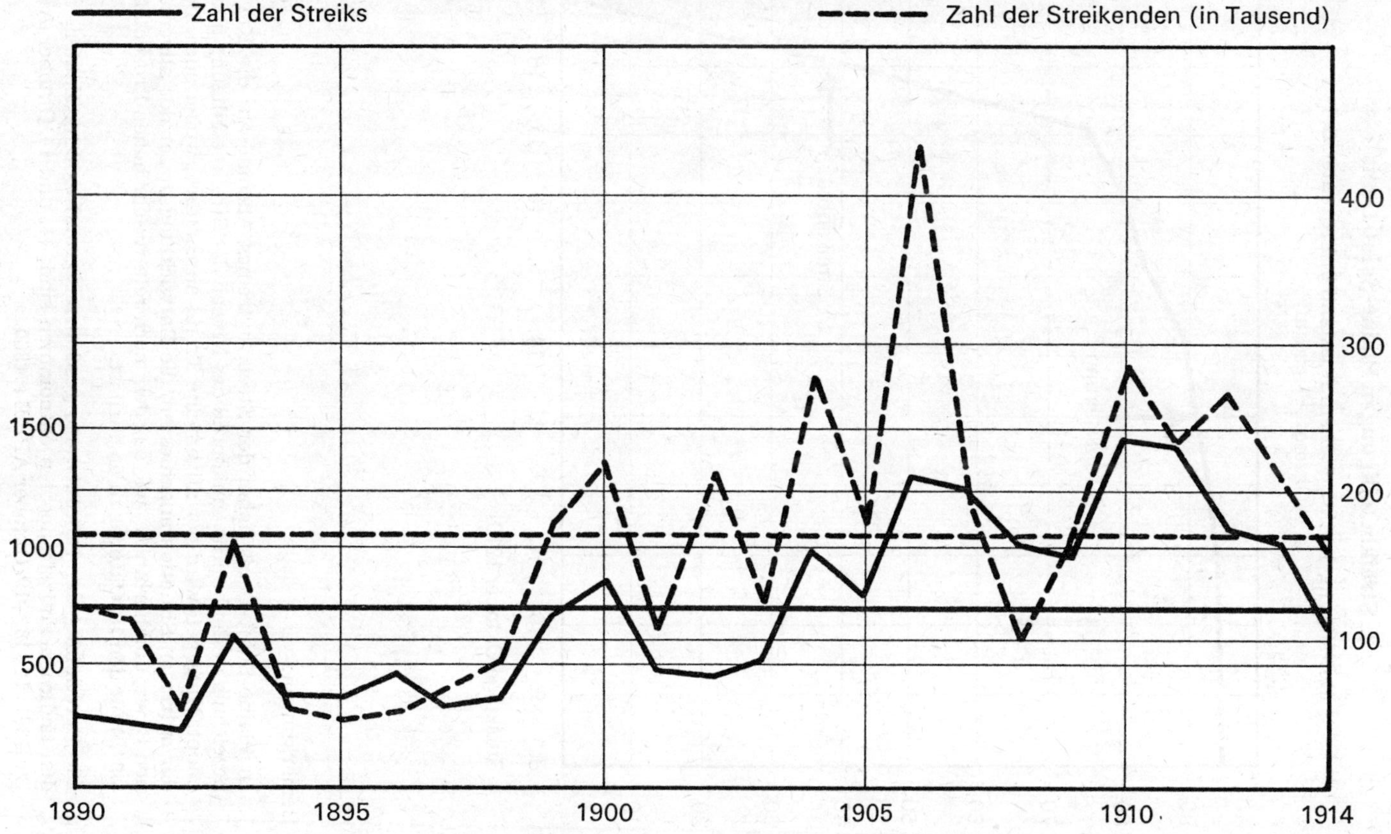

2. Streikbeteiligung in Plaine-Saint-Denis

Beteiligung der Arbeiter am Ausstand in Prozenten der Gesamtbelegschaft

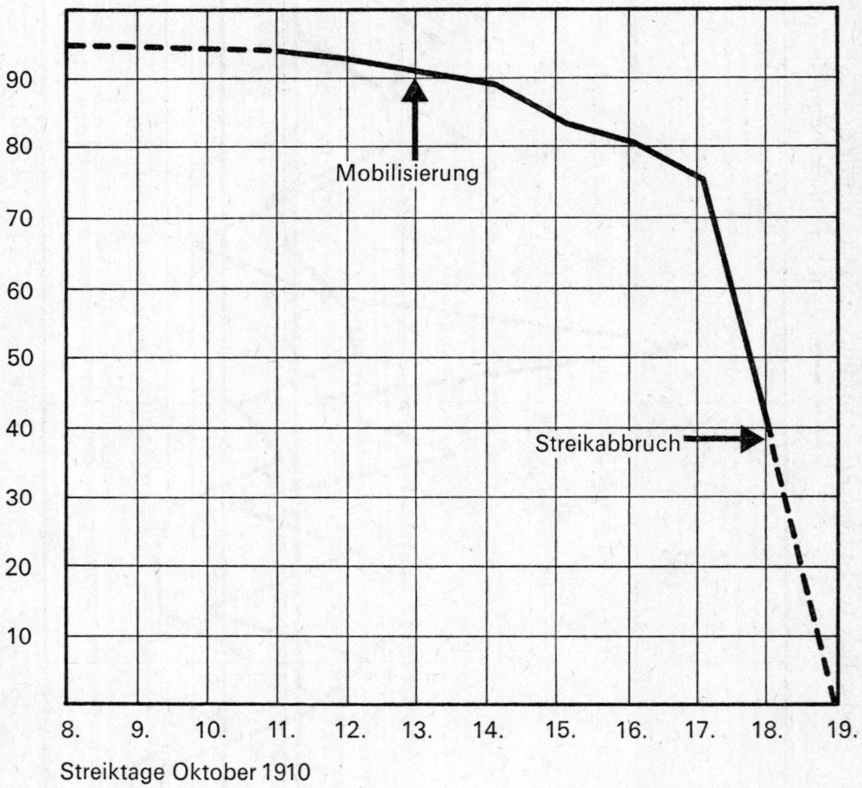

Bemerkungen:

1. In Plaine-Saint-Denis nahm der Streik extremes Ausmaß an; die Kurve bezeichnet deshalb nicht annähernd das Niveau der Streikbeteiligung überhaupt. Hingegen wird der allgemeine Trend anschaulich, wobei auch hier, der extremen Situation angemessen, die Entwicklung hinter der allgemeinen Bewegung herhinkte, wie aus dem noch relativ sehr hohen Prozentsatz (39 %) für den 18. Oktober zu ersehen ist.

2. Die Berechnung der Prozentwerte geschah aufgrund exakter Zahlen, die den täglichen Polizeirapporten entnommen sind; 11. und 14. Oktober APP B a/1361; 12., 15. - 19. Oktober APP B a/1360.

3. Persönliche Angaben zu einigen Syndikalisten der Netze Nord und Ouest-Etat

(nach APP B/a 1363, Affaire etc., Anhang)

Name	Vorname	Geb.-Dat.	Zivilst.	Kinder	militär. Grad	Tätigkeit	Jahres-verdienst	Miet-zins	Leu-mund	Tendenz
Bidegaray	Marcel	13. 9. 1875	verh.	1	Quartier-maître mécanicien (équipage de la flotte)	Mécanicien 4e classe (O.-E.)	2200 F	350	ausgez.	reform.
Brandouy	Paul Laurent	10. 6. 1875	verh.		Soldat	Facteur (O.-E.)	2050 F		gut	revol.
Challaix	Lucien Henri	4. 9. 1883	verh.	1		Monteur (Nord)		450	gut	revol.
Escabasse	Emile	4. 7. 1876	led.			Exploitation (O.-E.)	1800 F	180	gut	revol.
Fiolet	François	17. 10. 1869	verh.	2		Mécanicien (Nord)	6,50/Tag	440	gut	revol.
Le Guennic	Alexandre François Joseph	27. 5. 1875	verh.	2	Korporal	Conducteur de train (O.-E.)	1900 F	432	gut	revol.
Lemoine	Albert Louis	26. 8. 1876	verh.	2		Ouvrier ajusteur (Nord)	6,50—7/Tag		gut	revol.
Marchal	Henri Louis	17. 12. 1873	verh.	2		Couvreur-zingueur (O.-E.)	2200 F	300	gut*	reform.
Renault	Alexandre Joseph	27. 8. 1882	verh.	1	Sergeant	Surveillant-interprète (O.-E.)	2200 F	350	gut**	revol.
Toffin	Emile Eugene Edouard	31. 12. 1870	verh.	2	Korporal	Mécanicien (Nord)	5500 F	400	gut	reform.

* 1894 wegen Glücksspiels gebüßt
** am 21. 9. 1910 entlassen (Sabotagepropaganda)

Quellen- und Literaturverzeichnis

I. Unveröffentlichte Quellen

Zur Zitierweise der Akten: Neben der jeweiligen Archivierungsnummer steht eine weitere Angabe, die den genauen Ort der Akte innerhalb der Sammlung beschreibt; sie bezieht sich in der Regel auf ein größeres, leicht zugängliches Dossier. Der Aufbau der Aktensammlungen geht aus der nachstehenden Übersicht hervor.

1. Archives Nationales (A. N.)

BB 18 2423	—	En cas de grève des chemins de fer
	—	Circulaires des 7 juillet 1910, 20 juillet 1910
	—	Discours de M. le député Briquet
BB 18 2443	—	Grève des cheminots, Instruction Drioux
F 7 12496	—	Placards 1908 - 1910
F 7 12558	—	Tagesrapporte der Polizeipräfektur 1909
F 7 12559	—	Tagesrapporte der Polizeipräfektur 1910
F 7 12722	—	Rapports politiques
F 7 12773	—	Divers
F 7 13065	—	Dossiers zur Sabotage
F 7 13071	—	Dossiers zu den revolutionären Umtrieben
F 7 13073	—	Le Parti socialiste unifié et les ministères
F 7 13570	—	Dossiers mit Photographien führender Vertreter der Linken
F 7 13571	—	La politique et les syndicats, avant 1912
F 7 13581	—	Dossiers zu Gewerkschaftskongressen bis 1919
F 7 13590	—	Le mouvement social, résumé de la situation en mars 1911 u. a.
F 7 13660	—	1910 - 1911, Syndicat National des Travailleurs des Chemins de Fer de France et des Colonies, Organisation du syndicat (Exposé) u. a.
F 7 13661	—	Syndicat national des chemins de fer, 16. (1905) — 21. (1910) Kongreß
F 7 13662	—	Syndicat national des chemins de fer, 22. Kongreß (1911)
F 7 13663	—	Regionalkongresse Etat
	—	Regionalkongresse Est
F 7 13683	—	Fédération du personnel à la journée traction P.-L.-M., Congrès de Moulins (1911), u. a.

F 7 13923 — La grève des chemins de fer d'octobre 1910 (Exposé)
— 1910 - 1911, Notes
— La Confédération Générale du Travail, le Parti Socialiste Unifié et le Parti Révolutionnaire, leur rôle dans la grève des chemins de fer d'octobre 1910. (Exposé)
— P.-L.-M.
— Mécaniciens et chauffeurs des voies ferrées, menaces de grève

F 12 6412 — Grève Octobre 1910

2. Archives de la Compagnie du Nord, im Depot der Archives Nationales (A. N. 48 AQ)

48 AQ 9 — Procès-verbaux des assemblées générales

48 AQ 47 — Procès-verbaux du conseil d'administration

48 AQ 275 — Procès-verbaux du comité de direction

48 AQ 278 — do.

48 AQ 574 — Rapports présentés aux assemblées générales

48 AQ 2949 — Copie-lettres, März - Mai 1910

48 AQ 2950 — do., Mai - Juli 1910

48 AQ 2951 — do., Juli - September 1910

48 AQ 2952 — do., September - November 1910

48 AQ 2953 — do., November 1910 - Januar 1911

48 AQ 3402 — Communiqués de la Compagnie
— Grève de 1910, dossier réuni par M. Bazin
— Réorganisation du service
— Personnel
— Services rendus par des étrangers à la Compagnie, gratifications
— Demandes de réintégration

3. Archives de la Préfecture de Police de Paris (A. P. P.)

B/a 131 — Monatsrapporte der Polizeipräfektur, 1909 - 1911

B/a 134 — Tagesrapporte der Polizeipräfektur 1909

B/a 135 — Tagesrapporte der Polizeipräfektur 1910/1911

B/a 1360 Grève Octobre 1910, Nord; darin:
— Correspondances
— Instructions
— Mesures d'ordre
— Grèves des ouvriers des ateliers des chemins de fer du Nord, octobre 1910

— Dossiers zu 8. - 19. 10. 1910
Grève Octobre 1910, Ouest-Etat; darin:
— Ouest-Etat: Pièces et rapports, Dossiers zu 11. - 19. 10. 1910
— Ouest-Etat: Mesures d'ordre
— Ouest-Etat: Instructions

B/a 1361 Grève Octobre 1910: Instructions et mesures générales; darin:
— Grève des chemins de fer, Instructions, générales
— Grève des chemins de fer, Pièces générales, Compte rendu
— Grève des chemins de fer, Pièces d'ordre général
— Grève Octobre 1910: Incidents et bagarres, darin:
  — Incidents et bagarres
  — Entrave à la liberté du travail et violences commises par les grévistes

19 Octobre et poursuivants
Coupures de journaux de la grève des chemins de fer de 1910
Grève Octobre 1910, résumé par journées de la situation générale de la grève; darin:
— Dossiers zu 10. - 18. 10. 1910

B/a 1362 — Grève des chemins de fer 1910, Télégrammes et rapports d'ordre général; darin:
  — Dossiers zu 7. - 18. 10. 1910
— Coupures de journaux de la grève des chemins de fer, 1910 bis 1911
— Grève Octobre 1910, Réquisitions

B/a 1363 Dossiers zu den Streiks von 1891 und 1898
Grève Octobre 1910, Arrestations et condamnations; darin:
— Affaires spéciales, Réquisitions
— Condamnations
— Affaire de la grève des chemins de fer (Bericht des Kommissärs Emile Roy)
— Dossiers zu 11. - 22. 10. 1910

Grève Octobre 1910, Sabotage; darin:
— Instructions d'ordre général sur le sabotage
— Sabotage: Notes au parquet
— Sabotage: Parquet non avisé

B/a 1413 — Le Syndicat National
— Compagnie de l'Est, 1891 - 1913

B/a 1417 — Le Syndicat National, 1911 - 1915
— do., 1916 - 1920

4. Fédération Nationale des Cheminots C. G. T.

Fédération Nationale des Cheminots C. G. T., 19, rue Pierre Sémard, Paris 9e: Interview mit dem Streikveteranen Albert Hervieux, in den Papieren von Joseph Jacquet.

II. Veröffentlichte Quellen

Bericht des Untersuchungsrichters J. Drioux, unter dem Titel: Ordonnance de renvoi devant la Chambre des mises en accusation, in L'Humanité, 10. und 11. 1. 1911.

Briand, Aristide. La grève générale et la révolution. Discours du citoyen Aristide Briand devant le Congrès général du Parti Socialiste. Paris, o. J. [1900].

Brunellière, Charles. La correspondance de Charles Brunellière, socialiste nantais, 1880 - 1917, hg. von Claude Willard. Paris 1968.

Challaye, Félicien. Revolutionärer Syndikalismus und reformistischer Syndikalismus. Autorisierte Übersetzung aus dem Französischen. Tübingen 1913.

Fédération générale des mécaniciens et chauffeurs de France (Hg.):
Compte rendu du Congrès extraordinaire du réseau Nord, 18 octobre 1909. Hirson (1909).

Gaillard, Ch. Vgl. Poitevin, Eugène.

Grandvallet, J. P. La vérité sur la grève des cheminots. Broschüre, Paris 1911.

Jouhaux, Léon. Mémoires de Léon Jouhaux, présentés par Marie-Anne Renauld, in: Le Mouvement Social (Revue trimestrielle de l'Institut français d'Histoire sociale et du Centre d'Histoire du Syndicalisme de l'Université de Paris), Nr. 47/1964, p. 81 - 109.

Journal Officiel de la République Française. Chambre des Députés, 10e Législature, Session extraordinaire de 1910. Débats parlementaires.
(Zitiert: J. O., Datum, Seitenzahl, Sitzungstag)

Monatte, Pierre. Syndicalisme révolutionnaire et communisme: Les archives de Pierre Monatte, 1914 à 1924, présentation Colette Chambelland et Jean Maitron. Paris 1968.

Poitevin, Eugène. La Crise du Syndicat National des Chemins de fer. Darin auch: Gaillard, Ch. Nos griefs. Paris (1909).

Renault, Alexandre. Le syndicalisme dans les chemins de fer. Broschüre, Paris 1910.

Syndicat National des Travailleurs des Chemins de Fer de France et des Colonies (Hg.):

Compte rendu du 17e Congrès National (5. - 8. 4. 1906). Puteaux 1906.

Compte rendu du 18e Congrès National (10. - 13. 4. 1907), Paris 1907.

Compte rendu du 19e Congrès National (15. - 18. 5. 1908). Courbevoie 1908.

Compte rendu du 20e Congrès National (4. - 7. 5. 1909). Courbevoie 1909

Compte rendu du Congrès National Extraordinaire (10. - 12. 12. 1909). Villeneuve-Saint-Georges 1910.

Compte rendu du 21e Congrès National (13. - 16. 4. 1910). Courbevoie 1910.

Compte rendu du 22e Congrès National (2. - 5. 8. 1911). Courbevoie 1912.
(Zitiert: CR, Kongreßzahl, Seitenzahl)

Rapport du 2me Comité du grève, in: La Tribune de la Voie Ferrée, 21. 7. 1911.
(Zitiert: Rapport)

Tentative de grève d'octobre 1898. Rapport du conseil d'administration. Paris 1899.

III. Presse

La Bataille Syndicaliste

La Guerre Sociale (Wochenzeitung, während des Streiks zusätzliche Ausgaben)

L'Humanité

Le Journal des Chemins de Fer, des Mines et des Travaux publics. (Wochenzeitung)

Le Journal des Débats

Le Rappel

Le Temps

La Tribune de la Voie Ferrée. Organe officiel du Syndicat National des Travailleurs des Chemins de fer (Wochenzeitung) (Zitiert: Tribune)

Auf nur vereinzelt benützte Presseorgane wird in den Anmerkungen verwiesen.

IV. Literatur

(a) Bibliographien

Bibliographie annuelle de l'Histoire de France du 5ᵉ siècle à 1945. Années 1953 - 1972, Paris 1956 ff.

Brécy, Robert. Le mouvement syndical en France 1871 - 1921. Essai bibliographique. Paris 1963. In der Reihe: Société, Mouvements Sociaux et Idéologies, hg. Ecole Pratique des Hautes Etudes — Sorbonne, Sixième Section: Sciences Economiques et Sociales, IIIᵉ Série: Bibliographies, Bd. I.

Kriegel, Annie. L'Histoire ouvrière aux XIXᵉ et XXᵉ siècle, in: La Revue historique, Bd. 235/1966, p. 455 - 90.

L'Histoire ouvrière du XXᵉ siècle, in: La Revue historique, Bd. 230/1963, p. 447 - 78.

Sieburg, Heinz-Otto. Literaturbericht über französische Geschichte der Neuzeit. Veröffentlichungen 1945 - 1963. In: Historische Zeitschrift, Sonderheft 2, München 1965, p. 277 - 427.

(b) Darstellungen / Nachschlagewerke

Albertini, Rudolf von. Die Dritte Republik bis zum Ende des Ersten Weltkrieges, in: Handbuch der Europäischen Geschichte, hg. von Theodor Schieder, Bd. VI, Stuttgart 1968, p. 231 - 68.

Parteiorganisation und Parteibegriff in Frankreich 1789 - 1940, in: Historische Zeitschrift, Bd. 193/1961, p. 529 - 600.

Regierung und Parlament in der Dritten Republik, in: Historische Zeitschrift, Bd. 188/1959, p. 17 - 48.

Auclair, Marcelle. La vie de Jean Jaurès ou la France d'avant 1914. Paris 1954.

Baumont, Maurice. Briand, Diplomat und Idealist. Persönlichkeit und Geschichte, Bd. 43, Göttingen/Frankfurt/Zürich 1966.

Bloch, Charles. Die Dritte Französische Republik. Entwicklung und Kampf einer Parlamentarischen Demokratie (1870 - 1940). Stuttgart 1972.

Bonnefous, Georges und Edouard. Histoire politique de la Troisième République, 7 Bde., Paris 1956 - 67.

Bd. I, L'avant-guerre (1906 - 14), von Georges Bonnefous, Paris 1956.

Bouju, Paul, und Dubois, Henri. La Troisième République (1870 - 1940). In der Reihe: „Que sais-je?", Bd. 520, Paris [6]1967).

Bouvier, Jean. Les Rothschild. Paris 1967.

Mouvement ouvrier et conjonctures économiques, in: Le Mouvement Social, Nr. 48/1964, p. 3 - 30.

Brécy, Robert. La grève générale en France. Paris 1969.

Caron, François. Essai d'analyse historique d'une psychologie du travail. Les mécaniciens et chauffeurs de locomotives du réseau du Nord de 1850 à 1910. In: Le Mouvement Social, Nr. 50/1965, p. 3 - 40.

(vom gleichen Verf. liegt eine nicht benützte Thèse vor: Histoire de l'exploitation d'un grand réseau français, la Compagnie du Chemin de fer du Nord de 1846 à 1936. Thèse Lettres, Maschinenschrift, Nanterre 1969.)

Chambelland, Colette. La grève générale, thème de la pensée de F. Pelloutier et d'A. Briand, in: L'Actualité de l'Histoire (ab 1960: Le Mouvement Social) Nr. 18/1957, p. 18 - 27, Nr. 19/1957, p. 1 - 12.

L'idée de la grève générale en France (1971 - 1914). Thèse, Maschinenschrift, Paris 1953.

Charmes, Francis. Chronique de la quinzaine, Histoire politique. In: Revue des deux Mondes, Bd. 60, Lieferung vom 1. 11. 1910, p. 229 - 37, Lieferung vom 15. 11. 1910, p. 469 - 479.

Charnay, Jean-Paul. Les scrutins politiques en France de 1815 à 1962. Contestations et invalidations. Paris 1964.

Chastenet, Jacques. Histoire de la Troisième République. 7 Bde., Paris 1952 - 63. Bd. IV, Jours inquiets et sanglants (1906 - 1918), Paris 1957.

Chaumel, Guy. Histoire des cheminots et de leurs syndicats, mit einer Einleitung von Edouard Dolléans, Paris 1948.

Dictionnaire biographique du mouvement ouvrier français. Publié sous la direction de Jean Maitron.

Bd. X. Troisième partie: 1871 - 1914. De la Commune à la Grande Guerre (Buchstaben A-Bou). Paris 1973.

Dictionnaire de la IIIe République, hg. von Pierre Pierrard. Paris 1968.

Dictionnaire des Parlementaires Français. Notices biographiques sur les ministres, députés et sénateurs français de 1889 à 1940, hg. von Jean Jolly. Bisher erschienen Bd. I - VI (Buchstaben A - L), Paris 1960 - 1970.

Dolléans, Edouard. Histoire du Mouvement ouvrier. 3 Bde., Paris 1936 - 53. Bd. II, 1871 - 1936, Paris 1939.

Dommanget, Maurice. La Chevalerie du Travail française, 1893 - 1911. Lausanne 1967.

Droz, Jacques. Der Nationalismus der Linken und der Nationalismus der Rechten in Frankreich (1871 - 1914), in: Historische Zeitschrift, Bd. 210/1970, p. 1 - 13.

Dubief, Henri. Le syndicalisme révolutionnaire. Textes choisis et présentés par Henri Dubief. Paris 1969. In der Reihe: Collection U, Série „Idées politiques", hg. von Jean Touchard.

Dupeux, Georges. La société française 1789 - 1960. Paris ^{5}1964. In der Reihe: Collection U, Série „Histoire contemporaine", hg. von René Rémond.

Fiechter, Jean-Jacques. Le socialisme français: de l'affaire Dreyfus à la grande guerre. Genève 1965. In der Reihe: Etudes d'Histoire économique, politique et sociale, hg. von Jacques Freymond und Jacques L'Huillier, Bd. IXL.

Flonneau, Jean-Marie. Crise de vie chère et mouvement syndical (1910 - 1914), in: Le Mouvement Social, Nr. 72/1970, p. 49 - 81.

Fruit, Elie. 1890 - 1910, dans la melée des premiers syndicats, un militant d'avant-garde, Eugène Guérard des chemins de fer. Thèse, 3e Cycle Droit, Maschinenschrift, Université de Paris, 1969.

Georges, Bernard, und Tintant, Denise. Léon Jouhaux. Bd. I, Des origines à 1921, Paris 1962.

Goguel, François. Géographie des élections françaises sous la Troisième et la Quatrième République. Paris 1970.

La politique des partis sous la Troisième République. 2 Bde., Paris 1946.

Goldberg, Harvey. The life of Jean Jaurès. Madison 1962. Übersetzung ins Französische unter dem Titel: Jean Jaurès, Paris 1970.

Gras, Christian. Alfred Rosmer et le mouvement révolutionnaire international, in: Le Mouvement Social, Nr. 74/1971, p. 9 - 18.

Guyot, Yves. Les chemins de fer et la grève. Paris 1911.

L'Histoire Sociale. Sources et méthodes. Colloque de l'Ecole Normale Supérieur de Saint-Cloud, 15 - 16 mai 1965. Vorwort von Ernest Labrousse. Paris 1967.

Hofmann, Werner. Ideengeschichte der sozialen Bewegung des 19. und 20. Jahrhunderts. Sammlung Göschen, Bd. 1205/1205 a, Berlin 1968.

Jacquet, Joseph. Les cheminots dans l'histoire sociale de la France. Paris 1967.

Julliard, Jacques. Fernand Pelloutier et les origines du syndicalisme d'action directe. Paris 1971.

Fernand Pelloutier et les origines du syndicalisme d'action directe, in: Le Mouvement Social, Nr. 75/1971, p. 3 - 32.

Théorie syndicaliste révolutionnaire et pratique gréviste, in: Le Mouvement Social, Nr. 65/1968, p. 55 - 68.

Clemenceau briseur de grèves. L'affaire de Draveil-Villeneuve-Saint-Georges. Paris 1965.

Kriegel, Annie. Aux origines du communisme français, 1914 - 1920. 2 Bde., Paris 1964.

Kuczynski, Jürgen. Darstellung der Lage der Arbeiter in Frankreich seit 1848. Berlin (Ost) 1967. In der Reihe: Geschichte der Lage der Arbeiter unter dem Kapitalismus, Bd. 33.

Lefranc, Georges. Grèves d'hier et d'aujourd'hui. Paris 1970.

Le syndicalisme en France. Reihe „Que sais-je", Bd. 585, Paris ^{6}1968.

Le mouvement syndical sous la Troisième République, Paris 1967.

Le mouvement socialiste sous la Troisième République (1875 - 1940). Paris 1963.

Leroy, Maxime. La coutume ouvrière. Syndicats, Bourses du Travail, Fédérations Professionnelles, Coopératives. Doctrines et Institutions. 2 Bde., Paris 1913.

Leubuscher, Charlotte. Der Arbeitskampf der englischen Eisenbahner im Jahre 1911. Staats- und sozialwissenschaftliche Forschungen, hg. von Gustav Schmoller und Max Sering, Heft 174, München und Leipzig 1913.

Lévy-Leboyer, M. La croissance économique en France au XIXe siècle, in: Annales, Nr. 4/1968, p. 788 - 807.

Lhomme, Jean. Economie et Histoire. Genève 1967.

Loubère, Leo A. Left-wing radicals, strikes, and the military 1880 - 1907, in: French Historical Studies, Nr. 1/1963, p. 93 - 105.

Monatte, Pierre. Trois scissions syndicales. Paris 1958.

Perrot, Michelle.

I Grèves, grévistes et conjoncture. Vieux problème, travaux neufs. In: Le Mouvement Social, Nr. 63/1968, p. 109 - 124.

II Perrot, Michelle, und Kriegel, Annie. Le socialisme et le pouvoir. Paris 1966.

Peschaud, Marcel. L'Etat actuel des Chemins de fer français. Paris 1909.

Peyronnet, Jean-Claude. Un exemple de journal militant: La « Guerre sociale » de Gustave Hervé (1906 - 1914). Diplôme d'études supérieures, sous la direction de M. le professeur Labrousse. Paris (1964, Maschinenschrift, auf Anfrage im Musée Social).

Planques, J. Les grèves et coalitions dans le personnel des chemins de fer (moyens préventifs). Thèse, Toulouse 1911.

Poidevin, Raymond. Les relations économiques et financières entre la France et l'Allemagne de 1898 à 1914. Thèse, Paris 1969.

Poisson, E. La grève des cheminots. In: La Revue socialiste, syndicaliste et coopérative, 15. 11. 1910, Nr. 311, p. 385 - 454. L'Epilogue de la grève, a. a. O., 15. 12. 1910, Nr. 312, p. 481 - 495.

Rebérioux, Madeleine. Jaurès et la grève des cheminots de 1910, in: Bulletin de la Société d'Etudes Jaurésiennes, Nr. 9/1963, p. 1 - 6.

Ridley, F. F. Revolutionary Syndicalism in France, the direct action of its time. Cambridge 1970.

Rouchy, A.-G. Les grèves dans les chemins de fer. Thèse (Droit). Paris 1912.

Seilhac, Léon de. La grève des cheminots (Octobre 1910). Broschüre, Paris 1911.

Shorter, Edward L., und Tilly, Charles. Le déclin de la grève violente en France de 1890 à 1935, in: Le Mouvement Social, Nr. 76/1971, p. 95 - 118.

Vgl. auch Tilly, Charles.

Siebert, Ferdinand. Aristide Briand 1862 - 1932. Ein Staatsmann zwischen Frankreich und Europa. Erlenbach—Zürich 1973.

Sieburg, Heinz-Otto. Die Grubenkatastrophe von Courrières 1906. Wiesbaden 1967.

Singer-Kérel, Jeanne. Le coût de la vie à Paris de 1840 à 1954. Paris 1961. In der Reihe: Recherches sur l'économie française, hg. von J.-M. Jeanneney und M. Flamant, Bd. III.

Stearns, Peter N. Against the strike threat: employer policy toward labor agitation in France, 1900 - 14, in: Journal of Modern History, Bd. 40/1968, p. 474 - 500.

Suarez, Georges. Briand, sa vie, son œuvre, avec son journal et de nombreux documents inédits. 6 Bde., Paris 1938 - 52. Bd. II: 1904 - 1914, Paris 1938.

Tilly, Charles, und Shorter, Edward. Les vagues de grèves en France, 1890 à 1968. In: Annales, Nr. 4/1973, p. 857 - 887. Vgl. auch Shorter, Edward.

Tulard, H. Les archives de la Préfecture de Police, in: Le Mouvement Social, Nr. 47/1964, p. 117 - 120.

Weber, Eugen. France. In: Rogger, Hans, und Weber, Eugen. The european right, a historical profile, Berkeley und Los Angeles 1965, p. 71 - 127.

— Action française. Royalism and reaction in twentieth-century France, Stanford 1962.

Französische Ausgabe unter dem Titel: L'Action française. Paris 1964.

— The nationalist revival in France, 1905 - 1914. Berkeley und Los Angeles 1959.

— Le renouveau nationaliste en France et le glissement vers la droite, 1905 - 14. In: Revue d'Histoire moderne et contemporaine, Bd. 5/1958, p. 114 - 128.